Jörg Requate
Europa an der Schwelle zur Hochmoderne (1870–1890)

Grundriss der Geschichte

―
Herausgegeben von Hans Beck, Karl-Joachim Hölkeskamp, Achim Landwehr, Steffen Patzold und Benedikt Stuchtey

Band 52

Jörg Requate

Europa an der Schwelle zur Hochmoderne (1870–1890)

—

DE GRUYTER
OLDENBOURG

ISBN 978-3-11-035937-4
e-ISBN (PDF) 978-3-11-035939-8
e-ISBN (EPUB) 978-3-11-039689-8

Library of Congress Control Number: 2023932682

Bibliografische Information der Deutschen Nationalbibliothek
Die Deutsche Nationalbibliothek verzeichnet diese Publikation in der
Deutschen Nationalbibliografie; detaillierte bibliografische Daten
sind im Internet über http://dnb.dnb.de abrufbar.

© 2023 Walter de Gruyter GmbH, Berlin/Boston
Satz: bsix information exchange GmbH, Braunschweig
Druck und Bindung: CPI books GmbH, Leck

www.degruyter.com

Vorwort der Herausgeber

Die Reihe *Oldenbourg Grundriss der Geschichte* dient seit 1978 als wichtiges Mittel der Orientierung, sowohl für Studierende wie für Lehrende. Sie löst seither ein, was ihr Titel verspricht: ein Grundriss zu sein, also einen Plan zur Verfügung zu stellen, der aus der Vogelschau Einsichten gewährt, die aus anderen Perspektiven schwerlich zu gewinnen wären.

Seit ihren Anfängen ist die Reihe bei ihren wesentlichen Anliegen geblieben. In einer bewährten Dreiteilung wollen ihre Bände in einem ersten Teil einen Überblick über den jeweiligen historischen Gegenstand geben. Ein zweiter Teil wird bestimmt durch einen ausgiebigen Forschungsüberblick, der nicht nur den Studierenden in einem historischen Forschungsgebiet eine Übersicht über gegenwärtige wie vergangene thematische Schwerpunkte und vor allem Debatten gibt. Denn angesichts der Komplexität, Internationalität sowie der zeitlichen Tiefe, die für solche Diskussionen kennzeichnend sind, stellt es auch für Wissenschaftler eine zunehmende Herausforderung dar, über die wesentlichen Bereiche einer Forschungsdebatte informiert zu bleiben. Hier leistet die Reihe eine wesentliche Hilfestellung – und hier lässt sich auch das Merkmal identifizieren, das sie von anderen Publikationsvorhaben dieser Art deutlich abhebt. Eine umfangreiche Bibliographie rundet als dritter Teil die jeweiligen Bände ab.

Im Laufe ihrer eigenen Historie hat der *Oldenbourg Grundriss der Geschichte* auf die Veränderungen in geschichtswissenschaftlichen Diskussionen und im Geschichtsstudium reagiert. Sie hat sich nach und nach neue Themenfelder erschlossen. Es geht der Reihe in ihrer Gesamtheit nicht mehr ausschließlich darum, in der griechisch-römischen Antike zu beginnen, um das europäische Mittelalter zu durchschreiten und schließlich in der Neuzeit als unserer erweiterten Gegenwart anzukommen. Dieser Gang durch die Chronologie der deutschen und europäischen Geschichte ist für die Orientierung im historischen Geschehen weiterhin grundlegend; er wird aber zunehmend erweitert durch Bände zu nicht europäischen Themen und zu thematischen Schwerpunkten. Die Reihe dokumentiert damit die inhaltlichen Veränderungen, die sich in den Geschichtswissenschaften international beständig vollziehen.

Mit diesen Inhalten wendet sich die Reihe einerseits an Studierende, die sich die Komplexität eines Themenfeldes nicht nur inhaltlich, sondern auch forschungsgeschichtlich erschließen wollen. Andererseits sollen Lehrende in ihrem Anliegen unterstützt werden, Themengebiete in Vorlesungen und Seminaren vermitteln zu können. Im Mittelpunkt steht aber immer der Versuch zu zeigen, wie Geschichte in ihren Ereignissen und Strukturen durch Wissenschaft gemacht wird und damit selbst historisch gewachsen ist.

Hans Beck
Karl-Joachim Hölkeskamp
Achim Landwehr
Steffen Patzold
Benedikt Stuchtey

Vorwort

Im Zuge der Erneuerung und Weiterentwicklung der „Grundriss"-Reihe ist vom Verlag und den Herausgebern entschieden worden, den Zeitraum des von Lothar Gall behandelten Bandes „Europa auf dem Weg in die Moderne 1850-1890" in die Phasen 1850-1870 und 1870-1890 zu splitten. Dies hat gute Gründe, da sich die Perspektive und die Forschung zu dieser Umbruchsphase der Europäischen Geschichte seit der Konzeption des Bandes von Lothar Gall enorm erweitert und diversifiziert hat.

Der neue zeitliche Zuschnitt hat damit auch zwingend zu einer ganz neuen Konzeptionalisierung geführt. Der Band knüpft gleichwohl an die Perspektive Lothar Galls an, Europa in der zweiten Hälfte des 19. Jahrhunderts „auf dem Weg in die Moderne" zu sehen, der mit einem Wandel „auf praktisch allen Lebensgebieten" verbunden war. Der vorliegende Band verdichtet diese Perspektive auf die zwanzig Jahre zwischen 1870 und 1890. Mit dem Begriff der Hochmoderne, dessen Beginn für die Zeit um 1880 angesetzt wird, soll der Zäsurcharakter dieser Phase noch etwas deutlicher fokussiert werden.

Erläutert sei hier kurz das Vorgehen beim Gendern. Es ist versucht worden, dem Prinzip der geschlechterbewussten Sprache zu folgen, ohne damit die Lesbarkeit zu sehr zu beeinträchtigen. Damit sind bestimmte Inkonsequenzen verbunden. Prinzipiell ist dort gegendert worden, wo tatsächlich beide Geschlechter als Personen gemeint sind. Nicht gegendert wurde in der Regel an den Stellen, bei denen davon auszugehen ist, dass es tatsächlich (nahezu) ausschließlich um Männer geht. Bei der Benennung der Bevölkerung einzelner Länder ist aus Gründen der Lesbarkeit auf das Gendern verzichtet worden, wenn die Nationalitäts- und Gruppenbezeichnung für die entsprechende Bevölkerung steht. Einzelne Entscheidungen können dabei durchaus diskutabel sein.

Besonderen Dank möchte ich schließlich an dieser Stelle all denjenigen aussprechen, die mich beim Schreiben des Buches und im Prozess der Fertigstellung unterstützt haben. Hier sind zunächst diejenigen zu nennen, die einzelne oder mehrere Kapitel gelesen und kommentiert haben: Christina Benninghaus, Olaf Blaschke, Hubertus Büschel, Clelia Caruso, Heinz-Gerhard Haupt, Martina Kessel, Sonja Levsen und Cornelius Torp. Sie haben dazu beigetragen, Irrtümer zu vermeiden und den Text zu verbessern – dafür mein herzlicher Dank! Verbliebene Fehler gehen selbstverständlich auf mein Konto. Gedankt sei weiter Julia Spohr, die das ganze Manuskript Korrektur gelesen und kommentiert hat und ebenfalls zur Verbesserung des Textes beigetragen hat. Ebenso sei Kirsten Bänfer und Marlen Wernecke für das weitere Ausmerzen von Fehlern sowie ihre unerlässliche Hilfe bei der Erstellung des Registers und der Zeitleiste und alle sonstige Unterstützung gedankt. Schließlich sei dem Verlag und dem Herausgebergremium für ihre Geduld und ihre Unterstützung gedankt. Bettina Neuhoff hat das Manuskript gründlich lektoriert und eine Reihe von Hinweisen zur Verbesserung der Lesbarkeit gegeben, wofür auch die Leser:innen sicher dankbar sind. Schließlich danke ich insbesondere Benedikt Stuchtey für seine gründliche Lektüre des Manuskripts und seine hilfreichen Hinweise.

Kassel, 9. März 2023   Jörg Requate

Inhaltsverzeichnis

Vorwort der Herausgeber —— V

Vorwort —— VII

I	**Darstellung —— 1**	
1	Zur Charakteristik der Epoche —— 1	
2	Innere Staatsbildung und Nationalismus —— 3	
	2.1	Nationalstaatsbildung und Gewalt(monopol) —— 3
	2.2	Ausbau und Grenzen des (nationalen) Staates —— 12
	2.3	Kulturkämpfe —— 22
	2.4	Bürgerliche Partizipation und Demokratisierung —— 35
	2.5	Emanzipationsbewegungen: Arbeiterschaft und Frauen —— 45
	2.6	Ideologisierung und Normalisierung der Nation —— 56
	2.7	Ausgrenzungen: Antisemitismus und Umgang mit nationalen Minderheiten —— 65
3	Industrialisierung und sozialer Wandel —— 73	
	3.1	Bevölkerungswachstum und Migration —— 73
	3.2	Urbanisierung —— 84
	3.3	Wirtschaftliche Entwicklung —— 92
	3.4	Europäische Klassengesellschaft(en) und nationale Versäulung —— 101
	3.5	Soziale Frage und Sozialstaat —— 113
4	Koloniale Expansion und transnationale Verschränkungen —— 123	
	4.1	Europas Neuordnung nach 1870/71 —— 123
	4.2	„Ce magnifique gâteau africain": Der koloniale Umbruch —— 132
	4.3	Internationale Organisationen und transnationale Verfechtungen —— 142

5	Wissens- und Mediengesellschaft —— **149**	
	5.1	Mediale Vielfalt —— **149**
	5.2	Wissenschaften und Bildung —— **159**
	5.3	Zeitlichkeit, Emotionalität und Religiosität —— **170**

II	**Grundprobleme und Tendenzen der Forschung —— 179**	
1	Zur Charakteristik der Epoche —— **179**	
2	Innere Staatsbildung und Nationalismus —— **182**	
	2.1	Nationalstaatsbildung und Gewalt(monopol) —— **182**
	2.2	Ausbau und Grenzen des (nationalen) Staates —— **187**
	2.3	Kulturkämpfe —— **192**
	2.4	Bürgerliche Partizipation und Demokratisierung —— **196**
	2.5	Emanzipationsbewegungen: Arbeiterschaft und Frauen —— **202**
	2.6	Ideologisierung und Normalisierung der Nation —— **208**
	2.7	Ausgrenzungen: Antisemitismus und Umgang mit nationalen Minderheiten —— **214**
3	Industrialisierung und sozialer Wandel —— **219**	
	3.1	Bevölkerungswachstum und Migration —— **219**
	3.2	Urbanisierung —— **224**
	3.3	Wirtschaftliche Entwicklung —— **229**
	3.4	Europäische Klassengesellschaft(en) und nationale Versäulung —— **234**
	3.5	Soziale Frage und Sozialstaat —— **240**
4	Koloniale Expansion und transnationale Verschränkungen —— **244**	
	4.1	Europas Neuordnung nach 1870/71 —— **244**
	4.2	Kolonialismus —— **248**
	4.3	Internationale Organisationen und transnationale Verflechtungen —— **253**
5	Wissens- und Mediengesellschaft —— **257**	
	5.1	Mediale Vielfalt —— **257**
	5.2	Wissenschaften und Bildung —— **261**
	5.3	Zeitlichkeit, Emotionalität und Religiosität —— **266**

III	**Literaturverzeichnis —— 271**
1	Zur Charakteristik der Epoche: Überblickswerke und Gesamtdarstellungen —— **272**
	1.1 Gesamtdarstellungen zur Geschichte Europas und ihrer globalen Bezüge —— **272**
	1.2 Gesamtdarstellungen zu einzelnen Staaten —— **272**
	1.3 Konzeptionelle Fragen der Europäischen Geschichte und zur beginnenden Hochmoderne —— **275**
2	Innere Staatsbildung und Nationalismus —— **276**
	2.1 Nationalstaatsbildung und Gewalt(monopol) —— **276**
	2.2 Ausbau und Grenzen des (nationalen) Staates —— **279**
	2.3 Kulturkämpfe —— **281**
	2.4 Bürgerliche Partizipation und Demokratisierung —— **283**
	2.5 Emanzipationsbewegungen: Arbeiterschaft und Frauen —— **285**
	2.6 Ideologisierung und Normalisierung der Nation —— **287**
	2.7 Ausgrenzungen: Antisemitismus und Umgang mit nationalen Minderheiten —— **290**
3	Industrialisierung und sozialer Wandel —— **292**
	3.1 Bevölkerungsentwicklung und Migration —— **292**
	3.2 Urbanisierung —— **294**
	3.3 Die wirtschaftliche Entwicklung —— **296**
	3.4 Europäische Klassengesellschaft(en) und nationale Versäulung —— **298**
	3.5 Soziale Frage und Sozialstaat —— **300**
4	Koloniale Expansion und transnationale Verschränkungen —— **302**
	4.1 Europas Neuordnung nach 1870/71 —— **302**
	4.2 Kolonialismus —— **303**
	4.3 Internationale Organisationen und transnationale Verfechtungen —— **305**

5		Wissens- und Mediengesellschaft —— **307**
	5.1	Mediale Vielfalt —— **307**
	5.2	Bildung und Wissenschaften —— **310**
	5.3	Zeitlichkeit, Emotionalität und Religiosität —— **312**

Zeittafel —— 315

Karten —— 323

Personenregister —— 327

Ortsregister —— 329

Sachregister —— 333

Autorenregister —— 339

Oldenbourg Grundriss der Geschichte —— 345

I Darstellung

1 Zur Charakteristik der Epoche

Die Jahre zwischen 1870 und 1890 bilden für die Europäische Geschichte keine fest umrissene Epoche. Wenn auf die Zeitspanne dennoch ein gesonderter Fokus gerichtet wird, so rückt damit eine spezifische Phase des beschleunigten Wandels in den Blick. Dieser betraf Europa zwar nicht überall in gleicher Weise, ließ aber kaum eine Region gänzlich unberührt. Die 20 Jahre lassen sich als Schwelle zur Hochmoderne fassen, die, wie Ulrich Herbert argumentiert hat, um die 1880er Jahre begann und um 1990 endete. Die Zeit um 1880 markiert damit den Beginn eines Zeitalters, in der viele Entwicklungen keineswegs neu einsetzten, aber von einer spezifischen Dynamik erfasst wurden, die von den Mitlebenden vielfach als ebenso faszinierend wie bedrohlich empfunden wurde. Auch wenn diese Dynamiken in Städten wie London, Paris oder Wien ganz anders zu spüren waren als in weiten Teilen Süditaliens, Andalusiens, des östlichen Europas oder in den vielen ländlichen Regionen Deutschlands oder Frankreichs, drangen die Veränderungen doch in zunehmender Weise bis in die entlegensten Gebiete Europas vor. Menschen wanderten dahin, wo es Arbeit gab – in die nächste Stadt, die nächste industrialisierende Region diesseits oder jenseits nationaler Grenzen und nicht selten auch über den Atlantik, in den Norden oder den Süden Amerikas. Die sich verdichtende Infrastruktur transportierte Menschen, Waren und Nachrichten in wachsender Geschwindigkeit und so rückten der europäische und der transatlantische Raum sowie andere, oft kolonial erschlossene Räume immer näher zusammen. Die Dynamik der beginnenden Hochmoderne forcierte den inneren Ausbau von Staatlichkeit(en) in gleichem Ausmaß wie transnationale Verflechtungen. Die Staaten entwarfen sich zunehmend als Nationalstaaten, die sich über eine Ausweitung der Partizipationsrechte und das Versprechen auf wachsenden materiellen Wohlstand zu legitimieren suchten. Auf der anderen Seite erhoben sie einen wachsenden Anspruch auf Homogenisierung der Bevölkerung und eine Ausweitung der staatlichen Zugriffsrechte. Parallel dazu intensivierten sich transnationale Verflechtungen, wie sich an der Gründung internationaler Organi-

Hochmoderne

Nationbuilding und transnationale Verflechtung

sationen ebenso zeigte wie an der transnationalen Verzahnung wirtschaftlicher, kultureller und gesellschaftlicher Prozesse.

All dies waren säkulare Trends und gewiss nicht auf die Zeit zwischen 1870 und 1890 beschränkt. Dennoch verdichteten sich viele dieser Entwicklungen in dieser Phase so, dass sie eine neue Qualität annahmen. Das bedeutete allerdings auch, dass vieles, das einige Jahre zuvor noch den Charme und die Faszination des Neuen und Experimentellen in sich trug, nun weit stärker zum festen Bestandteil der gesellschaftlichen Entwicklungen geworden war. Anders ausgedrückt: Die Ambivalenzen, die die Moderne immer schon in sich getragen hatte, traten nun sehr viel schärfer zu Tage, ja sie wurden zum zentralen Merkmal jenes problematischen Projektes, das mit dem Begriff der Hochmoderne umrissen ist.

Ambivalenzen der Moderne

Politisch zeigte sich dieser Wandel vielleicht am deutlichsten in der Entwicklung des Liberalismus. Wenngleich um 1870 herum die Liberalen in vielen Ländern Europas nicht an der Regierung waren, so verkörperten sie doch eine so mächtige politische und geistige Strömung, dass ihre zentralen Botschaften nicht zu ignorieren waren. Oder, wie es Gordon CRAIG etwas nonchalant ausdrückte, in dieser Zeit war es „jedem intelligenten Menschen möglich, alle Überzeugungen des Liberalismus zu unterschreiben – Individualismus, Wettbewerb, „laisser-faire", Argwohn gegenüber einer starken Regierung und ähnliches –, ohne darin eine Inkonsequenz zu sehen" [1.1: CRAIG, 193]. Über die Formulierung mag man streiten, aber sicher ist, dass um 1870 herum die Versprechen der liberalen „klassenlosen Bürgergesellschaft" erhebliche Attraktivität besaßen. 1890 sah dies dagegen deutlich anders aus. In der Zwischenzeit hatten verschiedene wirtschaftliche Entwicklungen – der Konjunktureinbruch Anfang der 70er Jahre, die wachsenden, internationalen wirtschaftlichen Verflechtungen und ihre Konsequenzen, die Tendenz zur Kartell- und Monopolbildung in manchen Bereichen – selbst bei Unternehmern die Erkenntnis wachsen lassen, dass der Laisser-faire-Kapitalismus kaum Lösungen für die Probleme der Zeit bot. Im Zuge der Prozesse des inneren *Nationbuilding* wurde immer klarer, dass der Staat eine zunehmend zentrale Rolle in der Verwaltung, der Infrastruktur, der Bildung und in vielen anderen Bereichen einnehmen würde. Zudem wurde sowohl für die unteren Schichten als auch für Frauen immer klarer, dass die Schranken, die die männlich dominierte Bürgergesellschaft um sich herum errichtet hatte,

Wandel des Liberalismus

keineswegs von sich aus durchlässiger, sondern hartnäckig verteidigt werden würden.

Aber auch in anderen Bereichen zeigte sich die Janusköpfigkeit der modernen Errungenschaften: Wissenschaft half, Krankheiten zu heilen, sie bereicherte die Welt mit neuen Erfindungen und mehrte die Erkenntnisse über die Welt. Neue wissenschaftliche Erkenntnisse wurden aber auch herangezogen, um Rassismus und Unterdrückung zu legitimieren. Der Aufstieg der neuen Kommunikationsmittel führte nicht nur zur Intensivierung und Erweiterung des rationalen Diskurses, sondern ebenso zu Hetze und Propaganda. Das Gewaltmonopol des Staates führte nicht nur zur inneren Befriedung, sondern auch dazu, dass die Staaten aufrüsteten und von den Möglichkeiten zur Gewaltausübung nach innen wie nach außen in zum Teil brutaler Weise Gebrauch machten. All dies sollte sich im 20. Jahrhundert noch sehr viel deutlicher zeigen als im 19. Jahrhundert. Zwischen 1870 und 1890 wurden jedoch in Europa in vielen Bereichen Entwicklungen angelegt, die unumkehrbar schienen und die die Ambivalenzen der Moderne unübersehbar werden ließen.

<small>Janusköpfigkeit der modernen Errungenschaften</small>

Zu den zentralen Merkmalen der Hochmoderne gehört schließlich das Ineinandergreifen (national-)staatlicher Verfestigungen und transnationaler Verflechtungen. Auch in dieser Hinsicht bildet die Phase zwischen 1870 und 1890 für Europa eine markante Übergangsphase. All die hier genannten Prozesse fanden auf der einen Seite ihre besondere Ausprägung in den jeweiligen Staaten. Im Kontext der inneren Staatsgründungen weitete sich der staatliche Zugriff auf die Bevölkerung und die Institutionen massiv aus und erhielt dabei zumeist eine nationale Grundierung. Parallel dazu wuchs die Bedeutung transnationaler Prozesse und globaler Verbindungen. Die Verfestigung des Nationalen und die Zunahme grenzüberschreitender Verflechtungen bildeten somit keinen Gegensatz, sondern waren untrennbar miteinander verbunden.

<small>(national-)staatliche Verfestigungen und transnationale Verflechtungen</small>

2 Innere Staatsbildung und Nationalismus

2.1 Nationalstaatsbildung und Gewalt(monopol)

Die frühneuzeitlichen Staatstheoretiker wie Hobbes oder Bodin hatten die Konzentration der Staatsgewalt in der Hand des Monarchen nicht zuletzt mit dem Versprechen der Befriedung potenziell kriege-

<small>Befriedungsversprechen des modernen Staates</small>

rischer Zustände legitimiert. Der Staat sollte seine Bürger:innen nach außen schützen und nach innen dafür Sorge tragen, dass Auseinandersetzungen nicht mit Gewalt, sondern auf dem Weg geregelter, politischer Verfahren gelöst würden. Mit dem Aufstieg der Nationalstaatsidee und dem damit verbundenen Anspruch, dass Staat und Nation deckungsgleich sein sollten, wurde dieser Anspruch zwar nicht revidiert, aber die Rahmenbedingungen hatten sich radikal verändert. Denn sowohl nach außen als auch nach innen musste überhaupt völlig neu definiert werden, wer zu welcher Nation gehören und welche Form die jeweilige staatliche und gesellschaftliche Ordnung annehmen sollte. Die Französische Revolution bot einen Vorgeschmack auf das Gewaltpotenzial, das diesem „Definitionsprozess" inhärent war. Der weitere Verlauf des 19. Jahrhunderts liefert dafür eine Vielzahl weiterer Belege. In der Zeit um 1870 herum zeigt sich dies in besonderer Weise in Südosteuropa: Auf dem Territorium des zerfallenden Osmanischen Reichs, in dem sich zwischen den expansiven Interessen des Zarenreichs und der k. u. k. Monarchie die verschiedenen, sich dort herausbildenden Nationalitäten zu Staaten konstituieren wollten, entwickelte sich eine äußerst unübersichtliche Situation: Gewaltsame Auseinandersetzungen und ethnische Säuberungen spielten hier eine zentrale Rolle bei den Versuchen, neue Nationalstaaten zu gründen und abzusichern. Die Aufstände und die verschiedenen Balkankriege, die sich bis zum Ersten Weltkrieg fortsetzten, waren Ausdruck einer Situation, in der gleichsam jeder hier nur entstehende Staat sogleich um seine Existenz und seine Legitimation kämpfen musste.

Gewaltpotenzial der Nationalstaatsidee

Wie die italienischen und die preußisch-deutschen Einigungskriege zeigten, war die Verbindung von Gewalt und Nationalstaatsgründung keineswegs nur ein Phänomen des Balkans. Im Gegenteil: Angesichts der Erfolge erfuhr der Krieg gerade als Mittel zur Schaffung eines Nationalstaates noch einmal eine besondere Legitimation. Bismarcks Diktum, dass die großen Fragen der Zeit „nicht durch Reden oder Majoritätsbeschlüsse" sondern durch „Blut und Eisen" entschieden würden, zielte genau auf den Anspruch dieser Legitimität. Das berühmte Gemälde Anton von Werners, das die Proklamation des Kaiserreichs am 18. Januar 1871 in Versailles als militärische Zeremonie zeigt, unterstreicht diesen Anspruch symbolisch und letztlich leitete sich auch die herausgehobene Stellung des Militärs im Deutschen Kaiserreich aus den siegreich geführten Kriegen ab. Tatsächlich war das preußisch-deutsche Militär in dieser Hin-

Krieg als Mittel zur Nationalstaatsgründung

sicht besonders erfolgreich gewesen, aber auch in andern Staaten, versuchte das Militär mit unterschiedlichem Erfolg, seine Rolle für die Sicherung der staatlichen Souveränität in einen Machtanspruch nach innen umzusetzen. In diesem Zusammenhang stand auch die Frage der Allgemeinen Wehrpflicht. In Form der „levée en masse" hatte diese einst die Erfolge der französischen Revolutionsarmee garantiert. Nach den napoleonischen Kriegen war Preußen allerdings das einzige europäische Land, das daran festgehalten hatte. In den anderen europäischen Staaten existierten dagegen unterschiedliche Rekrutierungsformen, die faktisch auf Berufsarmeen hinausliefen. Das änderte sich nach 1870, als die preußischen Siege in den Einigungskriegen auch als Erfolg einer Armee von Wehrpflichtigen wahrgenommen wurde. Abgesehen von England, das an der Berufsarmee festhielt, setzte sich seitdem in den meisten europäischen Staaten die Wehrpflicht durch.

Allgemeine Wehrpflicht

Kriege und Armeen waren jedoch nicht nur Mittel zur äußeren Staatsbildung und -sicherung, sondern unmittelbar mit dem steten Bemühen verbunden, eine bestimmte Ordnung nach innen durchzusetzen oder wie Charles S. MAIER schrieb, „die Basis und die Organisation klassenspezifischer und nationaler Solidarität zu verändern" [2.1: MAIER, 113]. Die in den Kriegen nach außen gezeigte Stärke sollte nach innen gesellschaftspolitisch umgemünzt werden. Vor dem Hintergrund der dauerhaften Revolutionsgefahr, mit der sich die europäischen Staaten seit 1789 konfrontiert sahen, war der Anspruch darauf, die staatliche Ordnung im Zweifel auch mit Gewalt durchzusetzen, keineswegs nur abstrakt, sondern sehr konkret. Vor allem das französische Beispiel führte im Laufe des 19. Jahrhunderts immer wieder vor Augen, wie virulent die revolutionäre Bedrohung war und welche Bedeutung die Ausübung von Gewalt in der Auseinandersetzung um die gesellschaftliche Ordnung besaß. Der deutsch-französische Krieg von 1870/71, die Entstehung des deutschen Kaiserreichs und die Niederschlagung der Kommune waren dabei aufs engste miteinander verwoben und für ganz Europa von fundamentaler Bedeutung. Hatte der Sieg auf der deutschen Seite die Entstehung des Nationalstaates bewirkt und legitimiert, führte die Niederlage in Frankreich dazu, dass sich der Staat neu konstituieren musste. Die Pariser Kommune stellte eine gewaltsame Herausforderung der neuen Ordnung dar und ein kurzer Blick auf die Ereignisse zeigt, wie sich hier kriegerische Gewalt nach außen

Dauerhafte Revolutionsgefahr

und der gewaltsame Kampf um die Gesellschaftsordnung und um das Gewaltmonopol miteinander vermischten.

Pariser Kommune

Die außergewöhnliche Geschichte der Kommune entsprang der besonderen Situation, die durch die französische Niederlage gegen die preußisch-deutschen Truppen bei Sedan, die Gefangennahme des französischen Kaisers Napoleon III. am 2. September 1870 und das nachfolgende Ringen um die politische Neuordnung entstanden war. Am 4. September wurde die Republik ausgerufen, aber angesichts des fortgesetzten Krieges gegen die Deutschen blieb die politische Lage unübersichtlich. Am 19. September 1870 begannen die deutschen Truppen damit, Paris zu belagern und beendeten die Belagerung erst nach der Waffenstillstandsvereinbarung vom 28. Januar 1871. In Paris, wo die Bevölkerung die Lasten der Belagerung hatte tragen müssen, zeigten sich allerdings viele weiter kampfbereit und witterten in dem Waffenstillstand Verrat. Als sich dann auch noch die neu gewählte Nationalversammlung im Februar nach Bordeaux zurückzog, wuchs vor allem der Unmut der unteren Schichten, die sich von der Nationalversammlung ohnehin nicht wirklich repräsentiert sahen. Ihren entscheidenden Rückhalt hatten die Unzufriedenen in der Nationalgarde, der im Zuge der Belagerung massenweise kampfbereite Arbeiter und Kleinbürger beigetreten waren. Während nun die regulären französischen Truppen nach dem Waffenstillstandsabkommen entwaffnet worden waren, blieb die Nationalgarde nicht nur weiter mobilisiert, sondern konnte sich auch noch weitere Waffen – konkret durch von der Armee entwendete Kanonen – aneignen. Nach einem gescheiterten Versuch, der französischen Armee am 18. März der Nationalgarde die gestohlenen Kanonen wieder abzunehmen, besetzte diese mit Hilfe übergelaufener regulärer Truppen strategisch wichtige Positionen in Paris und brachte die Stadt unter ihre Kontrolle.

Nationalgarde

Niederschlagung der Kommune

Ganze 72 Tage hatte die Kommune anschließend Bestand, bis sie von den Regierungstruppen in der Woche vom 21. bis zum 28. Mai 1871 mit äußerster Gewalt wieder der Kontrolle der Aufständischen entrissen wurde. Zwar war die Kommune noch weit entfernt gewesen, revolutionäre Gewalt auszuüben, wie sie sich während der Französischen Revolution in der Phase der Terreur von 1793/94 Bahn gebrochen hatte. Doch Erinnerungen daran wurden wach – nicht zuletzt durch die Geiseln, vor allem unter Klerikern, mit deren Erschießung die Kommune als Rache für getötete Kommunarden drohte. Als die Regierungstruppen dann vom 21. Mai an unter dem Einsatz massiver militärischer Mittel in die Stadt einmarschierten, forderten schon die eigentlichen Kampfhandlungen eine hohe Zahl an Opfern. Das Töten endete auch nicht, nachdem Adolphe Thiers in seiner Funktion als amtierender Staatspräsident am 29. Mai erklärt hatte, die Ordnung in der Stadt sei wiederhergestellt. In den folgenden Tagen und Wochen folgten weitere standrechtliche Erschießungen und viele erlagen in den Krankenhäusern ihren Verletzungen, so dass von bis zu 7500 Todesopfern ausgegangen wird. Einige Tausend weitere Personen wurden in die Verbannung nach Neukaledonien geschickt, von denen wiederum viele den dortigen Bedingungen zum Opfer fielen, bevor sich die Regierung 1880 stark genug fühlte, um die verbliebenen Gefangenen zu begnadigen.

Nicht nur für Marx und Engels stellte die Kommune so etwas wie den ersten Entwurf einer künftigen, sozialistischen Gesellschaftsordnung dar. Deren Niederschlagung wurde daher in ganz Europa je nach Standpunkt mit großer Befriedigung oder mit entsprechendem Entsetzen zur Kenntnis genommen: Mit einer derartig brutalen Entschlossenheit war bis dahin noch keine revolutionäre Bewegung niedergeschlagen worden. Doch so grausam das Vorgehen der Regierung auch gewesen war, das Bürgertum sah darin weitgehend die einzig richtige Reaktion: „Es ist gut", schrieb der Schriftsteller Edmond de Goncourt in sein Tagebuch, „es hat kein Verhandeln und keinen Vergleich gegeben. Die Lösung war brutal. Das war reine Gewalt."[1] Mit dem „Blut der Kommunarden" habe die Armee das Vertrauen in seine Kampfkraft wiedererlangt und mit dem Töten des kampffähigen Teils der Bevölkerung sei die nächste Revolution bis auf weiteres hinausgeschoben worden. Ähnlich sah es ein großer Teil der französischen Zeitungen. Nach der Niederlage gegen Deutschland hatte sich der Staat nicht nur als militärisch handlungsfähig erwiesen, sondern er hatte mit aller Härte klar gemacht, was diejenigen zu erwarten hatten, die diesen Staat und seinen Anspruch auf das Monopol, Gewalt anzuwenden, herausforderten. Mit der physischen Vernichtung der Aufständischen sollte für die Zukunft jede Hoffnung darauf, die Machtverhältnisse revolutionär ändern zu können, zunichte gemacht werden. Vor dem Hintergrund der von revolutionären Umbrüchen geprägten französischen

Reaktionen auf die Niederschlagung der Kommune

---

[1] Zit. nach Münchhausen, Thankmar von, 72 Tage. Die Pariser Kommune 1871 – die erste „Diktatur des Proletariats". München 2015, 300.

Geschichte einerseits und einer entstehenden Arbeiterbewegung, die sich eine revolutionäre Veränderung der Gesellschaft auf die Fahnen geschrieben hatte, andererseits, war dies ein starkes Signal sowohl nach innen als auch nach außen. Wenn im Mutterland der Revolutionen der Staat so rigoros gegen einen erneuten revolutionären Versuch vorging, bedeutete dies, dass sich die Nationalstaaten im Kontext des inneren Staatsbildungsprozesses ihr Gewaltmonopol nicht mehr aus der Hand nehmen lassen wollten. Auf ein „bargaining by riot", also eine gewisse Form des mit Gewalt verbundenen Aushandlungsprozesses zwischen Aufständischen und dem Staat, das sich in der ersten Hälfte des 19. Jahrhunderts noch verschiedentlich zeigt, ließen sich die Staaten zumindest dort, wo sie stark genug waren, nicht mehr ein. Als in der spanischen Stadt Alcoy 1873 im Zuge einer heftigen Auseinandersetzung um die Einführung neuer Maschinen die Arbeiter zunächst den Generalstreik verkündeten und dann das Rathaus besetzten, schlug die gerade ausgerufene Republik brutal zurück: Der dorthin entsandte republikanische Offizier ließ auf die Demonstranten schießen, worauf hin diese den Bürgermeister erschlugen. Das Militär gewann die Oberhand und die Machtverhältnisse wurden schnell im Sinne des Staates geregelt. Zugeständnisse für die Arbeiter gab es keine und gegen die Aufständischen wurden lange Haft- bzw. die Todesstrafe verhängt.

Die Situation in Italien war der in Spanien und Frankreich prinzipiell nicht unähnlich, wenn auch noch etwas unübersichtlicher. Dies galt insbesondere für den Süden. Bei der Gründung des Nationalstaates im Jahr 1861 war man hier von etwas wie einem staatlichen Gewaltmonopol denkbar weit entfernt. In der Literatur hat sich für diese Zeit der Begriff des *Grande Brigantaggio* etabliert. Hinter dem Begriff steht jedoch deutlich mehr als nur Bekämpfung von Räuberbanden. Vielmehr überlagerten sich hier soziale Aufstände, mit klerikal-reaktionärem, aber auch antizentralistischem und anarchistischem Widerstand gegen den liberalen Nationalstaat und proto-mafiöser Bandenkriminalität. Die ehemaligen Soldaten der bourbonischen Armee, aber auch ehemalige Mitglieder aus Garibaldis Truppen, schlossen sich auf der einen oder anderen Seite den Kämpfen an und erweiterten deren Ressourcen. So gelang es der Zentralregierung erst in einer fast über die gesamten 1860er Jahre dauernden Auseinandersetzung, die bürgerkriegsähnlichen Zustände mit massivem Militäreinsatz weitgehend zu beenden. Damit waren die 1870er und 1880er Jahre in Italien deutlich befriedeter, ohne dass es gelungen wäre, dem staatlichen Gewaltmonopol überall vollends zur Geltung zu verhelfen. Politisch motivierte Aufstände bekam der Staat in der Folgezeit weitgehend unter Kontrolle, die Struktur krimineller Banden jedoch, die ihre Geschäfte jenseits des Staates und im Zweifel gegen ihn betrieben, blieb davon weitgehend unberührt.

In allen Teilen Europas wurde über die gesamte zweite Hälfte des 19. Jahrhunderts hinweg immer wieder das Militär eingesetzt, um gegen Aufständische oder auch gegen streikende Arbeiter vorzugehen. In Deutschland galt das Militär bis 1890 bei Unruhen und Streiks „immer als die letzte Reserve der Polizei". Nach und nach ging gleichwohl die Verantwortung für die Aufrechterhaltung der öffentlichen Ordnung überall in Europa auf die Polizei über, die zu diesem Zweck nicht nur deutlich ausgebaut, sondern auch an die neuen Bedingungen und Aufgaben angepasst werden musste. So gab es etwa in Russland seit 1862 eine Reihe von Polizeireformen mit dem Ziel, diese erst in den Städten und dann auch in den ländlichen Gebiete für die Herstellung von Ordnung und den Kampf gegen Kriminalität zu befähigen. In Italien wurden die Carabinieri aus dem Militär herausgelöst und für zivile Aufgaben vorgesehen.

Ablösung des Militärs durch die Polizei als Ordnungsmacht

Der Aus- und Umbau der Polizei war ein Prozess, der zum Teil schon vor der Jahrhundertmitte begann und sich im 20. Jahrhundert fortsetzte. Jedoch verstärkte sich in vielen Ländern dieser Trend nach 1870 deutlich. Davon betroffen waren in erster Linie die großen Städte. Hier manifestierten sich am stärksten sowohl die alltäglichen Ordnungskonflikte, die mit dem rasanten Städtewachstum einhergingen, als auch die Angst vor politischen Konflikten. Tatsächlich waren es diese politischen Konflikte, die Anfang der 1870er Jahre dafür ausschlaggebend gewesen waren, die Berliner Polizei deutlich aufzustocken. Zwischen 1870 und 1890 stieg die Zahl der Berliner Exekutivbeamten von 100 auf über 3 000 an. Allein 1873 waren dort 670 Wachtmeister- und Schutzmannstellen neu geschaffen worden. Berlin lag damit in der Polizeidichte weit vor allen anderen deutschen Städten, die zwar ebenfalls die Polizei weiter ausbauten, aber auf deutlich niedrigerem Niveau und in deutlich geringerem Tempo. Auch in anderen europäischen Hauptstädten wurde die Polizei in den 1870er und 1880er Jahren nach und nach verstärkt. In Paris geschah dies zunächst etwas langsamer, da potenzielle politische Unruhestifter im Zuge der Nieder-

Aus- und Umbau der Polizei

schlagung der Kommune physisch vernichtet oder nachhaltig eingeschüchtert waren. In London gab es 1871 bereits über 10 000 Polizisten, allerdings auch bei einer Einwohnerzahl von über drei Millionen. In den 1870er und 1880er Jahren wurde diese Zahl noch einmal erheblich aufgestockt, was auch damit zusammenhing, dass sich die Behörden einer neuen Form der Bedrohung ausgesetzt sahen, nämlich durch terroristische Anschläge. Seit den ausgehenden 1860er Jahren begannen irische Nationalisten damit, Anschläge auf Ziele in England zu verüben, um so ihrer Forderung nach Unabhängigkeit Gehör zu verschaffen. Die irischen Nationalisten standen mit ihrer neuen Form von Gewalt keineswegs allein, vielmehr häuften sich seit den ausgehenden 1860er Jahren derartige Anschläge in vielen europäischen Ländern sowie in den USA und forderten den Staat auf eine ganz neue Art und Weise heraus. Mit der rasanten, auch transnationalen Verdichtung medialer Kommunikation konnten die Verursacher mit relativ begrenzten Mitteln erhebliche Aufmerksamkeit erringen. Anschläge auf gekrönte Häupter oder Präsidenten – auf Napoleon III. 1858 in Frankreich, 1878 auf Wilhelm I., 1881 auf Zar Alexander II. und einige andere mehr – erwiesen sich in dieser Hinsicht als besonders wirkungsvoll.

Neue Bedrohung durch terroristische Anschläge

Auch jenseits dieser Anschläge begannen anarchistische Gruppen darüber zu diskutieren, inwieweit individuelle Gewalt ein zweckmäßiges und wirksames Kampfmittel sein konnte. In Spanien schien manchen Gruppierungen nach dem Scheitern der ersten Republik im Jahr 1874 und der Abwendung von Ansätzen der Liberalisierung die Ausübung gezielter Gewalt als probates Mittel im Kampf mit dem Staat und den konservativen Eliten. Auch in anderen Ländern übte diese Form der Gewalt auf bestimmte Gruppierungen und einzelne Täter immer wieder Faszination aus. Doch der Preis dafür war hoch. In Deutschland reagierte der Staat nach dem Anschlag auf Wilhelm I. 1878 mit dem Sozialistengesetz und der Unterdrückung der Sozialdemokraten. In Russland folgte auf die Ermordung von Alexander II. umgehend eine restaurative Wende unter seinem reaktionären Nachfolger Alexander III. Die terroristische Gruppe „Narodnaja Volja", die mit dem Mord an Alexander II. ein revolutionäres Fanal setzten wollten, lieferten dem neuen Zaren den willkommenen Anlass, alle liberalen Bestrebungen zu unterdrücken und seit 1889 explizit Gegenreformen einzuleiten. Ausgehend von Großbritannien im Jahr 1883 erließen auch andere europäische Staaten wie etwa Deutschland, Österreich und Belgien in

Gewalt durch anarchistische Gruppen

den 1880er Jahren Gesetze gegen die Verwendung von Sprengstoff. In Frankreich begegnete der Staat der Anschlagswelle Anfang der 1890er Jahre mit einer Reihe von Gesetzesverschärfungen. Insbesondere in Spanien sahen Teile der anarchistischen Bewegung in der Anwendung von Gewalt ein probates Kampfmittel in der Auseinandersetzung mit dem Staat, auch weil dieser lange Zeit nicht stark genug war, um derartige Anschläge gänzlich verhindern zu können. Als sich jedoch 1909 im Zusammenhang mit einem von Anarchisten und Sozialisten organisierten Generalstreik in Barcelona die Gelegenheit bot, schlug der Staat auch hier schließlich erbarmungslos zurück.

Der Ausbau des Polizeiapparats erfolgte zwar nicht allein als Reaktion auf die Anschläge, stand aber damit durchaus im Zusammenhang. Damit einher ging zudem eine Verschiebung der Wahrnehmung derartiger Anschläge: Sowohl Kriminologen als auch die Polizei entkleideten die Taten diskursiv ihres politischen Charakters und ordneten sie der einfachen Kriminalität zu. In England wurde im Zusammenhang mit den Anschlägen der irischen Nationalisten bereits 1869 eine eigene Abteilung gegründet, die nach einer erneuten Welle von Attentaten irischer Nationalisten Anfang der 1880er Jahre auf fast 800 Personen vergrößert wurde. In Russland lieferte der Mord an Alexander II. den Anlass, die Geheimpolizei um- und auszubauen. Und auch in Berlin wurden die Polizeikräfte nach den Attentaten von 1878 weiter verstärkt. Damit, dass der Staat das Gewaltmonopol über den Ausbau seiner Polizei weiter an sich zog, rückte nun auch die Gewaltausübung des Staates gegenüber den eigenen Bürger:innen in den Blick. Der Umgang der Staaten mit diesem Problem erwies sich allerdings als sehr unterschiedlich. Insbesondere in England bemühten sich Regierung und Polizei vergleichsweise früh darum, ein positives Image der Ordnungshüter zu vermitteln. Die Idee, dass sich die Polizei vor der Öffentlichkeit legitimieren musste, hatte sich in England schon in der ersten Hälfte des 19. Jahrhunderts entwickelt. Mit der wachsenden Bedeutung der Polizei einerseits und dem Aufstieg der Massenpresse andererseits rückte polizeiliches Fehlverhalten, insbesondere Korruption und Gewaltausübung, in den 1870er und 1880er Jahren zunehmend in den Fokus der Öffentlichkeit und die Polizei zeigte sich sehr bemüht, Hinweise auf etwaiges Fehlverhalten ernst zu nehmen und abzustellen. Das bedeutete zwar nicht, dass es nicht auch weiterhin gewaltsame Übergriffe gegeben hätte, doch gelang es der englischen

Wachsende Bedeutung der Polizei

Polizei, sich auch außerhalb der Landesgrenzen den Ruf zu erwerben „the best police in the world" zu sein. Der freundliche englische Bobby wurde geradezu sprichwörtlich. Von einer auch nur annähernd vergleichbaren Reputation konnte insbesondere die Berliner, aber auch die Pariser Polizei nur träumen. Seit den 1880er Jahren geriet die Berliner Schutzpolizei zunehmend in die Kritik: Sie wurde nicht nur von den Sozialdemokraten als Disziplinierungsinstrument des Obrigkeitsstaates wahrgenommen, die im Zweifel wenig Skrupel hatte, rücksichtslos Gewalt einzusetzen. Auch die Pariser Polizei galt nicht gerade als zimperlich, doch setzte sich hier unter den republikanischen Politikern die Einsicht durch, dass ein republikanischer Staat auch eine republikanische Polizei brauchte, die allerdings auch nicht zwingend weniger gewaltsam vorging als eine monarchistische. Gleichwohl begann sich die französische Polizei seit den 1880er Jahren verstärkt an dem englischen Vorbild zu orientieren und die Politik und die Polizeiführung zielten darauf, die Polizisten als „gardiens de paix" gesellschaftlich zu verankern.

Gewalt im Prozess der inneren und äußeren Staatsbildung

Die Verbindung zwischen der Ausübung von Gewalt und dem Prozess der äußeren und inneren Staats- und Nationsbildung erweist sich somit ausgesprochen vielschichtig. Sie ging nicht in der zentralen Rolle militärischer Gewalt im Kontext der äußeren Staatsbildung und -sicherung auf. Bei der Niederschlagung der Pariser Kommune zeigte die französische Regierung den Willen, über massive Gewaltanwendung auf Dauer „Ruhe und Ordnung" herzustellen – ein Signal, das auch weit über die französischen Grenzen hinaus Wirkung zeigte. Sich mit Hilfe von Gewalt gegen Regierungen und Obrigkeiten aufzulehnen, war zu einem unkalkulierbaren Risiko geworden. Die nur von wenigen geteilte Hoffnung, mit gezielter Gewalt in Form terroristischer Anschläge Veränderungen herbeiführen zu können, erwies sich angesichts der gewachsenen staatlichen Möglichkeiten zur Vergeltung als zunehmend naiv und absurd. Die Zivilisierung des Polizeiapparates wurde allerdings mit ihrem Ausbau in gleicher Weise zu einer dauerhaften Herausforderung.

2.2 Ausbau und Grenzen des (nationalen) Staates

Der Code Civil

Am Ende seines Lebens wusste Napoleon, dass es nicht seine gewonnenen Schlachten, sondern der Code Civil sein würde, der „durch nichts zu löschen" sei. Mit dem Code Civil hatte Napoleon tatsächlich das maßgebliche Modell einer für den Nationalstaat geltenden Rechtskodifikation geschaffen, mit der die unüberschaubare Vielzahl von Einzel- und Sonderrechten des Ancien Régime aufgehoben und durch ein einheitliches Gesetzeswerk ersetzt wurde. Jenseits des britischen Common Law war damit ein Vorbild entstanden, an dem sich die meisten europäischen Nationalstaaten orientierten – wenn auch mit sehr unterschiedlichem Tempo. Schweden legte bereits 1826 einen Code Civil vor, Italien 1864, Spanien 1889, in Deutschland lag das BGB im Jahr 1900 vor und die Schweiz ließ sich bis zum Jahr 1907 Zeit.

Rechtsvereinheitlichungen waren im Zuge der inneren Staatsbildungsprozesse nicht nur im Zivilrecht, sondern in allen Rechtsbereichen notwendig. Schließlich gehört die Schaffung eines einheitlichen Rechtsraums zu den zentralen Voraussetzungen für die Herausbildung eines Gemeinwesens, das die Beziehungen zwischen dem Staat und der Bevölkerung, aber auch zwischen den Bürger:innen selbst immer weiter verdichtete. Erst damit verschaffte sich der Staat immer mehr Zugriff auf die Bevölkerung, weckte aber gleichzeitig auch immer mehr Erwartungen an den Staat. *Rechtsvereinheitlichungen*

Bildete also der Prozess der Rechtsvereinheitlichung für alle Nationalstaaten des 19. Jahrhunderts eine zentrale Herausforderung, waren Italien und Deutschland durch den Einigungsprozess damit in besonderer Dringlichkeit konfrontiert. Italien konnte es sich allerdings anders als Deutschland leisten, dabei mit dem größtmöglichen Pragmatismus vorzugehen: Die politischen Institutionen mitsamt der Verwaltung und den Gesetzen wurden schlicht vom Königreich Sardinien/Piemont mit geringen Änderungen und kurzen Übergangsfristen auf ganz Italien übertragen. Die übrigen Gebiete Italiens waren zu schwach und nicht zuletzt rechtlich so wenig entwickelt, dass sie dem keinen Widerstand entgegensetzen konnten. Anders im deutschen Fall: Neben der neuen Verfassung mussten hier viele Rechtsbereiche und administrative Fragen in oft langwierigen Prozessen zwischen Preußen und den anderen Staaten neu verhandelt werden. *Deutschland und Italien*

Ein Punkt, der die Komplexität der Nationalisierungsprozesse gerade auf der rechtlichen Ebene in besonders prägnanter Weise zeigt, war das Staatsbürgerrecht. Dabei ist es zunächst überraschend, dass mit Gründung des Deutschen Reichs kein zentrales und einheitliches Staatsbürgerrecht entstand. Grundsätzlich war die Staatsangehörigkeit zu Beginn des 19. Jahrhunderts auf territo- *Staatsbürgerrecht* rialer Basis eingeführt worden und als Angehöriger dieser Territorien wurde man dann durch die Reichsgründung mittelbar deutscher Staatsbürger. Für Italien regelte der italienische Code Civil von 1865 die Staatsbürgerschaft und gründete sie im Wesentlichen – in der Tradition des Code Napoleon – auf das *jus sanguinis*. Napoleon hatte das alte auf dem Territorialprinzip beruhende Staatsbürgerrecht des Ancien Régime ursprünglich im Sinne des Abstammungsrechts reformiert. Da Frankreich aber aufgrund eines deutlich geringeren Bevölkerungswachstums fürchtete, insbesondere gegenüber Deutschland ins Hintertreffen zu geraten, reformierte der Gesetzgeber dort 1889 das Staatsbürgerschaftsrecht gründlich. Nachdem bereits 1851 und 1867 in größeren Schüben den in Frankreich lebenden Ausländern die französische Nationalität zugesprochen worden war, führte die Republik mit dem Gesetz von 1889 das *jus solis* als neue Basis für die Staatsbürgerschaft ein. Frankreich gewann auf diese Weise insbesondere die vielen italienischen Einwanderer für sich, ein Umstand, der die italienische Regierung wiederum veranlasste, ihr Staatsangehörigkeitsrecht partiell dem französischen anzugleichen. Nationalstaaten konnten offensichtlich sehr flexibel dabei sein, ideelle Nationsvorstellungen und konkrete Interessen miteinander in Verbindung zu bringen.

Zusammenhang von Nationsbildung und sozialer Kommunikation

Der tschechisch-amerikanische Politikwissenschaftler Karl W. DEUTSCH war einer der ersten, der den engen Zusammenhang von Nationsbildung und sozialer Kommunikation herausgearbeitet hat. Eine Nation musste zuallererst kommunikativ hergestellt werden, um Realität werden zu können. Dies galt für Nationen, die sich zusammenschließen wollten, genauso wie für solche, die nach Abspaltung strebten. Die „vorgestellte Gemeinschaft" der Nation musste sich kommunikativ manifestieren. Für Italien wie für Deutschland ist über viele Jahrzehnte hinweg zu verfolgen, wie in vielfältiger Form darüber geschrieben und gestritten wurde, wie die künftige Nation beschaffen sein sollte. Auch dieser Prozess der kommunikativen Nationsbildung endete keineswegs mit der Staatsgründung, sondern setzte damit erst richtig ein. Dies galt für das Postwesen genauso wie für die Presse sowie für die Infrastruktur. „Erst die Eisenbahnen rissen die Nation aus ihrem Stillleben", so der Historiker Heinrich von Treitschke, „sie vollendete, was der Zollverein begonnen hatte, sie griffen in alle Lebensgewohnheiten so gewaltig ein, daß Deutschland schon in den vierziger Jahren einen völlig verän-

Eisenbahnen als Kommunikationsnetze

derten Anblick bot."² Und Bismarck sprach 1871 von den Eisenbahnen als „stählernen Sehnen" der Nation. Ganz analog nannte ein französischer Beamter 1867 die Straßen und Eisenbahnen die „grands moteurs de la civilisation" [zit. n.: 2.2: WEBER, 197].

Gerade in Deutschland zeigte sich aber, wie hart umkämpft die Oberhoheit über die Eisenbahn war. Für Bismarck war klar, dass die Aufsicht über die Eisenbahn beim Reich liegen musste, während die Länder – insbesondere Bayern und Sachsen – verbissen um ihre Landeshoheit in diesem Bereich kämpften. Die Kompetenzstreitigkeiten zogen sich über viele Jahre und stehen exemplarisch für viele weitere Auseinandersetzungen zwischen der Reichsregierung und den Einzelstaaten. Deutschland bildete in dieser Hinsicht zwar eine gewisse Ausnahme, grundsätzlich aber zeigt sich an den Regionen vielleicht am deutlichsten die Herausforderung der Nationsbildung. Denn der konstruktivistische Charakter der Nation bringt es mit sich, dass Regionen grundsätzlich immer den Anspruch erheben können, selbst eine Nation zu sein und entsprechend nach eigener Unabhängigkeit streben. Die war jedoch in aller Regel nicht im Horizont der zeitgenössischen europäischen Nationalbewegungen und Vertreter der Nationalstaaten. Aus deren Perspektive erschienen die Regionen als ein Übergangsphänomen, die sich im Zuge der politischen, kulturellen und ökonomischen Homogenisierung der Nation ganz in diese eingliedern würden. Grundsätzlich war diese Perspektive auch nicht unbedingt falsch, gleichwohl erwies sich dieser Prozess als zum Teil sehr spannungsreich und langfristig als keineswegs unumkehrbar.

Spannungsverhältnis von Region und Nation

In Deutschland ging es nach der Reichsgründung zunächst darum, die unterschiedlichen Einzelstaaten in den neuen Gesamtstaat einzugliedern. Faktisch war die Reichsgründung kein wirklich demokratischer Zusammenschluss der vorgestellten Nation, sondern eine Angliederung der Einzelstaaten an das übermächtige Preußen. In diesem Sinne war das Deutsche Reich auch eher ein „Fürstenstaat" als ein „Volksstaat". In der Reichsverfassung spiegelte sich diese Dichotomie durchaus wieder. Auf der einen Seite wurde der Reichstag nach allgemeinem gleichen Männerwahlrecht gewählt. Damit gehörte Deutschland auf dieser Ebene zu den demokrati-

Föderales Kaiserreich

---

2 Heinrich von TREITSCHKE, Deutsche Geschichte im neunzehnten Jahrhundert. Bd. IV. Leipzig 1889, 581.

schen Vorreitern in Europa und lag auf diese Weise weit vor Großbritannien. Allerdings hatte der Reichstag – wie noch zu erläutern sein wird – nur relativ geringen Einfluss. Daneben bestand auf der anderen Seite der Bundesrat, in dem die föderalen Einzelstaaten einen ganz erheblichen Einfluss auf die Gesetzgebung behielten. Aus der Entwicklung der ersten Hälfte des 19. Jahrhunderts heraus, als der Deutsche Bund als eine Art Bollwerk gegen den Nationalstaat fungierte, hatte der Föderalismus eine tendenziell anti-demokratische Stoßrichtung. Demgegenüber manifestierte sich im Reichstag der demokratisch ausgedrückte Wille der (männlichen) Bevölkerung. Eine weitere wichtige Rolle für die Eingliederung der Regionen in den neuen Nationalstaat spielte die kulturelle Ebene. Die Verbundenheit mit der Region wurde nun vorrangig auf kultureller Ebene ausgedrückt und auf diese Weise entpolitisiert. In regionalen Feiern, in Heimatvereinen und nicht zuletzt in den Schulbüchern wurde die kulturelle Identität der unterschiedlichen Regionen betont und gepflegt, ja in gewisser Weise sogar noch gestärkt. Regionale Identität und Loyalität gegenüber dem neuen Staat mussten auf diese Weise kein Widerspruch sein, sondern konnten sich gegenseitig stärken.

Zentralistisches Frankreich

Den klarsten Gegenpol in Europa zum föderal aufgebauten Kaiserreich bildete das zentralistische Frankreich. Schon Tocqueville hatte betont, dass es zu den paradoxen Ergebnissen der Revolution gehört, dass sie den im Absolutismus begründeten Zentralismus noch einmal deutlich stärkte. Unter den vielen Bestrebungen, eine einheitliche Nation mit einem klaren Zentrum zu schaffen, sei hier nur die vom Abbé Grégoire vorangetriebene Politik genannt, die Dialekte und Regionalsprachen radikal zugunsten eines vereinheitlichten Französisch zurückzudrängen. Zwar sprach auch in den 1860er Jahren in einem Drittel aller Départements die Mehrheit der Bevölkerung kein Französisch. Doch der Anspruch des Staates war seit der Revolution klar formuliert und zeitigte in der III. Republik mit der zunehmenden Durchsetzung der Schulpflicht auch Erfolge. Gleichzeitig erwies sich allerdings in manchen ländlichen Regionen das *patois* – die jeweilige lokale Sprachvariante – als enorm resistent. Es werde eine Menge Wasser unter den Brücken der Corrèze hindurch fließen, bevor die Bauern dort tatsächlich Französisch sprächen, so ein zeitgenössischer Beobachter im Jahr 1895. Tatsächlich wird angesichts des übermächtig erscheinenden Anspruchs auf Durchsetzung des Nationalstaats leicht übersehen, wie weit dieser in vielen Regionen auch am Ende des 19. Jahrhunderts noch entfernt war. „Vaterland" sei ein schönes Wort, das jeden elektrisiere – bis auf den Bauern, so ein anderer Zeitgenosse im Jahr 1884. Im Wahlkampf von 1889 ließ der nationalistische General Boulanger in der Region von Dünkirchen Plakate mit der Aufschrift drucken „Vive la patrie. Leve het Vaterland", was flämische Nationalisten zu der Reaktion provozierte, man sei Flämisch und nicht Französisch, und ihr Vaterland sei Flandern und nicht Frankreich [2.2: WEBER, 100].

Gilt also schon für den scheinbar modellhaft zentralistischen Zentralstaat Frankreich, dass der innere Nationsbildungsprozess ein zäher, und auch Ende des 19. Jahrhunderts nicht abgeschlossener Prozess war, ist unmittelbar einleuchtend, dass in Staaten mit anderen Traditionen und weniger Durchgriffsmöglichkeiten die regionale Identität eine weit größere Rolle spielte als die Bindung an die Nation. Gleichwohl galt Frankreich vielen Staaten als das Modell des modernen Zentralstaates, dem es nachzueifern galt. Vor allem die Nachbarstaaten Italien und Spanien richteten sich – trotz sehr unterschiedlicher Voraussetzungen und mit durchaus problematischen Ergebnissen – an dem zentralistischen französischen Modell aus. Für Italien ist in dieser Hinsicht sogar gefragt worden, ob die Eingliederung des Südens unter dem Begriff des Kolonialismus gefasst werden kann. Den Hintergrund dieser Frage bildet nicht zuletzt das brutale Vorgehen der italienischen Armee im Zuge des *grande brigantaggio*, als es unter dem Vorwand der Bekämpfung des Bandenwesens vor allem darum ging, den Süden unter die Kontrolle der Zentralregierung zu bringen. Auch administrativ bewies die italienische Regierung unter der Führung der piemontesischen Oberschicht dominierten *destra storica* (historische Rechte, so bezeichnet, um sie von späteren rechten Bewegungen zu unterscheiden) zunächst wenig Fingerspitzengefühl gegenüber dem Süden: Im Wesentlichen wurde dieser dem piemontesischen Staat angeschlossen. Aus der Perspektive der wohlhabenden Ober- und Mittelschicht Norditaliens war der Süden ein zutiefst rückständiges Gebiet, das sich nur sehr mühsam zivilisieren lassen würde. Entsprechend langsam ging auch der Ausbau der Infrastruktur hier voran und die wenigen Eisenbahnlinien, die gebaut wurden, dienten zunächst vor allem dazu, Arbeitskräfte vom Süden in den Norden zu transportieren. Erst nach dem Regierungswechsel von 1876, als mit der *sinistra storica* auch Vertreter des Südens in die Regierung eintraten, verän-

Spanische und italienische Versuche des Aufbaus eines Zentralstaates

derte sich die Perspektive, auch wenn sich der Topos vom rückständigen Süden, aber auch dessen strukturelle Benachteiligung sich letztlich bis in die Gegenwart gehalten hat.

Staat und Regionen in Spanien

Spanien versuchte, sich bereits im 18. Jahrhundert am zentralistischen Modell Frankreichs zu orientieren, doch bestand hier in noch weit höherem Maße als in Frankreich und auch als in Italien eine Vielzahl regionaler Sonderrechte. Der Versuch des Aufbaus eines modernen Zentralstaats nach dem Vorbild des Nachbarlandes erwies sich so auch im 19. Jahrhundert als ungleich schwieriger. Da die Alphabetisierung nur sehr langsam vorankam, blieb schon die Durchsetzung einer einheitlichen Nationalsprache Illusion. Eine entscheidende Rolle spielte zudem die Tatsache, dass die Regionen im 19. Jahrhundert noch einmal einen ganz neuen Schub in Richtung Eigenständigkeit erhielten. Dies hing zum einen damit zusammen, dass der Zentralstaat im Zuge des Bestrebens, den Rechtsraum zu vereinheitlichen, noch verbliebene Sonderrechte abschaffte. Davon betroffen waren 1876 als letzte die Basken, die damit althergebrachte Steuerprivilegien verloren. Zum anderen verzeichneten allen voran Katalonien und wiederum das Baskenland – beide weit entfernt von der Zentralregierung – erhebliche Erfolge bei der Industrialisierung und entwickelten damit ein ganz neues Selbstbewusstsein. In Katalonien hatte sich bereits seit der Mitte des 19. Jahrhunderts ein neues Bewusstsein für die katalanische Kultur, Geschichte und Sprache entwickelt. Dadurch, dass die Katalanen zudem in den Jahren 1868–1874 maßgeblich am Versuch einer revolutionären Erneuerung Spaniens beteiligt waren, lud sich das kulturelle Selbstbewusstsein politisch auf. Aus der Bewegung zur Stärkung der katalanischen Kultur entwickelte sich eine politische Autonomiebewegung und damit die Theorie vom „nationalen Regionalismus". Nach dieser stellte man zwar den spanischen Staat nicht in Frage, verwarf aber die Vorstellung einer spanischen Nation und beanspruchte entsprechend den Status einer Nation, dem durch weitgehende Autonomierechte Rechnung getragen werden sollte. Die Tatsache, dass über ein Viertel der spanischen Streitkräfte in Katalonien stationiert war, belegt zudem, für wie gefährlich man die Situation von Madrid aus einschätzte, zumal es auch in anderen Regionen Spaniens in den 1870er Jahren bereits zu vereinzelten regionalen Aufständen gegen die Zentralregierung gekommen war. Vor diesem Hintergrund entstand in den 1880er Jahren eine breit in der katalanischen Bevölkerung verankerte Bewegung, die eine sehr weitgehende politische Autonomie forderte und auf diese Weise den Grundstein für den letztlich bis heute dauernden Konflikt mit der Zentralregierung legte. Ähnliches galt für das Baskenland, wo sich in den 1890er Jahren eine vergleichbare Bewegung bildete, die sich einerseits als Bewahrer alter Rechte und kultureller Traditionen gab und andererseits den durch die Industrialisierung gewonnenen Wohlstand nicht vergemeinschaften wollte.

Am spanischen Beispiel lässt sich gut erkennen, wie die vermeintlich klare Grenze zwischen einem Nationalstaat und einem Vielvölkerstaat brüchig werden kann. Gleichwohl entwickelte der „regionale Nationalismus" hier nicht solche zentrifugalen Kräfte, dass die Einheit des Staates bedroht gewesen wäre. Ganz anders lagen die Dinge im Bereich der Habsburgermonarchie und des Osmanischen Reichs. Während letzteres schon lange nicht mehr in der Lage war, sein Gebiet zu kontrollieren, geschweige denn moderne staatliche Strukturen darin aufzubauen, versuchte sich Österreich-Ungarn zunächst gegen die aufkommenden Nationalismen innerhalb des Reiches zu stemmen. Doch zwischen den wachsenden Ansprüchen der verschiedenen Volksgruppen nach Gleichberechtigung und dem Streben der deutsch-österreichisch geprägten Regierung ein modernes Staatswesen aufzubauen, gelang es nur sehr eingeschränkt, ein tragfähiges staatliches Modell zu entwickeln. Spätestens seit der Revolution von 1848/49 hatte sich die Frage nach dem Zusammenhalt des Staates und des Verhältnisses der unterschiedlichen Nationen oder Volksgruppen untereinander und zum Gesamtstaat gestellt, ohne dass sich eine Lösung abzeichnete. Nach den Niederlagen in den Kriegen gegen die Koalition aus Sardinien-Piemont und Frankreich im Jahr 1859 sowie gegen Preußen im Jahr 1866 war die Zentralregierung erheblich geschwächt. Damit war die von der deutsch-österreichischen Führungselite angestrebte Zentralisierung des Staates bei möglichst weitgehendem Abbau von Sonderrechten für die Regionen und Volksgruppen gleichsam unmöglich geworden. Doch statt sich für eine radikale Gegenposition zu entscheiden und die Habsburgermonarchie in einen modernen föderativen Staat umzugestalten, suchte die Regierung lediglich den Ausgleich mit Ungarn ohne Berücksichtigung der anderen Nationalitäten und Volksgruppen.

Infolge der im Jahr 1867 getroffenen verfassungsrechtlichen Vereinbarungen zwischen Österreich und Ungarn entstand eine

Staatsbildung in den Imperien

Habsburgermonarchie

Sonderentwicklung in Österreich-Ungarn

höchst eigenwillige staatliche Gesamtkonstruktion. Zunächst wurde das Reich in zwei weitgehend unabhängige Staatsgebiete – das österreichische und das ungarische – mit jeweils eigenen Parlamenten und Ministerpräsidenten aufgeteilt. Zusammengehalten wurde das Gebilde zum einen durch den Monarchen, der zugleich als Kaiser von Österreich und König von Ungarn fungierte, sowie durch ein gemeinsames Außen- und Verteidigungsministerium und eine für diese Belange notwendige gemeinsame Finanzverwaltung. Ungarn verstand sich dabei als eine Art Nationalstaat innerhalb der sogenannten k. u. k- Monarchie und verfolgte – trotz des ihrerseits wiederum mit den Kroaten getroffenen Ausgleichs – eine Politik der nationalistischen Durchherrschung (Magyarisierung), die spätestens seit den 1880er Jahren zu zunehmenden Spannungen insbesondere mit der kroatischen Minderheit führte. Im österreichischen bzw. cisleithanischen Teil der Doppelmonarchie dominierte dagegen die deutschstämmige Bevölkerung, die zwar die stärkste Bevölkerungsgruppe, aber mit rund 36 % keineswegs die Mehrheit stellte. Auch wenn den Nationalitäten die Benutzung der eigenen Sprachen durch das Nationalitätengesetz von 1868 in den Schulen ihrer jeweiligen Sprachgebiete gestattet wurde, blieb ihnen eine eigene politische Vertretung verwehrt. Insbesondere die tschechische Bevölkerung sah sich auf diese Weise deutlich benachteiligt und forderte eine ebenso weitgehende Selbstständigkeit, wie sie den Ungarn mit dem Ausgleich zugestanden worden war. Das so geschaffene Staatsgebilde überdauerte zwar die Zeit bis zum Ersten Weltkrieg, doch eine wirklich zukunftsweisende staatliche Gesamtkonstruktion, die den politischen und kulturellen Ansprüchen der verschiedenen Volksgruppen gerecht geworden wäre, entstand dadurch nicht.

Staatsbildung im Zarenreich

Für Russland schließlich stellte sich die Frage nach dem Zusammenhalt des Staates und nach der Reichweite der Zentralgewalt noch einmal deutlich anders. Zunächst war es angesichts der schieren Größe des Reichs für die russische Zentralregierung sehr viel schwieriger, aus den Bauern und Bäuerinnen des Riesenreichs russische Staatsbürger:innen zu machen. Zudem umfasste das russische Reich des 19. Jahrhunderts eine Vielzahl von Gebieten, die selbst mehr oder weniger massiv auf eine eigene nationale Unabhängigkeit drängten – allen voran die Polen, aber auch Galizier oder Ukrainer. Prinzipiell dem Agieren der Nationalstaaten nicht unähnlich, versuchte auch Russland zunehmend, sein Territorium unter staatlichen Zugriff zu bekommen. Die großen Reformen der

1860er und 1870er Jahre – Abschaffung der Leibeigenschaft, Schaffung von mehr Rechtssicherheit durch Justizreformen, Schaffung von effizienteren Verwaltungsstrukturen, Militärreformen – sollten das Land insgesamt effizienter und handlungsfähiger machen. Dieser Anspruch auf eine Stärkung der Zentralverwaltung war schließlich auch mit einer Russifizierung des Reichs verbunden, für die wiederum die Sprachenpolitik zentral war. Das Russische sollte die anderen Sprachen verdrängen: 1863 wurden Polnisch, Litauisch und Ukrainisch verboten. 1871 wurde in den Siedlungsgebieten der Deutschen an der Wolga und am Schwarzen Meer das Russische zur Amtssprache erhoben, 1887 wurde das Deutsche auch als Unterrichtssprache im Baltikum verdrängt. Ein anderes Element war eine neue Praxis der monarchischen Repräsentation. Die Krönungsfeierlichkeiten Alexanders III. im Jahr 1883 setzten hier ganz neue Akzente: Die Krönung wurde als Vereinigung des Zaren mit dem russischen Volk in Szene gesetzt und ein Massenpublikum geladen. Für 600 Dorfälteste wurde im Anschluss an die Krönung ein Essen gegeben und die gesamten Feierlichkeiten mit der zelebrierten Nähe von Volk und Herrscher wurden in vielfacher Form medial verbreitet.

Politik der Russifizierung

Diese inszenierte Nähe hatte mit der Realität gleichwohl nur wenig zu tun. Der Zar war nicht nur weit abseits von der Lebenswirklichkeit der Bauern, auch die zaristische Verwaltung war in vielerlei Hinsicht denkbar weit von den Städten und Dörfern entfernt. Schon das Bestreben, über eine Volkszählung statistisches Material über die Bewohner des Landes zu erhalten, war nicht einfach einzulösen. Die militärischen Erfolge der preußischen und dann der preußisch-deutschen Armee in den Einigungskriegen zwischen 1864 und 1871 schienen den Erfolg von effizienten Strukturen in Kombination mit einer allgemeinen Wehrpflicht zu belegen. Eine Volkszählung wäre dafür eine wichtige Grundlage gewesen, doch wurde die aus verschiedenen Gründen immer wieder verschoben und erst 1897 erstmals durchgeführt. Entsprechend wenig hatte auch bei der 1874 eingeführten Wehrpflicht der formulierte Anspruch, „alle ohne Unterschied des Berufs oder Standes" [2.6: Von Hirschhausen/Leonhard, 87] dazu heranzuziehen, mit der Wirklichkeit zu tun. So folgte die Einberufung vielen Logiken, aber nicht unbedingt der von Wehrgerechtigkeit und Effizienz. Ein zentrales Problem bestand darin, die unterschiedlichen Ethnien in die Armee einzubauen. Grundsätzlich waren die meisten ethnischen Gruppen (mit Ausnahme der Finnen und Kosaken) in die Wehrpflicht eingeschlossen, doch zum einen blieben die sogenannten „Großrussen" (außer Russen auch Weißrussen und Ukrainer) klar dominant, zum anderen blieben die verschiedenen Gruppen schon aus sprachlichen Gründen weitgehend getrennt voneinander. Insbesondere galt dies für die Polen, die zudem in der Regel möglichst fern der Heimat im Osten des Reichs stationiert wurden. Einen nationalisierenden Effekt hatte die russische Armee auf diese Weise nicht. Dazu war die Zahl der Wehrdienstleistenden zu gering und die Armee bildete durch die vielfachen Möglichkeiten der Bevor- und Benachteiligung der Wehrfähigen keinen realen Schmelztiegel oder auch nur ein Symbol für die Reichseinheit. Wurde in den westeuropäischen Staaten viel Wert darauf gelegt, die Armee zu einer nationalen Institution mit möglichst großem gesellschaftlichen Ansehen zu machen, blieb die russische Armee tendenziell ein isolierter Fremdkörper.

Wehrpflicht im Zarenreich

Für die polnischen Gebiete zeigte sich schließlich noch einmal in zugespitzter Form, wie schwierig eine Durchsetzung von Staatlichkeit dann war, wenn nicht nur die Zentrale weit, sondern auch der Widerstand der Bevölkerung groß war. Nach den Aufständen von 1863/64 war die Petersburger Regierung sehr darauf bedacht, die Schlüsselfunktionen in Verwaltung, Militär, Polizei und Bildung mit nicht-polnischen Beamten zu besetzen. Diesen war durchaus bewusst, dass sie auf die Zusammenarbeit mit den lokalen Eliten angewiesen waren und bemühten sich entsprechend darum. Doch der Erfolg blieb begrenzt und zu einer tatsächlichen „Durchstaatlichung" durch die russische Zentrale kam es hier kaum. Doch auch in den Nationalstaaten, sei es in Ostpreußen, in Süditalien oder in vielen anderen Gebieten fern der Zentrale blieb der Prozess, den Staat „in die Fläche" zu bringen, noch für lange Zeit mühsam und unabgeschlossen.

Widerstand in Polen

2.3 Kulturkämpfe

Aus deutscher Perspektive ist der Begriff „Kulturkampf" eng an die Auseinandersetzung des von Bismarck geführten Preußen-Deutschland mit der katholischen Kirche gebunden. Tatsächlich prallten hier die umfassenden Ansprüche des protestantisch geprägten, neuen Staates auf die überkommenen Machtansprüche der katholischen Kirche. Doch grundsätzlich ging es um weit mehr: Zum einen

Konflikt zwischen Staat und katholischer Kirche

handelte es sich um einen tiefgreifenden gesellschaftlichen Konflikt um die Rolle von Kirche und Religiosität in einer Gesellschaft im Umbruch zur Hochmoderne, und zum anderen war der Konflikt keineswegs auf Deutschland beschränkt. Im Jahr 1902 schrieb der katholische Theologe Albert Ehrhard, „in ganz Europa" gebe es tiefgreifende Konflikte zwischen den Regierungen und der katholischen Kirche, so dass man rückblickend vielleicht einmal vom „Zeitalter der Kulturkämpfe" sprechen werde.[3]

Zeitalter der Kulturkämpfe

Maßgeblicher Treiber des Konflikts zwischen Staat und katholischer Kirche waren die Regierungen als zentrale Akteure der Nationalisierungsprozesse, von denen die europäischen Nationalstaaten des 19. Jahrhunderts zunehmend geprägt waren. In den Kulturkämpfen spiegelte sich aber auch die Auseinandersetzung zwischen einem sich fortschrittlich gebenden Liberalismus und einem Katholizismus wider, der den großen Veränderungen des 19. Jahrhunderts – der Liberalisierung, der Demokratisierung, der Industrialisierung, insgesamt dem Durchbruch zur Moderne – zumindest mit Distanz gegenüberstand, wenn er sie nicht gar aufs heftigste zu bekämpfen versuchte. Da all diese Entwicklungen weite Teile Europas – wenn auch in unterschiedlicher Weise und unterschiedlichem Tempo – betrafen und die katholische Kirche und der Katholizismus ebenfalls transnationale Phänomene waren, erwies sich auch der Konflikt unweigerlich als europäisch. Besonders heftig fiel der Streit zwangsläufig dort aus, wo die Staatsmacht und der Liberalismus eine zeitweilige oder dauerhafte Koalition eingingen, wie etwa in Italien, Deutschland, der Schweiz und in Frankreich. Aber auch dort, wo die Verbindung zwischen Staat und katholischer Kirche weiterhin eng blieb – so insbesondere in Spanien –, war der Konflikt nicht nur grundsätzlich angelegt, sondern er manifestierte sich auch in Gesetzen und im Alltag. Prinzipiell galt dies zwar auch für Österreich, wo der Konflikt allerdings vergleichsweise wenig konfrontativ ausgetragen wurde. Die skandinavischen Staaten und Großbritannien blieben schließlich so gut wie ganz vom Kulturkampf verschont, da der Konflikt vor dem Hintergrund der protestantischen Staatskirchen nicht in der entsprechenden Form ausbrechen konnte.

Europäische Gemeinsamkeiten und Unterschiede

---

[3] Albert EHRHARD, Der Katholizismus und das 20. Jahrhundert im Lichte der kirchlichen Entwicklung der Neuzeit. Stuttgart 1902, 287.

Im Kern ging es dabei überall um die Rolle der Kirche und der Religion im Staat, in der Gesellschaft, aber auch für die einzelnen Individuen. Die Liberalen wollten den Einfluss der Kirche zurückdrängen oder ganz eliminieren und Religion im Wesentlichen privatisieren. Öffentliche Institutionen, insbesondere die Schule, sollten verweltlicht werden, Wissenschaft und Forschung von kirchlicher Einmischung oder Bevormundung befreit werden. Umgekehrt bedeutete das aber auch, dass die Bürger:innen frei von Zwang ihre Religion ausüben und Minderheiten vor Diskriminierung geschützt werden sollten. Die Spannbreite zwischen dem Streben nach einer bloßen Eindämmung der Macht der Kirche bis zur Forderung nach völliger Trennung von Staat und Kirche war dabei innerhalb Europas ganz erheblich und auch zwischen Liberalen, Demokraten und aufkommenden Sozialisten zum Teil hoch umstritten. Dabei verlief zwar insgesamt eine Frontstellung zwischen den staatlichen Ansprüchen und einer „fortschrittlichen" Weltanschauung auf der einen und den Kirchen und der Religion auf der anderen Seite, doch stand die Auseinandersetzung mit dem Katholizismus im Zentrum des Konfliktes. Der Kirchenstaat mit dem Papst an der Spitze hatte seit jeher politische Macht beansprucht und verkörperte geradezu die Vermischung von weltlicher und religiöser Macht. Zwar gab es innerhalb des Katholizismus tiefgreifende Auseinandersetzungen um die Frage seiner Haltung zum Liberalismus und zu den rasanten Veränderungen des 19. Jahrhunderts. Als die italienische Einigung den Kirchenstaat und die weltliche Herrschaft des Papstes bedrohte, reagierte Papst Pius IX. jedoch in aller Schärfe und Klarheit. Mit dem *Syllabus errorum* aus dem Jahr 1864 erklärte er nicht nur jede Form des modernen Liberalismus und Rationalismus zu einem Irrtum, sondern er wies auch alle staatlichen Forderungen nach Minderung des kirchlichen Einflusses zurück.

Thomas Nipperdey und andere haben argumentiert, dass der Antikatholizismus ein „Jahrhunderttatbestand" und nicht von den „besonderen Prägungen des Katholizismus" abhängig gewesen sei.[4] Gleichwohl kann kaum ein Zweifel sein, dass diese Art eines christlichen Fundamentalismus, wie er sich im *Syllabus* niederschlug, den Staat und den Liberalismus in einer Weise herausfordern musste, wie es ein moderater Katholizismus kaum vermocht hätte. Denn auch die protestantische Kirche war durchaus bestrebt, ih-

---

4 Thomas Nipperdey, Deutsche Geschichte 1800–1866. München 1983, 415.

ren Einfluss im modernen, liberalen Staat zu halten, und selbst innerhalb des Katholizismus gab es liberale Strömungen, die auf eine Öffnung der Kirche hin zur Moderne setzten. Diese wurden jedoch durch die Politik des Heiligen Stuhls im Zuge des *Syllabus* und der Uniformierung durch Ultramontanisierung marginalisiert, um die eigenen Reihen zu schließen und als christliches Bollwerk gegen die Moderne aufzutreten. Andererseits lebte der bürgerliche Antiklerikalismus schon 1789 und in den deutschen Ländern in den 1830er Jahren auf, viele Jahrzehnte vor dem *Syllabus*.

Die vielleicht heftigsten Auseinandersetzungen zwischen Staat und katholischer Kirche gab es zunächst in Italien, da hier die Nationalstaatsbildung und der Anspruch der katholischen Kirche am unmittelbarsten gegeneinander gerichtet waren. Die liberale Nationalbewegung stand sowohl ideologisch als auch von ihren staatlichen Zielen her der katholischen Kirche und dessen Kirchenstaat diametral gegenüber. Die Säkularisation, also partielle Enteignung der Kirche, gehörte zu den ersten Maßnahmen des 1861 gegründeten italienischen Nationalstaats. Diese setzte damit in Italien deutlich später ein als in anderen europäischen Staaten, fiel dafür aber auch radikaler aus. Der durch teure Kriege verschuldete Staat konnte sich damit finanziell sanieren. Zugleich folgte das Vorgehen gegen die Kirche der liberalen Programmatik.

Auseinandersetzungen in Italien

Als 1870 französische Truppen, die die Integrität des Kirchenstaats geschützt hatten, im Zuge des deutsch-französischen Krieges abgezogen wurden und italienische Truppen Rom übernahmen, kam der liberal-nationalistische Traum eines einigen Italiens mit der Hauptstadt Rom schließlich an sein Ziel. Das Verhältnis zu „Rom" veränderte sich damit in grundlegender Weise: Nach der endgültigen Einverleibung des Kirchenstaates bemühte sich der italienische Nationalstaat fortan darum, das Verhältnis zur Kirche neu zu ordnen und zu einer Art friedlichen Koexistenz mit der Kirche zu gelangen. Ein zentraler Baustein war dabei das Garantiegesetz von 1871: Da der Heilige Vater nicht bloßer Bürger irgendeines Landes sein wollte, erklärte es wenigstens seine Person für „heilig und unverletzbar" und überließ dem Vatikan einen letzten Rest an staatlicher Souveränität mit einem, wenn auch sehr begrenzten, Territorium, der Schweizer Garde als symbolischer Armee, einen diplomatischen Apparat und einem eigenen Post- und Telegraphenbüro und anderem mehr. Gleichzeitig schützte der italienische Staat den Papst vor Beleidigungen und gewährte ihm eine Jahresdotation von

Verhältnis zu Kirchenstaat und Papst

3 225 000 Lire. Der Kompromiss, den das Gesetz darstellte, wurde allerdings von der Linken wie von der Kurie gleichermaßen abgelehnt: Sah die Linke darin ein übertriebenes staatliches Entgegenkommen, war für Pius IX. das gesamte Konstrukt inakzeptabel, da es auf einer einseitigen Willenserklärung des italienischen Staates und nicht auf einem von beiden Partnern ausgehandelten Vertrag beruhte. Die Machtverteilung war allerdings ein für alle Mal klar: Der italienische Nationalstaat hatte die Kirche von der weltlichen Macht verdrängt und sie ganz auf ihre moralisch-religiöse Aufgabe verwiesen.

Der Weg zu einer „friedlichen Koexistenz" war allerdings noch weit. Denn es ging in der Auseinandersetzung mit dem Vatikan keineswegs nur um die weltliche Herrschaft des Papstes, sondern zugleich um antagonistische Weltanschauungen. Rom war *das* Symbol des Anspruchs der Kirche auf weltliche Macht gewesen; Liberale und Antiklerikale wollten fortan Rom auch symbolisch zur Hauptstadt des italienischen Staates machen. Dazu war es aus ihrer Sicht notwendig, die Religion so weit wie möglich aus dem urbanen Raum zu verdrängen, was sich nicht zuletzt in einer rigorosen Enteignungspolitik des Staates niederschlug. So geriet eine Reihe bedeutender Kirchen in staatlichen Besitz, viele Klöster wurden beschlagnahmt, um sie als Verwaltungsgebäude zu nutzen.

Dekret „Non expedit"

Bald mehrte sich dagegen unter den radikalen Katholiken die Forderung nach einem Wahlboykott. Diese Position machte sich der Vatikan zunehmend zu Eigen und empfahl 1874 den Gläubigen mit dem Dekret „Non expedit" , weder aktiv noch passiv an nationalen Wahlen – Kommunalwahlen waren ausgenommen – teilzunehmen. 1886 ging der Papst noch einen Schritt weiter und ersetzte die Empfehlung durch ein Verbot. Die Kirche wurde damit zu einer Fundamentalopposition, die die Legitimität des neuen Staates samt seiner Hauptstadt radikal in Frage stellte. Eine größere Kluft ließ sich kaum denken und entsprechend prägte die klerikale Presse das Gegensatzpaar „Italia legale" und „Italia reale".

Ähnlich wie mit dem deutschen Kanzelparagraphen, der Geistlichen politische Äußerungen in Ausübung ihres Berufes untersagte, ging auch die italienische Regierung gegen geistliche Einmischungen in die Politik vor. Bis 1871 wurden in Italien 158 Geistliche wegen Amtsmissbrauchs angeklagt und 84 verurteilt. Das Garantiegesetz führte zwar zu einer gewissen Beruhigung, doch blieb die Lage insgesamt angespannt. Immer wieder kam es zu direkten, nicht selten auch gewaltsamen Auseinandersetzungen zwischen Antiklerikalen und Katholiken – häufig bei Prozessionen. Dienten diese auf der einen Seite den Geistlichen als Möglichkeit, sich im öffentlichen Raum zu präsentieren, wurden sie auf der anderen Seite immer wieder zur Zielscheibe von antiklerikalen Gegendemonstrationen, teils verbal, teils gewaltsam. Den Höhepunkt dieser Form der Auseinandersetzung bildete im Jahr 1881 die Überführung der sterblichen Überreste des 1878 gestorbenen Pius IX. vom Petersdom in die Basilika San Lorenzo Fuori le Mura. Das Innenministerium, das bereits Konfrontationen befürchtet hatte, versuchte die Aktion möglichst ohne Aufsehen über die Bühne zu bringen. Doch die Sache wurde bekannt und führte zu dem befürchteten Auflauf, bei dem sich Papstgegner in die Menge mischten, sich des Sargs kurzzeitig bemächtigten und drohten, ihn in den Tiber zu werfen. Das konnte die Polizei zwar verhindern, doch hatte die Konfrontation zwischen den papsttreuen Katholiken und ihren antiklerikalen Gegnern einen neuen Höhepunkt erreicht. Erst gegen Ende des Jahrhunderts ließ die Auseinandersetzung langsam nach, als einerseits der Staat und die Liberalen ihre antiklerikalen Bestrebungen mäßigten und andererseits auch die Kirche langsam ihre Position im neuen Staat fand.

<aside>Gewaltsame Auseinandersetzungen zwischen Antiklerikalen und Katholiken</aside>

Die Heftigkeit der Konflikte in Italien wurde in gewisser Weise nicht einmal von denen in Frankreich erreicht, wo sich Katholizismus und Republikanismus seit der Französischen Revolution unversöhnlich gegenüberstanden. Während der Pariser Kommune flammte der Konflikt zwar wieder auf, aber davon abgesehen blieb die Phase am Beginn der 1870er Jahre, als in Deutschland, aber auch in Italien und Spanien die Kulturkämpfe in hohem Maße die Politik prägten, eher ruhig. Den rechtlichen Rahmen für das Verhältnis zwischen Staat und Kirche bildete nach wie vor das von Napoleon I. mit dem Vatikan ausgehandelte Konkordat von 1801. Es bekannte sich prinzipiell zur Religionsfreiheit, räumte allerdings dem Katholizismus als Religion „der großen Mehrheit der Franzosen" einen gewisse Vorrang ein. Eingebettet in die allgemeine politische Auseinandersetzung um die Frage der Staatsform und der Verfasstheit des Gemeinwesens, konnte sich die katholische Kirche gewisse Hoffnungen auf eine Stärkung ihrer Position machen. Unter dem Label „ordre moral" versuchte die politische Rechte sich zusammenzufinden. Die Hinwendung zum Katholizismus, speziell zum Herz-Jesu-Kult, spielte in diesem Zusammenhang eine zentrale

<aside>Auseinandersetzung zwischen Republikanismus und Katholizismus in Frankreich</aside>

Rolle. Zudem schufen die Schulgesetze des Jahres 1875 die Möglichkeit zur Gründung konfessioneller Privatschulen.

Zäsur des Jahres 1877 — Erst mit dem politischen Umschwung des Jahres 1877, als die Republikaner sich durchsetzen und ihre Position dauerhaft festigen konnten, änderte sich auch das Verhältnis zwischen Staat und Kirche. Eine zentrale Rolle spielte dabei, dass die Haltung zur Kirche eine relativ klare Trennungslinie zwischen dem linken und dem rechten Lager – den Republikanern und den Monarchisten – bildete. So heterogen die beiden Lager in sich auch waren: Der Antiklerikalismus bildete eine wichtige Klammer zwischen den unterschiedlichen linken Strömungen, während umgekehrt die katholische Kirche im Verbund mit den unterschiedlichen Spielarten der Monarchisten klare Gegner einer republikanischen Ordnung waren. Bemerkenswert dabei war die vergleichsweise breite organisatorische Verankerung der Freidenker und Antiklerikalen in der Bevölkerung. Sie manifestierte sich in Vereinen, Publikationstätigkeit und Unterschriftensammlungen für eine laizistische Erziehung und nicht zuletzt in der Teilnahme an nicht kirchlichen Beerdigungen. Derartige Beerdigungen etwa von Kommunarden konnten in den 1870er und 1880er Jahren 30 000 bis 50 000 Teilnehmer anziehen. Durch das Konkordat hatte sich in Frankreich, anders als in Italien oder Spanien, der Staat bereits sehr früh die Vorherrschaft über die Kirche gesichert. Insgesamt hatte der Antiklerikalismus in Frankreich eine deutlich längere Tradition. Deshalb konnte der Staat in Verbindung mit den Antiklerikalen die Präsenz von Kirche und Religion deutlich einfacher aus dem öffentlichen Raum zurückdrängen als etwa in Italien. Dabei wurden nicht nur Friedhöfe säkularisiert, sondern auch die Sonntagsruhe und religiöse Feiertage aufgehoben. Im politischen Raum wurde das Gebet bei der jährlichen Parlamentseröffnung abgeschafft und der nicht-religiöse Eid ermöglicht. Neben der Zivilehe, die schon im Code Civil eingeführt worden war, erließ der Staat nun auch ein Scheidungsrecht.

Auseinandersetzung um das Bildungswesen — Wie in den anderen Ländern auch kam der Auseinandersetzung um das Bildungswesen eine besondere Rolle zu. Gerade für Frankreich war die Schulpolitik in der Frühphase der Republik von zentraler Bedeutung, da die Schule nicht nur als Bildungsinstanz, sondern als zentraler Ort der republikanischen Nationalisierung galt. Insofern ging es den Republikanern nicht nur darum, die katholische Kirche aus der Schulaufsicht zu verdrängen, sondern auch darum, das kirchliche Lehrpersonal zu entfernen und dabei vor allem das Personal, das nicht staatlich autorisierten Orden angehörte. In der Praxis erwies sich dieser Prozess als äußerst schwierig, weil er nicht nur auf den erbitterten Widerstand der Kirche stieß, sondern auch der schlichte Bedarf an Lehrern zu pragmatischen Lösungen führte.

Ähnlich wie in Italien deutete sich auch in Frankreich Anfang der 1890er Jahre eine gewisse Entspannung an. Ab 1892 suchte Papst Leo XIII. eine Annäherung der Kirche an die Republik, eine Politik, die für die katholische Kirche in Frankreich allerdings sehr zwiespältig war. Denn ein erheblicher Teil hatte sich in der Feindschaft zum Staat und in seinen tief konservativen Grundüberzeugungen so eingerichtet, dass hier eine Umkehr nur schwer möglich war. Auf der anderen Seite aber wurde dadurch der aufkommende Zweig des Sozialkatholizismus gestärkt, so dass diese Ausrichtung des Katholizismus in der Gesellschaft auch jenseits klerikaler Kreise Gehör fand. Das änderte jedoch nichts an der Tatsache, dass die „Radicaux" und dann auch die aufkommenden Sozialisten an dem Projekt der Trennung von Staat und Kirche festhielten. Seit 1895 beantragten die Radikalen im Parlament die Trennung von Staat und Kirche. Erst durch die Dreyfus-Affäre ergab sich aber schließlich der entscheidende Moment, um dieses Projekt erfolgreich umzusetzen. 1905 erfolgte die endgültige Trennung von Staat und Kirche.

Entspannung zwischen Staat und Kirche

Spanien bildete im Rahmen der Kulturkämpfe in gewisser Weise den Gegenpol zu Frankreich. Während hier durch die Revolution und das napoleonische Konkordat die Trennung zwischen Staat und Kirche bereits früh eingeleitet worden war, blieb der Katholizismus in Spanien eng mit dem Staat verbunden und konnte daher seine vergleichsweise starke Stellung lange behaupten. Zwar begrenzte auch in Spanien der Staat grundsätzlich die Macht und den Bewegungsspielraum der Kirche und rieb sich der Liberalismus an dem Einfluss und grundlegenden Konservatismus der Kirche. Insgesamt aber agierte die katholische Kirche Spaniens – gerade im Vergleich zu Frankreich – in einem ganz anderen Maße aus einer Position der Stärke heraus. Die Klagen über die Bedrängnisse, denen die Kirche ausgesetzt sei, die auch in Spanien laut zu hören waren, sagen somit eher etwas über das Selbstverständnis der Kirche als über den tatsächlichen Druck gegenüber der Kirche aus.

Enge Verbindung zwischen Staat und Kirche in Spanien

Das klare Feindbild der Kirche waren auch hier die Liberalen, die „Progresistas", die nach dem Tod Ferdinand VII. im Jahr 1833 die Eingliederung der Kirche in den Staat betrieben, indem sie die

Säkularisationen einleiteten, die in Frankreich und in den deutschen Staaten längst durchgesetzt waren, und zudem das Bildungssystem unter staatliche Aufsicht stellten.

Konkordat von 1851 als Rahmen

Den grundsätzlichen Rahmen für das Verhältnis von Staat und Kirche schuf dann das Konkordat von 1851. Zwar musste die Kirche hier die Säkularisationen akzeptieren, gleichzeitig aber wurde dem Katholizismus die Stellung als einzig anerkannter Religion zugebilligt. Die Macht der Kirche zeigte sich vor allem im Bildungswesen. Zwar grundsätzlich dem Staat unterstellt, war die Kirche aber weiter an der Schulaufsicht beteiligt, und der Staat musste für eine Erziehung im Rahmen des katholischen Glaubens sorgen. Katechese war obligatorischer Bestandteil der Primarschulerziehung, der Lehrer musste bei der Einstellung ein priesterliches Führungszeugnis vorlegen und hatte gemeinsam mit seiner Klasse sonntags die Messe zu besuchen. Angesichts dessen mag erstaunen, dass die Veröffentlichung des *Syllabus* im Jahr 1864 in Spanien verboten wurde. Der Hintergrund war jedoch weniger eine Einschränkung der Kirche als die Tatsache, dass der *Syllabus*: die insgesamt vergleichsweise friedliche Situation nicht stören sollte. Denn eine breite Bewegung für eine Einschränkung der Macht der Kirche war in dieser Phase nicht in Sicht.

Veränderte Situation im *Sexenio Democrático*

Dies änderte sich radikal im *Sexenio Democrático*, den sechs Jahren zwischen 1868 und 1874, als die Revolution die Herrschaft Isabellas II. beendete und eine demokratische Verfassung schuf. Die revolutionäre Regierung verstaatlichte in einem gewissen Umfang Kircheneigentum, die Verfassung garantierte erstmals in der spanischen Geschichte Religionsfreiheit und der Klerus musste einen Eid auf die Verfassung ablegen. Doch die Verfassung und die damit einhergehenden Maßnahmen blieben Episode. Die nach dem Ende der ersten Republik erlassene, neue Verfassung machte erneut den Katholizismus zur Staatsreligion, integrierte aber immerhin das Prinzip der religiösen Toleranz. Andere Religionen durften ausgeübt werden, solange sie die christliche Moral nicht verletzten, indes nur im privaten Rahmen. Doch auch das ging der katholischen Kirche bereits zu weit. Immerhin setzte sie durch, dass nicht nur ein großer Teil der Säkularisationen, sondern auch die Zivilehe wieder rückgängig gemacht wurde. Trotz eines gegen Ende des Jahrhunderts anwachsenden Antiklerikalismus, insbesondere bei Demokraten und im Bereich des Anarchosydikalismus, blieb der Einfluss der Kirche weiterhin erheblich – insbesondere im Bildungswesen. Nicht nur in der Schule behielt sie ihre beherrschende Rolle, sie versuchte auch in den Universitäten ihre Weltanschauung durchzusetzen und moderne Wissenschaft zu verhindern. Auf Druck der katholischen Kirche wurde dem Biologen Odón de Buen 1895 zeitweilig die Lehrerlaubnis entzogen, weil er die Lehren Darwins verbreitet hatte.

Hätten die deutschen Liberalen noch ein Argument gebraucht, um den Kampf gegen die in ihren Augen fortschrittsverhindernde Macht der katholischen Kirche zu rechtfertigen, wäre ihnen ein Fall wie dieser nur allzu sehr zu Pass gekommen. Auch so wussten sich gerade die deutschen Liberalen fest an der Seite des Fortschritts, als sie sich nach der Reichsgründung mit Verve in den Kulturkampf stürzten. Lange Zeit ist der Kulturkampf in Deutschland vornehmlich als machtpolitische Auseinandersetzung zwischen Bismarck und dem Katholizismus wahrgenommen worden. Nicht zuletzt griffen die zeitgenössischen Karikaturen diese Perspektive nur allzu gerne auf und setzten Bismarck und den Papst in unterschiedlichen Konstellationen als Kontrahenten in Szene. Eine solche medialisierte Personalisierung erfasst die Komplexität, die gerade dem deutschen Kulturkampf innewohnte, gleichwohl kaum. Denn gegenüber Italien, Frankreich oder Spanien fügte die konfessionelle Spaltung der komplexen Gemengelage in Deutschland (wie in der Schweiz) noch zusätzliche Dimensionen hinzu. Der machtpolitisch motivierte Kampf Bismarcks und der im Namen des Fortschritts geführte Kampf der Liberalen richtete sich nicht gegen machtvolle Eliten, sondern gegen eine konfessionelle Minderheit, deren Angehörige Bismarck zu potenziellen Reichsfeinden erklärte. Dieser konfessionellen Minderheit gehörten wiederum die nationalen Minderheiten der Polen und Elsässer an, so dass diese in doppelter Weise marginalisiert wurden. Der liberale Kampf gegen den als fortschrittsfeindlich wahrgenommenen Katholizismus wurde auf diese Weise auch ein Kampf für die Homogenisierung der Nation.

Situation in Deutschland

Die Auseinandersetzung zwischen dem Staat und dem Liberalismus auf der einen und dem Katholizismus auf der anderen Seite reichte allerdings schon bis weit vor die Reichsgründung zurück. Seit den 1830er Jahren war es wiederholt zu Konflikten zwischen dem Staat und der katholischen Kirche gekommen. Von nachhaltiger Wirkung waren diese insbesondere im Zuge der „Kölner Wirren" von 1837 gewesen, in denen gleich die beiden zentralen Konfliktfelder zur Debatte standen: die Hoheit über die Bildung und über die Ehe. Der Kölner Erzbischof hatte in die Lehre der katholi-

Konfliktfelder in Deutschland

schen Theologie an der Bonner Universität eingegriffen und einen Kompromiss im Umgang mit protestantisch-katholischen „Mischehen" zwischen der Kirche und dem preußischen Staat aufgekündigt. Der preußische Staat reagierte mit Amtsenthebung und Verhaftung und verdeutlichte damit, dass er vor Zwangsmitteln in keiner Weise zurückschreckte. In den 1860er Jahren verlagerte sich der Konflikt räumlich zunächst nach Baden und dann nach Bayern, die Konfliktfelder blieben aber im Wesentlichen gleich: Nach der Notzivilehe für die Fälle, in denen die Kirche die Trauung verweigerte, führte der badische Staat 1869 die Zivilehe ganz ein, und im Bildungsbereich baute er sukzessive seinen Anspruch aus, hier die Kontrolle zu übernehmen. 1867 ordnete er ein „Kulturexamen" für katholische Theologen an und legte 1874 fest, dass für die Ausbildung zum Priester das Abitur und ein dreijähriges Studium an einer deutschen Universität (statt in Rom) notwendig waren. Vergleichbares geschah in den meisten anderen deutschen Staaten. Nicht nur in Baden, sondern im Reich insgesamt zogen die jeweiligen Einzelstaaten die Schulaufsicht zunehmend an sich.

Eskalation des Kulturkampfes im Kaiserreich

All diese Maßnahmen wurden von der katholischen Kirche als harter Affront gewertet, gegen den sie sich nach Kräften zu wehren suchte. Zur Eskalation des Kulturkampfes in Deutschland zu Beginn der 1870er Jahre führte dann aber paradoxerweise eine innerkirchliche Auseinandersetzung: Denn das 1870 vom Ersten Vatikanischen Konzil verkündete Dogma der Unfehlbarkeit stieß vor allem in Deutschland, Österreich, der Schweiz und in den Niederlanden auf erheblichen innerkirchlichen Protest, aus dem der sog. Altkatholizismus entstand, der für sich in Anspruch nahm, die alte und damit wahre Kirche zu vertreten. Da der Vatikan dieser Strömung mit der Drohung und der Exekution von Exkommunikationen begegnete, wurde die Lage brisant. Denn nun sollte der Staat gewissermaßen im Auftrag der Kirche die bei ihm als Lehrer, Professoren und Militärgeistliche angestellten Katholiken als Folge der Exkommunikation entlassen. In dessen Weigerung, dies zu tun, trafen sich in besonderer Weise der staatliche Hoheitsanspruch mit der Überzeugung der Liberalen, die „aufgeklärten" gegen die „rückständigen" Katholiken verteidigen zu müssen. Für die Amtskirche wiederum konnte dies nur als massive Einmischung in ihre Angelegenheiten gewertet werden. Denn der Kirche wurde auf diese Weise versagt, ihren Anspruch durchzusetzen, allein darüber zu entscheiden, wer die katholische Lehre in welcher Weise verbreiten durfte und wer nicht.

Durch die Ende 1870 erfolgte Gründung der Zentrumspartei verlagerte sich die Auseinandersetzung in den politischen Raum. Mit 18,6 % der Stimmen bei den Wahlen von 1871 wurde die Zentrumspartei als Vertreterin des politischen Katholizismus auf Anhieb zu einer festen Größe im Parlament, wo sie die Interessen der Kirche mit Nachdruck vertrat. Zu einer Abmilderung des kulturkämpferischen Willens, sich gegen den „Ultramontanismus" durchzusetzen, führte dies weder bei Bismarck noch bei den Liberalen – im Gegenteil: Zwischen 1871 und 1876 kam es dann vor allem in Preußen zu einer Vielzahl staatlicher Maßnahmen, die nicht nur dessen Machtanspruch gegenüber der katholischen Kirche unterstrich, sondern auch geeignet waren, einer – wenn auch mit rund 36 % der Bevölkerung sehr großen – Minderheit das Gefühl zu geben, im neuen Staat ganz und gar an den Rand gedrängt zu werden. Eine erste Welle gesetzlicher Maßnahmen setzte ein, nachdem die 1841 eingerichtete katholische Abteilung im preußischen Kultusministerium aufgelöst und damit jede Art katholischer Fürsprache im Regierungsapparat ausgeschaltet wurde. Als zweites sollte Ende 1871 der sog. „Kanzelparagraph" durch eine Strafandrohung von bis zu zwei Jahren Gefängnis etwaige in Ausübung ihres Amtes vorgebrachte Kritik der Priester am Vorgehen des Staates unterbinden.

1872 zog dann der preußische Staat die Schulaufsicht ganz an sich. Kurz darauf folgte – vor allem auf Betreiben der Liberalen – das Verbot des Jesuitenordens. Mit den sog. Maigesetzen von 1873 forderte nun auch Preußen das „Kultusexamen", griff in die kirchliche Disziplinargewalt ein, begrenzte sie und erleichterte den Kirchenaustritt. Doch als mit der Einführung der Zivilehe (1874 in Preußen und 1875 im Reich) schließlich eine letzte zentrale liberale Forderung erfüllt wurde, kam es dennoch zu keiner Entspannung, im Gegenteil. 1875 und 1876 folgte eine Reihe von Gesetzen, die vor allem darauf ausgerichtet waren, widerspenstige Priester und Bischöfe zu disziplinieren und ggf. ins Gefängnis zu bringen. Als in den ersten vier Monaten 241 Kleriker, 126 Redakteure katholischer Zeitungen und 210 weitere Katholiken zu Geld- oder Haftstrafen verurteilt wurden, war die Auseinandersetzung soweit eskaliert, dass die katholische Kirche in Deutschland tatsächlich um ihre Existenz fürchten musste – allein ein Viertel aller Gemeinden Preußens war Ende der 1870er Jahre ohne Pfarrer. Gleichzeitig waren in Preußen nur noch 3 von 12 Bischöfen im Amt.

Politische Ebene und gesetzliche Maßnahmen

Zäsur von 1878

Ende der 1870er Jahre änderte sich die Situation allerdings grundlegend. Dazu trug zum einen maßgeblich bei, dass 1878 Papst Pius IX., der den Kulturkampf auf kirchlicher Seite unerbittlich geführt hatte, starb und ihm mit Leo XIII. ein Papst folgte, der sehr viel mehr auf Kompromiss als auf Konfrontation setzte. Für den deutschen Kontext kam hinzu, dass sich zur gleichen Zeit die politischen Rahmenbedingungen grundlegend veränderten. An die Stelle der Katholiken rückte Bismarck zunehmend die Sozialdemokraten ins Visier.

Europäischer Charakter der Kulturkämpfe

So sehr die Ausprägungen und Verläufe der Kulturkämpfe in den einzelnen Staaten jeweils variierten und von den jeweiligen nationalstaatlichen Besonderheiten geprägt waren, ist ihr europäischer Charakter unübersehbar. Nicht nur die katholische Kirche agierte unweigerlich transnational, auch die Liberalen und Antiklerikalen vernetzten sich europäisch, beobachteten sich gegenseitig und sahen sich als Teil einer umfassenden europäischen Auseinandersetzung. Vor allem der preußisch-deutsche Kulturkampf wurde europaweit wahrgenommen und von nicht wenigen Liberalen in Europa als vorbildhaft angesehen. In den 1880er Jahren war es dann vor allem der Antiklerikalismus der französischen Republikaner, der seine transnationale Ausstrahlung entfaltete. Es war aber nicht nur der politische Antiklerikalismus, der sich ausbreitete. Vielmehr vermittelten seit Mitte des 19. Jahrhunderts Theater, Literatur und Presse Erzählungen und Anekdoten über kirchliche Doppelmoral und vermeintliche katholische Rückständigkeit, die in ganz Europa einen „antiklerikalen Code" schufen.

Antiklerikaler Code

Volksfrömmigkeit

Dem damit verbundenen Gefühl, auf der Seite des Fortschritts und der Modernität zu stehen, stand aber auf der anderen Seite eine ebenso gefestigte und sich sogar partiell vertiefende Religiosität gegenüber. Denn der Kulturkampf führte dazu, dass fromme Katholiken ihren Glauben offensiver vertraten. Die Volksfrömmigkeit in vielen Teilen Europas gewann im Zuge des Kulturkampfes sogar noch einmal neuen Auftrieb. Ein besonders augenfälliges Beispiel dafür waren die Marienerscheinungen, die im Katholizismus zwar traditionell eine wichtige Rolle gespielt hatten, aber in den 1870er Jahren in ganz Europa einen regelrechten Boom erlebten. Ausgehend von der berühmten Marienerscheinung von 1858 in Frankreich wurde in den 70er und 80er Jahren von Spanien über Italien, das Elsass und Deutschland bis fast an die russische Grenze heran von ähnlichen Erscheinungen berichtet. Durch die Angriffe von außen wandelte sich der Katholizismus vom ehemals natürlichen Lebensbegleiter zunehmend zu einem offensiv vertretenen Bekenntnis.

2.4 Bürgerliche Partizipation und Demokratisierung

Das große Versprechen des liberalen Nationalismus war das der Volkssouveränität. Formal sollte sich dies zum einen in einer Verfassung und zum anderen in einer Parlamentarisierung des politischen Systems niederschlagen. Bleibt man auf dieser formalen Ebene, hatten die meisten europäischen Länder in den Jahren um 1870 in dieser Hinsicht zumindest Fortschritte gemacht, sodass die meisten Länder über Verfassungen verfügten. In den 1870er und 1880er Jahren folgten noch einige nach, insbesondere in Südosteuropa. Russland hingegen war das einzige große europäische Land, das im 19. Jahrhundert nicht zu einem Verfassungsstaat wurde. Doch die alleinige Existenz einer Verfassung und auch die Schaffung eines parlamentarischen Systems sagten über das Maß an Partizipation und demokratischer Teilhabe nur sehr wenig aus. Das hing schon damit zusammen, dass unter den Liberalen, die sich überall in Europa die Schaffung eines parlamentarischen Verfassungsstaats auf die Fahnen geschrieben hatten, hochgradig umstritten war, wieviel demokratische Partizipation eigentlich angestrebt werden sollte. Die Auseinandersetzung bündelte sich insbesondere im Streit um das Wahlrecht. Allerdings war die Ausweitung des Wahlrechtes nicht per se mit Demokratisierung gleichzusetzen. So hatte Napoleon III. das allgemeine Männerwahlrecht in der Verfassung von 1852 eingeführt, die Wahlkreise und die Kompetenzen des *corps législatif* aber so zugeschnitten, dass sich das Régime vordergründig legitimieren sollte, ohne dass damit irgendeine Form der Demokratisierung verbunden gewesen wäre. Die demokratische Bedeutung der Wahlen und des Wahlrechts sind somit immer im Kontext ihrer konkreten Praxis zu analysieren. Gleiches gilt auch für die Frage nach dem Grad der Parlamentarisierung.

Verfassung und Parlamentarisierung

Auf die längste und weitgehendste parlamentarische Tradition in Europa konnte das Vereinigte Königreich zurückblicken. Nicht ganz unberechtigt ist daher auch von einem „englischen Sonderweg" (Bernd Weisbrod) gesprochen worden, der darin bestand, dass sich die Prozesse der Liberalisierung, Demokratisierung und

Britischer Parlamentarismus

Parlamentarisierung ohne revolutionäre Umbrüche und ohne direkte Einwirkungen von außen vollzogen. Als eine aus Streitigkeiten mit der Krone hervorgegangenen Adelsversammlung war das Parlament lange Zeit keine demokratische Institution im eigentlichen Sinne. Doch wurde es im 19. Jahrhundert neben der Öffentlichkeit zum Schauplatz der politischen Auseinandersetzung um die Erweiterung der Wählerschaft und somit seiner demokratischen Basis. Bis zur Mitte des 19. Jahrhunderts hatte sich das Parlament die zentrale Schlüsselposition im politischen System verschafft, gegen die weder die Krone noch die Regierung mit dem Premierminister an der Spitze hätte ankommen können. Auch wenn nach der Parlamentsreform von 1832 gerade einmal 7,1 % (statt zuvor 5 %) der erwachsenen Bevölkerung das Wahlrecht besaß, folgte das Parlament selbst strengen Verfahrensregeln, die eine dauerhafte Alleinherrschaft einer Partei verhinderten. Der weitere Demokratisierungsprozess ging allerdings nur langsam voran. 1848 wehrten sich Parlament und Regierung noch erfolgreich gegen die Forderungen der Chartisten nach einer weiteren Demokratisierung, die von den revolutionären Entwicklungen auf dem europäischen Kontinent beflügelt wurden. Bezeichnenderweise verlief die Frontlinie zwischen den Gegnern und Befürwortern einer Ausweitung des Wahlrechts keineswegs immer klar zwischen Konservativen und Liberalen. 1867 war es der Führer der Konservativen, Benjamin Disraeli, der – durchaus aus taktischen Gründen – im „Representation of the people act" von 1867 (häufig auch als „Second Reform Act" bezeichnet) den Anteil der Wahlberechtigten auf 16,4 % der Erwachsenen gegen die Stimmen der Whigs durchsetzte. Der Schachzug war zwar für Disraeli nicht erfolgreich – er verlor die Wahlen von 1868 –, aber die Reform war ohnehin nur eine Etappe bis zur nächsten, wesentlich durchschlagenderen Wahlrechtsänderung von 1884, die nun von den Liberalen durchgesetzt wurde. Immerhin durften dadurch zwei Drittel der erwachsenen Männer wählen. Außerdem wurde eine Reihe von Ungerechtigkeiten im Zuschnitt der Wahlkreise korrigiert, wenn auch keineswegs ganz aufgehoben.

Das Wahlrecht hielt überall in Europa jenseits der rein quantitativen Zulassung eine Vielzahl von Fallstricken und Ungerechtigkeiten parat. Ein wichtiger Punkt war die Frage der geheimen Stimmabgabe. In Großbritannien wurde diese etwa erst durch den „Ballot Act" von 1872 eingeführt. Die Chartisten hatten schon lange darum gekämpft und kritisiert, dass Arbeitgeber und Grundbesitzer durch Anwesenheit bei den Wahlen ihre Pächter und Angestellten kontrollieren konnten. Dass die Praktiken sich aber nicht sofort änderten und Stimmenkauf weiter an der Tagesordnung war, zeigt der „Corrupt and Illegal Practices Act" von 1883, der diese Methoden weiter zurückdrängen wollte. Auch in anderen Teilen Europas waren Beeinflussung und Kauf von Stimmen noch lange an der Tagesordnung und auch der Zuschnitt von Wahlkreisen war ein gängiges Thema mit Blick auf mögliche Beeinflussung des Ergebnisses. In Großbritannien spielte schließlich das Pluralwahlrecht noch bis über die Jahrhundertwende eine Rolle. Dies schuf denen, die in verschiedenen Wahlkreisen über Grundbesitz verfügten, die Möglichkeit zur mehrfachen Stimmabgabe. Die Tories profitierten damit bis über die Jahrhundertwende zum Teil beträchtlich und so waren sie es auch, die im House of Lords mehrfach die Abschaffung des Mehrfachwahlrechts für Männer blockierten. Bis zur Einführung des allgemeinen gleichen Männerwahlrechts dauerte es in England schließlich bis 1918. Frauen wurde zu diesem Zeitpunkt das Wählen ab einem Alter von 30 gestattet, erst 1928 dann allen Frauen über 21 – ebenso wie den Männern.

Die Ausweitung des Männerwahlrechtes fand im letzten Drittel des 19. Jahrhunderts fast in allen europäischen Ländern statt. Um allerdings die Bedeutung der Wahlrechtsreformen richtig erfassen zu können, ist es wichtig, auf die weiteren Auswirkungen der Demokratisierung des Wahlrechts auf das politische System zu blicken. Auch dabei ist der internationale Vergleich erhellend. Denn in England wurde es seit 1867 zur gängigen Praxis, dass die Regierung zurücktrat, wenn sie keine Mehrheit mehr im Parlament hatte. In Deutschland dagegen blieb der Reichskanzler im Kaiserreich allein vom Vertrauen des Kaisers abhängig – ungeachtet der Mehrheitsverhältnisse im Parlament. Auch in anderen Ländern spielten sich jenseits der verfassungsmäßig festgelegten Kompetenzen Gepflogenheiten und parlamentarische Kulturen erst nach und nach ein. Das Vereinigte Königreich besaß in dieser Hinsicht den größten Vorlauf. In Deutschland, Frankreich und anderen Ländern mussten sich auf der Basis der neuen Verfassungen die entsprechenden Kulturen erst ausbilden.

Ausweitung des Männerwahlrechts

Ein weiterer bedeutender Effekt der Wahlrechtsreformen in Großbritannien und anderen Ländern bestand in der zunehmenden Politisierung der Gesellschaft . Mit den Wahlen formierten sich die Parteien nicht nur auf nationaler, sondern auch auf lokaler Ebe-

Politisierung der Gesellschaft

ne und wurden hier zum Teil der lokalen Gesellschaften. Die Verbindung zwischen den Wählern und den Parlamentariern wurde damit wesentlich gefestigt und ausgebaut. Von der lokalen Versammlungsöffentlichkeit über die lokale bis zur nationalen Medienöffentlichkeit entstand damit eine sich immer weiter verdichtende Sphäre des politischen Austauschs und der Möglichkeit des politischen Engagements. Im Vereinigten Königreich schafften es sowohl die Konservativen als auch die Liberalen, sich hervorragend zu organisieren und über die Verbindung der Parteispitze mit der lokalen Parteibasis ihre Anhänger zu mobilisieren und gezielt Wahlpropaganda zu betreiben.

Stabilität des britischen Systems

Die große Besonderheit des britischen Systems innerhalb Europas war seine enorme Stabilität, die nicht zuletzt durch das Mehrheitswahlrecht erreicht wurde. Diese Stabilität war allerdings unter demokratietheoretischen Gesichtspunkten keineswegs nur positiv. Schon die Zeitgenossen beklagten, dass das Recht die jeweilige Mehrheit überproportional begünstige, die Minderheiten benachteilige und es neuen politischen Parteien enorm schwer mache, sich durchzusetzen. Grundsätzlich ist dies gewiss richtig, doch immerhin hat sich das System als flexibel genug erwiesen, auch die Entstehung neuer Parteien zu ermöglichen – insbesondere der 1900 aus verschiedenen Vorläufern hervorgegangenen Labour Party. Ein wichtiger Faktor der Stabilität des Systems bestand zudem darin, dass die britischen Parteien die zentralen demokratischen Spielregeln beachteten und keine Partei ihre jeweilige Machtstellung so auszunutzen versuchte, das System grundlegend in Frage zu stellen.

Spanien

Diese feste Verankerung einer parlamentarisch-demokratischen politischen Kultur unterschied Großbritannien beispielsweise radikal von Spanien. Das ist vor allem deshalb so auffällig, da die politischen Eliten Spanien in den 1870er Jahren vorgaben, sich am britischen System zu orientieren. Auch die spanische Politik war zwar, verkürzt gesagt, über weite Strecken des 19. Jahrhunderts prinzipiell von der Auseinandersetzung zwischen Konservativen (*moderados*) und Liberalen (*progresistas*) geprägt. Doch fand diese weniger in einem parlamentarischen Rahmen als in kriegerischen Auseinandersetzungen (den Karlistenkriegen) statt. Die zentrale Bastion der Konservativen war in Spanien lange Zeit die Krone in Verbindung mit der katholischen Kirche. Zwar gab sich Spanien bereits seit 1812 eine viel beachtete liberale Verfassung – das Machtvakuum, das durch das Ende der Napoleonischen Herrschaft entstanden war, bot dazu die Gelegenheit – doch blieb die nicht lange in Kraft. Anstelle einer wirklich parlamentarisch-repräsentativen Regierungsform entwickelte sich daraus „eine Metamorphose des alten aufgeklärten Absolutismus".[5] Zu einer politischen Liberalisierung erwies sich die Krone als unfähig, was schließlich zur Septemberrevolution von 1868 und zum Sturz der Bourbonen führte. Erneut schuf sich Spanien eine enorm liberale und fortschrittliche Verfassung mit einem allgemeinen gleichen Männerwahlrecht und sehr weitreichenden Parlamentsrechten. Doch die Revolution brachte keine stabilen Verhältnisse hervor. Die Zerstrittenheit der Republikaner, die sich mit der aufstrebenden Arbeiterbewegung auseinandersetzen mussten, die weiterhin starke Machtposition der Monarchisten und der Kirche, der gescheiterte Versuch, mit einem geeigneten König die unterschiedlichen Lager zusammenzubinden, und schließlich der beginnende Unabhängigkeitskrieg auf Kuba ergaben eine so vielschichtige Problemlage, dass sich die neue Regierung nicht halten konnte.

Ein Militärputsch beendete schließlich 1874 die erste Republik und mit Alfons XII. wurde die alte bourbonische Dynastie wieder eingesetzt. Die entscheidende politische Figur dieser Zeit war Antonio Cánovas del Castillo, der nicht nur die neue Verfassung von 1876, sondern vor allem auch die sich daraus entwickelnde Verfassungspraxis wesentlich prägte. Statt dem Wählerwillen zu vertrauen, schuf er ein System, das gleichzeitig Stabilität und einen problemlosen „demokratischen" Wechsel garantierte. Der König setzte im regelmäßigen Wechsel einen Ministerpräsidenten der Konservativen und der Liberalen ein, dem die jeweils andere Seite zuvor zugestimmt hatte. Wahlen gab es durchaus auch. Dabei wurde die Zahl der Wahlberechtigten zunächst wieder deutlich auf etwa 5 % der Bevölkerung herabgesetzt, bis man 1890 zum allgemeinen gleichen Wahlrecht zurückkehrte. Eine grundlegende Demokratisierung war damit jedoch nicht verbunden, da das prinzipielle System nicht verändert wurde. Weiterhin war sichergestellt, dass das jeweils gewünschte Ergebnis auch zustande kam. Entscheidend dafür war allerdings keine schlichte Wahlfälschung, sondern ein Verfah-

Ende der ersten spanischen Republik

---

5 Otto Hintze, Das monarchische Prinzip und die konstitutionelle Verfassung, in: Gerhard Oestreich (Hrsg.), Hintze, Staat und Verfassung, Gesammelte Abhandlungen zur Allgemeinen Verfassungsgeschichte, 3. Aufl. Göttingen 1970, 359–389, 278.

Kazikismus ren, das Kazikismus getauft worden ist. Es beruhte darauf, dass die lokalen Machthaber (*caciques*) die jeweilige Klientel der Partei mobilisierten, die mit einem Sieg „an der Reihe" war. Die *caciques* wiederum erhielten von der Regierung Mittel nicht zuletzt zur Postenverteilung, um das System erfolgreich am Laufen zu halten. Wachsenden Widerständen gegen dieses System wurde durch Einschüchterungen und schließlich einfachen Wahlbetrug begegnet, so dass insgesamt eine Demokratisierung und Liberalisierung des politischen Systems in Spanien lange Zeit massiv behindert wurde. Auch für andere europäische Regionen ist gezeigt worden, dass die Ausweitung des Wahlrechtes nicht unbedingt mit einer Demokratisierung und einer Neuordnung lokaler Machtstrukturen verbunden war. In Korsika etwa gelang es den lokalen Notablen sehr gut, die Wahlen zu nutzen, um die clientelistischen Machtstrukturen zu festigen und dabei gleichsam zu modernisieren. Man wird davon ausgehen können, dass das korsische Beispiel nicht ganz untypisch für europäische Regionen war, die einerseits vom Zentrum relativ weit entfernt waren und in denen andererseits die Macht der (häufig adeligen) Großgrundbesitzer noch weitgehend ungebrochen war. Eine Politisierung der Bevölkerung durch die Wahlen fand aber auch hier statt, so dass selbst in diesem Kontext von einer „Ausweitung der Politik auf die Massen" (Maurice Agulhon) gesprochen werden kann.

Zäsuren und Regimewechseln in Frankreich Wenn Großbritannien das eine große Modell einer erfolgreichen Demokratisierung und Parlamentarisierung des politischen Systems war, so bildete Frankreich das andere, das sich aber in vielem diametral zu unterscheiden schien. Wo sich in Großbritannien eine kontinuierliche, durch keine großen Brüche gekennzeichnete Entwicklung verfolgen lässt, erlebte Frankreich im 19. Jahrhundert eine Vielzahl von Zäsuren und Regimewechseln zwischen unterschiedlichen Formen der Monarchie und der Republik. Die Niederlage im Krieg gegen Deutschland führte zu einer Situation, in der alle Vertreter oder Anhänger der vorherigen Regime des Jahrhunderts Anspruch auf die Macht erhoben: die Bourbonen als Vertreter der „legitimen" Monarchie, die Bonapartisten als Anhänger Napoleons, die Orleanisten als Anhänger der liberalen Julimonarchie und schließlich die Republikaner, die sich in der Tradition der Errungenschaften der Revolution sahen. Mit der Pariser Kommune kam noch ein weiteres Gesellschaftsmodell hinzu, das von Sozialisten in Europa schnell für sich vereinnahmt wurde. Mit ihrer Niederschlagung war dieses Modell für Frankreich vorerst vom Tisch. Was blieb, war die Frage, ob sich das republikanische oder eines der monarchistischen Modelle durchsetzen würde. Tatsächlich sah es für die republikanische Seite 1870 zunächst keineswegs danach aus, als ob diese sich würde durchsetzen können. Doch es war nicht nur die Uneinigkeit der verschiedenen monarchistischen Gruppen, sondern auch die Eigendynamik des zunächst provisorischen parlamentarischen Systems, die zur Durchsetzung der Republik führte. Denn auch viele monarchistische Abgeordnete erkannten, dass ihnen ein parlamentarisches System erheblichen Vorteil und Einfluss bot. Hier näherte sich nun das französische dem britischen Modell an: Anstelle von revolutionären Umbrüchen bestimmte nun das Streben nach Stabilität im Kontext des parlamentarischen Systems die Politik. Gegenüber den Unwägbarkeiten der revolutionären Umbrüche versprach dieses doch eine Berechenbarkeit, die zwar die Fähigkeit zu Kompromissen und das Akzeptieren politischer Niederlangen nötig machte, aber die Gefahr von Gewalt deutlich verminderte. In den Wahlen verloren die Monarchisten, die 1871 in der Summe noch die Mehrheit hatten, deutlich an Rückhalt, so dass sich am Ende der 1870er Jahre eine moderate Republik durchgesetzt hatte, die soziale Stabilität, relative wirtschaftliche Prosperität sowie inneren und äußeren Frieden zu garantieren schien.

Kampf um die Durchsetzung der Republik in Frankreich

Für Deutschland bildete das Jahr 1871 eine mindestens so große Zäsur wie für Frankreich. Die lang gehegte Hoffnung der Liberalen auf den Nationalstaat wurde Wirklichkeit, aber unter ganz anderen Vorzeichen als noch 1848 angestrebt. Was immer man über die Verfassung von 1871 sagen kann, eine Umsetzung liberaler Ideen war sie gewiss nicht. Formal handelte es sich beim Deutschen Reich nun um eine konstitutionelle Monarchie, ohne dass damit viel über die Verfassungswirklichkeit ausgesagt wäre. Klar ist, dass Bismarck der Verfassung seinen Stempel aufgedrückt hatte und für ihn ein parlamentarisches Regierungssystem von vornherein ausgeschlossen war. So scheiterten die Liberalen auch mit ihrer Forderung nach Ministerverantwortlichkeit. Als äußerst problematisch empfanden die Liberalen zudem die Einführung des allgemeinen gleichen Wahlrechts. Sein Kalkül hinter diesem Schachzug hatte Bismarck intern klar formuliert: „In einem Lande mit monarchischen Traditionen und loyaler Gesinnung wird das allgemeine Stimmrecht, indem es die Einflüsse der liberalen Bourgeoisieklassen beseitigt,

Verfassung und Verfassungswirklichkeit im Deutschen Kaiserreich

auch zu monarchischen Wahlen führen."[6] Langfristig trug das Wahlrecht tatsächlich dazu bei, dass die Liberalen zwischen den Konservativen und den aufstrebenden Sozialdemokraten immer mehr in die Defensive gerieten – auch wenn das Wahlrecht hierfür nur ein Grund war. Anfang der 1870er Jahre sahen sich die Liberalen – mit der geglückten Reichsgründung auf der Habenseite – allerdings noch auf dem Höhepunkt ihres Ansehens und ihres Einflusses. Umso deutlicher wurde jedoch, wie sehr Bismarck gerade in dieser Phase die Fäden zog, nicht zuletzt dadurch, dass er die Liberalen und das Zentrum gegeneinander ausspielte. Die Auseinandersetzung um die Forderung nach Aufnahme der Grundrechte in die Verfassung machte dies besonders augenfällig. Wenn man bedenkt, welchen Stellenwert die Debatte um die Grundrechte in der Nationalversammlung der 48er Revolution eingenommen hatte, ist schon bemerkenswert, dass die Liberalen in diesem Punkt 1871 nicht nur keine Ambitionen zeigten, sondern die Forderung des Zentrums nach Aufnahme der Grundrechte in die Verfassung einhellig ablehnten. Dem Zentrum ging es dabei darum, das Recht auf freie Religionsausübung in der Verfassung festzuschreiben. Statt dies aber zu unterstützen, opferten die Liberalen die Verankerung der Grundrechte in der Verfassung lieber auf dem Altar des Kulturkampfes. Auf diese Weise gaben die Liberalen ohne große Gegenwehr die Möglichkeit preis, mit Hilfe der Verfassung den liberalen Rechtsstaat zu sichern und möglicherweise auszubauen. Eine der wichtigsten Folgen war, dass das Grundrecht der Pressefreiheit in der Verfassung fehlte. Entsprechend konnten sich die Liberalen auch in der Auseinandersetzung um das Reichspressegesetz von 1874 nicht mit ihrer ohnehin nur halbherzig vertretenen Forderung nach Festschreibung der Pressefreiheit durchsetzen.

Debatte um die Grundrechte

Damit akzeptierten die Liberalen letztlich eine Verfassung, in der die Elemente, die den Kernbereich liberaler Ideen ausgemacht hatten, weitestgehend fehlten, und zwar insbesondere ein Grundrechtekatalog und ein parlamentarisches Regierungssystem. Ihre Hoffnung, durch spätere Verfassungsänderungen die Parlamentsrechte ausbauen zu können, erfüllte sich nicht. Gegenüber den anderen Machtzentren – dem Monarchen, dem Reichskanzler, dem Bundesrat, der Bürokratie und nicht zuletzt dem Militär, das der

Schwacher Reichstag

---

6 Schreiben an den Gesandten in St. Petersburg, 17.4.1866, in: Otto von Bismarck, Die gesammelten Werke, Bd. 5. Berlin 1928, Nr. 304, 457.

parlamentarischen Kontrolle in hohem Maße entzogen war (Budgetrecht wesentlich eingeschränkt) – blieb der Reichstag in einer relativ schwachen Position. Es oblag dem Kaiser, das Parlament einzuberufen und aufzulösen, und der Kaiser bestimmte auch den Reichskanzler nach eigenem Gutdünken. Zwar erkannte Bismarck an, dass Monarch und Kanzler mit der oder den Parteien, die die Mehrheit bildeten, „notwendig" in eine „Interessensgemeinschaft" einträten, an der grundsätzlich untergeordneten Position des Reichstags änderte dies jedoch nichts.

Die Liberalen konnten sich zunächst damit beruhigen, dass sie sich – als zentrale Träger der Nationalbewegung – neben Bismarck im Glanz der Reichsgründung sonnen konnten und sich zudem zu Beginn des Kaiserreichs als faktische Regierungspartei fühlen durften. So gelang es unter ihrer Federführung, einen einheitlichen Rechts- und Wirtschaftsraum zu schaffen. Zudem setzten sie den staatlichen Zugriff auf das Bildungssystem durch und drängten den Einfluss der Kirche zurück. Eine weitergehende Demokratisierung des Kaiserreichs trieben die Liberalen hingegen nicht voran. Im Kampf gegen die katholische Kirche akzeptierten sie eine massive Verletzung von Grundrechten ebenso wie im Kontext der Sozialistengesetze. Der folgenreichen Bismarck'schen Konzeption der negativen Integration, der Brandmarkung von Katholiken, Sozialdemokraten und nationalen Minderheiten als Reichsfeinde, setzten die Liberalen nichts entgegen. Auch nach der Abspaltung der Linksliberalen, die Bismarcks Politik seit Ende der 1870er Jahre nicht mehr folgen mochten, gewannen sie ihren Einfluss kaum zurück. Auch unter Bismarcks Nachfolgern erfüllte sich die Hoffnung auf eine Liberalisierung oder Parlamentarisierung des Systems kaum. Das Dreiklassenwahlrecht in Preußen als dem wichtigsten und größten Einzelterritorium innerhalb des Kaiserreichs, verbunden mit der starken Stellung des Bundesrates innerhalb des deutschen Verfassungsgefüges, setzte einer durchgreifenden Demokratisierung des Kaiserreichs weitere Grenzen.

Rolle der Liberalen

Blickt man in das übrige Europa, so lassen sich im ausgehenden 19. Jahrhundert zunächst grundsätzlich nahezu überall Auseinandersetzungen um mehr Partizipation und um eine Liberalisierung des politischen Systems verfolgen. Das Spektrum war dabei aber enorm breit. In Ländern wie den Niederlanden oder Belgien vollzog sich seit der Jahrhundertmitte eine relativ kontinuierliche Parlamentarisierung mit einer tendenziell zögerlichen Ausweitung des

Auseinandersetzungen um Ausweitung der Partizipationsrechte

Wahlrechtes. Zudem trug hier ein vergleichsweise hoher Bildungsstand, eine vorangeschrittene Industrialisierung, ein breites und ausdifferenziertes Bürgertum und nicht zuletzt eine lange Tradition städtischer und kommunaler Selbstverwaltung dazu bei, dass sich die partizipatorischen Strukturen immer stärker in der Gesellschaft verankerten. In vielen süd- und osteuropäischen Staaten sah es hier wesentlich problematischer aus. In Italien gelang es dem Parlament zwar – anders als in Deutschland – innerhalb der konstitutionellen Monarchie eine Machtverschiebung zu seinen Gunsten durchzusetzen, doch ein in der Gesellschaft verankertes Parteiensystem entstand dabei nicht. Die Zahl der Wahlberechtigten blieb bis 1882 bei rund 8% der Männer. Ähnlich wie in Spanien oder Portugal entstand dabei eine oligarchische Machtelite, die sich über ein Klientelwesen mit entsprechender Korruption und durchaus wechselnden Mehrheiten gegenseitig Macht und Einfluss sicherte. Das Land, das schließlich am längsten an einem quasi absolutistischen System festhielt, war Russland. Zwar setzten sich hier in manchen Teilen des Adels auch liberale Ideen durch, grundsätzlich aber verteidigte der Zar bis zur Revolution von 1905 sein weitgehend autokratisches System „erfolgreich" gegen alle Liberalisierungsbestrebungen.

Politisierung der Bevölkerung

Bei allen Unterschieden hinsichtlich der Partizipations- und Demokratisierungschancen in Europa lässt sich ein übergreifender und sich ausweitender Anspruch auf Erweiterung dieser Chancen kaum verkennen. Die Forderung nach einer Ausweitung des Wahlrechts und dessen partielle Durchsetzung war überall eng mit einer sich ausweitenden Politisierung der Bevölkerung verbunden. Dieser Übergang ist oft als Wandel von der Honoratioren- zur Massenpolitik beschrieben worden. Diese Beschreibung ist prinzipiell durchaus adäquat, sagt aber noch nichts über die konkrete Ausgestaltung der Massenpolitik aus. Bei aller gegenseitigen Beobachtung und transnationaler Beeinflussung spricht vieles dafür, dass sich gerade in den Jahren 1870 bis 1890, als die Wahlen und die Parlamente stärker ins Zentrum der Politik rückten, bestimmte Pfade in der Ausgestaltung demokratischer Kulturen und Praktiken herausbildeten, die dann auch die spätere „Massenpolitik" prägten.

2.5 Emanzipationsbewegungen: Arbeiterschaft und Frauen

Fast überall in Europa hatten sich die liberalen und demokratischen Bewegungen lange Zeit als „natürliche Verbündete" und Fürsprecher für die Belange all jener Gruppen gesehen, die um Emanzipation und Partizipation kämpften – insbesondere für die Arbeiterschaft und die Frauen. Allerdings wurde dieses Bündnis in dem Maße brüchig, wie die männlichen Bürger ihre Partizipationsrechte nach und nach durchsetzen konnten, die unterbürgerlichen Schichten und die Frauen aber weiter ausgeschlossen wurden. Die Frage, ob das Emanzipationsversprechen für alle nur länger bis zu seiner Einlösung dauern oder aber letztlich doch nicht eingelöst werden würde, war für die Zeitgenoss:innen schwer erkennbar, doch nährte der wachsende Widerstand gegen den Prozess der kontinuierlichen Ausweitung der gleichen Rechte für alle den Verdacht, dass dieser Widerstand nicht nur temporär, sondern grundsätzlicher Natur war. Die Zeit zwischen 1870 und 1890 bildet hier in vielerlei Hinsicht eine Übergangsphase.

Verhältnis zwischen Emanzipationsbewegungen und Liberalismus

Emanzipationsversprechen

Marx und Engels hatten die Arbeiter:innen bekanntermaßen allerdings schon kurz vor der 48er Revolution in ihrem Kommunistischen Manifest dazu aufgerufen, ihr Schicksal selbst in die Hand zu nehmen. Die an die Revolution anschließende Restaurationsphase verhinderte dies weitgehend, doch seit den 1860er Jahren gewann die Politisierung und Organisierung der Arbeiterschaft an vielen Stellen Europas an Geschwindigkeit und Dynamik. Dies galt für die gewerkschaftliche Ebene ebenso wie für die politische, und zwar nicht nur mit marxistischer, sondern auch mit anarchistischer Ausrichtung. Beide Strömungen agierten zum Teil in direkter Konkurrenz, aber zumeist war es die eine oder die andere Richtung, die klar dominierte.

Anfänge der Arbeiterbewegung

Ohne allzu schematische Einteilungen vornehmen zu wollen, fassten die marxistischen Strömungen tendenziell eher in den Ländern Fuß, in denen die Arbeiter an demokratische Bewegungen anschließen konnten. Dies galt etwa für Deutschland ebenso wie für die Schweiz, Belgien, Frankreich oder England. Hier verstanden sich die Arbeiter zunächst selbst häufig noch als radikaldemokratisch und von daher als anschlussfähig an die bürgerlich demokratischen und partiell an die liberalen Strömungen. Mit dem Marxismus war diese Strategie insofern kompatibel, als die avisierte proletarische Revolution auf den Erfolgen der bürgerlichen Gesellschaft

Radikaldemokratisches Verständnis der frühen Arbeiterbewegungen

aufbauen sollte. Eine zeitweilige Koalition konnte aus dieser Perspektive durchaus sinnvoll sein und in manchen Ländern hielt diese Verbindung noch bis etwa zu der Zeit um die Jahrhundertwende.

Formierung der Arbeiterbewegung in England

Durch seine Vorreiterrolle bei der Industrialisierung war England das Land, in dem sich auch die Arbeiterbewegung am frühesten formierte, und zwar zunächst auf gewerkschaftlicher Ebene. Seit den ausgehenden 1830er Jahren mehrten sich hingegen im Zuge des Chartismus die Forderungen nach politischer Repräsentation, die jedoch vom Parlament kompromisslos zurückgewiesen wurden. Nachdem das Bestreben nach politischer Einflussnahme so klar gescheitert war, konzentrierten sich die Gewerkschaften seit den 1850er Jahren vor allem auf die konkrete Interessensvertretung ihrer Mitglieder vor Ort. Das bedeutete, dass sie vor allem die Interessen der in der Regel männlichen Facharbeiter – durchaus auch auf Kosten der ungelernten Arbeiter:innen – gegenüber den Betrieben vertraten und dabei auch vergleichsweise erfolgreich waren. Die Wahlrechtsreform von 1867 und die Legalisierung von Gewerkschaften im „Trade Union Act" von 1871 führten zu einer Repolitisierung der britischen Gewerkschaften, deren Mitglieder als Wähler für die bestehenden Parteien plötzlich Bedeutung bekamen. Durch das Mehrheitswahlrecht war die Gründung einer eigenen Partei allerdings noch wenig erfolgversprechend, so dass sich erste parlamentarische Partizipationsmöglichkeiten nur durch punktuelle Bündnisse mit den Liberalen ergaben, die ihrerseits um die Unterstützung der Gewerkschaften buhlten. Der erste sogenannte Lib-Lab-Kandidat wurde 1870 aufgestellt, 1874 zogen auf diesem Weg erstmal zwei Arbeiter ins Unterhaus ein, 1885 schließlich waren es neun. Diese auf der Verbindung zwischen der in den Gewerkschaften vertretenen „Arbeiteraristokratie" und den Liberalen beruhenden Erfolge zogen jedoch deutliche Friktionen innerhalb der Arbeiterschaft nach sich, wie sich in der unerwarteten und von der Basis ausgehenden Streikwelle von 1889/90 zeigte. Erst jetzt begannen die Gewerkschaften systematisch, auch die un- und angelernten Arbeiter:innen für sich zu gewinnen, was bis zu diesem Zeitpunkt allenfalls sporadisch versucht worden war. Dies war nicht nur nötig, um die Rhetorik von der Solidarität und der „Einheit der Arbeiterklasse" nicht gänzlich hohl klingen zu lassen, sondern auch um das große Potenzial der un- und angelernten Arbeiter:innen endlich besser ausschöpfen zu können. Hier lag auch die Basis dafür, sich nun auch politisch eigenständig auf Parteiebene zu formieren.

Repolitisierung der britischen Gewerkschaften

Für diesen Schritt hatten auch die Erfolge der deutschen Sozialdemokratie eine wichtige Rolle gespielt, die man aus England genau beobachtete. Umgekehrt hatte die deutsche Arbeiterbewegung immer sehr genau die britische Entwicklung verfolgt – gerade aufgrund der Vorreiterrolle der britischen Gewerkschaften. Gleichwohl verlief die deutsche Entwicklung in dem Sinne deutlich anders, als hier die Arbeiterbewegung organisatorisch mit den Parteigründungen der 1860er Jahre bereits eigenständig wurde. Dennoch verstand sich auch die deutsche Arbeiterbewegung zunächst noch klar in der Tradition der radikaldemokratischen Bewegungen und insofern als integraler Bestandteil einer – nach ihrem Verständnis – auf Ausweitung und Integration angelegten bürgerlichen (im Sinne von staatsbürgerlichen) Gesellschaft. Erst die Bismarck'sche Politik, die die Sozialdemokraten nach der Reichsgründung als Reichsfeinde brandmarkte und die sie mit dem Sozialistengesetz ins Abseits stellen wollte, führte zu einem dynamischen Prozess der Fremd- und Selbstausgrenzung. Das Sozialistengesetz trug bekanntermaßen erheblich dazu bei und führte schließlich zu dem massiven Erstarken der deutschen Sozialdemokratie in den Wahlen seit 1890. Dieser Erfolg wiederum gab den Arbeiterbewegungen in ganz Europa einen deutlichen Schub, sich ebenfalls auf der Parteiebene eigenständig zu organisieren. Der Versuch der Ausgrenzung hatte somit nicht nur für Deutschland, sondern in weiten Teilen Europas dazu geführt, dass die Arbeiterbewegungen ihr Recht auf Partizipation nun noch deutlicher und erfolgreicher einklagten.

<small>Deutsche Arbeiterbewegung</small>

<small>Sozialistengesetz</small>

Frauen allerdings blieben von gewerkschaftlicher Organisation in ganz Europa fast überall so gut wie ausgeschlossen, wie sich auch gerade am englischen Beispiel zeigen lässt. Nachdem es Frauen im Kontext der Chartistischen Bewegung partiell gelungen war, sich zu engagieren und sich Gehör zu verschaffen, änderte sich dies nach deren Scheitern deutlich. Die sich nun formierenden Gewerkschaften formulierten es als ein klares Ziel, Frauen von der Arbeit fernzuhalten: „Frauen und Töchter" sollten „ihren Platz" im Haus finden, „anstatt in den Wettbewerb um Lebensunterhalt mit den großen und starken Männern der Welt zu konkurrieren", formulierte der führende britische Gewerkschaftsfunktionär Henry Broadhurst in einer Rede im Jahr 1875 [zit. n.: 2.5: Davis, 84]. Damit gab er eine Haltung wieder, die von den Gewerkschaften in Europa weitestgehend geteilt wurde. Es ging darum, einen vom Mann ver-

<small>Ausschluss von Frauen in der gewerkschaftlichen Organisation</small>

dienten „Familienlohn" abzusichern. Frauen wurden vor diesem Hintergrund als „billige Konkurrenz" angesehen, für die gerade kein gleicher Lohn angestrebt wurde. Sie sollten daher möglichst vom Arbeitsmarkt ferngehalten werden. Frauen wurden so von den Gewerkschaften nicht nur nicht vertreten, sondern gezielt ausgegrenzt. Für die anarchistischen Bewegungen galt dies so nicht, so dass Frauen darin eine größere, gleichwohl aber auch deutlich beschränkte Rolle spielten.

Etablierung der Selbstorganisation

Von einer ausgeprägten gewerkschaftlichen Organisation waren die meisten europäischen Länder und Regionen allerdings vor 1890 noch relativ weit entfernt. Dies hing damit zusammen, dass gewerkschaftliche Zusammenschlüsse teilweise noch verboten waren. Insbesondere galt dies etwa für Frankreich, wo diese erst 1884 zugelassen wurden. Allerdings gab es auch zuvor schon gewerkschaftliche Zusammenschlüsse, die mehr oder weniger verdeckt agierten, lokal verankert waren und zumeist an konkrete Arbeitskämpfe gebunden blieben. Eine besondere Rolle für die sich etablierende Selbstorganisation spielten in Frankreich die sogenannten *Bourses du Travail*, die zunächst ganz konkret bei der Arbeitssuche helfen sollten, dann aber auch zum Kristallisationspunkt gewerkschaftlicher Organisation wurden. Nachdem 1875 der erste Versuch, in Paris eine *Bourse du Travail* genehmigen zu lassen, abgelehnt worden war, gewannen sie seit den ausgehenden 1880er Jahren immer mehr an Bedeutung für die entstehende Arbeiterbewegung.

Anarchistische Bewegungen

Als Konkurrenz zu den sozialistisch und sozialdemokratisch geprägten Arbeiterbewegungen gewannen anarchistische Bewegungen seit den 1870er Jahren zumindest teilweise erheblich an Attraktivität. Nachdem anarchistische und marxistische Strömungen in den 1860er Jahren zunächst noch gemeinsam in der Internationalen Arbeiterassoziation (*Erste Internationale*) vertreten waren, eskalierte der Konflikt zwischen den Anhängern beider Strömungen so, dass Marx 1872 den Ausschluss Michail Alexandrowitsch Bakunins und seiner Anhänger bewirkte. Mit der Gründung der *Fédération jurassienne* wurde die Schweiz für einige Jahre Knotenpunkt der internationalen anarchistischen Bewegung, bei dem viele transnationale Verbindungen zusammenliefen. Insgesamt waren die anarchistischen Bewegungen in Europa tendenziell dort besonders stark, wo es keine oder nur wenige Anknüpfungspunkte an demokratische Bewegungen gab. Konkret galt dies etwa auf der einen Seite für Russland und auf der anderen Seite für Spanien. Dies betraf aber auch das liberale Italien mit seinem restriktiven Wahlrecht, wo der Anarchismus von politischen Impulsen aus der italienischen Emigration profitierte und sich phasenweise sogar zu einer transnationalen politischen Bewegung entwickelte. So unterschiedlich sich die politischen Verhältnisse im Einzelnen auch darstellten, bot der Staat in beiden Ländern weder institutionell noch konkret vor Ort partizipatorische Angebote. Die Hoffnung auf eine vielleicht langsame, aber doch stetige Entwicklung, die auch den unterbürgerlichen Schichten eine inklusive Perspektive geboten hätte, existierte in beiden Ländern kaum – in Russland noch weniger als in Spanien. So war es auch kein Zufall, dass die anarchistischen Ideen wichtige Ursprünge in Russland hatten und sich von dort aus in Europa verbreiteten. Neben den theoretischen Schriften war es darüber hinaus die mit den Attentaten verbundene Idee der „Propaganda der Tat", die in Teilen der Arbeiterschaft ganz Europas Resonanz fand – gerade auch in Spanien. Vor allem nach dem Scheitern der ersten spanischen Republik im Jahr 1874 sahen sich die Anarchisten darin bestärkt, dass nur die harte Konfrontation mit dem Staat zu einer grundlegenden Veränderung führen könnte. Umsturz und nicht Reformen war hier das Ziel. Gewalt spielte daher auch in dem Prozess der Ausgrenzung und Selbstausgrenzung der Anarchisten eine deutlich größere Rolle als im Verhältnis zwischen dem Staat und den sozialistischen bzw. sozialdemokratischen Teilen der Arbeiterbewegung.

Ähnlich wie die frühe Arbeiterbewegung waren auch die frühen Frauenbewegungen in weiten Teilen Europas zunächst eng mit den liberalen und demokratischen Nationalbewegungen verbunden. In Polen sammelte sich ein Kreis von „Enthusiastinnen" um die Publizistin und Frauenrechtlerin Narcyza Zmichowska. Inspiriert von ihrer gemeinsamen Begeisterung für Freiheit und Gleichheit engagierten sie sich etwa allgemein für bessere Bildung sowohl für Frauen als auch für Männer. In Italien gab eine ganze Reihe von „illustren Frauen", die sich für die Einheit und Freiheit Italiens aber auch für mehr Frauenrechte einsetzten. So gründete Christina Trivulzio Belgiojoso, die als Schriftstellerin und Journalistin zu den wichtigsten Frauen in der italienischen Nationalbewegung zählte, in den 1840er Jahren verschiedene Einrichtungen für Frauen und setzte sich auch in ihrer schriftstellerischen Tätigkeit immer wieder für Frauenrechte ein. Auch in der frühen tschechischen Nationalbewegung gab es eine Reihe von bürgerlichen Frauen, die sich von der nationalen „Befreiung" auch eine Verbesserung der Frauen-

Frauenbewegungen

rechte versprachen. In Frankreich waren die Feministinnen im Wesentlichen auf der Seite der Republikaner, ohne dass sich daraus allerdings greifbare Erfolge für die Frauen ergaben. Auch in England gab es ein enges Bündnis zwischen (Links-)Liberalen und den Feministinnen. So war die Vorsitzende der *National Society for Woman's Suffrage*, Lydia Becker, eine Liberale aus Manchester, und John Stuart Mill, einer der zentralen Vordenker des britischen Liberalismus, war einer der wichtigsten Fürsprecher für das Frauenwahlrecht. Die Unterstützung liberaler Männer für Frauenrechte war insgesamt jedoch die Ausnahme. Die Anhängerschaft der frühen Frauenbewegungen an die Liberalen wurde nicht unbedingt erwidert.

Verhältnis zwischen Frauenbewegungen und Parteien

Insgesamt war das Verhältnis der Frauenbewegungen zu den Parteien sehr komplex und hing insbesondere mit der Frage zusammen, von welcher Partei sie Unterstützung bekamen. Während die Frauenbewegungen in Großbritannien unter den Liberalen vergleichsweise viel Unterstützung in ihren Forderungen bekam, sah dies etwa in Deutschland deutlich anders aus. So orientierte sich ein Teil des Feminismus in Europa gegen Ende des 19. Jahrhunderts stärker in Richtung der sozialistischen Parteien.

Aufschwung der feministischen Bewegungen

Was die zeitliche Entwicklung angeht, lässt sich nach Anfängen in der ersten Jahrhunderthälfte und einem ersten Höhepunkt in der 48er Revolution seit den 1860er Jahren zumindest in einigen europäischen Ländern langsam ein Aufschwung und eine Verstetigung des feministischen Engagements beobachten. Es entwickelte sich ein breites Spektrum von Frauenvereinigungen sehr unterschiedlicher Ausrichtung, von konservativ „vaterländisch" über philanthropisch bis dezidiert emanzipatorisch. Bis zu einem gewissen Grade weiteten auch die philanthropischen und partiell auch die konservativen Vereinigungen die Handlungsspielräume für Frauen aus, doch es waren in erster Linie die emanzipatorischen Vereinigungen, die gezielt Verbesserungen der Rechtslage und der sonstigen Chancen für Frauen einforderten. In diesem Sinne wurde 1865 in Deutschland der *Allgemeine Deutsche Frauenverein* gegründet sowie 1868 durch die Genferin Marie Goegg-Pouchoulin die erste internationale Frauenorganisation, die *Association internationale des femmes*, die zwar zunächst auf nur eine sehr begrenzte Resonanz stieß, aber dennoch ein Zeichen dafür war, dass das Thema international auf die Tagesordnung rückte. Die erste französische feministische Organisation entstand 1866 noch unter Napoleon III.:

die *Société pour la revendication des droits de la femme*. Einige der Mitglieder der Gesellschaft – insbesondere Louise Michel – engagierten sich auf Seiten der Kommune und gerieten damit in Verruf. Es entstand der Mythos der „Pétroleuses", die angeblich Paris in Flammen setzen wollten. Als 1870 mit der *Société pour l'amélioration du sort de la femme* die erste dauerhafte, bürgerliche Frauenorganisation gegründet wurde, achtete diese sorgsam darauf, nicht mit dem Mythos in Verbindung gebracht zu werden.

Aus den verschiedenen Zielen der Frauenbewegungen seien hier drei besonders hervorgehoben: Der Kampf um die Zulassung zu Bildung, die Wahlrechtsfrage und die übergreifende Frage der Frauenrechte im Privatrechtsbereich. Der erste Punkt wird im vorliegenden Band in dem Kapitel zu Wissenschaft und Bildung behandelt, so dass hier die beiden anderen Punkte fokussiert werden.

Ziele der Frauenbewegungen

Zur Wahlrechtsfrage: Die Auseinandersetzung um die Ausweitung des Wahlrechts war unmittelbar mit der Frage der Teilhabe an der Nation verbunden. Eine langfristig erfolgreiche Verbindung von Feminismus und Nationalismus lässt sich nicht zufällig dort beobachten, wo der Kampf um nationale Unabhängigkeit mit einem relativ fortgeschrittenen Parlamentarismus verbunden war, und zwar in den skandinavischen Ländern. Finnland war zwar noch Teil des russischen Reichs, verfügte aber über eine eigene Ständeversammlung. Der Kampf darum, für das Finnische einen gleichwertigen Rang neben dem Schwedischen zu erhalten, wurde in hohem Maße von Frauen getragen, die damit ein wichtiger Teil der Nationalbewegung waren und zugleich für das Frauenwahlrecht eintraten. In Finnland durften Frauen so bereits 1872 an Lokalwahlen und 1906 an den nationalen Parlamentswahlen teilnehmen. In Norwegen, das seit 1814 von Schweden mitregiert wurde, unterstützten die Frauenvereine den Kampf um die nationale Unabhängigkeit und bekamen dafür die Unterstützung der radikalliberalen Partei, die maßgeblich für die Loslösung von Schweden eintrat. Die erreichte Unabhängigkeit im Jahr 1905 zog dann auch relativ bald das Wahlrecht für Frauen nach sich.

Die Wahlrechtsfrage

Norwegen und Schweden

Die skandinavischen Länder blieben in dieser Hinsicht jedoch eine Ausnahme. In den meisten anderen europäischen Ländern blieb die Vorstellung von der Nation noch sehr männlich geprägt und der Kampf um die Partizipation von Frauen traf hier auf noch

Kampf um das Frauenwahlrecht in Großbritannien

deutlich härteren Widerstand. In England unterstützte immerhin eine überwiegende Mehrheit der britischen Liberalen im letzten Drittel des 19. Jahrhunderts die Forderung nach dem Frauenwahlrecht. Eine zentrale Rolle spielte hier John Stuart Mill, der 1867 im britischen Unterhaus klar Stellung zur Frage des Frauenwahlrechts bezog: „Die Interessen der Frauen werden angeblich von ihren Vätern, Ehemännern und Brüdern wahrgenommen, welche dieselben Interessen wie jene hätten und nicht nur viel besser als die Frauen für Frauen sorgen, als diese es selbst tun. Sir, das ist genau das, was von allen nicht-repräsentierten Klassen gesagt wird [...] Sind nicht die Interessen des Unternehmers und des Arbeiters, richtig verstanden, die gleichen? [...] Aber es sollte diesem Haus ein Bericht über die Zahl von den Frauen vorgelegt werden, die jährlich von ihren männlichen Beschützern zu Tode geschlagen, zu Tode getreten und zu Tode getrampelt werden [...] Sir, bevor hier beschlossen wird, dass die Interessen von Frauen, als Frauen, bei einer Verweigerung des Wahlrechts keinen Schaden nehmen, sollte gefragt werden: Haben Frauen tatsächlich keine Gravamina?"[7] Dieser Argumentation folgend legten männliche Suffragetten im britischen Unterhaus zwischen 1866 und dem Ersten Weltkrieg rund dreißig Gesetzesentwürfe zur Einführung des Frauenwahlrechts vor. Fünfmal erhielten sie sogar eine Mehrheit, die dann aber über Geschäftsordnungstricks wieder einkassiert wurde. In Deutschland dagegen bekamen die Frauen so gut wie keine Unterstützung von den Liberalen in der Wahlrechtsfrage. Die Verbündeten waren hier strukturell eher die Sozialdemokraten. Nachdem August Bebel mit seinem Buch „Die Frau und der Sozialismus" aus dem Jahr 1879 mit erheblicher Resonanz in ganz Europa für mehr Frauenrechte eingetreten war, nahm die Partei das Frauenwahlrecht bereits 1891 in ihr Programm auf. Allerdings stieß der Beschluss auf deutliche Vorbehalte bei der Parteibasis und insgesamt blieb das Eintreten der SPD für das Frauenwahlrecht klar taktisch geprägt.

Frauenwahlrechtsfrage in Deutschland

Widerstand gegen die Ausweitung von Frauenrechten

Jenseits der Frage, wie groß oder wie gering im Einzelnen die Unterstützung für den Kampf um das Frauenwahlrecht war, ist es mindestens so wichtig, die Bedeutung des wachsenden Widerstandes gegen die Ausweitung von Frauenrechten zu erfassen. Denn in diesem Kampf ging es letztlich darum, im Kontext sich allgemein

---

7 John Stuart Mill, Rede im britischen Parlament, 20. Mail 1867, zit. nach Gisela BOCK, Frauen in der europäischen Geschichte. München 2000, 192.

ausweitender Partizipationsrechte Frauen grundsätzlich weitestgehend auszuschließen und diese Ausgrenzung auf eine neue argumentative Basis zu stellen. Dabei unterschieden sich die Argumente der Emanzipationsgegner in den verschiedenen Ländern zunächst kaum: Die Natur habe, an der Physis ablesbar, Männer und Frauen für unterschiedliche Aufgaben geschaffen. Die Überschreitung der „natürlichen" Geschlechtergrenzen müsse daher zu Degeneration und Chaos führen. Frauen seien zum „Heiligtum der Mutterschaft" berufen, ihre Politisierung zerstöre Haus und Familie und damit schließlich auch den Staat. Ihre Emotionalität mache sie unfähig zur politischen Sachentscheidung, körperlich seien sie zu anspruchsvollen Tätigkeiten nicht in der Lage. Zudem sei ein von Frauen regierter Staat unfähig, im Konkurrenzkampf der Nationen zu bestehen, geschweige denn Weltgeltung zu beanspruchen und Kolonien zu beherrschen. Insgesamt offenbarte sich in derartigen Argumentationen eine Mischung aus christlicher Mutterschaftsideologie, pseudowissenschaftlichem Biologismus und imperialistischen Herren(menschen)gehabe. Diese Komponenten fanden sich nahezu überall in Europa, es ist aber gleichwohl aufschlussreich, einige Länder genauer zu betrachten und hier Unterschiede in den Blick zu nehmen, insbesondere was die Aktionsformen und die Trägerschichten des Antifeminismus angeht. Dabei waren Gegner der Frauenemanzipation grundsätzlich in allen politischen Lagern anzutreffen. Antifeminismus war also kein Spezifikum der Konservativen, auch wenn er unter linksliberalen und sozialistischen Parteien deutlich weniger vorkam. Klar erkennbar ist auch, dass die Antifeministen dort am stärksten waren, wo auch die Frauenrechtler:innen ihrerseits am stärksten schienen, und zwar in England und Deutschland. Hier war die Furcht vor der Einführung des Frauenwahlrechts am größten – größer etwa als in Frankreich, wo es keine spezifische antifeministische Organisation gab.

Antifeminismus

Vorreiter der antifeministischen Bewegung in Europa war Großbritannien. Die Ausdehnung des Gemeindewahlrechts auf die Frauen im Jahr 1869 sowie das große Echo, das John Stuart Mill mit seinem leidenschaftlichen Plädoyer gegen die „Subjection of Woman" fand, rief auch die Gegner des Frauenwahlrechts auf den Plan. Konkret schrieben sie Zeitungsartikel, sammelten Unterschriften und begannen sich zu organisieren. Im Unterhaus formierte sich 1875 ein *Committee for maintaining the integrity of the franchise*, das sich jedoch bald wieder auflöste, als der Druck in Rich-

Die antifeministische Bewegung in Europa

tung Frauenwahlrecht wieder nachließ. Erst als die Liberalen 1906 die Regierung übernahmen und die neu gegründete Labour Party ins Parlament einzog, wurde die „Gefahr" des Frauenwahlrechts wieder akut und vor diesem Hintergrund nahm dann auch die Auseinandersetzung um das Frauenwahlrecht wieder deutlich an Schärfe zu.

Kam in Großbritannien insgesamt die stärkste Unterstützung für die Frauenrechtler:innen von den Liberalen und in Deutschland tendenziell von den Sozialdemokraten, so fanden dagegen die Frauenrechtler:innen in Frankreich kaum politische Unterstützung von den Parteien der Linken, im Gegenteil. Der französische Antifeminismus speiste sich aus sehr unterschiedlichen Quellen und war gerade auch bei den linksbürgerlichen Republikanern, bei der *Parti républicain radical et radical socialiste* in besonderem Maße zu Hause. Ein zentraler Grund dafür war das tiefe Misstrauen der männlichen Republikaner gegenüber den Frauen, denen schon der Revolutionshistoriker Jules Michelet Verrat an der Französischen Revolution vorgeworfen hatte. Die Frauen, so Michelet, hätten mit der konterrevolutionären Priesterschaft kollaboriert. Seither galten sie als tendenzielle Verbündete der katholischen Kirche und damit des Konservativismus.

Rechtsstellung der Frauen

Das dritte, wichtige Thema betraf Fragen der Rechtsstellung im Bereich des Privat- und Familienrechts. In Frankreich wurde 1869 die Zeitschrift *Le Droit des femmes* gegründet, aus der wiederum Vereinigungen hervorgingen, die immer wieder Reformvorschläge zum Code Civil vorlegten, um auf den verschiedensten Ebenen die Rechtsstellung der Frauen zu verbessern, etwa im Bereich des Rechts auf Eigentum, Arbeit, gleichen Lohn, Scheidung und Zugang zu Bildungseinrichtungen und vieles andere mehr. Partielle Erfolge konnten immerhin erzielt werden, wie etwa die Möglichkeit, ein eigenes Konto einzurichten im Jahr 1881 oder die Aufhebung des Verbots der Ehescheidung im Jahr 1884. Insgesamt aber wurde hier erst sehr langsam ein Prozess einzelner, jeweils mühsam erkämpfter Verbesserungen der Rechtsstellungen angestoßen, der letztlich bis ins 21. Jahrhundert andauert. Dies gilt für die anderen europäischen Länder in prinzipiell vergleichbarer Weise.

Kampf um Einfluss auf die Rechtskodifikationen

In Deutschland ging es mit Blick auf die notwendige Vereinheitlichung der Rechtsverhältnisse, die im Zuge der Reichsgründung notwendig geworden war, aus der Perspektive der engagierten Frauen darum, auf diesen Prozess überhaupt Einfluss nehmen zu können. Auf der Generalversammlung des *Allgemeinen Deutschen Frauenvereins* im Jahr 1876 rief Louise Otto-Peters dazu auf, sich mit den gesetzlichen Folgen der Ehe für die Frauen zu befassen und über den Kontakt zu Juristen Einfluss auf die Rechtskodifikation zu nehmen. Doch erst in den 1890er Jahren, als die Verabschiedung des BGB akut wurde, gewann der Versuch der Einflussnahme von Frauen aus dem liberalen und dem sozialdemokratischen Spektrum deutlich mehr an Durchschlagskraft.

In England, wo es keine systematische Kodifikation des Privat- und des Familienrechts gab, konnten über verschiedene kleinschrittige Reformen über das gesamte 19. Jahrhundert hinweg partielle Verbesserungen erzielt werden. Doch auch hier mehrten sich mit der langsamen Formierung der Frauenbewegungen seit den 1860er Jahren die Forderungen nach rechtlichen Verbesserungen etwa im Bereich des Güterrechts. Eine gewisse Besonderheit der englischen Frauenbewegungen bestand in der vergleichsweise großen Bedeutung der Sittlichkeitsbewegung. Der hier geführte Kampf gegen die Prostitutionsgesetzgebung sowie gegen die „weiße Sklaverei" und den Frauenhandel bewegte sich dabei allerdings an der Grenze zwischen dem Kampf gegen die Ausbeutung von Frauen und für deren Disziplinierung. *Sittlichkeitsbewegung in England*

Ähnlich wie in England bildete auch in Skandinavien, insbesondere in Schweden, der Kampf um das eheliche Güterrecht eine der zentralen Forderungen der frühen Frauenbewegungen. Doch das Spektrum der Forderungen nach einer verbesserten Rechtsstellung von Frauen war gerade in Skandinavien besonders breit und die Forderung nach „wahrer Emanzipation", die eine grundsätzliche Gleichberechtigung und einen Bruch mit den traditionellen Geschlechterrollen beinhaltete, wurde hier bereits in den 1870er Jahren laut. Davon waren die meisten anderen europäischen Länder, vor allem im Süden und Osten Europas, noch weit entfernt. *Kampf um das eheliche Güterrecht in Skandinavien*

Insgesamt erweisen sich somit die 1870er und 1880er Jahre sowohl für die Arbeiter- als auch für die Frauenbewegungen als eine Phase der Inkubationszeit mit enormen Ungleichzeitigkeiten. Emanzipationsforderungen von Arbeitern wie von Frauen wurden an vielen Stellen aber in sehr unterschiedlicher Lautstärke und Intensität erhoben – vor allem aber dort, wo sich bürgerliche Freiheiten, aber auch Lohnarbeit und urbane Lebensformen bereits soweit durchgesetzt hatten, dass die Forderungen auch auf eine gewisse Resonanz trafen. *Ungleichzeitigkeiten der Emanzipationsforderungen in Europa*

2.6 Ideologisierung und Normalisierung der Nation

Bedeutung der nationalen Narrative

Die wohl größte Stärke der nationalistischen Bewegungen und ihrer Vertreter:innen besteht darin, die Nation als eine Art objektive Gegebenheit und den daraus erwachsenen Nationalstaat als natürliches Ordnungsprinzip zu propagieren und für viele Menschen glaubhaft zu machen. In dem Maße, in dem sich im 19. Jahrhundert die Nationalstaaten bildeten und verfestigten, erhielt die Ideologie der Natürlichkeit des Nationalstaates ihre scheinbare Bestätigung und gab den Nationalbewegungen neuen Rückenwind. Doch standen hinter der scheinbaren Natürlichkeit der Nationen komplexe Konstruktionsprozesse, die darauf beruhen, die jeweilige Nation als Ergebnis langfristiger historischer Prozesse und kultureller Gegebenheiten darzustellen. Nationalbewegungen mussten Narrative erschaffen, mit denen sie ihren Anspruch auf Staatlichkeit überzeugend untermauern konnten. Das Arbeiten an diesen Narrativen endete jedoch keineswegs, wenn die Nationalstaaten entstanden waren – im Gegenteil: Gerade den Regierungen der Nationalstaaten war in hohem Maße daran gelegen, die Nationskonstruktion als glaubwürdig und als handlungsrelevant erscheinen zu lassen. So setzte mit den äußeren und inneren Staatsbildungsprozessen auch das Bestreben ein, spezifische Vorstellungen von der Zusammengehörigkeit der jeweiligen Nation zu vermitteln und diese emotional zu unterfüttern. Die Frage allerdings, wie sich eine Nation jeweils verstand und was sie ausmachte, konnte von unterschiedlichen Gruppen höchst unterschiedlich beantwortet werden. Der Nationalismus, der die Nation einen sollte, bildete damit sogleich den Kern für Spaltungen und Ausgrenzungen.

Durschlagskraft von Ideologisierung und Normalisierung der Nation

Die Entstehung des italienischen und des deutschen Nationalstaats bildet für die Entwicklung des Nationalismus in Europa in verschiedener Hinsicht einen Einschnitt. Es waren damit zwei große Staaten entstanden, die ihre jeweiligen Staatsgründungen als Apotheose ihrer jeweiligen nationalen Entwicklungen darstellen konnten. Die Ideologisierung und die Normalisierung der Nation gewannen damit in ganz Europa noch einmal deutlich an Durchschlagskraft, und zwar sowohl für die Nationalstaaten als auch für die Imperien. Die „vorgestellte Gemeinschaft" (Benedict Anderson) der Nation und die damit verbundene Vorstellung von ethnischer und kultureller Homogenität wurde immer mehr zum zentralen Bezugspunkt von Gesellschaften. Alternativmodelle, wie es etwa das

Habsburgerreich zumindest in der Theorie darstellte, gerieten dagegen zunehmend in die Defensive.

Für die Nationalstaaten ging es vor diesem Hintergrund darum, sich als Nation neu zu entwerfen. In dem Maße, in dem die Nation als die zentrale Basis für den Staat definiert wurde, setzten gesellschaftliche Aushandlungsprozesse darüber ein, was diese Nation jeweils ausmachen sollte und wie sie sich definierte. Besonders deutlich lässt sich dies am deutschen und am französischen Beispiel nach dem Krieg von 1870/71 zeigen. In Frankreich veranlasste der tiefe Einschnitt des verlorenen Krieges sowohl die republikanische Linke als auch die katholisch-monarchistische Rechte dazu, die Nation und die damit für sie verbundene nationale Identität neu zu definieren. So knüpfte die Linke an die Nationsvorstellung der Französischen Revolution an und kämpfte darum, die Republik zur Grundlage eines Wiedererstarkens der Nation zu machen. Die katholisch-monarchistische Rechte dagegen interpretierte die Niederlage als eine „Strafe Gottes" und verlangte nach einer Rückkehr zur vermeintlich traditionellen Verbindung von Nation und Kirche. Obwohl Napoleon III. durchaus enge Verbindungen mit der katholischen Kirche gepflegt hatte und alles andere als ein Vorreiter von Liberalismus, Demokratie und Säkularisierung gewesen war, machte die Rechte genau diese Ideologien und Entwicklungen für die Niederlage verantwortlich. Tatsächlich hatte sich Frankreich im Zweiten Kaiserreich im Zuge der sich beschleunigenden Industrialisierung in einer Weise verändert und modernisiert, die von konservativer Seite zunehmend als bedrohlich empfunden wurde. Diese Veränderungen in Verbindung mit den Erfahrungen der Pariser Kommune ließ eine Hinwendung zum Katholizismus – ganz besonders in Form des enorm populär werdenden Herz-Jesu-Kultes – für viele konservative Franzosen und Französinnen als einzig heilbringende Lösung erscheinen. Frankreich müsse sich als Nation dem Herzen Jesu weihen, so ein zentrales Glaubenselement des Kultes, um wieder seinen angestammten Platz als „fille aînée de l'Eglise" einnehmen zu können. Der Bau der Pariser Kirche Sacré-Coeur ist der bis heute weithin sichtbare Ausdruck dieses Kultes.

In der Auseinandersetzung zwischen den „deux Frances", also einem katholisch-monarchistischen und einem laizistisch-republikanischen, kam der Frage der Nationalsymbole – Flagge, Hymne, Nationalfeiertag – eine zentrale Bedeutung zu. In einem langen und umkämpften Prozess gelang es den Republikanern schließlich nach

Gesellschaftliche Aushandlungsprozesse über das Nationsverständnis

Nationalsymbole

und nach, die Symbole der Französischen Revolution – zunächst die Trikolore, dann den 14. Juli und schließlich die Marseillaise – als Symbole der Nation durchzusetzen. Doch von der Entscheidung für diese Symbole in den 1870er und 1880er Jahren bis zu deren allgemeiner Akzeptanz sollten noch Jahrzehnte vergehen.

Das *centenaire* der Revolution im Jahr 1889 bildete den Höhepunkt der republikanischen Politik, das Erbe der Revolution als nationale Ordnung zu verankern. Vom Jahrestag der Eröffnung der Generalstände bis zum 21. September, dem Jahrestag der Republik, zogen sich die Feierlichkeiten zur Erinnerung an die Revolution. Ganz wie es Alphonse Aulard, der erste Inhaber des Pariser Lehrstuhls für Revolutionsgeschichte, formuliert hatte, sollte die Revolution als „nationale Wiedergeburt" begangen und als solche die Grundlage für das künftige Nationsverständnis liefern. Tatsächlich gelang dies insofern, als auch die politische Rechte begonnen hatte, sich das Konzept der Nation anzueignen. Hatte die traditionelle royalistische Opposition der Idee der Nation lange Zeit mindestens skeptisch, wenn nicht ablehnend gegenübergestanden, formierte sich in den 1880er Jahren eine neue Rechte, die ebenfalls antiparlamentarisch, antidemokratisch und antiliberal war, die aber das Konzept der Nation nun für sich entdeckte und neu füllte. Dieser „integrale Nationalismus" verstand sich als Ausdruck des „wahren Volkes" und gliederte Minderheiten, insbesondere Juden, Freimaurer, Protestanten und Fremde aus der Nation aus. Seit Mitte der 1880er Jahre gewann diese Form des Nationalismus zunehmend an Gewicht. Die 1882 gegründete *Ligues des patriotes* rückte nach rechts, propagierte den Revanchegedanken gegenüber Deutschland und bemühte sich, mit Jeanne d'Arc ein gleichsam royalistisches Nationssymbol gegen die republikanisch-revolutionären Insignien der Nation in Stellung zu bringen. Eine wichtige Basis fand diese Strömung zunehmend in der Armee, die auf Revanche gegen Deutschland sann. Nicht zufällig war es dann ein General, der zur Identifikationsfigur einer sich neu formierenden konservativ-monarchistischen Rechten wurde: George Boulanger, Kriegsminister im Kabinett Freycinet von 1886, setzte sich an die Spitze einer anti-republikanischen Bewegung, die traditionelle Monarchisten mit einem integralen Nationalismus in Verbindung brachte. Damit gelang es Boulanger, die sog. „kleinen Leute" anzusprechen und sie mit einem neuen, nun rechts gewendeten Nationalismus hinter sich zu bringen. Auch wenn Boulanger wegen eines gescheiterten Staatsstreichs von 1889 ins Exil musste, hatte seine Idee einer französischen Nation, die sich an konservativen Werten erneuern und sich über eine Abgrenzung gegen die Republik definierte, erheblich an Aufschwung gewonnen. Die im Zuge der Dreyfus-Affäre 1898 entstandene *Action française*, die dann noch radikaler nationalistisch und antisemitisch auftrat, konnte in vielem nahtlos daran anknüpfen.

Grundsätzlich lässt sich ein derartiger Wandlungsprozess des Nationalismus im letzten Drittel des 19. Jahrhunderts für Europa insgesamt beobachten, in besonderem Maße auch in Deutschland. Dabei hatte sich die Janusköpfigkeit des Nationalismus hier bereits früh gezeigt: Der aus den Befreiungskriegen hervorgegangene Nationalismus war nicht zuletzt aus der Feindschaft zu Frankreich entstanden und die hasserfüllten Gedichte eines Ernst-Moritz Arndt verweisen auf das inhärent fremdenfeindliche Potenzial des Nationalismus. Auch in den Debatten der 48er Revolution über die Minderheiten und die deutschen Grenzen ließen die illiberale und ausgrenzende Seite des Nationalismus bereits deutlich hervortreten. Insgesamt war der Nationalismus bis zur Reichsgründung jedoch noch überwiegend „eine liberale Oppositions- und Emanzipationsideologie" [1.2: WEHLER, Gesellschaftsgeschichte, 945]. Er war gegen die Fürstenherrschaft des Deutschen Bundes gerichtet und trat für einen konstitutionellen Nationalstaat mit einer bürgerlichen Gesellschaft und parlamentarischen Mitwirkungsrechten ein.

Wandlungsprozesse des Nationalismus

Nach 1870/71 änderte sich diese Ausrichtung des Nationalismus gründlich und statt der liberalen und partizipatorischen Elemente trat nun die auf Ausgrenzung und einen starken Staat gerichtete Ideologie wesentlich stärker in den Vordergrund. Der liberale Nationalismus verschwand zusehends zugunsten eines neuen Reichsnationalismus. Dabei spielte eine wichtige Rolle, dass der Nationalstaat eben nicht von unten erkämpft, sondern von oben durch Bismarcks militärische Erfolge erreicht wurde. Der „Nationalheld" war damit der einen starken Staat verkörpernde Bismarck und nicht die für die Durchsetzung einer bürgerlichen, partizipatorischen Gesellschaft stehenden Liberalen und Demokraten. Das Militär und ein starker Staat mit dem Kaiser an der Spitze rückten damit ins Zentrum des neuen Nationsverständnisses. Dies galt nicht zuletzt für die Nationalsymbole. Wo Frankreich – wenn auch hochgradig umstritten – sich in die revolutionäre Tradition einschrieb, setzte die deutsche Symbolik ganz andere Akzente. Der Gebrauch der

Änderung der Ausrichtung des Nationalismus

Neuer Reichsnationalismus

Schwarz-Rot-Goldenen Fahne der 48er Revolution stand außer jeder Diskussion. Stattdessen setzte sich nur langsam die Verwendung der Schwarz-Weiß-Roten Flagge zunächst für die Handelsschifffahrt durch, erhielt dann aber mit der Flottenbegeisterung der 1890er Jahre zunehmend Popularität. Auch eine Nationalhymne gab es zunächst nicht. Stattdessen wurde bei entsprechenden Anlässen zumeist „Heil die im Siegerkranz" angestimmt, das die Liebe zum Herrscher besang. Zum Nationalfeiertag – auch wenn nie offiziell beschlossen – wurde schließlich der Sedanstag, also der Tag des Sieges über Napoleon III. Ähnlich wie der französische Nationalfeiertag blieb aber auch der Sedanstag umstritten – gewissermaßen mit umgekehrten Vorzeichen. Fühlte sich in Frankreich die politische Rechte aus der Nation ausgeschlossen, waren es in Deutschland die Linksliberalen, Demokraten und Sozialdemokraten, die als Reichsfeinde diffamiert und gleichsam aus der Nation herausdefiniert wurden. Mit der Errichtung einer Vielzahl von Denkmälern – dem Niederwalddenkmal, dem Hermannsdenkmal im Teutoburger Wald, dem Kyffhäuser-Denkmal und dem Völkerschlachtdenkmal – wurde das Kaiserreich in eine weit gespannte, hochgradig militärisch geprägte Traditionslinie eingeschrieben, die von Hermann dem Cherusker über die mittelalterlichen Kaiser, die preußischen Könige bis zu Bismarcks erfolgreicher Reichsgründung reichte.

Militärisch geprägte Fest- und Denkmalskultur

Doch unterschied sich Deutschland in dieser Hinsicht nicht grundsätzlich von anderen Nationalstaaten, die ebenfalls im 19. Jahrhundert ihre Nationalgeschichte konstruierten, die Großtaten der Vergangenheit beschworen und damit auch für die Zukunft einen zentralen Platz in der Völkergemeinschaft reklamierten. Vom Aufstieg des französischen integralen Nationalismus war bereits die Rede. Auch in England entwickelte sich im letzten Drittel des 19. Jahrhunderts eine neue Form des Nationalismus, die hier aber sehr viel enger als in Frankreich mit imperialen Bestrebungen verbunden war. Schon 1867 propagierte der spätere liberale Abgeordnete Charles Dilke ein „Greater Britain" und damit den stärkeren Zusammenschluss des britischen Mutterlandes mit seinen Kolonien. Nach der deutschen Reichsgründung forderte Benjamin Disraeli, Großbritannien müsse sein Empire stärken, um gegen Deutschland als neuen Machtfaktor gewappnet zu sein.

Europäische Gemeinsamkeiten

Eine wichtige Rolle spielte in diesem Kontext die Irlandfrage. Während für die meisten Konservativen und ein Teil der Liberalen die Zugehörigkeit Irlands zu Großbritannien außerhalb jeder Dis-

Irlandfrage

kussion stand, sah der viermalige britische Premierminister William Gladstone in dem wachsenden katholisch-irischen Nationalismus ein zunehmend konfliktträchtiges Problem. Zu lösen versuchte er es durch die Einführung einer Selbstverwaltung („Home Rule"). Doch der Widerstand dagegen war auch in seiner eigenen Partei so groß, dass der Gesetzesentwurf dazu 1886 scheiterte. So entwickelte sich die irische Frage für England in einem doppelten Sinne zu einem Ansatzpunkt für einen neuen, radikalen Nationalismus: Für die britischen Nationalisten kam eine Abspaltung Irlands nicht in Frage, während umgekehrt der irische Nationalismus durch diese Entwicklungen massiv befeuert wurde. Die Ausweitung der britischen Herrschaft verbunden mit der Forderung nach einem Ausbau militärischer Macht und entsprechender Gesinnung wurde so zu einem zentralen Punkt eines sich auch in Großbritannien radikalisierenden Nationalismus, für den der Begriff des „Jingoismus" geprägt wurde. Der russisch-türkische Krieg von 1878 bildete in diesem Zusammenhang einen wichtigen Fokus. Radikale Nationalisten wandten sich gegen die Neutralitätspolitik des konservativen englischen Premierministers Disraeli und forderten, an der Seite des Osmanischen Reichs gegen Russland zu Felde zu ziehen.

So lässt sich insgesamt für die meisten westeuropäischen Staaten beobachten, dass seit den 1870 Jahren ein radikalisierter Nationalismus zunehmend an Boden gewann, auch wenn erst die 1890er Jahre diesen Bewegungen eine tatsächliche Massenbasis verschaffte. Bei allen Unterschieden im Einzelnen zeichnete sich dieser radikale Nationalismus durch den Glauben aus, nationale Stärke basiere auf einer weitgehenden Homogenisierung nach innen und durch Schaffung von Feindbildern nach innen und außen. Der Begriff der „Reichsfeinde" machte das im deutschen Kontext besonders plastisch, grundsätzlich aber funktionierte der radikale Nationalismus überall in ähnlicher Weise.

Radikalisierter Nationalismus

Wie schnell ein sich als liberal und emanzipatorisch verstehender Nationalismus im ausgehenden 19. Jahrhundert imperiale und kolonialistische Formen annehmen konnte, zeigte sich etwa am italienischen Beispiel. Francesco Crispi, ursprünglich Anhänger Giuseppe Manzzinis und später Abgeordneter der liberalen *sinistra storica*, sah als Ministerpräsident seit 1887 keinerlei Widerspruch darin, seinen Nationalismus nach außen zu wenden und auch den Versuch zu unternehmen, als Kolonialmacht zu expandieren. Das Scheitern dieses Versuchs und die dramatische Niederlage der Italiener in der Schlacht von Adua im Jahr 1896 wurde daher auch als tiefe Kränkung für den italienischen Nationalismus gesehen.

Normalisierung der Nation

Unabhängig davon, welche Bedeutung der radikalisierte Nationalismus in den verschiedenen Ländern einnahm, war für den Bedeutungszuwachs des Nationalen jener Prozess entscheidend, der hier mit dem Begriff der Normalisierung der Nation bezeichnet wurde. Mit dem Fortschreiten der inneren Staatbildungsprozesse, wie sie seit den 1870er Jahren in vielen Kontexten zu beobachten waren, erhielt die Nation als Wahrnehmungs- und als Ordnungskategorie für eine zunehmende Zahl gesellschaftlicher Bereiche eine zentrale Rolle: Geschichte wurde als Nationalgeschichte geschrieben, Schulen und Universitäten wurden als nationale Bildungsanstalten entworfen, für die Massenpresse genauso wie für die „Volkswirtschaft" nahm die Nation als Bezugspunkt eine zunehmend wichtige Bedeutung an. Die Literatur, die Musik, die Theater, die Museen, der gesamte kulturelle Bereich dachte in nationalen Kategorien. Durch Feiertage, durch nationale Rituale, wie das Hissen von Flaggen und das Singen von Hymnen und vieles andere mehr wurde die Nation emotional unterfüttert und zum Teil des Alltags. All das war nicht grundsätzlich neu, nicht überall gleich ausgeprägt und auch nicht alternativlos. Um die gleichzeitig wachsenden transnationalen Bezüge wird es an anderer Stelle gehen. Doch die Normalisierung des Nationalen erhielt im Zuge der inneren Staatsbildungsprozesse ganz erheblich an Gewicht.

Auswirkungen des Nationalismus für die Imperien

Was bedeuten diese Prozesse für die Imperien innerhalb Europas, also das Habsburgerreich, das Zarenreich und schließlich auch das Osmanische Reich? Vom Aufstieg des Nationalismus waren alle drei Reiche betroffen, die Entwicklungen und Antworten darauf unterschieden sich jedoch erheblich. Am tragischsten verlief die Entwicklung im zerfallenden Osmanischen Reich. Einen übergreifenden Staat, der glaubhaft den Anspruch hätte vertreten können, die Bestrebungen, eigene Staaten zu bilden, irgendwie steuern zu können, gab es praktisch nicht mehr. So blieben nur noch gewaltsame Auseinandersetzungen sowohl mit dem Osmanischen Reich als auch der verschiedenen nationalen Gruppen untereinander. Hier wurde besonders deutlich, dass eine etwaige Trennung zwischen einem emanzipatorischen und einem integralen Nationalismus, wie er für andere Länder vorgenommen worden ist, in keiner Weise mehr griff. Der Freiheitskampf gegen das Osmanische Reich war unmittelbar mit dem Ziel verbunden, ethnisch homogene Staaten möglichst großer Ausdehnung zu schaffen. Anstelle der Frage, wie die Rechte von Minderheiten geschützt werden könnten, ging es bei den meisten Beteiligten um die Idee der ethnischen Reinheit, die unmittelbar in die Praxis der Säuberungen mündete. Die Träume von einem „Großrumänien", „Großbulgarien", „Großserbien" oder „Großgriechenland" fußten alle auf der gleichen Idee: Das jeweilige Gebiet des zu schaffenden Nationalstaats sollte möglichst auf alle Siedlungsgebiete der imaginierten Nationszugehörigen ausgedehnt werden. Entsprechend unvermeidlich waren die Konflikte um Gebiete mit unklaren Mehrheitsverhältnissen: So war Siebenbürgen zwischen Ungarn und Rumänien umstritten, die Dobrudscha zwischen Bulgarien und Rumänien, Thrakien zwischen Griechenland und Bulgarien und Mazedonien zwischen Griechenland, Serbien und Bulgarien. Für Zweifel daran, dass der Nationalstaat mit allen Mitteln als gleichsam „natürliche" Form von Staatlichkeit hergestellt werden musste, war dabei kaum Platz.

In der Habsburgermonarchie sah dies deutlich anders aus. Die Idee eines „Vielvölkerstaates" existierte hier und wurde durchaus offensiv verteidigt, geriet aber seit den 1870er und 1880er Jahren durch den Aufstieg der Nationalismen auf allen Seiten zunehmend auch in die Defensive. Der Ausgleich zwischen Österreich und Ungarn im Jahr 1867, der Ungarn eine sehr weitgehende staatliche Autonomie im Rahmen der Doppelmonarchie verschaffte, lieferte zwar eine Lösung für das Verhältnis zwischen diesen beiden Staaten, nicht aber für die grundsätzliche Frage des Zusammenlebens der verschiedenen nationalen Gruppen innerhalb des Reiches. Das Problem verlagerte sich nur jeweils auf die Ebene der beiden Teilstaaten. Ältere föderale Ideen wurden zunehmend durch die Ansprüche auf Autonomie oder Eigenstaatlichkeit der anderen Nationen einerseits und dem wachsenden Nationalismus von Deutsch-Österreichern und Ungarn andererseits verdrängt. Vor allem Ungarn wehrte sich dagegen, dass andere Gebiete der Habsburgermonarchie – insbesondere Böhmen und Galizien – eine ähnliche Autonomie erhielten. So war die gesamte Phase nach 1867 durch ein vielfaches Suchen an Kompromissen und den Versuchen, die jeweiligen nationalen Interessen durchzusetzen, geprägt. Vor allem unter den Liberalen gab es viele, die zunehmend ernüchtert zur Kenntnis nahmen, dass die nationale Zuordnung gegenüber der politischen Orientierung immer wichtiger wurde. Dies galt insbesondere für die deutsch-österreichischen Liberalen, denen es aber zu-

Situation in der Habsburgermonarchie

gleich ebenfalls schwerfiel, sich selbst nicht mehr automatisch als privilegiertes Staatsvolk zu sehen. Auch die „Höherwertigkeit" der deutschen Sprache und Kultur war den meisten von ihnen so selbstverständlich, dass sie nicht nachvollziehen konnten, dass perfekt deutschsprechende tschechische Nationalisten darauf beharrten, dass ihre Sprache und Kultur gleichwertig sei. So blieb die Habsburgermonarchie ein Staat, der sich seit den 1870er Jahren mit einem wachsenden Nationalismus auf allen Seiten konfrontiert sah, der zumindest potenziell den Zusammenhalt permanent bedrohte.

Polnische Aufstände im Zarenreich

Das Zarenreich schließlich schlug jenen Weg ein, der bis in die Gegenwart die Idee des russischen Imperiums prägen sollte: Auf die polnischen Aufstände von 1863 folgte der verstärkte Versuch, die Bevölkerung des Zarenreichs zu „russifizieren". Dabei umfasste der Begriff mindestens zwei unterschiedliche Ebenen. Zum einen ging es ähnlich wie in den Nationalstaaten um den Prozess einer inneren Staatsbildung. So wie in Frankreich „Peasants into frenchmen" (Eugen Weber) gemacht werden sollten, ging es auch in Russland darum, die weit verzweigt lebende Bevölkerung dem Zugriff des russischen Staates zu unterwerfen. Diese Ebene der „Russifizierung" reichte in seinen Anfängen deutlich weiter zurück und hatte auch über 1863 hinaus nichts mit den polnischen Aufständen zu tun. Die aber waren der Auslöser dafür, dass die Politik der „Russifizierung" nun auch einen ethnischen Aspekt bekam: Denn um Abspaltungstendenzen entgegenzuwirken oder zuvorzukommen, sollten nun auch jene Bevölkerungsteile, die nicht russischer Herkunft waren, an den russischen Staat gebunden werden. Dabei ging es insbesondere um Loyalität, aber auch um kulturelle Fragen, nicht zuletzt die der Sprache: Auch wenn die Durchsetzung einer einheitlichen Sprachenpolitik äußerst schwierig und langwierig war, wurde letztlich das Ziel verfolgt, dass Russische bis in alle Teile des Reichs zur zentralen Sprache zu machen.

Der polnische Aufstand spielte in diesem Prozess insofern eine wichtige Rolle, als die polnische Nationalbewegung – vermutlich zu Recht – als die stärkste eingeschätzt wurde und von dort ein Ausstrahlen auf andere Bevölkerungsgruppen – Ukrainer, Belarussen, Litauer etc. – befürchtet wurde. Insgesamt verlief die „Russifizierung" alles andere als einheitlich und in vieler Hinsicht war der russische Staat viel zu schwach, um diese Politik überall durchzusetzen. Aber das Ziel war es letztlich, das Zarenreich in einen russischen Nationalstaat umzuformen.

2.7 Ausgrenzungen: Antisemitismus und Umgang mit nationalen Minderheiten

Als im ausgehenden 18. Jahrhundert in vielen Schriften emphatisch der Aufstieg der Bürgerlichen Gesellschaft beschworen wurde, ließ sich dies als ein Versprechen für eine Gesellschaft lesen, in der niemand mehr aufgrund seiner Klasse, seiner Religion oder seines Geschlechts prinzipiell ausgeschlossen werden sollte. Dass die Realität lange eine gänzlich andere war, ist offensichtlich. Doch lange Zeit erschien der Kampf um Emanzipation und Gleichberechtigung von Juden zwar als langwierig und zäh, aber als grundsätzlich erfolgversprechend. In fast allen europäischen Staaten war es in den 1870er und 1880er Jahren gelungen, die rechtliche Gleichstellung der Juden durchzusetzen. In dem Maße jedoch, in dem die innere Staatsbildung voranschritt und der Staat durch die Vergabe von Rechten und Pflichten immer stärker auf die Bürger:innen zugriff, formulierte er zunehmend Ansprüche auf Homogenität. Vor diesem Hintergrund entwickelte sich die Tendenz, bestimmte Gruppen innerhalb des Nationalstaates an den Rand zu drängen oder ganz auszugrenzen. Davon betroffen waren, wenn auch im Einzelnen in sehr unterschiedlicher Weise, vor allem nationale und konfessionelle Minderheiten, dabei insbesondere Juden. Zwar war auch das Verhältnis der (National)Staaten zur Arbeiterschaft und zu Frauen in vielfacher Hinsicht von Ausgrenzungen geprägt. Hierbei ging es auf der politischen Ebene jedoch eher um den Ausschluss von Mitsprache als um einen grundsätzlichen, auch physisch gemeinten Ausschluss aus der Nation. In dem Maße, in dem der Nationalstaat als eine in nationaler Hinsicht möglichst homogene Einheit gedacht wurde, erschienen Juden und andere Minderheiten als Fremdkörper. Letztlich entstand das Konzept der Minderheit erst vor dem Hintergrund einer als homogen gedachten Nationalkultur.

Gleichheitsversprechen der Bürgerlichen Gesellschaft

Dass Antisemitismus ein gesamteuropäisches Phänomen war, ist weitgehend unbestritten. Offensichtlich sind aber auch die erheblichen Unterschiede zwischen den einzelnen Ländern. Diese genau zu vermessen ist gleichwohl ebenso schwierig wie eine gemeinsame Phasierung und übergreifende Ursachen zu benennen. Für Deutschland ebenso wie für Österreich herrscht im Wesentlichen Einigkeit darüber, dass die 1870er Jahre eine wichtige Umbruchsphase bildeten. War aus der Perspektive des liberalen Nationalismus bis in die 1860er Jahre generell unstrittig, dass Juden einen in-

Unterschiede im Antisemitismus in den europäischen Ländern

tegralen Bestandteil der sich formierenden Nationalgesellschaften waren, geriet diese Haltung seit den 1870er Jahren zunehmend unter Druck. Zunächst einmal ist allerdings festzuhalten, dass die Reichsgründung als vorläufiger Abschluss der lange währenden Bestrebungen um eine rechtliche Gleichstellung der Juden gelten kann. Zwar war diese in den meisten deutschen Ländern auch schon vor 1871 erreicht, mit der Verankerung in der Reichsverfassung galt sie nun jedoch für das gesamte Reichsgebiet.

Ausbreitung antisemitischer Literatur

Was also änderte sich in den 1870er Jahren? Als erstes fällt die Entstehung und enorme Ausbreitung antisemitischer Literatur ins Auge. Zwischen 1873 und 1890 erschienen in Deutschland rund 500 Schriften, die sich aus unterschiedlichen Perspektiven mit der „Judenfrage" befassten. Einen wichtigen Auslöser dafür bildete der Börsenkrach von 1873. Mit seiner zunächst als Artikelserie in der bürgerlichen Unterhaltungszeitschrift erschienenen Schrift *Der Börsen- und Gründungsschwindel* schob Otto Glagau, der selbst erhebliche Verluste durch Aktiengeschäfte erlitten hatte, den Juden die Schuld dafür zu. Damit wurde von Glagau und vielen anderen das alte Stereotyp vom „raffgierigen Juden" aufgegriffen, nun aber in einen gänzlich neuen Kontext gestellt. Im Zuge der massiven gesellschaftlichen und politischen Veränderungen im Zuge der Industrialisierung und des neu gegründeten Nationalstaates wurde für die Antisemiten die Judenfeindschaft zur zentralen Basis eines neuen gesellschaftlichen Ordnungsmodells. An die Stelle von Integration und Emanzipation setzten sie nun Ausgrenzung und Diffamierung. Glagau interpretierte entsprechend die Soziale Frage wesentlich als „Judenfrage" und bekam dafür insbesondere Zustimmung von konservativer Seite. Anstatt sozialpolitischen Forderungen entgegenkommen zu müssen, wurde auf diese Weise eine simple Lösung präsentiert.

Transnationaler Antisemitismusdiskurs

Doch ging der Antisemitismus weit über diesen Kontext hinaus. Die Juden wurden nicht nur für konkret benennbare Probleme verantwortlich gemacht. Vielmehr erschienen sie zumindest in der radikalsten Variante selbst als Krankheitserreger, als „Trichinen und Bazillen" (Paul de Lagarde), denen letztlich nur durch „Vernichtung" beizukommen war. Der hier geführte Diskurs war ohne Zweifel transnational. Mit seinem zwischen 1853 und 1855 erschienenen mehrbändigen Werk *Essai sur l'inégalité des races humaines* legte Arthur de Gobineau einen wichtigen Grundstein für die Ausbreitung eines vermeintlich wissenschaftlich fundierten, rassistischen

Denkens, das auch zu einem zentralen Bestandteil des Antisemitismus wurde. In dem Maße, in dem Juden als Rasse definiert wurden, wurde Gobineau dabei zu einem wichtigen Referenzpunkt des Diskurses. So entwickelten sich in ganz Europa teils vernetzt, teils getrennt geführte Debatten über die Frage, welchen Schaden Juden vermeintlich anrichteten und wie die „Judenfrage" zu lösen sei. Die Intensität der Debatten, ihre Reichweiten sowie ihre gesellschaftlichen Folgen und Einbettungen unterschieden sich allerdings erheblich.

Am gewaltsamsten äußerte sich der Antisemitismus in Osteuropa, insbesondere in Russland, aber auch in Rumänien, auch wenn sich die Situationen hier deutlich unterschieden. In Rumänien hatte die Regierung in den 1860er Jahren ausdrücklich eine Politik der Integration der Juden insbesondere ins Bildungssystem gefördert. Trotz anfänglicher Erfolge kam es zunehmend zu Protesten aufgrund der Bildungserfolge jüdischer Schüler. Vor dem Hintergrund des Bemühens darum, den gerade erst entstandenen Staat zu einer homogenen Nation zu formen, wurden Juden gleichsam aus der Nation hinausdefiniert. Dies machte sich schließlich nicht nur in einer Ausgrenzung jüdischer Schüler, sondern auch in einer nicht unbeträchtlichen Zahl gewaltsamer Übergriffe bemerkbar.

<small>Gewaltsamer Antisemitismus in Osteuropa</small>

Im Zarenreich wohnten nach einer Volkszählung von 1897 gut fünf Millionen Juden und damit die Hälfte aller Juden weltweit. Die meisten von ihnen waren im 18. Jahrhundert im Zuge der polnischen Teilungen unter russische Herrschaft geraten, sprachen vielfach Jiddisch und galten aus russischer Perspektive als eigenständige Nation. Zwar hatte es auch in Russland ein kleiner Teil der Juden in die Oberschicht geschafft, der überwiegende Teil von ihnen war jedoch bettelarm. Um überhaupt überleben zu können, suchten Juden gerade im 19. Jahrhundert insbesondere durch Binnenwanderung in Gebiete, die von Russland erobert worden waren, etwa in die südliche Ukraine und auf die Krim, sich eine neue Existenzgrundlage zu verschaffen.

<small>Juden im Zarenreich</small>

Das Jahr 1881 brachte in dieser Hinsicht jedoch einen scharfen Wendepunkt. Vor allem in den neuen Siedlungsgebieten der Juden kam es in dieser Zeit zu einer Vielzahl von gewaltsamen Übergriffen auf Juden, die 1883 zunächst etwas abflauten, aber ein Jahr später erneut ausbrachen. Nach 1884 endeten die Pogrome zwar vorerst, doch fortgesetzte administrative Schikanen und später auch wieder neue Pogrome führten schließlich dazu, dass immer mehr

<small>Pogrome</small>

Juden ihr Heil durch Flucht nach Westen suchten. Vor Pogromen schienen die Juden in Mittel- und in Westeuropa zwar sicher zu sein, doch war das Ausmaß des Antisemitismus auch hier zum Teil beträchtlich. Zu einer regelrechten Hochburg des Antisemitismus in Europa entwickelte sich Wien im letzten Drittel des 19. Jahrhunderts. Auch in Österreich spielte der Börsenkrach von 1873 eine gewisse Rolle. Zu einer der zentralen Figuren des österreichischen Antisemitismus avancierte in dieser Zeit Georg Heinrich Ritter von Schönerer, der 1873 zunächst für die Linksliberalen ins Abgeordnetenhaus gewählt wurde, sich in der Folge des Börsenkrachs und unter Einfluss des in diesem Zusammenhang aufwallenden deutschen Antisemitismus selbst zu einem radikalen Antisemiten wandelte. Die 1870er und 80er Jahre bildeten in Österreich allerdings zunächst eine noch relativ gemäßigte Vorstufe im Vergleich zu der Zeit nach 1890, als mit dem Oberbürgermeister Karl Lueger der Antisemitismus gänzlich gesellschaftsfähig wurde und weit in alle politischen Lager ausstrahlte.

Berliner Antisemitismusstreit

Was den Stellenwert der Judenfeindschaft in Deutschland in dieser Phase angeht, liefert der Berliner Antisemitismusstreit von 1879 wichtige Anhaltspunkte. Dessen Bedeutung wird schon dadurch deutlich, dass der Begriff Antisemitismus in diesem Kontext entstand und sich relativ schnell in Europa verbreitete. Den Ausgangspunkt des Streites bildete ein Artikel des prominenten Berliner Historikers Heinrich von Treitschke, der auch schon zuvor gegen die vermeintliche Habgier der Juden sowie die angebliche „Judenpresse" polemisiert hatte. Doch erst der Artikel, der im Novemberheft der *Preußischen Jahrbücher* erschien, führte zu einer bis dahin nicht gekannten öffentlichen Auseinandersetzung um den Antisemitismus. Treitschke sah „eine schwere Gefahr" und einen „hochbedenklichen Schaden" von der von ihm ausgemachten „deutsch-jüdischen Mischkultur" ausgehen und forderte von den Juden, dass sie sich „rückhaltlos entschließen" sollten, „Deutsche zu sein". Klarer als bei Treitschke, der als Historiker die Reichsgründung als Vollendung der deutschen Geschichte gefeiert hatte, konnte man den Zusammenhang zwischen dem Streben nach einer möglichst homogenen Nation und der Ausgrenzung jener die als „undeutsch" definiert wurden, nicht formulieren. Die Nation verlangte für Treitschke und seine Anhänger Geschlossenheit, Einheitlichkeit und den unbedingten Willen zu Assimilation.

Der Protest, den Treitschke mit seinem Artikel auslöste, war beträchtlich. Eine Vielzahl prominenter liberaler Professoren und Politiker wandte sich in einer „Erklärung" entschieden gegen Treitschkes Positionen und die Berliner Universität bezog ebenfalls klar Stellung gegen Antisemitismus. So zeigte der Antisemitismusstreit auf der einen Seite, welche Empörung Positionen, wie sie Treitschke vertrat, im liberalen Bürgertum in dieser Zeit auslösen konnten und wie vergleichsweise schnell und entschieden sich der Protest auch mainifestierte. Auf der anderen Seite aber, und das wurde langfristig wichtiger, vertrat mit Treitschke jemand, der sich – wenn auch mit anderer Akzentuierung – gleichfalls dem liberalen Bürgertum zurechnete, offen antisemitische Positionen und riss damit eine Grenze ein. Antisemitismus erhielt auf diese Weise eine gewisse akademische Dignität und gerade unter Studenten erhielt eine antisemitische Grundhaltung erheblichen Auftrieb. Auch wenn die Wahlerfolge der antisemitischen Parteien in Deutschland, die in der Folgezeit entstanden, marginal blieben (während des gesamten Kaiserreichs immer deutlich unter 5%), war dies kein echter Gradmesser. Mehr oder weniger ausgeprägter Antisemitismus wurde vor allem auf der Rechten zunehmend zu einem wichtigen weltanschaulichen Element. Anders aber als etwa in Österreich zogen Sozialdemokraten und Liberale hier einen klaren Trennungsstrich.

In Frankreich wurde erst die 1898 einsetzende Dreyfus-Affäre zum Kristallisationspunkt der öffentlichen Auseinandersetzung um den Antisemitismus. Doch bereits zuvor war er zweifellos auch in Frankreich präsent und die Flut der antisemitischen Literatur in Deutschland fand auch jenseits des Rheins seine Entsprechung – Édouard Drumont hatte den Begriff Antisemitismus von Deutschland nach Frankreich importiert – wie umgekehrt Drumonts 1886 in Frankreich erschienene Schrift *La France juive* 1889 ins Deutsche übersetzt und hier mit großem Erfolg verkauft wurde.

Frankreich ist ein einschlägiges Beispiel dafür, dass Antisemitismus nicht von der Zahl der Juden abhing, die in einem Land lebten. Mit etwa 70 000 Juden (davon 50 000 in Paris) war der Anteil der jüdischen Bevölkerung bei einer Einwohnerzahl von rund 40 Millionen denkbar gering. In Frankreich hatten die Juden bereits in der Revolution ihre bürgerliche Gleichstellung erreicht und anders als in Deutschland blieb ihnen die Karriere im Staatsdienst als Beamte oder Offiziere auch nicht grundsätzlich verwehrt. „Das kleine Häuflein assimilierter Juden", so schrieb der jüdisch-russische

Marginalien:
— Protest gegen Treitschke
— Antisemitismus in Frankreich
— Unabhängigkeit des Antisemitismus von der Zahl der in einem Land lebenden Juden

Historiker Simon Dubnow im Jahr 1929, habe in Frankreich noch viel weniger als in Deutschland oder Österreich Anlass zu einem Gerede von einem „Überhandnehmen" der Juden auf wirtschaftlichem und kulturellem Gebiet geboten.[8] Aber auch in Frankreich ging es den Antisemiten letztlich um die Durchsetzung einer bestimmten, auf Einheitlichkeit ausgerichteten Nationsvorstellung. Nicht zufällig brachte der katholische Monarchist Drumont im Zuge der Hundertjahrfeier der Französischen Revolution im Jahr 1889 die Forderung nach einer Rückwendung zu den vorrevolutionären Werten mit dem Schreckensszenario eines von Juden überrannten Frankreichs zusammen. Es genügte bereits ein leichter Zustrom von osteuropäischen Juden, die in den 1880er Jahren vor den dortigen Pogromen flohen, um Phantasien von einer „Überschwemmung" freizusetzen. Die Umgebung Wilnas, von wo aus ebenfalls Juden nach Westen kamen, stilisierte Drumont 1889 zu einer „Vagina Judeorum",[9] die nun permanent Juden freisetze, die dann zunächst Deutschland, anschließend Frankreich überschwemmen würden.

Unterschiedliche rechtliche Stellungen von Juden

Geht man weiter durch das südliche, westliche und nördliche Europa, so finden sich hier im Einzelnen sehr unterschiedliche rechtliche Stellungen der Juden – fortgesetzte Diskriminierung in Spanien, seit langem gleichberechtigt und emanzipiert in den Niederlanden – und ein divergierendes Maß an Antisemitismus, der aber hier insgesamt sehr viel weniger ausgeprägt war als in den zuvor genannten Ländern. In Großbritannien, das für viele Juden Osteuropas neben den USA zu einem Sehnsuchtsort wurde und wo mit Benjamin Disraeli ein Jude zeitweilig Premierminister war, erwies sich der Antisemitismus als nicht so gesellschaftlich geächtet, wie es das Bild von der liberalen und offenen britischen Gesellschaft zum Teil vermittelt hat. Für britische Nationalisten allerdings bildete der Antisemitismus nie ein zentrales Element.

Umgang mit nationalen Minderheiten

Blickt man schließlich auf die nationalen Minderheiten, ist zunächst festzuhalten, dass das Maß, in dem diese damit zu kämpfen hatten, von einer Mehrheitsgesellschaft dominiert oder unterdrückt zu werden, in Europa erheblich variierte. Nicht zuletzt hing dies zum Teil auch davon ab, welche Gruppe sich selbst als nationale

---

[8] S. Dubnow, Weltgeschichte des jüdischen Volkes, Bd. 10: Die neueste Geschichte des jüdischen Volkes (1880–1914). Berlin 1929, 226.
[9] E. Drumont, La France juive, Bd. 1. Paris 1886, 8.

Minderheit definierte. Hier ist einmal mehr das spanische Beispiel interessant: Basken und Katalanen konnten sich als unterdrückte Minderheit oder aber auch als Teil des spanischen Nationalstaats und damit als majoritär definieren. Solange der spanische Staat nicht allzu rabiat einen sprachlichen und kulturellen Homogenisierungsanspruch stellte, brachten viele Katalanen und Basken ihre regionale und nationale Identität weitgehend in Einklang.

In anderen nationalen Kontexten war dies wesentlich schwieriger. Ganz besonders galt dies für die Minderheiten, die 1871 gegen ihren Willen unter die Herrschaft des Deutschen Reichs gekommen waren. Dies betraf die Bevölkerung Elsass-Lothringens, etwa rund 140 000 Dänen und schließlich und vor allem etwa dreieinhalb Millionen Polen. Am vergleichsweise liberalsten verfuhr die Reichsregierung mit Elsass-Lothringen. Eine Homogenisierung der Bevölkerung sollte hier zunächst auf freiwilliger Basis erreicht werden: Die Bevölkerung sollte sich für die deutsche oder die französische Staatsbürgerschaft entscheiden, wobei diejenigen, die für Frankreich optierten, ursprünglich auch ins französische Staatsgebiet umziehen sollten. Vor diesem Hintergrund entschied sich die überwiegende Mehrheit für Deutschland, ohne sich gleichwohl – zur Irritation der deutschen Verwaltung – wirklich als Deutsche zu fühlen. Als eine Art Leuchtturm der deutschen Kultur wurde 1872 die Straßburger Universität noch einmal neu gegründet und mit enormen finanziellen und personellen Mitteln ausgestattet. Mit einer Vielzahl an jungen Professoren und einem beträchtlichen Reformwillen auch in der Lehre entwickelte sie tatsächlich einige Strahlkraft. Nicht zuletzt dadurch, dass gerade von der Universität aus keine entschiedene Germanisierungsagenda verfolgt, sondern den historischen, kulturellen und sprachlichen Entwicklungen des Elsass Rechnung getragen wurde, erhöhte sich die Akzeptanz der deutschen Herrschaft zunehmend, ohne dass sich das Bewusstsein regionaler Eigenständigkeit abgeschliffen hätte.

Von derartigen kulturellen Sensibilitäten war die deutsche Politik gegenüber den Polen weit entfernt. Ganz im Bewusstsein kultureller Überlegenheit betrieben die Deutschen hier eine Germanisierungspolitik, die keinerlei Rücksicht auf kulturelle Eigenständigkeiten nahm. Eine zentrale Rolle spielte hier zunächst die Sprache. Der Vorrang der deutschen Sprache wurde für fast alle Gebiete mit nationalen Minderheiten in den 1870er Jahren festgeschrieben. Anders als im Elsass und tendenziell auch in Nordschleswig, wo es

Sprachpolitik

auch noch eine gewisse Sensibilität gegenüber den Dänen gab, verfolgte die preußisch-deutsche Regierung gegenüber den Polen einen klaren Konfliktkurs, zumal sich schon unmittelbar nach der Reichsgründung die Germanisierungsziele mit dem Kulturkampf gegen die katholische Kirche zu überlagern begannen. In dem Maße, wie der preußisch-deutsche Staat die Schulaufsicht an sich zog, verdrängte er den polnischen Klerus aus seiner bis dahin zentralen Rolle im Bildungssystem. Durch die Bedeutung, die die katholische Kirche für den polnischen Nationalismus besaß, wurde der Angriff gegen die katholische Kirche von der polnischen Bevölkerung als direkter Angriff auf die eigene Identität verstanden. Gleichzeitig setzte der preußisch-deutsche Staat alles daran, die polnische Sprache so weit wie möglich zurückzudrängen. 1873 wurde Deutsch zur allein zulässigen Unterrichtssprache an der Volksschule gemacht. Nur wenige Jahre später wurde der Gebrauch des Deutschen auch im Verkehr mit den Behörden und vor Gericht vorgeschrieben.

Germanisierungspolitik gegenüber den Polen

Hatte sich für einen großen Teil der polnisch sprechenden Bevölkerung die Frage der Nationalität bis dahin nicht in vordringlicher Weise gestellt, änderte sich dies angesichts der rabiaten Germanisierungspolitik deutlich. Die Lage verschärfte sich, als unvermittelt mehrere 10 000 Polen mit vermeintlich „ungeklärter Staatsbürgerschaft" ausgewiesen wurden. Ziel war es, den polnischen Adel, der als wichtige Trägergruppe des polnischen Nationalismus gesehen wurde, zu vertreiben und gleichzeitig Raum für eine „Germanisierung des Bodens" zu schaffen. Nachdem die Polen durch eine entschiedene Ausgrenzungspolitik gegen die deutsche Politik aufgebracht worden waren, wurde nun von deutscher Seite der Kampf gegen die Polen als Kampf gegen die von den Polen drohende Gefahr stilisiert.

Der Umgang mit der polnischen Minderheit war nicht nur innerhalb Deutschlands, sondern auch im gesamteuropäischen Kontext für diesen Zeitraum außergewöhnlich. An vielen Stellen kam es zwar immer wieder zu Konflikten zwischen dem tendenziell homogenisierenden Anspruch des Nationalstaats und zumeist anderssprachigen Minderheiten. Doch so massiv wie der polnischen Bevölkerung wurde an kaum einer anderen Stelle in Europa einer anderssprachigen Gruppe durch die Regierung eines Nationalstaates deutlich gemacht, dass sie unerwünscht war.

Für die Imperien, das Zarenreich, die Habsburgmonarchie und das Osmanische Reich stellte sich das Problem des Umgangs mit den Minderheiten – oder besser, den nicht-majoritären Bevölkerungsgruppen – noch einmal auf eine ganz andere Weise.

3 Industrialisierung und sozialer Wandel

3.1 Bevölkerungswachstum und Migration

Innerhalb des langanhaltenden Bevölkerungswachstums in Europa zwischen der Mitte des 18. und der Mitte des 20. Jahrhunderts bildete die Phase zwischen der Mitte des 19. Jahrhunderts und dem Ausbruch des Ersten Weltkriegs die Zeit des stärksten und sich noch beschleunigenden Wachstums. Im Schnitt wuchs die europäische Bevölkerung zwischen 1870 und 1890 mit anwachsender Tendenz um jährlich 0,6 bis 0,7 Prozent. Die hinter diesen Durchschnittszahlen liegenden Realitäten differierten jedoch ganz erheblich und zwar nicht nur zwischen Ländern und Regionen, sondern auch innerhalb von sozialen Schichten und Klassen. Grundsätzlich gilt, dass die Kindersterblichkeit etwa im Norden Europas sowie in der Schweiz und in den Niederlanden in dieser Phase deutlich geringer war als in den süd- und osteuropäischen Staaten. In Italien oder Spanien lag die Wahrscheinlichkeit, in den ersten vier Lebensjahren zu sterben, in den 1860er und 70er Jahren noch bei über 40 %, in Frankreich dagegen bei 30 %, in England bei 25 % und in Norwegen und Schweden bei etwa 20 %. Überall in Europa waren gleichwohl die unteren Schichten erheblich mehr von hoher Kindersterblichkeit betroffen als die höheren Schichten. Zudem war auch der langfristige Rückgang der Kindersterblichkeit – ein wichtiger Faktor für die hohe Sterblichkeit insgesamt – kein linearer Prozess. Mindestens bis weit in die 1880er Jahre und teilweise darüber hinaus gab es immer wieder auch Phasen, in denen die Kindersterblichkeit wieder zunahm, so dass ein einheitliches Bild kaum zu zeichnen ist. Unabhängig davon, wie die einzelnen Faktoren gewichtet werden, kann davon ausgegangen werden, dass in einem langfristigen Trend das Zusammenspiel von verbesserter Hygiene, verbesserter Ernährung, wachsender Aufmerksamkeit und Erkenntnisgewinnen in medizinischen Fragen sowie einem allgemein zunehmenden Wohlstand dazu beitrugen, die Kindersterblichkeit schließlich nachhaltig sinken zu lassen. Dazu gehörte auch etwa die Entstehung einer *puériculture*-Bewegung, in der sich – ausgehend von Frankreich – seit

beschleunigtes Bevölkerungswachstum

Kindersterblichkeitsrate

Stadt-Land-Unterschied

den 1870er Jahren Kinderärzte, Geburtshelferinnen und engagierte Bürger und Bürgerinnen zusammenfanden, um das Wohl des Kindes in den Mittelpunkt der Aufmerksamkeit zu rücken. So vergleichsweise marginal dieses Phänomen auch noch war, deutet sich hier gleichwohl der Beginn eines Trends an, in dem Kindheit als etwas besonders Schützenswertes angesehen wurde.

Geburtenkontrolle

Was die Geburtenkontrolle angeht, deutete sich erst langsam ein Wandel an. Hatten die um 1850 geborenen Frauen im Schnitt noch etwas mehr als fünf Kinder zur Welt gebracht, begann bei den nach 1860 geborenen Frauen die Kinderzahl allmählich zurückzugehen. Bis zur Jahrhundertwende und zum Teil auch darüber hinaus blieben die Geburtenraten in weiten Teilen Europas aber noch durchgehend hoch.

Sonderstellung Frankreichs in Europa

Bei allen Unterschieden, die zwischen den Regionen und Ländern in dieser Hinsicht ohnehin herrschten, sticht die Abweichung eines Landes besonders ins Auge: Frankreich war dasjenige europäische Land, das in Europa über das gesamte 19. Jahrhundert hinweg die niedrigste Geburtenrate aufwies. Waren die französischen Ökonomen vor dem Hintergrund der malthusianischen Warnungen vor zu starkem Bevölkerungszuwachs lange stolz darauf gewesen, dass die Geburtenrate für eine relative Stabilität der Bevölkerung sorgte, begann sich nicht zuletzt durch die militärischen Niederlagen gegen Österreich (1866 bei Sadowa) und gegen Preußen (1870 bei Sedan) die Haltung zur Bevölkerungsfrage zu verändern. Das vergleichsweise geringe Wachstum der französischen Bevölkerung insbesondere gegenüber Deutschland, aber auch den anderen europäischen Ländern wurde nun zunehmend als Schwäche interpretiert. Einige Zahlen zeigen die unterschiedlichen Dynamiken: In den beiden Jahrzehnten zwischen 1870 und 1890 stieg die Bevölkerungszahl in Deutschland um rund 20 % von rund 41 auf gut 49 Millionen und in Großbritannien sogar um 25 % von knapp 28 auf knapp 35 Millionen, in Frankreich dagegen „nur" um rund 8 % von gut 35 auf gut 38 Millionen. Auch die italienische Bevölkerung stieg in dieser Zeit „nur" rund 11 % von knapp 27 auf rund 30 Millionen. Doch gerade der Vergleich zwischen Italien und Frankreich zeigt noch einmal die Sonderstellung Frankreichs. Denn während zwischen den 1870er Jahren und dem Ersten Weltkrieg fast 14 Millionen Menschen Italien verließen – davon zwischen 1870 und 1890 schätzungsweise 2,5 bis 3 Millionen – war Frankreich in dieser Phase das einzige europäische Land, das in erheblichem Ausmaß zum Ziel von Zuwanderung wurde. Neben den Geburten- und Sterberaten entwickelte sich damit die Migration im 19. Jahrhundert zu einem zunehmend dynamischen Faktor der Bevölkerungsentwicklung, der zudem zu einem zentralen Element der transnationalen Vernetzung wurde.

Migration als dynamischer Faktor

Die Wanderungsbewegungen des 19. Jahrhunderts waren unmittelbar mit dem Wandel der europäischen Gesellschaften von Agrar- zu Industriegesellschaften verbunden. Dies gilt für die Binnenwanderungen in gleicher Weise wie für die grenzüberschreitenden Wanderungen innerhalb Europas und transkontinentalen Wanderungen. Grundsätzlich waren alle Formen von Migration eng miteinander verwoben. Saisonale Wanderung konnte sich verstetigen. Das Ziehen in die nächstgrößere Stadt konnte eine Etappe für weitere Wanderungsbewegungen sein. Das Überqueren des Atlantiks konnte zu einer endgültigen Auswanderung werden und in eine Assimilation in die neue Gesellschaft münden, aber auch nur einen zeitlich begrenzten Lebensabschnitt einleiten, an den sich die Rückkehr in die alte Heimat oder weitere Migrationen anschlossen. Ausgangspunkt für Migration waren zumeist agrarische Gebiete in vielen Teilen Europas, in denen die Bevölkerung so stark anwuchs, dass sie nicht mehr ausreichend ernährt werden konnte. Ziel der Wanderungsbewegungen bildeten die wachsenden industriellen Zentren in der näheren und weiteren Umgebung und dann aber auch die überseeischen Gebiete, die ihre eigene Anziehungskraft entwickelten. Eine wichtige Voraussetzung dafür war, dass sich die Verkehrsnetze in der zweiten Hälfte des 19. Jahrhunderts enorm verdichteten, das Angebot an Überfahrten gezielter und die Informationen darüber besser wurden und sich schließlich auch die Reisezeiten über den Atlantik erheblich verkürzten.

Wanderungsbewegungen des 19. Jahrhunderts

Verdichtung der Verkehrsnetze

Dies traf insbesondere für die Migration in die USA zu, die im Kontext der Wanderungsbewegungen sowohl unter den Zeitgenossen als auch in der Forschung eine ganz besondere Aufmerksamkeit erhielt. In der Hoffnung auf bessere Lebens- und Arbeitsbedingungen oder auch auf Schutz vor politischen Verfolgungen, überformt von einer großen Zahl von Reisebeschreibungen, begleitet von Ratgebern, Gerüchten und unterschiedlichsten Vorstellungen davon, was in der „Neuen Welt" zu erwarten war, machten sich aus ganz Europa im Laufe des 19. Jahrhunderts Millionen von Menschen auf den Weg in die Vereinigten Staaten. Bis in die 1880er Jahre stammte

Migration in die USA

das Gros derer, die nach Amerika migrierten, aus nord-, mittel- und westeuropäischen Gebieten – mit Ausnahme Frankreichs. Danach verlagerte sich der Schwerpunkt der Auswanderungsgebiete insgesamt wie auch der Amerikaauswanderung im Besonderen stärker nach Süd-, Südost- und Osteuropa, wo die Agrargebiete etwas später von dem wachsenden Bevölkerungsdruck betroffen waren.

Auswandererland Irland

Das am massivsten von Auswanderung betroffene europäische Land war Irland. In der Hungersnot der 1840er Jahre war die Zahl der Auswanderer – Männer wie Frauen – bereits nach oben geschnellt. Rund 70 % der insgesamt rund 1,3 Millionen überseeischen Auswandernden gingen in die USA, 28 % nach Kanada. Bis in die 1870er Jahre hatte sich die Zahl zwar mehr als halbiert, um in den 1880er Jahren aber erneut auf über 700 000 anzusteigen, von denen sich nun sogar rund 85 % in den USA niederließen. Erst danach begannen die Auswandererzahlen dauerhaft zurückzugehen. Irland war damit das einzige europäische Land, dessen Bevölkerung im Laufe des 19. Jahrhunderts durchgehend schrumpfte.

Deutsche Migration nach Amerika

Übertroffen wurde die Zahl der irischen Amerikaauswandernden in den 1870er und 1880er Jahren allein von den Deutschen. Nach einer ersten Welle um die 1848er Revolution und einer zweiten von Mitte der 1860er bis Anfang der 1870er Jahre, schnellten die Zahlen Anfang der 1880er Jahre noch einmal auf neue Höchstwerte. Zwischen 1880 und 1893 wanderten erneut rund 1,8 Millionen Menschen aus Deutschland in die USA aus, bevor die Zahlen dann dauerhaft deutlich zurückgingen. Ähnliches galt für die skandinavischen Länder. Auch hier erreichte die Amerikaauswanderung in den 1880er Jahren noch einmal hohe Zahlen, bevor sie ebenfalls abebbten. Zu dieser Zeit hatte sich der Schwerpunkt der Amerikaauswanderung bereits vom Norden und Nordwesten Europas in den Süden, Südosten und Osten Europas verlagert. Die USA wurden auch hier für viele zu einem Ort, mit dem die Hoffnung verbunden wurde, den eigenen, kärglichen Verhältnissen entfliehen, sich entweder woanders eine bessere Zukunft aufbauen zu können oder mit dem dort verdienten Geld wieder in die alte Heimat zurückzukehren. Auch die Hoffnung, mit der Rücksendung von verdientem Geld die Familie im Herkunftsraum unterstützen zu können und sozialen Aufstieg zu ermöglichen, spielte oft eine wichtige Rolle. Viele Briefwechsel zwischen jenen, die bereits den Schritt in die „Neue Welt" getan hatten, und denen, die damit liebäugelten, verweisen nicht nur auf dieses Spannungsverhältnis, sondern auch darauf, in welchem Maße sich über den Atlantik hinweg Netzwerke als Grundlage für die Wanderungsbewegungen gebildet hatten. Vielfach waren es zunächst junge Männer, die sich auf den Weg machten und dann nicht nur über ihre Erfahrungen berichteten, sondern auch zu Anlaufstellen für nachkommende Familienangehörige oder Nachbarn und Bekannte wurden. So abenteuerlich sich der Schritt für die einzelnen jeweils immer auch ausnahm, sorgten die etablierten Netzwerke für potenziell Auswanderungswillige in ganz Europa dafür, dass die Chancen und Risiken vielen durchaus bekannt waren. Die von den USA aus betriebene Anwerbung von Einwanderern setzte so auch an der Erkenntnis an, dass direkte persönliche Kontakte weit wirksamer waren als bloße Anzeigenkampagnen.

Netzwerkbildungen

Eine wichtige Rolle für die Steuerung von Migrationsprozessen spielten die „Auswanderungsagenten". Grundsätzlich wichtig für die Beschaffung von Tickets und Informationen über die Reise, entwickelten die Agenturen ein nicht immer ganz lauteres Geschäftsmodell, das darauf beruhte, möglichst viele Personen als Kunden zu gewinnen und ihnen neben der Passage auch alles andere zu verkaufen, was sie tatsächlich oder vermeintlich für die Reise brauchten. Seit Anfang der 1870er Jahre wurden zunehmend Agenturen aus Bremen und Hamburg mit dem Ziel aktiv, zunächst die deutsche und dann vermehrt die ost- und südosteuropäische Auswanderung über die beiden deutschen Hafenstädte zu lenken. Seit Anfang der 1880er Jahre existierten Eisenbahnverbindungen in die polnischen Gebiete, nach Russland, Ungarn und den weiteren Südosten Europas, so dass die deutschen Agenten nun gezielt in diesen Gebieten Anwerbungen vornahmen, um sie von der Passage über Bremen und Hamburg in die „Neue Welt" zu überzeugen.

Auswanderungsagenten

Bis Anfang der 1880er Jahre blieb die Zahl der Amerikaauswanderer:innen aus Russland und Österreich-Ungarn gleichwohl noch vergleichsweise niedrig. Missernten wie die von 1876 in Galizien konnten aber bereits dazu führen, dass die Zahl der Auswanderungswilligen plötzlich deutlich stieg. Seit den 1880er Jahren nahm die Auswanderung aus allen Volksgruppen der vom Zarenreich beherrschten polnischen und litauischen Gebiete, aus Galizien und vielen anderen Bereichen der Donaumonarchie signifikant und mit steigender Tendenz bis zum Ersten Weltkrieg zu. So wanderten etwa aus den polnischen Gebieten des Zarenreichs zwischen 1870 und dem Ersten Weltkrieg bis zu zwei Millionen Menschen in die

Auswanderung aus dem Zarenreich und aus Österreich-Ungarn

Vereinigten Staaten aus – der größte Teil davon jedoch erst nach der Jahrhundertwende. Vergleichbares galt auch für die Entwicklung der italienischen Auswanderung in die USA. Mit etwa 10 000 USA-Auswandernden pro Jahr lag die Zahl um 1860 noch relativ niedrig, stieg dann aber auf rund 45 000 pro Jahr bis 1880 an und nahm vor allem um die Jahrhundertwende noch einmal deutlich zu.

Italienische Migration nach Südamerika

Wichtiger als die USA blieb als transatlantisches Auswanderungsziel für die Italiener:innen allerdings über das ganze 19. Jahrhundert hinweg Südamerika. Als „italienisches Australien" zog vor allem Argentinien Menschen aus Italien in so großer Zahl an, dass die italienische sogar die spanische Einwanderung im 19. Jahrhundert deutlich übertraf. Zwischen 1789 und 1871 hatte sich knapp die Hälfte der Italiener:innen, die ihr Land verließen, nach Südamerika auf den Weg gemacht. In der Dekade nach 1870 waren es rund 150 000 und in dem darauffolgenden Jahrzehnt nochmal rund eine halbe Million, die Italien mit dem Ziel Argentinien verließen. Auch danach blieb die Zahl derjenigen, die nach Südamerika auswanderten, hoch. Zwischen 1888 und 1903 entwickelte sich Brasilien infolge massiver Anwerbung neben Argentinien zu einem Hauptauswanderungsziel, wurde aber um die Jahrhundertwende schließlich von der rapide wachsenden Auswanderung in die USA übertroffen.

Jüdische Migration von Osteuropa in die USA

Als letzte Gruppe, für die die Vereinigten Staaten im letzten Drittel des 19. Jahrhunderts zum zentralen Auswanderungsort wurden, seien schließlich noch die vor allem osteuropäischen Juden genannt. Zwar verließ insbesondere auch aus Deutschland ein nicht unbeträchtlicher Teil der Juden ihre Heimat in Richtung der Vereinigten Staaten, die jüdische Auswanderung aus Osteuropa hatte jedoch ganz andere Dimensionen. Mit rund vier Millionen Juden lebten 1870 rund zwei Drittel der jüdischen Weltbevölkerung in verschiedenen Regionen in Russland, Österreich-Ungarn und in Südosteuropa. Von dieser Basis wanderten zwischen 1870 und 1920 insgesamt rund drei Millionen Juden aus und davon wiederum etwa zwei Millionen in die Vereinigten Staaten. Lange Zeit ist diese massenhafte Abwanderung mit den antijüdischen Exzessen in Verbindung gebracht worden, die ihren Höhepunkt in den Jahren 1881 und 1882 insbesondere im Bereich der späteren Ukraine hatten. Der Zusammenhang zwischen den Pogromen und der Auswanderung ist jedoch weit weniger eindeutig, als dies auf den ersten Blick erscheint. Dies wird deutlich, wenn man die jüdische Auswanderung nicht isoliert betrachtet, sondern sie als Bestandteil umfassender Wanderungsbewegungen der russisch-jüdischen Bevölkerung sieht, die auch schon vor der Aufhebung der Leibeigenschaft in ihrer Mobilität deutlich weniger beschränkt war als die nicht-jüdische, bäuerliche Bevölkerung. Vor diesem Hintergrund hatten schon im ausgehenden 18. Jahrhundert Wanderungsbewegungen eingesetzt und nahmen im Laufe des 19. Jahrhunderts immer mehr zu. Verlassen wurden vor allem die wenig fruchtbaren und von der Industrialisierung kaum erreichten litauischen und weißrussischen Gebiete. Nachdem 1862 im Königreich Polen für Juden verschiedene Beschränkungen im Hinblick auf Grunderwerb und im Wirtschaftsleben weggefallen waren, wurden so zum einen die sich industrialisierenden polnischen Städte für jüdische Zuwanderer attraktiv. Zum anderen entfalteten die südlichen, am oder in der Nähe des Schwarzen Meers gelegenen Industrie- und Hafenstädte ihre Anziehungskraft auch für jüdische Migranten. So hielt die beträchtliche Zuwanderung von Juden nach Odessa weitgehend unvermindert an, auch nachdem es dort bereits 1871 zu einem Pogrom gekommen war. Gleiches gilt auch für die Zeit nach den Pogromen von 1881/82, die den Zuzug von Juden zumindest quantitativ nicht wesentlich beeinträchtigt zu haben scheinen. Dass die Pogrome allerdings keineswegs spurlos an der jüdischen Bevölkerung Odessas vorbei gingen, zeigt sich nicht zuletzt darin, dass die Stadt zu einem Zentrum einer Diskussion um Auswanderung wurde. Zumindest naheliegend ist, dass nicht wenige schließlich auch entsprechende Konsequenzen gezogen haben.

Das Beispiel der jüdischen Migration aus Russland macht deutlich, dass die Trennung von Binnenwanderung und grenzüberschreitender Migration weitgehend künstlich ist. In einem größeren Maßstab war die Amerikaauswanderung Teil von umfassenderen Wanderungsbewegungen, die sich innerhalb Europas in der zweiten Hälfte des 19. Jahrhunderts auf allen Ebenen intensivierten. Für die polnischen Gebiete des Zarenreichs wird etwa davon ausgegangen, dass zwischen 1860 und dem Ersten Weltkrieg mehr als ein Drittel der ansässigen Bevölkerung in irgendeiner Form Migrationserfahrungen gesammelt hatte. Für Italien galt dies in noch höherem Ausmaß. In einem ähnlichen Zeitraum wanderten rund 14 Millionen Italiener:innen aus, von denen wohl besonders viele wieder zurückkehrten. Das wichtigste Zielland war dabei lange Zeit Frankreich – vor allem von Norditalien aus. Aber auch das ebenfalls an-

Künstliche Trennung zwischen Binnenwanderung und grenzüberschreitender Migration

grenzende Österreich, die Schweiz sowie Deutschland und andere europäische Länder zogen zunehmend italienische Arbeitskräfte an. Ein besonders prominentes Beispiel sind in diesem Zusammenhang die italienischen Bauarbeiter, die in ganz Europa begehrt waren. Dies lag zu einem geringen Teil – z. B. im Fall von Steinmetzen und Fliesenlegern – an ihren spezifischen handwerklichen Fähigkeiten. Das Gros von ihnen war jedoch einfach bereit, die jeweiligen – zumeist nicht sehr guten – Arbeits- und Lohnbedingungen zu akzeptieren. So hatten die italienischen Bauarbeiter weit gespannte Netzwerke etabliert, die auf familiären und nachbarschaftlichen Kontakten beruhten und somit stabile Kommunikations- und Vertrauensverhältnisse aufbauten.

Italienische Arbeitsmigranten

Frankreich war wegen des niedrigen Bevölkerungszuwachses besonders attraktiv für Arbeitsmigranten. Mit dem langsamen Bevölkerungswachstum hing auch zusammen, dass die ländliche Bevölkerung Frankreichs nur eine geringe Neigung zeigte, in die industriellen Zentren zu ziehen. In diese Lücke drangen nun nicht nur Italiener:innen, sondern zunehmend auch Belgier:innen, Spanier:innen, Deutsche, Pol:innen, Portugies:innen und andere. Aus dem italienischen Piemont waren viele zunächst vor allem in den Südosten Frankreichs zum Arbeiten gegangen. Die Zerstörungen, die der deutsch-französische Krieg von 1870/71 verursacht hatte, in Verbindung mit den vom Baron Haussmann begonnenen, groß angelegten Umbauarbeiten in Paris, erzeugten einen erheblichen Bedarf an Arbeitskräften im Norden Frankreichs, vor allem im Baugewerbe. Über eine Reihe von Mikrostudien konnten hier die Entwicklungen vor allem im Pariser Raum sehr genau rekonstruiert werden: In Nogent-sur-Marne, gut zehn Kilometer vom Pariser Zentrum entfernt, sollte ein vom Krieg zerstörtes Viadukt wieder aufgebaut werden. Vor dem Krieg hatten hier drei Italiener gewohnt, 1872 waren es 117, davon vier Frauen. Die zumeist jungen italienischen Männer kamen im Wesentlichen aus zwei norditalienischen Ortschaften, dem Val Ceno und dem Val Nure. Aus einer Wanderarbeit zwischen den italienischen Dörfern und Nogent entwickelte sich zunehmend die Bereitschaft zur festen Ansiedelung, sodass sich 1891 unter 480 Zuwanderern bereits 100 Ehepaare oder Familien befanden. Das Baugewerbe war aber nur eine Branche unter vielen, in der italienische Arbeitsmigranten eine große Rolle spielten. Zunächst saisonal-periodisch, dann mehrjährig und schließlich als Einwanderer suchten immer mehr Italiener:innen in verschie-

Attraktivität Frankreichs

denen Industriezweigen Arbeit und verbreiteten schließlich als Eismacher auch italienische Ess- und Konsumgewohnheiten in ganz Europa.

Ähnlich wie sich viele Italiener in Europa im Bereich der Bauwirtschaft spezialisiert und vernetzt hatten, etablierten sich flämische Arbeiter in der Textilindustrie. Anders als ein Großteil der Italiener, die oft ungelernt ins Baugewerbe einstiegen, konnten die Flamen oftmals bereits auf Erfahrungen in der Textilindustrie aufbauen. Zu Beginn des 19. Jahrhunderts hatte sich in Gent und in der angrenzenden ländlichen Region eine verhältnismäßig große Zahl an textilindustriellen Betrieben etabliert. Nachdem diese Betriebe unrentabel geworden waren, nutzten nicht wenige Flamen – Männer wie Frauen – die Chance, nach Wallonien und in die angrenzenden Gebiete Nordfrankreichs zu pendeln oder sich dort mehr oder weniger dauerhaft hinzubegeben, um nun in der dort aufstrebenden Textilindustrie zu arbeiten. Andere wanderten in weiter entfernt gelegene französische Städte, nach England oder auch Deutschland aus.

Flamen im Textilgewerbe

Deutschland begann sich im ausgehenden 19. Jahrhundert zunächst langsam, dann aber mit zunehmender Geschwindigkeit ebenfalls zu einem Einwanderungsland zu entwickeln. Das Ruhrgebiet zog seit den 1870er Jahren zunächst vor allem junge, polnischstämmige Männer an, die typischerweise zunächst temporär kamen und dann zumindest teilweise sesshaft wurden und Familien nachholten und gründeten. Rund ein Drittel der „Ruhrpolen" wanderte allerdings in die nordfranzösischen Kohlereviere weiter und ebenso viele kehrten später auch wieder in ihre Heimat zurück. So entwickelte sich innerhalb der deutschen Gesellschaft des Kaiserreiches eine wachsende Mobilität, bei der sich Auswanderung (insbesondere in die USA) mit Binnenwanderung, Transitwanderung und schließlich auch Einwanderung überlagerten. Vor allem die 1880er Jahren bildeten in dieser Hinsicht eine Übergangsphase, in der einerseits zunächst noch eine beträchtliche Auswanderung zu verzeichnen ist, während viele Gebiete auf der anderen Seite bereits Arbeitskräfte auch aus dem Ausland anzogen. Erst mit dem wachsenden Arbeitskräftebedarf der sich endgültig durchsetzenden Hochindustrialisierung ging die Auswanderung deutlich zurück und die Einwanderung nahm zu.

Einwanderungsland Deutschland

Wanderungsbewegungen nach Großbritannien

Ähnliches lässt sich auch für die englische Gesellschaft in dieser Phase beobachten. Auch hier überlagerten sich gerade in den 1880er Jahren die verschiedenen Wanderungsbewegungen: Von Irland aus kamen weiterhin insbesondere Saisonarbeiter, nicht zuletzt in die Landwirtschaft. Menschen aus Polen, Litauen und anderen Regionen Osteuropas zog es in die industriellen Gebiete, während sich auf der anderen Seite auch in England der letzte große Schub der Amerikaauswanderung in den 1880er Jahren vollzog.

Koloniale Auswanderung

Spezifisch für Großbritannien kam schließlich die Idee und in sehr begrenztem Umfang die Praxis der kolonialen Auswanderung hinzu. Die Idee, dass sich soziale Probleme über Auswanderung in die Kolonien lösen lassen würden, wurde auch in Deutschland ebenso wie in Italien im Zuge der Kolonialdebatte diskutiert. Auch wenn die deutsche Auswanderung in dieser Hinsicht rein quantitativ marginal blieb, trug die Debatte um die terminologisch von „Auswanderern" zu „Auslandsdeutschen" mutierten Personen dazu bei,

Rassistische Aufladung des Nationsverständnisses

das Nationsverständnis weiter rassistisch aufzuladen. In Großbritannien konkretisierten sich die Ideen um „Empire Migration and Social Reform" in den 1870er und 1880er Jahren noch stärker in der Formulierung konkreter Programme. Zwischen 1872 und 1881 förderte die *National Agriculture Labourers' Union* – eine von mehreren nichtstaatlichen Organisationen, die in diesem Bereich tätig waren – die Auswanderung von über 40 000 Mitgliedern mit ihren Familien. In der Zeit bis zum Ersten Weltkrieg und darüber hinaus nahm diese Form der geförderten Auswanderung sogar noch deutlich zu. Angesichts des deutlich geringeren Bevölkerungswachstums in Frankreich finden sich dort derartige Diskussionen kaum. Algerien war die einzige französische Siedlungskolonie, und die französische Regierung war bestrebt, eigene Staatsbürger:innen, aber auch Menschen aus dem übrigen Europa für eine Ansiedelung zu gewinnen. Das Elsass spielte dabei von Beginn an eine vergleichsweise große Rolle. In den 1850er und 1860er Jahren stammten rund 20 % der französischen Siedler:innen aus dem Elsass. Nachdem Frankreich Elsass-Lothringen nach dem Krieg von 1870/71 an Deutschland abtreten musste, versuchte die französische Regierung daran anzuknüpfen und von dort Interessierte für eine Ansiedlung in Algerien zu gewinnen. Tatsächlich verließen rund 166 000 Personen zwischen 1871 und 1875 Elsass-Lothringen. Der weitaus größte Teil ging nach Frankreich, nicht wenige in die USA und nur ein relativ geringer Teil von unter 10 000 Personen ließ sich für Algerien anwerben.

Mit mäßiger Begeisterung sah die französische Regierung, dass in der Folgezeit eher Italiener:innen und Spanier:innen ihr Glück in Algerien suchten als die eigenen Landleute.

Den hier genannten Beispielen über Migrationsbewegungen innerhalb Europas und aus Europa hinaus ließen sich beliebig viele weitere nach Herkunft, Ziel, Berufsbranche, sozialer Schicht, Geschlecht und anderem differenzierte Gruppen hinzufügen. Zusammengenommen zeigen die verschiedenen Beispiele das Bild von in vielerlei Hinsicht geographisch mobilen Gesellschaften, die in dem betrachteten Zeitraum im Wesentlichen der Arbeitsmigration zuzurechnen sind. Hatte im Vormärz und nach der niedergeschlagenen 1848er Revolution noch ein erheblicher Teil der Migrant:innen aus politischen Gründen ihre Heimat verlassen, wurde in der zweiten Hälfte des 19. Jahrhunderts die Migration aus ökonomischen Motiven – als Reaktion auf oft miserable Lebensverhältnisse und in der Hoffnung auf bessere Chancen anderswo – eindeutig dominant. Die Kontaktzonen zwischen der wandernden oder eingewanderten und der heimischen Bevölkerung waren allerdings sowohl geographisch als auch sozial sehr unterschiedlich verteilt. In den industriellen Zentren und an Handels- und Verkehrsknotenpunkten ergaben sich solche Kontakte in der Regel eher als – von Saisonarbeit abgesehen – in der Landwirtschaft; in den Städten eher als auf dem Land; dort wo, körperlich gearbeitet wurde, eher als im Bereich von bürgerlichen Tätigkeiten. Vielfach blieben Migrant:innen zunächst unter sich, da sie auf ihre Netzwerke und ihre Sprache bauen konnten. Die Frage, inwieweit ihnen mit Misstrauen, Gleichgültigkeit oder Toleranz begegnet wurde, ist pauschal kaum zu beantworten. Unzweifelhaft ist aber, dass in der Phase der Massenmigration des ausgehenden 19. Jahrhunderts langfristige Veränderungsprozesse in Gang gesetzt wurden, die die Frage nach dem Verhältnis von „Eigenem" und „Fremden" immer wieder auf die Tagesordnung setzten.

Im Kontext der sich verfestigenden Nationalstaaten gerade in der Zeit nach 1870 hatten die vielfältigen Wanderungsbewegungen schließlich auch ganz konkrete Rückwirkungen auf die staatliche Regulierung von Migration sowie auf das Nationsverständnis. Dies zeigt sich nicht zuletzt in den Folgen für das Staatsbürgerschaftsrecht, von dem schon an anderer Stelle die Rede war. Nachdem sich in der zweiten Hälfte des 19. Jahrhunderts in Mittel- und Westeuropa die Bewegungsfreiheit durch den Wegfall regulierender Bestimmungen zunächst prinzipiell vergrößert hatte, begannen die Staa-

Geographisch mobile Gesellschaften

Rückwirkungen der Migration auf das Nationsverständnis

ten relativ bald, wieder neue Restriktionen einzuführen. Für „unerwünschte Ausländer" endete die neue Liberalität in der Bewegungsfreiheit schnell. Unerwünscht waren insbesondere mittellos zugewanderte Personen. Aber auch ethnische Kriterien konnten zur Grundlage von Ausweisungen werden, wie insbesondere Maßnahmen gegen rund 32 000 polnische und jüdische Menschen in den Jahren 1885/86 zeigen, die die preußischen Grenzregionen im Osten Deutschlands verlassen mussten. Der Anspruch des Nationalstaates festzulegen, wer auf seinem Territorium ansässig bleiben durfte, sollte sich als zukunftsweisend zeigen.

3.2 Urbanisierung

Städteentstehung und -wachstum

Die demographische Entwicklung und die Wanderungsbewegungen gehörten zu den zentralen Hintergründen für das enorme Wachstum, dem die Städte im 19. Jahrhundert unterlagen. So eindrucksvoll die quantitative Entwicklung war – viele Städte verdoppelten oder vermehrfachten sich innerhalb weniger Jahrzehnte, andere Städte entstanden überhaupt erst und wuchsen rasant – so tiefgreifend und vielfältig waren auch die damit verbundenen Veränderungen des städtischen Lebens. Pulsierende Wirtschaftszentren entwickelten sich zu modernen Großstädten, die nicht zuletzt durch neue Formen sozialer Segregation gekennzeichnet waren. Für den Übergang zur Hoch- bzw. zur organisierten Moderne (Peter Wagner) spielte die sich entfaltende großstädtische Erfahrungswelt eine wichtige Rolle. Der Begriff der Urbanisierung meint somit auch weit mehr als einen rein quantitativen Prozess der Verstädterung. Er umfasst einen Prozess, in dem sich die modernen Großstädte zu Zentren mit einer ganz neuen kulturellen Strahlkraft entwickelten, die viele Zeitgenossen faszinierten und begeisterten, die aber zugleich Abwehrreaktionen gegen den „großstädtischen Moloch" und deren vermeintliche Dekadenz hervorriefen. Wie kaum eine andere Stadt wurde Paris Thema künstlerischer Verarbeitungen, die in der Stadt das Moderne schlechthin sahen. Baudelaire, so Walter Benjamin in seinem Passagenwerk, sei der Erste gewesen, der Paris zum Gegenstand lyrischer Dichtung gemacht habe.[10] Schon Ende der 1850er Jahre beschrieb er die französische Hauptstadt als changie-

---

10 Walter Benjamin, Das Passagenwerk, 10. Aufl. Frankfurt a. M. 2020, 54.

rend zwischen Trostlosigkeit und einer beständig Neues hervorbringenden Glitzerwelt. Paris und London waren damit die Vorreiter von Entwicklungen, die sich seit den 1880er Jahren in vielen europäischen Städten – wenn auch in unterschiedlich ausgeprägter Form und Intensität – Bahn brachen.

Zur Jahrhundertmitte hatten erst zwei europäische Städte bereits die Millionengrenze hinter sich gelassen: London mit gut 2,5 Millionen und Paris mit etwa einer Million Einwohner:innen. Bis 1880 überschritten Berlin und Wien, die 1850 jeweils noch weniger als 500 000 hatten, die Millionengrenze. 1890 kam St. Petersburg als Millionenstadt hinzu, Moskau und – mit einem gewissen Abstand – Konstantinopel folgten bald nach, als Londons Bevölkerung schon die Grenze von 6 Millionen überschritten hatte. Mit Glasgow, Liverpool und Manchester folgten gleich drei britische Industriestädte mit über einer halben Million Einwohner:innen im Jahr 1890. Marseille, Warschau und Neapel lagen knapp dahinter, wobei Neapel schon an der Wende zum 19. Jahrhundert eine Zahl von über 400 000 gehabt hatte und somit vergleichsweise wenig gewachsen war. Die Einwohnerzahl von Marseille war dagegen allein in den zwei Jahrzehnten zwischen 1870 und 1890 von gut 300 000 auf knapp 500 000 um rund 60 % und die von Warschau in der gleichen Zeit sogar um rund 80 % von rund 250 000 auf rund 450 000 gestiegen.

Wachstum der modernen Großstädte

Ein noch rasanteres Wachstum legten die jungen Industriestädte hin. Die Einwohnerzahl von Dortmund stieg allein in den beiden Jahrzehnten um mehr als das Doppelte von 44 000 auf 90 000. Zwischen 1800 und 1900 nahm sie hier gar um mehr als das 30-fache zu. In Essen verhundertfachte sich die Bevölkerung im gleichen Zeitraum. Die Bevölkerung der polnischen Industriestadt Lodz nahm allein zwischen 1850 und 1900 um rund 180 % zu, die Einwohnerzahl der nordfranzösischen Industriestadt Roubaix von rund 8 000 auf 120 000 – eine Zunahme um etwa das 14-fache. Die wenigen Beispiele lassen bereits deutlich erkennen, in welchem Maße die Industrialisierung neben dem allgemeinen demographischen Wachstum als zentraler Motor hinter den ganz großen Steigerungsraten stand. In den europäischen Regionen, in denen die Industrialisierung am stärksten boomte, wuchsen nicht nur die Städte rasant, auch die Stadtdichte nahm enorm zu. Die galt für den gesamten schwerindustriellen Gürtel, der sich von Nordfrankreich über Belgien bis ins Ruhrgebiet zog, genauso wie für Nordengland, die

Wachstum junger Industriestädte

Kohlereviere Schlesiens oder die norditalienische Tiefebene. Vielfach verband sich eine neue industrielle Struktur mit alten Handelsstrukturen, administrativen Funktionen und kulturellen Zentren. Auf diese Weise schloss etwa Barcelona in der zweiten Hälfte des 19. Jahrhunderts fast zu Madrid auf: Um 1900 hatte Barcelona 500 000 und Madrid 540 000 Einwohner:innen. Zur Jahrhundertmitte hatte Madrid mit rund 280 000 zu 175 000 noch wesentlich deutlicher vorne gelegen. Das Beispiel Madrids zeigt aber, dass auch Städte, in denen selbst keine nennenswerte Industrie angesiedelt war, durchaus erheblich expandieren konnten. Handel, Verwaltung, Konsum, Kultur: Die verschiedenen Faktoren verstärkten sich gegenseitig und entfachten in Europa insgesamt eine Wachstumsdynamik, die letztlich nahezu alle Städte, wenn auch in sehr unterschiedlicher Weise, erfasste. Hinzu kam die wachsende Bedeutung der Anbindung an die durch die Eisenbahn revolutionierten Verkehrsrouten. Für Städte der europäischen Peripherie, die ohnehin in noch wenig industrialisierten Regionen lagen, wurde es umso schwerer Anschluss zu halten, je weniger sie Anbindung an das europäische Eisenbahnnetz hatten. Je vernetzter die Anbindung der Städte war, desto mehr verstärkte sich die ohnehin prosperierende Entwicklung.

Europäische Wachstumsdynamik

Die Frage, wie dieses Wachstum für die Städte zu bewältigen war, stellte sich damit für alle Städte – allerdings in sehr unterschiedlichem Ausmaß und mit sehr unterschiedlichem Erfolg. Grundsätzlich galt: Je größer die Stadt und je schneller das Wachstum, umso größer die Herausforderung. Und so ist es kein Zufall, dass es zuerst London und Paris waren, die sich veranlasst sahen, die Planung ihrer Städte in ganz neuen Dimensionen in Angriff zu nehmen. Die Weltausstellungen, die seit 1851 in unregelmäßigen Abständen veranstaltet wurden und bis zum Jahr 1900 allein zweimal in London und fünfmal in Paris stattfanden, waren ein Ausdruck dieser Entwicklung und trieben sie ihrerseits mit voran. Dabei war es die französische Hauptstadt, von der zunächst die wichtigsten Impulse ausgingen – ganz konkret verbunden mit dem Namen Georges-Eugène Haussmann, der 1853 das Amt des Präfekten von Paris übernahm. Zwar hatte es auch schon zuvor einschneidende Maßnahmen zur Veränderung der städtischen Infrastruktur gegeben, doch mit der uneingeschränkten Rückendeckung Napoleons III. konnte Haussmann in ebenso effizienter wie rücksichtsloser Weise das Gesicht der Stadt, ihre Infrastruktur, ihre soziale Segregation

Bewältigung des rasanten Städtewachstums

und nicht zuletzt ihre kulturelle Ausstrahlung tiefgreifend verändern. Die großen Boulevards, die die alten Viertel in möglichst geraden Linien durchschnitten, schufen nicht nur Platz für die neuen großen Kaufhäuser, sie sollten durch eine gleichförmige und repräsentative Bebauung das wohlhabende Bürgertum anziehen, aber auch eine neue Stadtästhetik erzeugen. Eine militärische Funktion, die den Boulevards wiederholt zugeschrieben wurde, trat demgegenüber eher in den Hintergrund. Entscheidend war für Haussmann, wie Friedrich Lenger schreibt, durch den Stadtumbau „die Zirkulation von Waren und Gütern zum Zentrum zu befördern" und dieses Zentrum damit zu einem pulsierenden, attraktiven und repräsentativen Ort zu machen [3.2: Lenger, 36]. Der Aufstieg der Warenhäuser und die radikale Verbesserung der Infrastruktur griffen Hand in Hand und ließen Paris zum Modell der modernen Großstadt schlechthin werden. Dazu gehört nicht zuletzt, dass gleichzeitig mit dem Beginn der oberirdischen Umgestaltung der Stadt auch unter der Erde eines der größten Probleme der damaligen Städte in Angriff genommen wurde, die Kanalisation. Während der Pariser Weltausstellung von 1867 war diese so weit fertig gestellt, dass sie schon als Touristenattraktion genutzt wurde.

Neue Städteästhetik

Das hier gezeigte Kanalisationssystem war allerdings nur ein Baustein innerhalb eines langen Prozesses, der die Städte vom Problem der Abwasserentsorgung und dem damit verbundenen Gestank befreien sollte. Die Beschreibung von Paris als einer stinkenden Stadt hatte eine lange Tradition und auch London erging es nicht besser. Der heiße britische Sommer des Jahres 1858 ließ das Problem endgültig so penetrant werden, dass das Parlament nicht mehr umhinkonnte, die Schaffung eines neuen Kanalisationssystems in Auftrag zu geben, an dem in Paris bereits seit 1855 gearbeitet wurde. In London baute man allerdings nun gleich ein verbessertes System, das die Entsorgung der menschlichen Exkremente mit der Abwasserversorgung verband, während in Paris die alten Sinkgruben neben dem Abwassersystem bis in die 1890er Jahre noch fortbestanden.

Neue Kanalisationssysteme

Es bedarf keiner großen Erklärung, dass die finanziellen Mittel, die hier benötigt wurden, enorm waren. Auch hier bot Paris gleich ein – allerdings abschreckendes – Beispiel: Als das Zweite Kaiserreich 1870 zusammenbrach und Haussmann seinen Posten als Günstling Napoleons III. räumen musste, hinterließ er einen riesigen Schuldenberg. Gleichwohl wurde auch den Nachfolgern in Poli-

Enormer Investitionsbedarf

tik und Verwaltung schnell klar, dass es keine wirkliche Alternative dazu gab, die unter Haussmann begonnene Transformation der Stadt fortzuführen. Bei aller Kritik, die sein wenig rücksichtsvolles Vorgehen auslöste, war ein „zurück" ausgeschlossen. Nicht nur das: Längst war Paris zu der Stadt geworden, auf die sich die Blicke anderer Städte Europas und sogar außerhalb Europas richteten, wenn es um Lösungen für die neuen Herausforderungen ging. Innerhalb Frankreichs waren es zunächst Lyon und Marseille, die sich daran orientierten, aber auch in Brüssel, Rom, Budapest, Bukarest und in vielen anderen Städten versuchten die Verantwortlichen, der französischen Hauptstadt nachzueifern. Prinzipiell sahen sich alle größeren Städte mit ähnlichen Problemen konfrontiert: Sie mussten die Infrastruktur der Städte verbessern und dabei das Problem der Hygiene in den Griff bekommen. Fragen von Gesundheit, Infrastruktur, wirtschaftlicher Prosperität, kultureller Anziehungskraft und Repräsentativität griffen immer mehr ineinander.

Wasser- und Energieversorgung

In England wurde seit den 1870er Jahren auch jenseits von London in die städtische Wasser- und Energieversorgung investiert. Was die Energieversorgung angeht, besaßen die Anfänge der elektrischen Straßenbeleuchtung eine enorme symbolische Bedeutung als Sinnbild großstädtischer Modernität. Nachdem Thomas Edison die elektrische Glühlampe 1879 erfunden hatte, faszinierte sie schnell auch die Europäer:innen. Doch bis zur flächendeckenden Einführung dauerte es nicht nur in entlegenen Gebieten sehr unterschiedlich lange. Elektrizitätswerke standen hinsichtlich der Energieversorgung der Städte zunächst in Konkurrenz zu den Gaswerken, so dass das Risiko für private Investoren erheblich war und es fraglich war, ob beide Energiearten profitabel nebeneinander bestehen konnten. Zwar war auch die Frage der Wasserversorgung und Abwasserentsorgung eine finanzielle, doch versprach zum einen der Auf- und Ausbau der Wasserversorgung durchaus gewinnbringend zu sein: Nicht zuletzt im Zuge der Industrialisierung stieg der Wasserbedarf enorm. Zum anderen gerieten die Städte durch akute Hygienemängel und drohender Gesundheitsprobleme unter Druck, die Wasserversorgung und Abwasserentsorgung als Ganzes zu lösen.

Städtische Selbstverwaltung

Eine wichtige Grundlage dafür, dass derartige Probleme angegangen werden konnten, bestand im Auf- und Ausbau einer städtischen Selbstverwaltung. Diese konnte sich in den verschiedenen Teilen Europas sehr unterschiedlich gestalten: eher im Sinne des britischen *self government* der Städte, im Schatten des Zentralstaates wie Frankreich, mit unterschiedlichen Stadtrechtstraditionen wie in Deutschland oder an überkommene lokale Herrschaftsstrukturen anknüpfend wie im Bereich des Osmanischen Reichs. Doch unabhängig von diesen zum Teil erheblichen Unterschieden kam es fast überall in Europa im letzten Viertel des 19. Jahrhunderts zu Reformen der kommunalen Selbstverwaltung, die in die Lage versetzt werden sollte, der wachsenden Anforderungen Herr zu werden. Das Maß an Effizienz und demokratischer Beteiligung fiel dabei höchst unterschiedlich aus. Aber auch unabhängig davon, welche rechtlichen Mitsprachemöglichkeiten die jeweiligen Kommunalverfassungen den Bürgern zubilligten, lässt sich ein breiter Trend zur Politisierung des städtischen Kommunikationsraums ausmachen, der sich in Vereinen, aber auch in Zeitungen niederschlug.

Am Beispiel des Ausbruchs der Cholera in Hamburg im Jahr 1892 hat Richard Evans eindrücklich gezeigt, in welchem Maße die von reichen Hamburger Kaufleuten dominierte Bürgerschaft dafür verantwortlich war, dass das an sich bekannte Problem der Einspeisung des ungefilterten Elbwassers in die Trinkwasserversorgung schlicht ignoriert wurde, da es die Häuser der städtischen Oberschicht nicht betraf. Das von deren Vertretern zu verantwortende massive Missmanagement führte dazu, dass deutlich über 8 000 Menschen starben und die doppelte Zahl zum Teil schwer erkrankte – fast ausschließlich Angehörige der Unterschichten. Mit derartigen Problemen stand Hamburg keineswegs allein. 1884 etwa war an verschiedenen Stellen in Europa die Cholera ausgebrochen und hatte sich verbreitet, weil das Trinkwasser durch Abwasser verunreinigt und nicht entsprechend gefiltert worden war. In Mailand und in Marseille wurden die Probleme anschließend gelöst. In Neapel dagegen, wo die Cholera mit 7 000 Toten im gleichen Jahr die schlimmsten Auswirkungen hatte, gelang eine ähnliche Kraftanstrengung zu diesem Zeitpunkt nicht mit der Folge, dass 1911 der nächste Ausbruch der Cholera folgte. Aber auch in Hamburg nahm man die Ereignisse des Jahres 1884 nicht zum Anlass, das in der Stadt spätestens seit den 1870er Jahren bekannte Problem in Angriff zu nehmen. Erst nach der Katastrophe von 1892 wurde hier das gesamte System der Wasserver- und Entsorgung neugestaltet. Die Entscheidungen über derartige Fragen oblagen überall in Europa im Wesentlichen den kommunalen Verwaltungen, so dass die Unterschiede auch innerhalb eines Landes entsprechend groß sein konn-

Verunreinigtes Trinkwasser als Gesundheitsproblem

ten und keineswegs immer von der Größe und Bedeutung der Stadt abhingen. In Russland war Odessa die erste Stadt, die in den 1880er Jahren begann, eine Kanalisation aufzubauen, Saratov folgte um die Jahrhundertwende, während die Einwohner:innen St. Petersburgs darauf noch bis zum Ersten Weltkrieg warten mussten.

Leitbild Hygiene — Parallel zum Ausbau der Wasserentsorgung wurde die Hygiene auch oberhalb der Erde zu einem immer wichtigeren Leitbild – zumindest für die Innenstädte. In Paris wurden schon unter Haussmann die Schlachthöfe aus der Innenstadt verbannt und viele andere Städte folgten dem Beispiel. Aber nicht nur Tierkadaver und Schlachtabfälle sollten aus dem Stadtbild der Zentren verschwinden, auch das Müllproblem wurde angegangen.

Müllentsorgung — In Paris war es Eugène Poubelle, der zum Namensgeber des Mülleimers wurde, nachdem er die Hauseigentümer:innen per Dekret dazu verpflichtet hatte, den Mietenden verschließbare Behältnisse zur Verfügung zu stellen, um ihren Müll ordnungsgemäß zu entsorgen. Der Weg zu sauberen (Innen-)Städten war allerdings weit. Wenn etwa in Budapest seit 1879 wiederholt Verordnungen erlassen wurden, die nicht nur das Wegwerfen von Abfall, sondern auch das Füttern sowie das Töten von Tieren in der Öffentlichkeit verboten, so belegt dies einerseits die Bemühungen der Stadtverwaltung um eine Verbesserung des Stadtbildes und der Hygiene, zeigt andererseits aber auch, dass Verordnungen und deren Durchsetzung zwei verschiedene Dinge waren.

Schaffung von öffentlichen Parks — Zu den vielen Maßnahmen zur Neugestaltung des städtischen Raums gehörte schließlich auch die Schaffung von öffentlichen Parks, die im Zuge der Umgestaltung der Städte zu einem „unverzichtbaren Signum der Großstadt" [3.2 Lenger] geworden waren. Auch hier hatten Paris und London Maßstäbe gesetzt, denen andere große Städte ambitioniert folgten. Sie erhöhten die Attraktivität des städtischen Raums, boten Freizeitmöglichkeiten und waren nicht zuletzt Teil eines stadthygienischen Programms, das schließlich auch saubere Luft einschloss.

Profiteure der Neuerungen — Fragt man danach, wer von den genannten Maßstäben profitierte, fällt die Antwort unterschiedlich und zeitlich gestaffelt aus. Von einer verbesserten Wasserversorgung und einer Kanalisation profitierten grundsätzlich alle. Gerade von der Cholera waren die untersten Schichten zumeist am stärksten betroffen, so dass die entsprechende Vorsorge auch ihnen zu Gute kam. Die Haussmann'sche Umgestaltung von Paris ging dagegen zunächst deutlich zulasten der unteren Schichten: Sie wurden aus dem Stadtkern verbannt und ihre oft miserable Wohnsituation änderte sich wenig – sie rückten einfach weiter nach außen. Durch das rasante Wachstum der Städte fehlte es allenthalben an Wohnraum und in den Ein- bis Zweizimmerwohnungen wohnten häufig nicht nur große Familien, sondern auch Schlafleute unter ärmlichsten und oft auch höchst problematischen hygienischen Verhältnissen. In Hinterhöfen sammelte sich häufig nicht nur der Müll, sie dienten auch vielfach als Toiletten. Zwar hatten sich Sozialreformer schon seit langem immer wieder mit der oft elenden Wohnsituation der Unterschichten befasst. Ganz besonders galt das in England, wo die frühe Industrialisierung auch ein schnelles und slumartiges Städtewachstum mit sich gebracht hatte. 1875 veröffentlichte Octavia Hill, die später zu einer Ikone im Kampf um lebenswürdige Wohnverhältnisse wurde, ihre Schrift *Homes of the London Poor*. Doch die Aufmerksamkeit hielt sich noch in Grenzen. Erst seit den 1880er Jahren stieg die öffentliche Aufmerksamkeit für das Thema, und zwar nicht zuletzt dadurch, dass die Zeitungen das Thema aufgriffen. Die zunächst anonym erschienene Schrift des Geistlichen Andrew Mearns *The Bitter Cry of Outcast London* war klar auf Skandalisierung der Zustände angelegt und bediente geschickt die Mechanismen des *new journalism*. Knapp und provokant legte der Autor die Zustände dar und lieferte der Presse ein Thema, das sie nun in vielen Variationen ausbreiten konnte. Zunächst wurden die Zustände aber häufig noch auf ein vermeintliches moralisches Versagen der Unterschichten zurückgeführt. Der Ansatz, dass die Wurzel der Probleme in der baulichen Situation und der viel zu geringen Zahl an Wohnungen lag, setzte sich erst gegen Ende des Jahrhunderts langsam durch. England war hier in vielerlei Hinsicht Ausgangspunkt der Debatten und Initiativen, die aber in ganz Europa rezipiert und weiterentwickelt wurden.

Ungeachtet der Frage, wie schnell bestimmte städtische Maßnahmen voranschritten, wer davon profitierte und wie beengt und auch elend die Wohnbedingungen für viele städtische Einwohner:innen waren: Auf die Faszination, die die europäischen Großstädte spätestens seit den 1870er Jahren ausübten, hatte dies im Konkreten kaum einen Einfluss. Es war vielmehr die Kultur, die sich dort etablierende Lebensart, die neuen Möglichkeiten der Unterhaltung, des Flanierens, des Kommunizierens, die viele Menschen in Europa in ihren Bann zog. Das Zusammenwirken von städtebaulichen Kon-

Faszination Großstadt

zeptionen, von neuen, repräsentativen Gebäuden und großen Parkanlagen, von Konsum und Freizeitangeboten ließ die großen Städte für viele als besonders attraktiv und als Anziehungspunkt für Reisen und Besuche erscheinen. London und Paris hatten hier früh die Maßstäbe gesetzt, die zwar für viele Großstädte in der Form kaum erreichbar waren, die aber dennoch das Bild der europäischen Großstadt maßgeblich beeinflussten und auf diese Weise zumindest zu partiellem Nacheifern führten. Ungebrochen war diese Faszination jedoch keineswegs, im Gegenteil: Sie war eng verbunden mit dem Gefühl des Erschauderns vor dem hier entstehenden städtischen Moloch und vor den realen und vorgestellten Gefahren, die in den Morden Jack the Rippers nicht nur für die englische Gesellschaft, sondern für ganz Europa am Ende der 1880er Jahre grausam Gestalt anzunehmen schienen. Das Bild der Großstadt als Ort von Kriminalität und Gewalt, von Prostitution und sexuellen Ausschweifungen bildete gleichsam das komplementäre Gegenstück zu der Strahlkraft der Städte, ihrer Bauwerke und ihrer kulturellen Möglichkeiten. Die Ambivalenz und die Polarisierungen der entstehenden Hochmoderne mit ihrem technischen Fortschritt, ihren – zumindest für einige – rasant wachsenden Möglichkeiten der Lebensgestaltung auf der einen, den wachsenden Ungleichheiten, einem neu entstehenden Elend sowie neuen realen und vorgestellten Gefahren auf der anderen Seite zeigten sich so in der großstädtischen Entwicklung dieser Zeit in ganz besonderer und markanter Weise.

Das Bild des großstädtischen Molochs

3.3 Wirtschaftliche Entwicklung

Ungleichzeitiger wirtschaftlicher Aufschwung

Die zweite Hälfte des 19. Jahrhunderts war in Europa insgesamt von einem bis dahin einzigartigen wirtschaftlichen Aufschwung gekennzeichnet. Zwischen 1860 und 1910 haben Ökonomen ein jährliches Wachstum des Bruttosozialprodukts in Europa insgesamt von durchschnittlich 1,88 % errechnet. Das bedeutete allerdings weder, dass der Aufschwung alle Teile Europas gleichmäßig noch, dass diese Entwicklung ohne konjunkturelle Schwankungen und Abschwungphasen verlaufen wäre, im Gegenteil: Auch wenn Europa insgesamt in dieser Zeit zum prosperierendsten Teil der Welt wurde, nahm die Ungleichheit innerhalb Europas gleichfalls erheblich zu. Viele Gebiete Portugals und Spaniens, Süditalien, Südosteuropas oder Russlands blieben in ihrem Wohlstand hinter den industriellen und kommerziellen Zentren im Nordwesten Europas weit zurück. Einige hoch aggregierte Zahlen können zumindest grobe Anhaltspunkte über die Entwicklungen und ihre Unterschiede geben: Für Dänemark, Schweden oder Deutschland wird von durchschnittlichen jährlichen Wachstumsraten von 2,94 %, 2,70 % bzw. 2,54 % für die Zeitspanne zwischen 1860 und 1910 ausgegangen, für Spanien und Portugal dagegen lediglich von Raten, die bei etwa 0,6 bzw. 0,9 % lagen. Das Problem bei derartigen Angaben besteht allerdings nicht nur in der Frage der Genauigkeit und der Berechnungsmethoden, sondern auch darin, dass die national erhobenen Daten die großen regionalen Unterschiede innerhalb der Länder überdecken. So waren die Lebensverhältnisse zwischen Turin, Marseille und Barcelona in den 1880er Jahren gewiss ähnlicher als etwa zwischen Madrid und Andalusien oder zwischen St. Petersburg und einem Dorf an der Wolga. Die zunehmende Vernetzung zwischen Städten und dem Umland, zwischen Industrieregionen und ländlichen Regionen, zwischen den regionalen und nationalen Wirtschaftsräumen ließ gleichwohl nur die wenigsten Gebiete in Europa von den Auswirkungen der durch die Industrialisierung ausgelösten wirtschaftlichen Veränderungen gänzlich unberührt.

Europäische Unterschiede

Regionale Differenzen

In der hier fokussierten Phase der 1870er und 1880er Jahre, konkret in der Spanne zwischen 1873 und 1896, erhielt die wirtschaftliche Entwicklung in weiten Teilen Europas allerdings einen Dämpfer. Der Börsencrash von 1873 leitete eine Phase der stärkeren Schwankungen in den Wachstumsraten in einigen Regionen Europas ein, die dann seit Mitte der 1890er Jahre wieder von einer neuen Boomphase abgelöst wurde. Diese, in der Literatur lange Zeit häufig als „große Depression" bezeichnete Zeitspanne – inzwischen eher als Phase der Deflation gesehen – spielte gerade im Bereich der Wirtschaft für den Übergang von der „restringiert liberalen" zur „organisierten Moderne" [1.3: WAGNER, 71] bzw. zur Hochmoderne eine erhebliche Rolle. War von den industriellen Zentren zuvor eine Art Goldgräberstimmung ausgegangen, die in der Produktion und dem freien Handel der neuen industriell hergestellten Erzeugnisse die Basis für ein ungehindertes Wachstum sahen, führten die Entwicklungen der 1870er Jahre zu einem neuen Nachdenken unter Ökonomen, Politikern und Interessensvertretern. Während sich auf der einen Seite die Wirtschaft immer weiter nicht nur über nationale Grenzen, sondern auch über Kontinente hinaus vernetzte, sahen auf der anderen Seite viele Akteure in den verschiedenen Ländern

„Große Depression"

diese Entwicklungen zunehmend als Bedrohung und suchten ihr Heil in protektionistischen Maßnahmen. Das bedeutete auch, dass viele Staaten sich aktiver in der Wirtschaftspolitik zu engagieren begannen, wobei die Frage nach der Rolle des Staates für die ökonomischen Prozesse in den jeweiligen Fällen sehr unterschiedlich bewertet werden muss.

Hier lag aber nicht der einzige Grund dafür, dass die 1870er und 1880er Jahre als eine spezifische Umbruchsphase gelten können. Drei weitere kamen hinzu: Einmal unterlag die Wirtschaft in der Zeit so erheblichen Veränderungen, dass dafür zum Teil von der „Zweiten Industrialisierung" oder gar der „Zweiten Industriellen Revolution" gesprochen wird. Auch wenn der Begriff problematisch ist und das Verständnis darüber auseinander geht, ist deutlich erkennbar, dass die Schwerindustrie ihre Dynamik langsam verlor und Innovationen in anderen Bereichen – vor allem der Elektrotechnik und der Chemie – nun ganz neue Entwicklungen in Gang setzten. So bedeutend die schwerindustriellen Regionen auch weiterhin waren, kamen weitere industrielle Zentren hinzu, von denen ganz neue Impulse ausgingen. Zweites erlebte die europäische Wirtschaft insgesamt einen deutlichen Schub der Vernetzung: Der Bedarf der wachsenden Städte an Nahrungsmitteln machte nicht nur das jeweilige regionale Umfeld zu Lieferanten der benötigten Waren. Der Handel mit landwirtschaftlichen Produkten nahm über alle innereuropäischen Grenzen hinweg erheblich zu und trug zu einer entsprechend fortschreitenden Vernetzung bei. Und schließlich erlebte die europäische Wirtschaft drittens ihre erste umfassende Integration in den Weltmarkt – eine erste Phase der Globalisierung.

Zu spüren bekam dies gerade der Bereich, dessen wirtschaftliche Bedeutung zwar zurückging, der aber für die europäische Wirtschaft insgesamt weiterhin noch der wichtigste war: die Landwirtschaft. Der Hintergrund der wirtschaftlichen Turbulenzen am Anfang der 1870er Jahre bestand darin, dass sich die Bedingungen für den Handel mit landwirtschaftlichen Produkten radikal zu verändern begannen. Der Bau von Eisenbahnen, die Verdichtung und Beschleunigung des Schiffsverkehrs durch Dampfschiffe, die Eröffnung des Suezkanals im Jahr 1869 und andere infrastrukturelle Maßnahmen verbesserten die weltweiten Transportmöglichkeiten, sodass die Frachtkosten sanken und die landwirtschaftlichen Produkte aus den USA, Australien oder Argentinien plötzlich zu einer ernstzunehmenden Konkurrenz machten. Gleichzeitig erhöhten vor allem die osteuropäischen Länder insbesondere ihre Getreideexporte, so dass die Preise für Getreide, aber auch für Fleisch deutlich nachgaben. Die Folgen dieser Entwicklung und die Reaktionen darauf differierten erheblich und verstärkten die innereuropäische Ungleichheit: Die Länder, die vor allem Getreide importierten – etwa Großbritannien, die Niederlande oder Dänemark, aber auch Griechenland – profitierten von den im Schnitt um 30 %, in Großbritannien sogar bis über 40 % sinkenden Preisen. Zugleich förderte die Entwicklung insbesondere in England und in den Niederlanden den weiteren Rückgang der landwirtschaftlichen Produktion bzw. die Abkehr vom Getreide zugunsten profitablerer landwirtschaftlicher Produkte. Gerade in dieser Hinsicht reagierten die Akteure in den verschiedenen europäischen Regionen äußerst unterschiedlich: In Norditalien etwa wandten sich viele von der Getreidewirtschaft ab und setzten auf Alternativen, etwa Obst- und Gemüseanbau oder die Anpflanzung von Maulbeerbäumen, die sich wiederum für die Zucht von Seidenraupen eigneten. In Süditalien setzten zwar auch einige landwirtschaftliche Betriebe auf den Anbau von Zitrusfrüchten oder Wein, insgesamt aber nahm dort der Getreideanbau weiter zu. Ähnliches galt auch für Spanien: Bei weiterwachsenden Anbauflächen für Getreide orientierten sich mache Regionen um und nutzten Chancen in neuen Bereichen. Vor allem in den Regionen Valencia, Andalusien und Aragon stieg zwischen der Mitte der 1860er und den 1890er Jahren der Export von Olivenöl, Wein und Obst erheblich. Obwohl Obst nur 12 % der landwirtschaftlichen Produktion ausmachte, wurde es in dieser Zeit zum viertgrößten spanischen Exportartikel. Der Export von Wein verzwanzigfachte sich in dieser Zeit, so dass Wein damit zum wichtigsten spanischen Ausfuhrartikel aufstieg.

Auf diese Weise nahm die Wachstumsrate der landwirtschaftlichen Produktion Spaniens in der zweiten Hälfte des 19. Jahrhunderts immerhin auf durchschnittlich 1 % zu – in der ersten Hälfte des 19. Jahrhunderts hatte das Wachstum lediglich bei 0,3 %–0,4 % gelegen. Auch wenn viele Teile Spaniens und Süditaliens auf dieses Weise wirtschaftlich weit hinter den prosperierenden industriellen Zentren im Nordwesten Europas zurückblieben, entwickelte sich die Landwirtschaft hier allerdings noch deutlich besser als in weiten Teilen Ost- und Südosteuropas. Auf den Preisverfall des Getreides reagierten die Getreideproduzenten dort vor allem dadurch, dass sie den Getreideanbau noch weiter intensivierten und noch mehr exportierten – mit dem Ergebnis, dass die Preise weiter fielen.

Preisverfall des Getreides

In Russland wurde um 1870 auf 97 % der landwirtschaftlich genutzten Fläche Getreide angebaut. Die Abschaffung der Leibeigenschaft durch Alexander II. im Jahr 1861 zeitigte erhebliche dynamisierende Effekte. Bis 1890 wuchs die landwirtschaftliche Produktion um etwa 70 %. Doch erst seit der Mitte der 1870er Jahre wurde die traditionelle Dreifelderwirtschaft mit großen regionalen Unterschieden allmählich umgestellt, der Einsatz von Dünger kam jedoch erst sehr langsam in Gang und lag deutlich unter dem anderer europäischer Länder. Gleichwohl stieg Russland bis zur Jahrhundertwende zum weltweit größten Exporteur von Getreide auf. Der Produktionsanstieg übertraf sogar den erheblichen Bevölkerungszuwachs, was auch an der Diversifizierung der bäuerlichen Wirtschaft lag. Zwischen 1860 und 1900 verfünffachte Russland seinen Getreideexport, während der Ertrag an Getreide sich nur gut verdoppelte. Von der wachsenden Produktivität profitierten somit vor allem wenige große Exporteure – und diese wegen des Preisverfalls auch nur sehr begrenzt. Ähnliches galt auch für die Gebiete Ungarns und Rumäniens, wo die Landwirtschaft fast ausschließlich auf den Getreideanbau konzentriert war und blieb.

Ungleiche Entwicklungen in der Landwirtschaft

Die Frage nach Gründen für die so unterschiedlichen Entwicklungen im Bereich der Landwirtschaft ist kaum monokausal zu beantworten. Außer Frage aber steht, dass die Besitzverhältnisse ebenso wie die Persistenz alter Abhängigkeitsverhältnisse auf dem Land eine wichtige Rolle spielten. So unterschiedlich in dieser Hinsicht die Verhältnisse zwischen dem Südwesten, dem Südosten und dem Osten Europas auch waren, entstand in diesen Gebieten – bei einer übergreifenden Dominanz der landwirtschaftlichen Strukturen – kaum so etwas wie eine Art bäuerlicher Mittelschicht. Dies galt insbesondere fürs Zarenreich, wo sich die ländliche Gesellschaft seit den 1870er Jahren dennoch erheblich wandelte. Zwar sollte die Bindung an die Dorfgemeinde, die Bewegungsfreiheit der Bauern weiter einschränken, doch die sozialen, kulturellen und politischen Verbindungen zur Stadt wurden vor allem durch die bäuerliche Arbeitsmigration in die Städte enger. Zugleich intensivierten viele Bauern den Anbau von Gemüse, Kartoffeln, Tabak oder auch Wein und setzten stärker auf Vieh- und Milchwirtschaft. In weiten Teilen des Zarenreiches betrieben die Bauern zudem einen handwerklichen Nebenerwerb, wie Leinen- oder Baumwollproduktion, sie stellten Metallwaren oder Seile her. Die russische Landwirtschaft trug damit erheblich mehr zum volkswirtschaftlichen Aufschwung bei als lange Zeit angenommen.

Für die ganz vom Getreideanbau und -export abhängigen Regionen kam allerdings erschwerend hinzu, dass sich potenzielle Importländer angesichts des erhöhten Angebots und des damit drohenden Preisverfalls durch Zölle abzuschotten begannen. Dies galt für Deutschland ebenso wie für andere europäische Länder. Nachdem in den 1860er und der ersten Hälfte der 1870er Jahre die Zölle in ganz Europa mit Hilfe von internationalen Handelsverträgen deutlich gesunken waren – zwischen 1859 und 1875 in Deutschland durchschnittlich von 14,7 % auf 5,4 %, in Frankreich von 18,7, auf 4,3 %, in Belgien von 9,3 % auf 4,3 %, in Österreich-Ungarn von 10,9 % auf 4,9 % und in Großbritannien sogar von 8,9 % auf 0,9 % – steuerten die meisten kontinentaleuropäischen Länder seit den 1870er Jahren wieder deutlich um. Für Deutschland markiert das Jahr 1879 unbestritten die Wende zu einer neuen Politik des Protektionismus, in Frankreich erfolgte diese Wende etwas später im Laufe der 1880er Jahre. Insgesamt spielten die landwirtschaftlichen Interessen hinter dieser Entwicklung eine wichtige Rolle. Im Einzelnen konnten sich die Interessenslagen und vor allem die Interessenskoalitionen jedoch erheblich unterscheiden. In Deutschland waren es nicht nur, wie lange angenommen, die ostelbischen Großgrundbesitzer, die hier ihre Interessen durchzusetzen versuchten; auch die Kleinbauern im Westen und Süden Deutschlands drängten auf die Verhängung von Schutzzöllen. Aber auch der Staat selbst hatte durchaus Interesse an erhöhten Zolleinnahmen. So wurden in Deutschland in den 1880er Jahren die Zölle auf die verschiedenen Getreidesorten und auf Mais in mehreren Schritten deutlich angehoben. In Frankreich sah der noch nicht gefestigte republikanische Staat zunächst keine Veranlassung zu ähnlichen Maßnahmen. Die Gefahr von Unruhen, die von möglicherweise steigenden Brotpreisen ausgelöst würden, wollte man nicht heraufbeschwören. Zwar wurde 1881 ein Generaltarif eingeführt. Der hatte zunächst noch keine große Wirkung, da über Handelsverträge die Zölle zunächst weiter niedrig gehalten wurden. Die sinkenden Agrarpreise mobilisierten aber nun die Bauern, so dass auch Frankreich in der zweiten Hälfte der 1880er Jahre zum Agrarprotektionismus zurückkehrte. 1885 wurden die Zölle für Weizen verfünffacht und für Vieh und Fleisch zum Teil verdoppelt. Agrarprotektionismus gehörte seitdem in Frankreich zum festen Bestandteil republi-

Erhöhung der Zölle

Agrarprotektionismus

kanischer Politik. In Deutschland waren es hingegen die Konservativen, dies sich mit dem Schutz der landwirtschaftlichen Interessen zu profilieren versuchten.

Schutz vor internationaler Konkurrenz

Das Bestreben, die nationalen Wirtschaften vor der internationalen Konkurrenz zu schützen, ging allerdings nicht nur von der Landwirtschaft aus – in Deutschland insbesondere von der Schwer- und von der Textilindustrie. Der 1876 gegründete *Centralverband Deutscher Industrieller* (CVDI) hatte sich von Beginn an den „Schutz der nationalen Arbeit" auf die Fahnen geschrieben und war zu einer der einflussreichsten Lobbyorganisationen für die Errichtung von Schutzzöllen geworden. Die Vertreter der Industrie reagierten damit auf zunehmende Absatzschwierigkeiten am Ende der 1870er Jahre. Diese Schwierigkeiten hingen neben konjunkturellen Gründen auch damit zusammen, dass die Schwerindustrie langsam ihre Stellung als industrieller Leitsektor verlor. War unter anderem der Eisenbahnbau in den 1850er und 1860er Jahren in Deutschland, aber auch in Frankreich oder Belgien ein wichtiger Motor des wirtschaftlichen Aufschwungs gewesen, änderte sich dies in den 1870er Jahren. Die Reichseinigung und der anschließende Gründerboom – befördert durch Zahlungen von fünf Milliarden Franc, die Frankreich nach dem verlorenen Krieg aufgebürdet wurden – hatten in Deutschland zu einem erheblichen Ausbau der industriellen Kapazitäten geführt, die anschließend nicht mehr ausgefüllt werden konnten. Aber auch in anderen Ländern ging die Nachfrage nach Stahl für den Eisenbahnbau zurück, so dass die goldenen Zeiten der Schwerindustrie zu Ende gingen.

Dem Vereinigten Königreich ist vor diesem Hintergrund für die Zeit nach 1870 bereits der Beginn eines „Niedergangs" attestiert worden. Der Begriff ist jedoch wenig adäquat. Anfang der 1870er Jahre stammte allein ein Drittel der weltweiten Industrieproduktion aus England. Tatsächlich hatte die Industrialisierung außerhalb Großbritanniens inzwischen erheblich an Dynamik gewonnen, und insbesondere Deutschland hatte vor allem im Bereich der Schwerindustrie stark an Boden gewonnen. So waren etwa die Zuwachsraten der Beschäftigten im industriellen Sektor in England nach der Jahrhundertmitte nicht mehr so imposant – zwischen 1851 und 1911 stieg in diesem Bereich der Anteil von 51 % auf 54 % – doch alle anderen europäischen Länder blieben deutlich dahinter zurück. Deutschland wies das schnellste Wachstum in diesem Bereich auf; hier stieg der Anteil der Beschäftigten im industriellen Sektor im gleichen Zeitraum von 24 % auf 40 %. Vor allem der Maschinenbau entwickelte sich rasant. Allein zwischen 1870 und 1875 zählte die Reichstatistik einen Anstieg an entsprechenden Fabriken von 1 400 auf knapp 10 000 mit weiter steil ansteigender Tendenz. Gerade im Bereich des Maschinenbaus profitierte Deutschland auch massiv von dem sich zunehmend integrierenden Weltmarkt. Zwischen 1871 und dem Ersten Weltkrieg versechzehnfachte sich der Wert des deutschen Exports in diesem Bereich. Auch wenn Deutschland insgesamt im Grad der Industrialisierung zunächst noch hinter England zurückblieb, entwickelte es gemeinsam mit Belgien, den Niederlanden und einer ganzen Reihe von Regionen in ganz Europa eine rasant zunehmende Dynamik. England fiel also in der industriellen Entwicklung nicht wirklich zurück. Einige andere Länder und Regionen holten lediglich erheblich auf.

Zunehmend integrierender Weltmarkt

Es gibt noch einen zweiten Aspekt, der zu dem Eindruck eines relativen „Niedergangs" Großbritanniens geführt hat. Bei der Entstehung der neuen Führungssektoren im Bereich der Chemie und der Elektroindustrie spielte das Vereinigte Königreich tatsächlich keine maßgebliche Rolle. Hier war es neben den USA vor allem Deutschland, das die Maßstäbe zu setzen begann. Enge Verbindungen mit der Wissenschaft, deren Ergebnisse und Methoden – nicht zuletzt die Forschung in Großlaboren – konsequent genutzt wurden, trugen maßgeblich dazu bei, dass sich die deutsche Chemieindustrie seit ihren Anfängen in den 1860er/1870er Jahren in einem enormen Tempo zum Weltmarktführer entwickelte. Die 1865 in Mannheim gegründete Badische Anilin- und Sodafabrik (BASF) und die 1863 in Barmen entstandene Firma von Friedrich Bayer stiegen in unmittelbarer Verbindung mit dem rasanten Wissenszuwachs im Bereich der Chemie auf und vervielfachten in kurzer Zeit die Zahl ihrer Angestellten und ihre Gewinne. Eine sogar noch schnellere Entwicklung nahm die elektrotechnische Industrie. War zunächst Siemens der klare Vorreiter auf diesem Feld, kam 1883 mit der „Deutschen Edison-Gesellschaft", 1887 in AEG umbenannt, ein zweites Unternehmen hinzu, das sich ebenso wie Siemens nicht nur in Deutschland, sondern auch international sehr schnell etablierte. So wurden in den beiden Jahrzehnten nach 1870 die Grundlagen dafür gelegt, dass Deutschland in den Bereichen der Chemie- und der Elektroindustrie eine eindeutige Führungsrolle in Europa einnahm. In England entfaltete zu diesem Zeitpunkt allerdings bereits ein neuer, zukunftsträchtiger Wirtschaftsbereich seine Dynamik: Die

Entstehung der Führungssektoren Chemie und Elektroindustrie

Banken- und Versicherungswirtschaft. Von einem Niedergang der englischen Wirtschaft nach 1870 konnte also insgesamt kaum die Rede sein.

Unterschiede in den „Peripherien"

Die Landwirtschaft auf der einen und die jeweiligen industriellen Führungssektoren auf der anderen Seite lassen sich als zwei Pole einer wirtschaftlichen Gesamtentwicklung sehen, zwischen denen sich in Europa sowohl geographisch als auch hinsichtlich der Branchen ein breites Feld und eine enorme Vielfalt an wirtschaftlichen Aktivitäten entfaltete. Zwischen den industriellen Zentren und den unterschiedlichen Peripherien entstand zwar in vielen Fällen ein erhebliches Gefälle. In welchem Maße es scheinbar „abgehängten" Regionen gelingen konnte, wieder Anschluss zu finden, lässt sich an den skandinavischen Ländern gut verfolgen. Doch die Voraussetzungen dafür, dass Skandinavien seit dem letzten Drittel des 19. Jahrhunderts ungewöhnlich prosperierte, waren vielfältig: Zunächst waren in Dänemark, Schweden und Norwegen in der ersten Hälfte des 19. Jahrhunderts eine Reihe von gesellschaftlichen Reformen durchgesetzt worden, die unter anderem die Landwirtschaft von alten Feudalstrukturen befreite und nicht zuletzt die Bildung erheblich förderte. Hier zeigte sich eine aktive Rolle des Staates, die auch für die weitere Entwicklung eine große Relevanz besaß. So war es nicht zuletzt auf staatlichen Einfluss zurückzuführen, dass nicht einfach versucht wurde, dem englischen Pfad der Industrialisierung zu folgen, sondern eigene Wege zu gehen und sich auf unterschiedliche Art auf die neuen Bedingungen einzustellen. Dänemark blieb stark landwirtschaftlich geprägt, steuerte aber nach dem Preisverfall des Getreides ganz um und konzentrierte sich auf Fleisch- und Milchproduktion sowie deren Verarbeitung. So entwickelte sich eine erfolgreiche lebensmittelverarbeitende Industrie mit jährlichen Wachstumsraten von 4–5 %. Norwegen dagegen baute seine Handelsflotte so aus, dass sie die Kapazitäten der französischen, deutschen und niederländischen Flotten in den 1880er Jahren zu überflügeln begann und damit enorm von dem sich verdichtenden Welthandel profitierte. Schweden wiederum konnte aufgrund seiner Eisenerzvorkommen auch Stahl herstellen und exportieren. Darüber hinaus prosperierten vor allem die Holz-, die holzverarbeitende und die Papierindustrie.

Entwicklung in Skandinavien

Damit bildeten die skandinavischen Länder einen deutlichen Gegensatz zu anderen vermeintlich peripheren Gebieten, insbesondere denen des Balkans. Staatlichkeit hatte sich hier über lange Zeit kaum ausgebildet, und entsprechend blieben die institutionellen Voraussetzungen für prosperierende wirtschaftliche Entwicklungen lange wenig ausgeprägt. Anstelle eines aktiven Staates und einer sich selbst organisierenden Gesellschaft herrschten hier im Wesentlichen noch traditionelle Besitzverhältnisse und Abhängigkeitsstrukturen, die wirtschaftliche Entwicklungen nicht gerade beförderten. Je mehr an Voraussetzungen fehlte, desto schwieriger wurde es überall, an die von der Industrialisierung losgetretenen Entwicklungen Anschluss zu finden.

3.4 Europäische Klassengesellschaft(en) und nationale Versäulung

Für das 19. Jahrhundert von einer europäischen Gesellschaft zu sprechen, erscheint als mindestens problematisch. Politisch hochgradig fragmentiert, differierten auch die Rahmenbedingungen für die gesellschaftlichen Entwicklungen enorm. Will man sich aber nicht mit der gewiss zutreffenden, aber wenig befriedigenden Feststellung begnügen, dass die gesellschaftlichen Verhältnisse in Europa eben „vielgestaltig" waren, lässt sich die Frage nach einer europäischen Gesellschaft gleichsam umdrehen: Anstatt – abhängig von der jeweiligen Definition – der Existenz oder Nicht-Existenz einer europäischen Gesellschaft nachzugehen, erscheint es angemessener, danach zu fragen, welche die maßgeblichen Faktoren waren, die die Vergesellschaftungsprozesse der sich in höchst unterschiedlichen Lebenslagen befindlichen Menschen in Europa maßgeblich beeinflussten.

Existenz einer europäischen Gesellschaft?

Vergesellschaftungsprozesse

Übergreifend wird der grundlegendste soziale Wandel, dem die Menschen im 19. Jahrhundert unterlagen, vielfach als Übergang von der Stände- zur Klassengesellschaft gefasst. Auch wenn eine Beschreibung nicht für alle europäischen Regionen in gleicher Weise passt – insbesondere für Russland, aber auch für Schottland oder die Teile Südosteuropas, die noch lange unter osmanischer Herrschaft standen, trifft der Begriff der Ständegesellschaft die gesellschaftliche Realität nicht oder nur unzureichend –, markieren die beiden Begriffe für weite Teile des Kontinents den Ausgangspunkt und die Richtung des Wandels. Die traditionellen, noch im Ancien Régime wurzelnden rechtlichen Regelungen, durch die Gesellschaften in politischer, sozialer, wirtschaftlicher und kultureller Hinsicht

Übergang zur Klassengesellschaft

ihre je eigenen Ordnungen fanden, waren – zumindest insofern sie Männer betrafen – bis um 1870 herum weitestgehend entfallen. Die rechtliche Gleichstellung der jüdischen Bevölkerung, die in Deutschland mit der Reichsgründung und auch in den anderen europäischen Staaten bis spätestens in den 1880er Jahren erfolgte, war diesbezüglich für Europa insgesamt eine der letzten rechtlichen Maßnahmen. Eine gewisse Ausnahme bildete Russland. Die Abschaffung der Leibeigenschaft im Jahr 1861 bedeutete auch hier einen wichtigen Schritt zur Dynamisierung der Gesellschaft. Die russische oder besser die russländische Gesellschaft blieb bis 1905 formal in „Stände" gegliedert, die allerdings mit der ständischen Ordnung im übrigen Europa nichts gemein hatten, da sie über keine korporatistischen Rechte – also keine eigene Rechtsprechung, keine spezifischen Herrschaftsrechte, keine mit eigenen Rechten versehenen Versammlungen – verfügten. Wohl aber unterlagen die Mitglieder der Stände verschiedenen rechtlichen Beschränkungen, die dafür sorgten, dass der Weg zu einer Klassengesellschaft nur sehr gebremst und mit einer Reihe von Sonderentwicklungen einherging.

Neue Chancen für gesellschaftlichen Aufstieg

Im übrigen Europa stand rein rechtlich einem männlichen Kind, das nach der Jahrhundertmitte geboren wurde, im Prinzip jeder Beruf offen. Dass die gesellschaftliche Realität eine andere war, liegt auf der Hand: Mit der Durchsetzung des kapitalistischen Wirtschaftens, von dessen Auswirkungen bis um 1870 herum kaum ein europäischer Winkel unberührt blieb, entschied nun die unterschiedliche Akkumulation von sozialem, kulturellem und ökonomischem Kapital über die Lebenschancen. Die Kinder von mazedonischen oder andalusischen Landarbeiter:innen hatten hier in aller Regel ebenso wenig zu akkumulieren wie die Kinder schlesischer oder nordenglischer Industriearbeiterfamilien. Grundsätzlich aber dynamisierten die tiefgreifenden wirtschaftlichen Veränderungsprozesse die gesellschaftlichen Prozesse erheblich und öffneten neue Chancen für gesellschaftlichen Aufstieg. Gleichzeitig begannen sich die neuen Klassenstrukturen im letzten Drittel des 19. Jahrhunderts auch wieder neu zu verfestigen.

Verfestigung neuer Klassenstrukturen

Nationalstaatliche Versäulung als prägender Prozess

Wurden gesellschaftliche Verhältnisse in weiten Teilen Europas somit zum einen durch die Entstehung einer hierarchisch gegliederten Klassengesellschaft grundlegend bestimmt, kann in der nationalen und nationalstaatlichen Versäulung der zweite grundlegende, die gesellschaftlichen Verhältnisse in Europa maßgeblich prägende Prozess gesehen werden. Der Begriff der Versäulung ist insbesonre für die niederländische Gesellschaft verwendet worden, um zu beschreiben, dass sich seit dem ausgehenden 19. Jahrhundert innerhalb des Landes unterschiedlich konfessionelle und politisch-kulturelle Milieus mit jeweils eigenen Vergesellschaftungsprozessen herausgebildet haben. In Europa wurden die Nationalstaaten, aber auch die sich immer schärfer herausbildenden nationalstaatlichen Bestrebungen im Russischen, Osmanischen und Habsburgerreich – ungeachtet der sich parallel intensivierenden inter- und transnationalen Vernetzungen – zu den wichtigsten Faktoren einer Versäulung der gesellschaftlichen Strukturen. Konfessionen und Religionen können als ein weiterer Faktor von vertikalen Versäulungsprozessen gelten, die sich zum Teil innerhalb von Nationalgesellschaften, aber auch transnational abspielen konnten. Die nationenbasierte Versäulung erwies sich allerdings als die bei weitem dominanteste. Dies galt vor allem dort, wo Staat und Nation im Wesentlichen zusammenfielen, aber auch in den Imperien, in denen etwa die polnische Bevölkerung innerhalb des Russischen Reichs, die ungarische in der Habsburgermonarchie und insbesondere die bulgarische, rumänische und serbische Bevölkerung im Bereich des zerfallenden Osmanischen Reichs je eigenen Vergesellschaftungsprozessen unterlagen.

Die Zeit um 1870 herum kann hier als ein wichtiger Einschnitt gesehen werden, da nun der innere Staatsbildungsprozess – wie schon an anderer Stelle ausgeführt – in weiten Teilen Europas erheblich an Fahrt aufnahm und dieser Prozess auch wieder Rückwirkungen auf die nationalen Bewegungen und den Umgang mit ihnen in den Imperien hatte. Der Prozess der Vereinheitlichung von nationalen Rechtsräumen schritt ebenso voran wie die Verrechtlichung der sozialen Beziehungen. Die europäischen Klassengesellschaften bildeten sich somit vorrangig in den sich insbesondere rechtlich verfestigenden nationalen Rahmen heraus und waren den politischen und rechtlichen Bedingungen des jeweiligen Staates unterworfen. Gleichwohl entwickelte sich die Klassengesellschaft keineswegs nur im nationalen Rahmen: In den unteren Schichten eröffnete die grenzüberschreitende Migration neue Arbeitsmöglichkeiten, die selten aber mit der direkten Chance eines sozialen Aufstiegs verbunden waren. Die von Marx und Engels im Kommunistischen Manifest euphorisch beschworene „internationale Arbeiterklasse" blieb zwar gerade vor dem Hintergrund des aufsteigenden Nationalismus weitgehend eine Fiktion, doch erhielt die Arbeiterschaft

Einschnitt von 1870

nicht nur im Ruhrgebiet oder in den Kohlegruben Belgiens und Nordfrankreichs eine transnationale Dimension.

Handlungsräume des Adels

Auf der anderen Seite des gesellschaftlichen Spektrums hatte sich vor allem der Hochadel immer schon in besonderer Weise als europäisch vernetzt empfunden. Tatsächlich besaßen nicht wenige adelige Familien über Europa verteilte familiäre Beziehungen, viele waren aber auch ganz lokal verwurzelt, vorrangig auf die Region ihres Landbesitzes konzentriert und mit wenig Interesse an der Welt jenseits des eigenen Lebensbereichs. Für den Adel insgesamt galt zudem, dass mit den Prozessen der inneren Staatsgründung die Nation zum Rahmen ihres rechtlichen Handlungsspielraums und schließlich auch ihres politischen Handelns wurde. Für die bürgerlichen Klassen führte der Ausbau des Bildungssystems, der eng mit der internen Staatsbildung einherging, trotz aller transnationalen Verbindungen der Wissenschaften und Universitäten ebenfalls zu einer zunehmend nationalen Grundierung. Die Verbindung von Wissen, Kommunikation und Nation bzw. Nationalstaat wurde immer enger und hatte somit maßgeblichen Einfluss auf die Bildungswege der Angehörigen bürgerlicher Schichten. Für die kleinbürgerlichen Schichten galt, dass sie – neben den Bauern – vermutlich am wenigsten transnationale Berührungspunkte hatten. Zum einen waren insbesondere Kleinhändler und Kleinunternehmer in besonderem Maße auf ihr lokales Umfeld angewiesen. Zum anderen trat, wie Heinz-Gerhard HAUPT und Geoffrey CROSSICK schreiben, das Verhältnis zwischen Kleinbürgern und dem Staat in den 1870er und 1880er Jahren in weiten Teilen Europas „in ein neues und wichtiges Stadium" [3.4: HAUPT/CROSSICK, 193] ein, da sich zum einen schon verhältnismäßig kleine Änderungen etwa in der Steuergesetzgebung besonders stark auf das Kleinbürgertum auswirkten und zum anderen die „mittleren Schichten" in besonderer Weise als Mobilisierungsmasse staatlicher Politik entdeckt wurden. Die nationale Vergesellschaftung des Kleinbürgertums scheint somit bei den „mittleren Schichten" besonders tiefgreifend gewesen zu sein.

Auswirkungen auf den Ausbau des Bildungssystems

Verlust der ständischen Privilegien des Adels

Blickt man bei der Entwicklung der verschiedenen gesellschaftlichen Schichten zunächst auf den Adel, ist unverkennbar, dass dieser im 19. Jahrhundert zunehmend in die Defensive geraten war. Bis um 1870 hatte der Adel – bis zu einem gewissen Grade abgesehen von Russland – in ganz Europa seine ständischen Privilegien verloren. Als Körperschaft war der Adel aufgelöst, so dass die Adeligen rein rechtlich im Wesentlichen „normale Staatsbürger:innen" waren, die sich den neuen gesellschaftlichen Marktbedingungen anpassen mussten. Subjektiv wurde dieser Prozess von vielen Adeligen wohl als Verlust- und Niedergangsgeschichte erfahren. Aus der Perspektive der sich neu formierenden Klassengesellschaft zeigte sich jedoch, dass ein großer Teil der Adeligen auch für die veränderten Bedingungen bestens gerüstet war. So hat sich in der Forschung die Perspektive von einer Niedergangsgeschichte verschoben hin zum Blick auf die Frage, wie und unter welchen Bedingungen es weniger dem Adel als Ganzem als vielmehr den einzelnen Adeligen und ihren Familien gelang, „oben zu bleiben". Wie Walter DEMEL bemerkte, kümmerte es den gut situierten Adel immer weniger, „wenn arme Standesgenossen ihren Rang verloren".[11] Das bedeutet, dass das adelige „Standesbewusstsein" vor allem jene „Standesgenossen" umfasste, denen es auch unter den veränderten Bedingungen der Klassengesellschaft gelungen war, ihre herausgehobene gesellschaftliche Position zu halten. Diesen verlieh der Adelstitel dann innerhalb der neuen Oberschicht ein zusätzliches Distinktionsmerkmal.

Die wichtigste ökonomische Basis des europäischen Adels bestand im Landbesitz. Zwar variierte die Größe beträchtlich, doch existierte in weiten Teilen Europas eine schmale Adelsschicht mit weit ausgedehnten Besitztümern. Vor allem in Italien und in Spanien profitierten die reichen adeligen Großgrundbesitzer massiv von den Verkäufen des enteigneten Kirchenbesitzes. Im Königreich Neapel erwarben sieben Prozent der vorwiegend adeligen Käuferschaft 65 % der zum Verkauf stehenden kirchlichen Ländereien. 1870 konzentrierte sich die Hälfte des um Rom herum liegenden Landes in den Händen von 25 adeligen Familien. In Spanien – ganz besonders in Andalusien – sah es vergleichbar aus: Auch hier waren es vor allem Teile des alten Adels, in deren Händen sich riesige Ländereien konzentrierten. Der Herzog von Osuna verfügte um 1870 herum über Besitzungen in der Größe von ca. 230 000 Hektar, was allein 0,5 % des spanischen Territoriums entsprach. In Böhmen lag gut 11 % der Gesamtfläche in der Hand von nur 14 Familien, in England verteilte sich in dieser Zeit 80 % des Landbesitzes auf rund 7 000 Familien. In Russland war Ende der 1870er Jahre rund ein Viertel des Landes in adeligem Besitz – auch hier allerdings sehr ungleich ver-

Ökonomische Basis Landbesitz

---

11 Walter DEMEL, Der Europäische Adel, Vom Mittelalter bis zur Gegenwart. 2. Aufl. München 2011, 92.

teilt: Der größte Teil des Landbesitzes verteilte sich auch hier auf eine schmale Schicht von Adeligen. Die Agrarkrise der 1870er Jahre traf zwar auch den grundbesitzenden Adel in Europa zum Teil empfindlich. Doch konnten er den Preisverfall zumeist wesentlich besser verkraften als kleinere Betriebe – unabhängig davon, ob sie in bäuerlicher oder adeliger Hand waren. Gegebenenfalls konnten die adeligen Großgrundbesitzer sogar noch günstiges Land hinzukaufen und sich so konsolidieren.

So sehr – vor allem großer – Landbesitz eine gute Voraussetzung dafür war, in der modernen Klassengesellschaft „oben zu bleiben", so war dies auch kein Selbstläufer. Wer als Adeliger ökonomisch erfolgreich sein wollte, musste sich den modernen Marktmechanismen anpassen. Auch wenn diese Anpassung einem Großteil des Adels lange schwer fiel und in einem gewissen Spannungsverhältnis zur ständischen Lebenswelt stand, war durchaus eine ganze Reihe von Adeligen bis weit zurück ins 18. Jahrhundert bereits unternehmerisch tätig. Grundsätzlich wurde es für die Adeligen auch zunehmend wichtig, unternehmerisch zu denken, wenn ihr Landbesitz weiter die Basis für ökonomischen Erfolg bleiben sollte. Die unternehmerische Tätigkeit umfasste bei vielen grundbesitzenden Adeligen zunächst die Landwirtschaft selbst, dann aber auch Bereiche, die sich entweder aus dem Landbesitz selbst oder aus der Landwirtschaft ergaben. So bot der Landbesitz die Möglichkeit, etwaige Bodenschätze auszubeuten. Andere Adelige nutzten die Chancen, die landwirtschaftlichen Produkte in Manufakturen weiter zu verarbeiten und zu vertreiben – etwa in der Form von Branntweinbrennereien oder Zuckerfabriken (z. B. in Russland) oder von Schafwollmanufakturen (z. B. in Böhmen). Bemerkenswert ist allerdings, dass Anpassungsprozesse an Veränderungen im ökonomischen Feld durchaus Grenzen hatten. Für Böhmen und England konnte gezeigt werden, dass der Aufstieg von Gewerkschaften dem tradierten adeligen Herrschaftsanspruch, die Verfügungsgewalt über Land und Leute auszuüben, zutiefst zuwider lief. Das führte seit den 1870er nicht nur dazu, dass die Gründung und die Ausbreitung von Landarbeitergewerkschaften massiv bekämpft wurden, sondern auch dazu, dass sich eine Reihe von Adeligen aus unternehmerischen Bereichen zurückzogen, in denen sie mit gewerkschaftlichen Forderungen konfrontiert gewesen wären. Der Höhepunkt des unternehmerischen Engagements war somit in Böhmen und England in den 1870er Jahren bereits überschritten.

Die Möglichkeiten, sich gesellschaftlich seinem Verständnis nach adäquat zu positionieren, blieben für den Adel aber auch im Übergang zur Hochmoderne vielfältig. Diplomatie und Militär blieben – bei allen Unterschieden im Einzelnen – in Europa insgesamt ein bevorzugtes Betätigungsfeld von Adeligen. In Russland öffnete sich die Offizierslaufbahn zwar insgesamt zunehmend auch für Nichtadelige, aber der Anteil der adeligen Offiziere sank zwischen 1864 und 1897 nur langsam von knapp 56 % auf gut 51 %. Unter den Generälen und Admirälen stieg der Anteil der Erbadeligen in diesem Zeitraum sogar noch von knapp 88 % auf knapp 92 %. In Deutschland waren Anfang der 1870er Jahre noch knapp die Hälfte aller Offiziere adelig, während es in Italien zu dieser Zeit allerdings nur knapp 10 % waren. Selbst in Frankreich verfügte 1870 noch ein Drittel aller Generäle über einen Adelstitel, was allerdings auch damit zusammenhing, dass gerade im Zweiten Kaiserreich ausgiebig durch Nobilitierungen – und teilweise schlicht durch „Selbstnobilitierungen" – der Adel noch einmal „aufgestockt" wurde. Das symbolische Kapital des Adelstitels blieb weiter attraktiv und Nobilitierungen wurden in ganz Europa weiter angestrebt. Frankreich, wo der Adel seine Position am deutlichsten eingebüßt hatte, bildete hier keine Ausnahme. Insgesamt war die Kombination aus – sehr unterschiedlich vorhandenem – altem Reichtum und dem sich aus der adeligen Tradition speisenden sozialem und kulturellem Kapital die Ressource, mit der keineswegs der Adel als Ganzes, wohl aber viele seiner Vertreter sich an der Schwelle zur Hochmoderne eine erfolgreiche Zukunft aufbauen konnten.

<small>Adelige im Militär</small>

Mit Fragen eines etwaigen Niedergangs brauchten sich die Schichten, die teils als „Mittelklassen", teils als „bürgerlich" bezeichnet werden, im letzten Drittel des 19. Jahrhunderts nicht zu befassen. Hatten diese Schichten im 19. Jahrhundert insgesamt von den unternehmerischen Freiheiten, der Industrialisierung, der Bildungsexpansion und dem Aufstieg des modernen Staates profitiert, erhielt diese Entwicklung im Zuge des Prozesses der inneren Staatsbildung noch einmal eine zusätzliche institutionelle Fundierung. Der Ausbau der staatlichen und nicht-staatlichen Bürokratie, die zunehmende Vergesellschaftung in Vereinen und Verbänden, der Ausbau nationaler Bildungsinstitutionen – all dies führte zu einer deutlichen Stärkung der bürgerlichen Domänen, insbesondere dort, wo sie mit Bildung in Verbindung standen. Für Deutschland schätzte Hans-Ulrich WEHLER das Bildungsbürgertum für die Zeit um 1870 auf

<small>Aufstieg des Bürgertums</small>

maximal 300 000 Personen. Heruntergebrochen auf die einzelnen Städte bedeutete dies, dass sich das Bildungsbürgertum auf einen jeweils recht überschaubaren Kreis an Personen mit akademischen Berufen und deren Familien verteilte. So sehr die Zahlen in Europa insgesamt und auch innerhalb der Länder variierten, gab es jedoch zwei Gemeinsamkeiten: Zum einen waren es vor allem die Städte, in denen sich die meisten Berufe konzentrierten, die zum Bürgertum oder den Mittelklassen zählten. Zum anderen profitierten diese Schichten sowohl von den wirtschaftlichen Entwicklungen als insbesondere auch vom Ausbau des Bildungswesens. Gerade für die Zeit nach 1870 lässt sich dieser für eine Reihe von Ländern wie Deutschland, Frankreich oder auch England deutlich verfolgen. Zwischen 1869 und 1899 steigerte sich in Frankreich der Bildungsetat fast um das Achtfache. In England, wo 1870 die allgemeine Schulpflicht eingeführt wurde, stiegen die staatlichen Ausgaben allein für die Schulen zwischen 1870 und 1890 um das dreieinhalbfache, bevor sie sich bis 1900 noch einmal mehr als verdoppelten. Mit der rasch anwachsenden Zahl der Schüler:innen und Studierenden wuchs zunächst die Zahl des Lehrpersonals und dann die Anzahl der akademischen Abschlüsse, die dann wiederum das Reservoir für die ebenfalls expandierenden akademischen Berufe bildeten. Frauen profitierten hier am ehesten von der Ausweitung des Lehrpersonals, aber auch nur sehr langsam – in Deutschland zudem unter dem 1880 eingeführten Zwang, unverheiratet zu bleiben. Da sich vor allem in größeren Städten nicht nur die Bildungseinrichtungen, sondern auch das Umfeld für die akademischen Berufe am schnellsten entwickelte, wuchs hier die entsprechende Schicht auch am stärksten – und zwar in Osteuropa grundsätzlich nicht viel anders als in Westeuropa. So verdoppelten sich etwa auch in Lodz die Angehörigen der „Intelligenz" (in etwa dem Bildungsbürgertum entsprechend) in den Jahren zwischen 1870 und 1890. Zudem wuchs – auch das ein vornehmlich städtisches Phänomen – die staatliche Verwaltung überall. Auch dort, wo sich ihr Umfang zunächst noch sehr gering darstellte, war der Prozess der Bürokratisierung und damit des Ausbaus der Verwaltung unumkehrbar geworden.

Auch für die Schichten, die im Deutschen mit dem Begriff des Wirtschaftsbürgertums bezeichnet werden, bildete das letzte Drittel des 19. Jahrhunderts prinzipiell die Fortsetzung der mit der Industrialisierung verbundenen wirtschaftlich erfolgreichen Entwicklung. Die Zeit nach dem sogenannten „Gründerkrach" (1873) zeigte aber auch, dass die unterschiedlichen Branchen in unterschiedlicher Weise konjunkturellen Schwankungen unterworfen waren, die kleinere Unternehmer deutlich härter trafen als größere. Die Spanne zwischen Großindustriellen und Kleinstunternehmern, die sich nur knapp am Markt halten konnten, lässt sich allerdings ohnehin nur schwer einer Klasse zuordnen. So ist zwar für ganz Europa zu beobachten, dass die Mittelschichten grundsätzlich von vielen Entwicklungen der zweiten Hälfte des 19. Jahrhunderts profitierten. Zu einer auch nur halbwegs einheitlichen Klasse wurden sie damit gleichwohl kaum. Beobachten lässt sich durchaus die Herausbildung einer bürgerlichen Kultur: Gemeinsame Verkehrskreise, Vereine und kulturelle Veranstaltungen, bei denen man sich begegnete, ein über bestimmte Medien vermittelter gemeinsamer Geschmack und ähnliche Konsumgewohnheiten, die ihrerseits einen bestimmten Wohlstand voraussetzten, schufen eine Verbundenheit über die Verwendung und das Verständnis gemeinsamer kultureller Codes. Insbesondere ließ sich darüber eine gewisse Abgrenzung nach unten markieren. Der dadurch erzielte Zusammenhalt blieb jedoch äußerst fragil. Dies galt schon auf nationaler Ebene, erst recht aber in Bezug auf eine europäische Gesellschaft. Auch hier schuf zwar die Kultur, konkret etwa die Musik, die Literatur, die Kunst, aber auch die Mode, durchaus Verbindungen, die auf der einen Seite zumindest für diejenigen, die die entsprechenden finanziellen Mittel hatten, auch durch Reisen praktisch erlebbar wurden. Doch war es auf der anderen Seite gerade die Bildung, die Erfindung und Verherrlichung nationaler Bildungskanons und nationaler Mythen, die in den jeweiligen Bildungssystemen und Bürokratien massiv dazu beitrug, die europäischen Gesellschaften national zu versäulen. Dies galt zunächst für die Nationalstaaten und ihr Verständnis von nationaler Bildung, aber auch für die multinationalen Gesellschaften, in denen sich gerade nach 1870 das Bestreben nach Nationalisierung der unterschiedlichen Bevölkerungsgruppen deutlich verstärkte.

Herausbildung einer bürgerlichen Kultur

In Osteuropa, wo sich die Unterschiede zwischen Nationalitäten lange Zeit vergleichsweise mäßig manifestiert hatten, änderte sich das in der zweiten Hälfte des 19. Jahrhunderts. Die deutsche Reichsgründung spielte in diesem Kontext auch mit Blick auf Osteuropa eine nicht unerhebliche Rolle. Denn gerade in den Gebieten mit deutscher oder auch mit polnischer und russischer Bevölkerung verstärkte sich nach der Reichsgründung insbesondere im Bürgertum der jeweilige Nationalismus gegenseitig. War zuvor gerade das

Situation in Osteuropa

Wirtschaftsbürgertum polnischer und deutscher Herkunft eng miteinander verbunden gewesen, hoben nach 1870 beide Seiten zusehends ihre Nationalität hervor. Gerade auch in osteuropäischen Städten, die wie Riga und andere multiethnisch geprägt waren, verlief die bürgerliche Vergesellschaftung mehr und mehr entlang der Nationalitäten.

Mit dem Adel und den bürgerlichen bzw. den Mittelschichten ist die noch vergleichsweise schmale Schicht derer umfasst, die sich im Wesentlichen nicht von Handarbeit ernähren mussten. Zu diesen kamen mit den Angestellten neue Berufsgruppen hinzu, die einerseits einen gewissen sozialen Aufstieg ermöglichten und andererseits vor allem langfristig zunehmend Beschäftigungschancen für Frauen boten. Damit konnten sich die Angestellten auch vom „alten Mittelstand" abgrenzen, der sich vornehmlich aus Handwerkern und Kleinhändlern zusammensetzte und für die körperliche und nicht selten mit Schutz verbundene Arbeit weiter eine wichtige Rolle spielte. Demgegenüber konnten die Angestellten nach und nach eigene Konsumgewohnheiten und eine eigene Lebensweise herausbilden. Auch wenn der Anteil der Angestellten an der Zahl der Beschäftigten um 1870 herum auch in England, wo er am höchsten war, noch kaum 2 % überstieg, wuchs in der staatlichen und privaten Verwaltung, im Handel, in den Warenhäusern, in Banken und Versicherungen der Bedarf an Arbeitskräften beträchtlich. Männer waren hier zunächst noch deutlich in der Überzahl, doch wuchs der Anteil der weiblichen Angestellten vor allem seit den 1890er Jahren rasant. Anzutreffen waren sie vor allem dort, wo sich der tertiäre Sektor ausweitete, das heißt vor allem in den großen Städten, und tendenziell deutlich stärker im Westen und Norden als im Süden und Osten Europas.

Neuer Mittelstand

Die ganz überwiegende Mehrheit der Menschen in Europa lebte bis über das Ende des 19. Jahrhunderts von körperlicher Arbeit, wobei sich der Anteil derer, die in der Landwirtschaft tätig waren, zunehmend hin zu anderen Formen körperlicher Tätigkeit und Heimarbeit sowie in die Manufakturen und Industrien verlagerte. Für Europa insgesamt wird man wohl davon ausgehen können, dass in den 1870er Jahren noch gut die Hälfte der Menschen direkt von der Landwirtschaft lebten. In den verschiedenen Ländern und Regionen differierten die Zahlen jedoch erheblich. Im Osten und Südosten Europas, in Russland, den bulgarischen, rumänischen, serbischen Gebieten sowie Griechenland waren noch um die 80 % der

Handarbeitende Klassen

Bevölkerung primär in der Landwirtschaft tätig. Großbritannien dagegen, wo in der Zeit schon nur noch weniger als 20 % in der Landwirtschaft arbeiteten, lag am anderen Ende der Skala. Dazwischen reihten sich die anderen europäischen Länder ein: In den Niederlanden waren noch rund 35 %, in Deutschland oder der Schweiz knapp 45 %, in Frankreich knapp 50 %, in Italien und in Österreich-Ungarn noch über 60 % in der Landwirtschaft beschäftigt. Auch wenn Männer und Frauen hier nicht immer dieselben Arbeiten ausführten, waren beide prinzipiell in gleicher Weise in die landwirtschaftliche Tätigkeit eingebunden. Gleichsam im umgekehrten Verhältnis verhielt es sich mit den Beschäftigten in der Industrie. In Großbritannien waren bereits 1851 über die Hälfte der Beschäftigten in der Industrie tätig – eine Zahl, die bis zur Jahrhundertwende auch nur noch vergleichsweise wenig anstieg. Vor allem in Deutschland dagegen nahm die Zahl der industriell Beschäftigten in dieser Phase deutlich zu und überstieg in den 1880er Jahren die Schwelle von einem Drittel. Belgien lag leicht darüber, Frankreich und Italien ein Stück darunter, wobei am italienischen Beispiel die regionalen Unterschiede zwischen dem industrialisierten Norden und dem landwirtschaftlichen Süden besonders augenfällig sind.

Die Frage danach, wo die Lebensverhältnisse besser waren – in der Landwirtschaft oder in der Industrie –, lässt sich pauschal ebenso wenig beantworten, wie die Frage danach, in welchen Regionen Europas es sich für die handarbeitenden Klassen besser leben ließ. Grundsätzlich flohen viele Menschen vor elenden Bedingungen im Bereich der Landwirtschaft, um in den aufstrebenden Industriezweigen Arbeit zu finden. Doch ob es sich von der Arbeit in der Industrie besser leben ließ, hing von einer Vielzahl von Faktoren ab. Ohne besondere Ausbildung und in zum Teil miserablen Wohnverhältnissen war eine Verbesserung gegenüber der Landwirtschaft kaum gegeben. Spezialisierte Arbeiter dagegen konnten sich zumindest in der Phase des Lebenszyklus, in der sie körperlich am widerstandsfähigsten waren, eine halbwegs tragfähige Lebensgrundlage erarbeiten. Für Frauen boten sich eher Chancen in der Heimarbeit, aber – auch hier in einer bestimmten Lebensphase – in leicht zunehmendem Maße auch in der Industrie. Die Tabakindustrie spielte hier eine wichtige Rolle

Qualität der Lebensverhältnisse

Die Marx'sche Vorstellung, dass sich die Klassen, die sich durch die „objektiven" ökonomischen Veränderungen ihrer Lage herausbildeten, nun auch zu „Klassen für sich" entwickeln, ein gemeinsa-

Arbeiterbewegungen

mes Klassenbewusstsein herausbilden und schließlich gemeinsam handeln würden, übte einen nicht unerheblichen Einfluss darauf aus, dass sich die Arbeiterbewegungen in Europa zunehmend zu organisieren begannen. Die Arbeiterparteien und andere Arbeiterorganisationen trugen ihrerseits bedeutend dazu bei, dass sich unter einem Teil der Arbeiter:innen so etwas wie ein „Klassenbewusstsein" ausprägte. Doch selbst zu ihren späteren Hochzeiten banden die Organisationen der Arbeiterbewegung immer nur einen – sehr unterschiedlich großen – Anteil der Arbeiter und Arbeiterinnen an sich. Die Gesellschaftsschicht, für die das Konzept der Klassebildung durch die Arbeiterbewegung explizit zum politischen Ziel erhoben wurde, entwickelte sich so nur in begrenztem Ausmaß zu einer „sozialen Klasse" im Weber'schen Sinn. Die Idee der gemeinsamen Klassenlage mit gemeinsamen Erfahrungen und Interessen stieß angesichts der enormen Heterogenität der Arbeitsverhältnisse in vieler Hinsicht an Grenzen. Die Erfahrungen und Interessen von Industrie- und Landarbeiter:innen, von Arbeiter:innen in großen und kleinen Betrieben, in Heimarbeit, in kleinen handwerklichen und großen Industriebetrieben, die zudem noch in sehr unterschiedliche Macht- und Herrschaftsverhältnisse eingebunden waren, ließen die Idee einer gemeinsamen Arbeiterklasse für viele doch recht abstrakt erscheinen. Für die anderen gesellschaftlichen Großgruppen wie Adel, Bürgertum, Kleinbürgertum und Bauern galt nicht minder, dass die „sozialen Klassen" für ihre potenziellen Angehörigen nur begrenzt greifbar waren. Die innere Differenzierung blieb für alle gesellschaftlichen Gruppen groß, die Übergänge in vieler Hinsicht fließend. Doch gerade im Übergang zur Hochmoderne ordneten sich in allen Schichten Vorstellungen vom ökonomischen und vom kulturellen Platz in der Gesellschaft neu. Die Auseinandersetzung mit sozialer Ungleichheit als einem politischen und gesellschaftlichen Handlungsfeld war unhintergehbar geworden. Die Auseinandersetzung der Gesellschaften mit sich selbst, mit ihrem Charakter als Klassengesellschaften und die Verbindung mit der Frage nach politischen Forderungen, die aus bestimmten Diagnosen abzuleiten sind, avancierte seither in ganz Europa zu zentralen Elementen gesellschaftlicher und politischer Diskurse.

Innere Differenzierung der gesellschaftlichen Gruppen

3.5 Soziale Frage und Sozialstaat

Die Bismarck'sche Sozialgesetzgebung der 1880er Jahre gilt in vielerlei Hinsicht als Grundsteinlegung für den modernen Sozialstaat. So wichtig die Einführung der obligatorischen Versicherungen zur Absicherung gegen Krankheit (1883), Unfälle (1884) sowie Invalidität und Alter (1889) auch waren, standen sie nicht für sich, sondern waren in europaweit geführte Debatten und Maßnahmen eingebettet, die auf die neuen, durch die Industrialisierung entstandenen Armutsrisiken reagierten. Schon lange vor der Industrialisierung sind insbesondere auf der Ebene der Gemeinden Maßnahmen ergriffen worden, um das Los von Armen zumindest ansatzweise zu mildern. Die Industrialisierung veränderte die Arbeitswelt aber so, dass einerseits ein neuer, potenziell hoher Bedarf an Arbeitskräften entstand, andererseits weite Teile der arbeitsfähigen Bevölkerung in neuer Form von Armut bedroht waren. Zudem hatte die Französische Revolution erstmals das enorme politische Potenzial der Sozialen Frage deutlich werden lassen. Die unteren, von Armut betroffenen Schichten waren seitdem nicht mehr nur Objekte einer auf mehr oder weniger Fürsorge ausgerichteten Politik, sondern sie traten als politische Subjekte mit eigenen Handlungsoptionen und Organisationsformen zunehmend in Erscheinung.

Soziale Frage als Herausforderung

Bei der Herausbildung und Fortentwicklung der politischen Gruppierungen und Richtungen spielte die Soziale Frage im Laufe des 19. Jahrhunderts eine wachsende Rolle: In der Auseinandersetzung zwischen Konservativen und Liberalen, aber auch innerhalb der beiden politischen Lager nahm die Frage, ob und in welchem Maße der Staat Armut und Armutsrisiken abfedern sollte, einen zentralen Platz ein. Die Herausforderung der revolutionären Umgestaltung, wie sie Marx und Engels im Kommunistischen Manifest als radikale Lösung noch einmal dezidiert formuliert hatten, war dabei permanent präsent. Innerhalb aller politischen Richtungen, aber auch im Staatsapparat und in den Kirchen und schließlich in der Zivilgesellschaft insgesamt bildeten sich Experten heraus, die um die Frage der sozialen Reformierbarkeit des Staates rangen.

In den beiden Jahrzehnten zwischen 1870 und 1890 verdichteten sich die Debatten sowohl in den betroffenen Staaten als auch verstärkt auf der transnationalen Ebene so weit, dass es immer schwieriger wurde, sich den Forderungen nach aktivem sozialpolitischem Handeln zu entziehen. Das bedeutete auch, dass sich die Un-

Staatliche Sozialpolitik

terstützungsarchitektur für Bedürftige nach und nach grundlegend veränderte. Waren die Bedürftigen lange Zeit von Almosen und damit von privater und von kirchlich organisierter Unterstützung abhängig, begann sich nun ein System zu etablieren, das einen Rechtsanspruch auf finanzielle Unterstützung in klar definierten Notlagen schuf. Eine auf Spenden basierende Armenfürsorge verschwand dadurch nicht und blieb in vielen Teilen Europas noch lange vorherrschend. Doch sehr langsam begann sich daneben eine staatliche Sozialpolitik zu etablieren, die zumindest partiell versuchte, das Armutsrisiko zu vermindern.

Internationale Arbeiterschutzkonferenz

Die 1890 in Berlin tagende Internationale Arbeiterschutzkonferenz war zugleich Ausdruck wie Motor dieser Entwicklung. Die sozialpolitischen Experten waren längst international vernetzt, beobachteten die Entwicklungen in den einzelnen Ländern und speisten die gewonnen Erfahrungen und Argumente in eigene Reformforderungen und deren Implementierungen ein. Der Berliner Kongress diente so einerseits dem Erfahrungsaustausch, befeuerte aber auch die internationale Konkurrenz. Bei allem gegenseitigen Austausch ging es immer auch darum, eigene nationale Wege zu suchen, die den eingeschlagenen, sozialpolitischen Pfad prägen und bestimmen sollten. Vor allem aber zeigte der Kongress, dass unter

Sozialpolitisches Handeln als zentrales Politikfeld

den Bedingungen der fortschreitenden Industrialisierung sozialpolitisches Handeln unumkehrbar zu einem zentralen Politikfeld der Hochmoderne geworden war.

Arbeiterschutz

Die Frage, inwieweit der Staat in diesem Politikfeld tätig werden sollte, gehörte von Beginn an zu den maßgeblichen Diskussionspunkten der Debatte. England spielte hier in doppelter Hinsicht eine Vorreiterrolle, so dass am englischen Beispiel die Entwicklung bis zu den 1870er Jahren kurz nachgezeichnet werden soll: Mit dem „Moral and Health Act" von 1802 begann die Geschichte der Arbeiterschutzgesetzgebung insgesamt – die Arbeitszeit von Kindern wurde auf zwölf Stunden begrenzt –, und der Staat ergriff damit prinzipiell eine die Arbeitsbedingungen regulierende Rolle, die auch international die Standards für den Arbeiterschutz setzte. Doch zugleich machten Liberale deutlich, dass sie keinesfalls grundsätzlich die Tür für den sozialpolitischen Interventionsstaat zu öffnen bereit waren. Edwin Chadwick, der die zentralen sozialpolitischen Maßnahmen der ersten Jahrhunderthälfte, den „Factory Act" von 1833 und den „Poor Law Amendment Act" von 1834, maßgeblich mitbestimmt hatte, definierte mit den Gesetzen und seiner begleitenden Argumentation die lange Zeit vorherrschenden Leitlinien der Sozialpolitik. Diese, so Chadwick im Einklang mit den meisten Liberalen dieser Zeit, durfte keine, in seinen Augen falschen Anreize setzen, die die arbeitsfähige Bevölkerung möglicherweise dazu gebracht hätte, sich eher für die Armenunterstützung als für die Arbeit zu entscheiden. Das Ziel dieser so verstandenen Sozialpolitik sollte sein, die individuelle Selbstständigkeit zu befördern. Unterstützung für Arme, so der Inhalt des „Poor Law Amendment Act" von 1834, sollte es nur noch bei gleichzeitiger Kontrolle – möglichst im Armenhaus – geben. Den Armen sollte so zu der Erkenntnis verholfen werden, dass Arbeit in jedem Fall eher die Chance zu einem selbstständigen Leben eröffnete als der Bezug einer äußerst kümmerlichen Armutsunterstützung, die immerhin fast 9 % der britischen Bevölkerung erhielten.

Förderung der individuellen Selbstständigkeit

Anders als die radikalen Manchester-Liberalen sah Chadwick jedoch im Arbeiterschutz sehr wohl eine staatliche Aufgabe. Im Gegensatz zu den Sozialkonservativen, die den Schutz von Kindern zudem als moralische Aufgabe ansahen, argumentierte Chadwick hier utilitaristisch: Eine zu frühe Ausbeutung würde Arbeitskraft der Kinder auf lange Sicht beeinträchtigen und die Fabrikbesitzer letztlich schädigen. Im Ergebnis kamen Chadwick und die Sozialkonservativen allerdings zu demselben Schluss, dass nämlich der Staat hinsichtlich der Arbeitszeit insbesondere von Kindern regelnd eingreifen und diese Regeln auch durch Fabrikinspektoren überwachen müsste.

Schutz von Kindern

Mit diesen Maßnahmen war allerdings nur ein kleiner Teil der sozialen Fragen in Angriff genommen worden. Die zum Teil dramatischen sozialen Zustände, die die britische Industrialisierung darüber hinaus begleiteten, wurden auf diese Weise nicht beseitigt. Das sahen nicht nur die Betroffenen selbst, sondern zunehmend auch bürgerliche Reformer und Reformerinnen. Diese knüpften in Teilen an die Tradition der kirchlichen Armenfürsorge an und bemühten sich, diese nun stärker zivilgesellschaftlich zu organisieren. 1869 wurde die *Charity Organisation Society* gegründet, die sich selbst weniger politisch als philanthropisch verstand und durchaus im Einklang mit den Grundprinzipien der liberalen Gesellschaft die sozialen Fragen und die Abmilderung von Armut als eine Aufgabe der zivilgesellschaftlichen Selbstorganisation definierte. Ebenfalls als Ausdruck zivilgesellschaftlicher Selbstorganisation lassen sich all jene Organisationen verstehen, die sich in Form von Solidarge-

Armenfürsorge und erste Hilfskassen

meinschaften zusammenfanden, um mit der Einzahlung in Hilfskassen die Möglichkeit zu schaffen, insbesondere durch Arbeitsunfälle in Not geratene Mitglieder zu unterstützen. Diese „friendly societies" waren somit frühe Formen von Versicherungen, die zwar für eine gewisse Absicherung sorgten, aber häufig nur über vergleichsweise geringe finanzielle Mittel verfügten. Die Gründung dieser Unterstützungskassen können zwar als zivilgesellschaftliche Antwort auf die durch den „Poor Law Amendment Act" von 1834 bestimmte Politik gegenüber den Unterschichten gelten, doch konnte darin nur eine Teilantwort bestehen. Sowohl in die gewerkschaftlichen Kassen als auch in die „friendly societies" konnten im Wesentlichen nur die männlichen, besser gestellten Facharbeiter einzahlen und entsprechend von den Leistungen profitieren. Wer noch weniger verdiente – dies waren nicht zuletzt Frauen – konnte es sich nicht leisten, in die Kassen einzuzahlen und hatte somit auch keine Chance, weitere Risiken abzumildern. Ohnehin wurde „der Arme" im Zuge der Industrialisierung nicht mehr als mittelloses Individuum angesehen, sondern, wie Sandrine Kott schreibt, „als erwerbsloser Arbeiter, der seinen Lebensunterhalt nur vorrübergehend nicht selbst bestreiten konnte" [3.5: Kott, 27]. Die Grundlage der europäischen Sozialgesetze insgesamt beruhte im Wesentlichen auf dem Modell des alleinverdienenden Mannes, dessen wichtigsten Risiken im besten Fall abgesichert werden sollten. Schutz für Frauen entstand dagegen zunächst dort, wo gesundheitliche Risiken insbesondere mit Blick auf die (künftige) Mutterschaft abgemildert werden sollten.

Debatten um die Rolle des Staates und die Eigenverantwortung

In England hatte sich damit um 1870 ein System etabliert, in dem der Staat zwar insbesondere im Arbeitsschutz eine gewisse regulierende Rolle spielte, ansonsten aber die Soziale Frage im Wesentlichen der Gesellschaft überließ. Für viele Liberale in Europa war dieses Modell durchaus attraktiv und so argumentierten sie vielerorts ähnlich und sahen das Problem des Armutsrisikos als eines an, das im Grundsatz von jedem selber zu lösen war. Der Aufbau von Kassen, die nach dem Prinzip der Eigenverantwortung funktionierten, spielte dabei für viele Sozialliberale eine zentrale Rolle. Die dann nur noch am Rande vorkommende akute Not, so die Vorstellung, sollte durch das Engagement von caritativen Einrichtungen und philanthropischen Gesellschaften aufgefangen werden.

Armenfürsorge

Das tatsächliche Ausmaß der Not auch derer, die sehr wohl arbeiteten, wurde aus dieser Perspektive weitestgehend ausgeblendet. Dabei zeigte sich allerdings die öffentliche Armenfürsorge in den meisten europäischen Ländern und Regionen – so überhaupt vorhanden – noch deutlich rudimentärer als in England. Abgesehen von England existierte insbesondere noch in Preußen und in Sachsen eine nennenswerte öffentliche Armenfürsorge. In Frankreich waren 1796 sogenannte „bureaux de bienfaisances" gegründet worden, die zum Teil die Armenfürsorge auffangen sollten, die von der Kirche nicht mehr geleistet wurde, nachdem sie durch die Revolution in ihrer Finanzkraft massiv eingeschränkt worden war. Von rund 25 000 wohltätigen Einrichtungen, die die Kirche im Ancien Régime unterhalten hatten, war nach der Revolution nur ein Bruchteil übriggeblieben. Die „bureaux de bienfaisances" wurden allerdings nicht vom Staat oder den Gemeinden, sondern von Notablen finanziert und kontrolliert. Auch deren Engagement hielt sich jedoch in engen Grenzen: Nur in rund einem Viertel der Gemeinden existierten in den 1830 und 1840er Jahren derartige „bureaux" und auch davon profitierten nur wenige und nur in geringem Ausmaß.

Um 1870 gab es in den meisten europäischen Regionen, in denen die Industrialisierung neue Formen der industriellen Arbeit hervorgebracht hatte, Kassen, die in unterschiedlicher Form, aber auf nur niedrigem Niveau auf dem Prinzip der gegenseitigen Unterstützung beruhten: „Mutuelles" hießen sie in Frankreich oder entsprechend etwa in Spanien, Italien oder Portugal. Als 1861 das Königreich Italien entstand, dominierten im Bereich der Armenfürsorge noch die sogenannten „opere pie", die zwar privat organisiert waren, aber in enger Verbindung mit den Kirchen standen. Daneben etablierten sich, ausgehend von den sich industrialisierenden Gebieten im Norden Arbeiterhilfskassen, die nach und nach auch in die Gebiete Mittel- und Süditaliens vordrangen. Vergleichbares galt auch für Spanien oder Portugal: Auch hier war die mit der Kirche verbundene Armenfürsorge lange vergleichsweise aktiv, ohne jedoch auf die neuen Anforderungen der sozialen Veränderungen im Zuge der beginnenden Industrialisierung einzugehen. Auch hier etablierten sich – wie in vielen anderen Ländern – erste Hilfskassen.

Unterstützungskassen

In den deutschen Staaten begann sich im Zuge der Industrialisierung bereits seit dem Vormärz ein System von Unterstützungskassen herauszubilden. Stärker als in den meisten anderen europäischen Ländern waren von Beginn an der Staat und die Gemeinden in diesen Prozess involviert. Im Rahmen der 1808 eingeführten städtischen Selbstverwaltung konnten die Gemeinden die Entscheidung für einen Versicherungszwang treffen. 1849 ermächtigte Preußen die Gemeinden gesetzlich dazu, von den Unternehmern ein Drittel der Versicherungsbeiträge einzufordern. In den Gemeinden mit hoher Industrialisierung und entsprechend vielen Fabrikarbeitern wehrten sich aber die von den Unternehmern beherrschten Gemeinderäte gegen derartige Maßnahmen und nur ganz vereinzelt wurden solche Zwangsbeiträge von den Arbeitgebern beschlossen. Da schnell deutlich wurde, dass die für Krankheit und Unfälle vorgesehenen Hilfskassen nur dann einen gewissen Schutz bieten konnten, wenn nicht nur die Zahl der Mitglieder möglichst hoch war, sondern die Kassen auch zusätzlich alimentiert wurden, griff insbesondere der preußische Staat, aber auch einige süddeutschen Länder bis in die 1870er Jahre immer wieder reglementierend ein, um die Lage der Kassen zu verbessern. Nicht zuletzt wurde damit die Gründung gewerkschaftlicher Kassen in den 1860er Jahren ermöglicht. Die Prinzipien von Eigenverantwortung und gesellschaftlicher Selbstorganisation auf der einen und der Ansatz der staatlichen Eingriffe auf der anderen Seite verband somit sozialliberale und sozialkonservative Ideenstränge, die allerdings vom Ergebnis her noch weit davon entfernt waren, eine tragfähige soziale Absicherung für die Unterschichten zu schaffen. Gleichwohl war auf diese Weise in Preußen die Entwicklung so weit gediehen, dass bereits 1873 rund die Hälfte derer, für die 1883 gesetzlich der Krankenversicherungszwang eingeführt wurde, Mitglied in einer Krankenkasse war. Nur 10 % der Mitglieder der freien Krankenkassen waren allerdings Frauen. Mit dem Argument, dass sie durch Schwangerschaften und Geburten, aber auch durch einen unterstellten höheren Medikamentenverbrauch höhere Kosten verursachten, versuchten die Kassen, Frauen möglichst nur in geringer Zahl aufzunehmen.

Die Bismarck'sche Sozialgesetzgebung baute somit auf einer längeren Entwicklung eines relativ breiten, aber nur sehr begrenzt tragfähigen Netzes aus Hilfskassen auf, stellte dann aber eine grundlegende Innovation im europäischen Kontext dar. Auch ohne sie einem „Sonderweg" zuzuweisen, lässt sich feststellen, dass sie auf einer sehr spezifischen Konstellation beruhte. Hier flossen die unterschiedlichen Denktraditionen im Umgang mit der Sozialen Frage ein, die dann weniger zu einem Kompromiss als einem neuen, zukunftsweisenden Modell führten. Das Eintreten dafür, dass der Staat im Umgang mit der Sozialen Frage eine zentrale Rolle spielen müsse, hat in der deutschen Debatte seit den Anfängen der Industrialisierung stets eine besondere Rolle gespielt. Die frühen sozialdemokratischen Forderungen nach einer grundlegenden Revolutionierung des Staates und der sozialen Verhältnisse hatten dabei für sich zwar kaum Chancen auf Erfolg. Wie aber schon die Französische Revolution gezeigt hatte, verschafften sie den Unterschichten und insbesondere der Arbeiterschaft eigene Handlungsmöglichkeiten und eine Stimme in der Debatte um die Soziale Frage. Revolutionsvermeidung war sicher auch ein Motiv für Staatsrechtler und Gesellschaftsdiagnostiker Lorenz von Stein und sein Plädoyer für ein „soziales Königtum". Doch reagierte sein Konzept nicht nur rein defensiv auf eine etwaige revolutionäre Gefahr, sondern verfolgte auch zukunftsorientiert das Ziel einer sozial befriedeten Gesellschaft. Er beeinflusste damit sowohl die Konservativen als auch die im „Verein für Socialpolitik" versammelten Experten sowie den Sozialkatholizismus. Als das Gewicht der Liberalen nach 1878 im Zuge der „konservativen Wende" in Deutschland schwand und Bismarck dem Sozialistengesetz im Kampf gegen die Sozialdemokratie ein positives Gegengewicht an die Seite stellen wollte, gewannen die sozialkonservativen, staatszentrierten Vorstellungen gegenüber den liberalen Forderungen nach einer möglichst zurückgedrängten Rolle des Staates die Überhand. Mit der Kranken- und Unfallversicherung aus den Jahren 1883 und 1884 wurden die beiden wichtigsten Risiken abgefedert, die im bestehenden Arbeitsleben unmittelbar zu Verarmung führen konnten. Mit der Alters- und Invalidenversicherung von 1889 wurde darüber noch deutlich hinausgegangen, da sie auch eine Absicherung für die Zeit nach dem Arbeitsleben einleitete. Dabei war die Invalidenversicherung zunächst von größerer Bedeutung als die Altersversicherung, von der zunächst nur sehr wenige und auch nur in geringem Ausmaß profitieren konnten. Von Invalidität waren nicht wenige betroffen und hier half die Versicherung durchaus spürbar. Insgesamt aber stieß die sozialstaatliche Entwicklung mit der Einführung dieser Versicherungen in eine neue Dimension vor, die für die europäischen Sozialsysteme schnell wegweisend wurde.

Sozialstaatliche Revolution

Grundsätzlich war auch in anderen europäischen Ländern zuvor bereits über die Rolle des Staates in Bezug auf die Soziale Frage diskutiert, zum Teil ein größeres Engagement gefordert, dieses aber auch zurückgewiesen worden. Am wenigsten strittig war der Be-

Arbeitsschutzreformen

reich des Arbeiterschutzes. Dies hatte sich schon in England gezeigt, wo dieser nach den rudimentären Anfängen nach und nach ausgebaut wurde, bis 1878 die zersplitterten Gesetze zusammengefasst und der Arbeitsschutz insgesamt noch einmal verbessert wurde. Die Unternehmer wurden verpflichtet, die Belegschaft vor Unfällen zu schützen, die Wochenarbeitszeit lag seit 1874 bei maximal 56 ½ Stunden für Männer, die Arbeitszeiten für Kinder, Jugendliche und Frauen wurden eingeschränkt, die Zeit der täglichen Arbeitspausen lag bei zwei Stunden. In vielen Punkten, wenn auch keineswegs in allen – die Arbeit für unter zwölfjährige Kinder wurde erst 1901 und damit auch im europäischen Vergleich spät abgeschafft – hatte England hier europaweit die Standards gesetzt und überall dort, wohin die Industrialisierung vordrang, wurden nach und nach auch Regelungen zum Arbeitsschutz erlassen. Im Einzelnen fielen die sehr unterschiedlich aus. Vergleichsweise ausgeprägt war der Arbeiterschutz in der Schweiz. 1877 wurde für Kinder unter 14 Jahren die Fabrikarbeit verboten und einzigartig zu diesem Zeitpunkt: Frauen durften nach der Geburt eines Kindes mindestens sechs Wochen keine Fabrikarbeit leisten. Insgesamt war es Wöchnerinnen acht Wochen um die Geburt herum untersagt zu arbeiten. Als Ergebnis von Enqueten aus den Jahren 1874 und 1875 wurde auch in Deutschland der Arbeiterschutz 1878 in einer Reihe von Punkten insofern ausgebaut, als insbesondere die Überwachungsmöglichkeiten für die Schutzbestimmungen verbessert und erstmals auch ein gewisser Schutz für Wöchnerinnen festgeschrieben wurden.

Arbeitsschutz für Kinder und Jugendliche

Sei es in Spanien oder Italien, in den Niederlanden, Belgien, oder Österreich-Ungarn und ebenso in Dänemark, Schweden und Norwegen: Überall wurden in dieser Phase Arbeiterschutzbestimmungen erlassen, die alle, wenn auch unterschiedlich weitreichende, Bestimmungen insbesondere zum Schutz von Kindern und Jugendlichen enthielten. Auch das Zarenreich brauchte sich, wie Manfred HILDERMEIER hervorhebt, in Bezug auf den reinen Arbeiterschutz „nicht hinter Westeuropa zu verstecken" [1.2: HILDERMEIER, 1198]. 1882 wurde zunächst die Fabrikarbeit für Kinder unter zwölf Jahren untersagt und für 12- bis 15-jährige die tägliche Arbeitszeit auf acht Stunden begrenzt. 1885 folgte ein Nachtarbeitsverbot für Frauen und Jugendliche unter 17 Jahren. Nur ein Jahr später wurden auch die staatlichen Kontrollmöglichkeiten sowohl durch mögliche Sanktionen als auch durch eine Aufstockung des Personals deutlich erweitert, um die Einhaltung der Schutzbestimmungen durchsetzen zu können. Da sowohl von staatlicher als auch von unternehmerischer Seite letztlich Konsens darüber herrschte, dass es langfristig kontraproduktiv war, die Arbeitskraft von Kindern und Jugendlichen so auszubeuten, dass sie schon bald nicht mehr oder frühzeitig nur noch eingeschränkt arbeiten konnten, war staatliches Eingreifen in diesem Bereich vergleichsweise unproblematisch. Dort, wo es um die Absicherung von Armutsrisiken ging, waren staatliche Interventionen wesentlich umstrittener.

In Frankreich etwa hatte der Staat des Zweiten Kaiserreichs bereits verschiedene Maßnahmen ergriffen, um die Einrichtung von Hilfskassen zu unterstützen, diese Unterstützung aber auch dazu genutzt, die Kassen und die sich hier engagierende Arbeiterschaft zu kontrollieren. Nach dem Ende des Kaiserreichs im Jahr 1870 wurde dieser Eingriff des autoritären Staates in das System der Hilfskassen nun von den liberalen Republikanern als Argument verwendet, um den Staat aus der Organisierung der „mutuelles" weitestgehend herauszuhalten. Die Einführung der Pflichtversicherungen durch Bismarck verstärkte diese Haltung noch einmal: Sie diente als Beleg für den autoritären Charakter eines vom Staat oktroyierten Sozialversicherungssystems. Die mit der Frage eines effizienten Versicherungsschutzes betrauten Experten kamen aber kaum umhin, sich auch mehr und mehr mit der Rolle des Staates zu befassen. Die in Italien 1883 eingeführte Unfallversicherung, die auf dem freiwilligen Beitritt der Unternehmer beruhte, erwies sich schnell als weitgehend wirkungslos, da im Zweifel vor Gericht die Verantwortung der Arbeitgeber verhandelt werden musste. Entsprechend drängten immer mehr Experten auf die Einführung einer staatlich geregelten Versicherungspflicht mit klaren Verantwortlichkeiten. In Spanien veranlasste die liberale Regierung von 1884 eine Untersuchung über die soziale Situation, durch die nicht zuletzt offenbar wurde, zu welch dramatischen sozialen Lagen gerade Arbeitsunfälle und Invalidität führten. Zwar existierte auch in Spanien ein System von Hilfskassen. Diese wurden aber zumeist nur durch die mageren Beiträge der überschaubaren Zahl von Mitgliedern alimentiert. Die Kommission wies ausdrücklich darauf hin, dass diese Kassen völlig außer Stande seien, die anfallenden Armutsrisiken zu tragen, und die Arbeiter entsprechend dringend auf Wohltätigkeit angewiesen seien.

Wachsender Druck auf den Staat

So sah es in den anderen europäischen Länder aus: In Österreich setzte explizit mit Blick auf die deutsche Sozialgesetzgebung

Österreich, Schweden, Schweiz

eine intensive Debatte über notwendige Maßnahmen ein. In Schweden wurde 1884 eine Kommission eingesetzt, die eine Unfall- und Altersversicherung für Industriearbeiter einrichten sollte. Da es sich aber schnell als weitgehend unmöglich erwies, Industriearbeiter klar von anderen zu unterscheiden, schlug die Kommission schließlich eine allgemeine Versicherungspflicht mit einheitlichen Beiträgen und Leistungen vor – ein System, das später auch in Großbritannien verwirklicht wurde. In der Schweiz zog die Bundesregierung die Kompetenz für die Arbeiterschutzgesetzgebung 1874 an sich – zuvor war dies Sache der Kantone gewesen. Auch hier setzte die Debatte um die Einführung einer Alters- und Invalidenversicherung in den 1880er Jahren ein. Zu einer entsprechenden Gesetzgebung kam es jedoch erst zu Beginn des 20. Jahrhunderts.

Unterschiedliche Lösungen

Die Lösungen, die in den verschiedenen europäischen Ländern für die Absicherung von Armutsrisiken in den Fällen von Unfällen, Krankheit, Invalidität und Alter gefunden wurden, fielen im Einzelnen durchaus unterschiedlich aus. Dabei gab es enge transnationale Verbindungen und entsprechenden Austausch, immer wieder auch gepaart mit dem Bestreben, eigene Wege zu gehen. In Frankreich entschied man sich Anfang der 1890er Jahre für das Modell der „republikanischen Sozialhilfe", die das System der „mutuelles" flankierte und alle französischen Bürger und Bürgerinnen einschloss. Die Abgrenzung von Deutschland wurde dabei offensiv und selbstbewusst vertreten. Trotz derartiger Unterschiede war aber überall deutlich geworden, dass ohne das Eingreifen des Staates kaum ein auch nur annähernd wirkungsvoller Versicherungsschutz aufgebaut werden konnte. Auch wenn es in einigen Ländern bis über die Jahrhundertwende hinaus dauerte, bis sich halbwegs tragfähige Versicherungssysteme etablierten, waren die 1880er Jahre das entscheidende Jahrzehnt. Es zeigte sich allerdings auch, dass selbst ein relativ gutes Versicherungssystem weit davon entfernt war, Armut und soziales Elend wirklich auffangen zu können. Daher war bei den entstehenden Arbeiterbewegungen die Haltung dazu auch ambivalent: Sie sahen die Verbesserungen und forderten zum Teil weitere ein. Grundsätzlich aber hielten sie an ihrem Standpunkt fest, dass es nicht nur um eine sozialpolitische Abmilderung, sondern um eine grundlegende Beseitigung von Elend gehen müsse.

Staatliches Eingreifen als Notwendigkeit

4 Koloniale Expansion und transnationale Verschränkungen

4.1 Europas Neuordnung nach 1870/71

Die Jahre 1870/71 bildeten in vielfacher Hinsicht eine tiefe Zäsur für das System der internationalen Beziehungen. Dabei spielte nicht nur die Veränderung des europäischen Machtgefüges infolge der Gründung des Deutschen Reiches eine zentrale Rolle. Vielmehr unterlag das Konzept der Außenpolitik insgesamt einer grundlegenden Neubestimmung. Glaubten die Akteure des Wiener Kongresses 1815 noch, Faktoren wie die Französische Revolution oder die aufkeimenden Nationalbewegungen als Randerscheinungen im Geflecht der außenpolitischen Beziehungen ansehen zu können, so veränderten sich die politischen und gesellschaftlichen Verhältnisse in den Folgejahren bis 1870 doch so grundlegend, dass sich Diplomatie und Außenpolitik nicht mehr als weitgehend autonomes System darstellten. Die Stabilität der 1815 geschaffenen Ordnung beruhte nicht zuletzt darauf, dass Frankreich wieder in den Kreis der Großmächte aufgenommen und keiner „Bestrafung" für Napoleons Versuche, Europa unter seine Herrschaft zu bringen, unterzogen wurde. Die Stabilität wurde aber auch dadurch erreicht, dass Forderungen nach demokratischer und nationaler Selbstbestimmung weitestgehend unterdrückt wurden. Mit der 48er Revolution brach das System des Wiener Kongresses zusammen und erfuhr auch anschließend keine Wiederbelebung. An die Stelle eines auf der Übereinkunft der Monarchen beruhenden, in sich möglichst stabilen Systems trat zunehmend eine Politik, die unter dem Primat des für jeden Staat machttechnisch Möglichen stand. Auf diese Weise verwischte nicht nur die Grenze zwischen Außen- und Innenpolitik, sondern auch zwischen der traditionellen, auf Europa konzentrierten Außenpolitik und der neuen, auf außereuropäische Expansion ausgelegten Kolonialpolitik. Hinzu kam, dass außenpolitische Fragen mit dem Aufstieg der Presse Teil öffentlich geführter Debatten wurden. Der Adressat der öffentlichen Inszenierung von außenpolitischen Auftritten richtete sich damit mehr und mehr nach innen, wurde aber zugleich außenpolitisch wahrgenommen und entsprechend bewertet.

Außenpolitische Neuausrichtungen

Außereuropäische Expansionspolitik

Sollbruchstellen im Sicherheitssystem

Nach einer Phase der „Anarchie im Staatensystem", wie etwa Johannes PAULMANN die Zeit zwischen 1848 und 1870 beschrieben hat, trat mit der deutschen Reichsgründung in dem Sinne eine gewisse Phase der Beruhigung ein. In dieser Zeit kam es zwar zu keinem, dem Wiener Kongress nahekommenden Versuch der Schaffung eines stabilen Gesamtsystems, wohl aber wurde angestrebt, über bi- und trilaterale Vertragswerke ein Geflecht gegenseitiger Sicherheiten zu schaffen. Auch wenn dieses Ziel in gewissen Grenzen erreicht wurde, wies das neue System von Beginn an zwei Sollbruchstellen auf: Die eine bildete das Verhältnis zwischen Deutschland und Frankreich und die andere die Situation in Südosteuropa, wo mit dem Osmanischen Reich, dem Zarenreich und dem Habsburgerreich drei Imperien um Einfluss und Zugriff auf Gebiete rangen, in denen große Teile der Bevölkerung ihrerseits nach eigenen Nationalstaaten strebte.

Verknüpfung von Innenpolitik und Kriegsvorbereitungen

Der deutsch-französische Krieg von 1870/71 und seine Vorbereitung wiesen bereits genau jene Merkmale auf, die für die neue Phase der Außenpolitik insgesamt gelten sollten: Sowohl für die preußisch-deutsche wie auch für die französische Seite waren die Kriegsüberlegungen aufs engste mit innenpolitischen Absichten verknüpft: Bismarck konnte seine machtpolitische Intention, einen preußisch dominierten deutschen Nationalstaat mit entsprechendem internationalen Gewicht zu schaffen, mit den Zielen der liberal geprägten Nationalbewegung auf äußerst erfolgreiche Weise verbinden.

Konfliktherd Deutschland und Frankreich

In der Überzeugung, die süddeutschen Staaten nur durch einen Krieg gegen Frankreich für die Reichseinigung gewinnen zu können, bereitete Bismarck den Krieg nicht nur militärisch, sondern auch propagandistisch mit großer Systematik vor. Die von Bismarck so gekürzte und redigierte „Emser Depesche", dass sie als scheinbare Weigerung Napoleons III., den deutschen Botschafter zu empfangen, und damit als diplomatischer Affront erschien, ließ den französischen Kaiser in der europäischen Öffentlichkeit als Schuldigen für die Eskalation erscheinen. Inwieweit Napoleon III. seinerseits Interesse an einem Krieg hatte, ist weniger klar. Auch in Frankreich gab es Stimmen, die in einem erfolgreichen Krieg die Chance sahen, das unter Druck stehende Regime zu festigen. Der verlorene Krieg führte nun zum Gegenteil: Der Abdankung Napoleons III., der nicht nur auf dem Schlachtfeld, sondern auch in der medialen Auseinandersetzung eine klare Niederlage erlitten hatte.

4 Koloniale Expansion und transnationale Verschränkungen — 125

Als ebenso bezeichnend wie folgenreich erwies sich die Verzahnung von Innen- und Außenpolitik im Fall der Annexion Elsass-Lothringens. Die Vorstellung, dass ein gewonnener Krieg unmittelbar zu Gebietsabtretungen des jeweils anderen Landes führen würde, war in Deutschland genauso verbreitet wie in Frankreich: So wie in der deutschen Presse die Forderung nach der „Rückholung" Elsass-Lothringens im Fall des Sieges im Laufe des Krieges immer lauter wurde, gingen auch in der französischen Öffentlichkeit nicht Wenige davon aus, nach einem Sieg ganz selbstverständlich Ansprüche auf die linksrheinischen Gebiete zu haben, mit denen Frankreich dann die „natürliche Grenze" des Rheins „zurückbekäme". Auf beiden Seiten bestimmte der Nationalismus auch die Frage der nach außen gerichteten Machtpolitik. In dem berühmten Briefwechsel, den die beiden angesehenen Gelehrten Ernest Renan und David Friedrich Strauß 1870 miteinander führten, prallten jedoch weniger zwei Nationalismen als zwei grundsätzliche Positionen zu Fragen nationalistischer Machtpolitik und europäischer Friedensordnung aufeinander. Dem von Strauß damit begründeten Anspruch auf das Elsass, dass dies kulturell „deutsch" sei, hielt Renan weitsichtig entgegen: Wenn man auf diese Weise anfinge, „über die Ethnographie jedes Gaus zu räsonniren (sic), so öffnet man endlosen Kriegen Thür und Thor (sic)". Gebiete mit französisch sprechender Bevölkerung seien nicht Teil Frankreichs, während umgekehrt slawische Gebiete zu Deutschland gehörten. Diese „Unregelmäßigkeiten" seien „der Civilisation sehr förderlich", so Renan. Da nun offenbar kein Friede zwischen Deutschland und Frankreich direkt geschlossen werden könne, müsse Europa, das den Krieg ohnehin missbilligt habe, dafür Sorge tragen, „dass kein Glied der europäischen Familie allzu sehr geschwächt werde."[12] Als Garantie für den Frieden, die Strauß zurecht anmahne, forderte Renan eine europäische Übereinkunft über die Unverrückbarkeit der bestehenden Grenzen. Allein eine solche Übereinkunft könne verhindern, dass sich Europa in endlosen Kriegen zerfleische. Den Verzicht auf eine Annexion von Elsass-Lothringen sah er damit auch im wohlverstandenen deutschen Interesse.

Eine derartige Übereinkunft über die Unverletzlichkeit der bestehenden Grenzen sollte in der zweiten Hälfte des 20. Jahrhunderts

Gebietsansprüche und -rückeroberungen

Unverletzlichkeit der bestehenden Grenzen

Sicherstellung der europäischen Friedensordnung

---

[12] Krieg und Friede 1870: zwei Briefe von David Friedrich Strauß an Ernst Renan und dessen Antwort. Leipzig 1915, 33 f.

zum zentralen Element der europäischen Friedensordnung werden. Doch waren zu diesem Zeitpunkt weder der Gelehrte Strauß noch der Machtpolitiker Bismarck noch weite Teile der deutschen Öffentlichkeit bereit, einer derartigen Position zu folgen. Die Tatsache, dass Russland und Großbritannien Preußen und seine Verbündeten im Krieg gegen Frankreich hatten gewähren lassen, interpretierten Bismarck und die nationalistische Öffentlichkeit als Anerkennung der preußischen Machtambitionen. Entsprechend reizte Bismarck die preußisch-deutsche Machtposition insbesondere gegenüber Frankreich bis an die Grenze aus. Die Kaiserproklamation im Spiegelsaal des Schlosses von Versailles und eine vom Kaiser abgenommene Siegesparade in Paris begleiteten als symbolische Demütigung die materiellen Bestimmungen des Friedensschlusses: Neben der Abtretung des Elsass und des nordöstlichen Lothringens sollte Frankeich zudem die beträchtliche Summe von fünf Milliarden Francs als Kriegsentschädigung zahlen.

Preußische Machtambitionen

Die Frage, wie Frankreich seinerseits im Falle eines Sieges verfahren wäre, ist spekulativ. Gewiss ist aber, dass die Frankreich auferlegten Friedensbestimmungen „für eine Politik der Versöhnung [...] keinerlei Grundlage" bildeten [1.2: Conze, Schatten, 93]. Jeder Gedanke, eine dauerhafte europäische Friedensordnung auf einer von Ernest Renan skizzierten Grundlage zu schaffen, lag Bismarck ebenso fern wie die bloße Überlegung, die Beziehungen zu Frankreich über versöhnende Angebote zu stabilisieren. Im Gegenteil: Die gesamte Bismarck'sche Außenpolitik war darauf ausgerichtet, Frankreich zu isolieren und zu schwächen, um so eine Koalition gegen Deutschland und damit eine französische Revanche zu verhindern. Auch ohne die Annexion der französischen Gebiete wäre das Verhältnis zu Frankreich nicht spannungsfrei gewesen, doch es hätte Chancen gegeben, sich zu arrangieren. Stattdessen hielt Bismarck nach dem gewonnenen Krieg die deutsche Position für stark genug, den Nachbarn im Westen auch weiter durch Drohgebärden unter Kontrolle halten zu können. Nach dem verlorenen Krieg und nach einer vergleichsweise schnellen Rückzahlung der Reparationen ging auch Frankreich wieder dazu über, seine machtpolitische Situation zu verbessern. Dazu leitete die Regierung unter anderem Maßnahmen zur Aufrüstung und Aufstockung seiner Armee und militärische Reformen ein. Eines der Gesetze hierfür, vom 12. März 1875, wurde von Berlin als Anlass genommen, über einen vermutlich lancierten Zeitungsartikel („Krieg in Sicht?") indirekt mit Krieg

Isolation und Schwächung Frankreichs

Krieg-in-Sicht-Krise

für den Fall zu drohen, dass es nicht wieder zurückgenommen würde. Dieser Versuch, Frankreichs Souveränität durch Drohungen zu untergraben, scheiterte jedoch schnell an Großbritannien und Russland, die unmissverständlich klar machten, dass sie Deutschland keine freie Hand für einen Präventivkrieg ließen. Hier war die Bismarck'sche Außenpolitik an ihre Grenzen gestoßen. Doch das außenpolitische Prinzip, so weit wie nur eben möglich zu gehen, wurde damit eher noch einmal bestätigt.

Diese sogenannte „Krieg-in-Sicht-Krise" hatte erneut deutlich werden lassen, dass Bismarck die preußisch-deutsche Außenpolitik mit einer erheblichen Hypothek belastet hatte, die auch mit noch so vielen Anstrengungen nicht wirklich zu begleichen war. Denn alle anderen europäischen Mächte besaßen schlicht eine Bündnismöglichkeit mehr als das neu gegründete Deutsche Reich, nämlich die Verbindung mit Frankreich. Statt das „Spiel mit den fünf Kugeln" selbst zu bestimmen und zu beherrschen, wie es Bismarck gerne zugeschrieben wurde, war er umgekehrt der Getriebene einer außenpolitischen Konstellation, die er selbst herbeigeführt hatte. Ohne Zweifel war der deutsche Reichskanzler in dieser Phase derjenige unter den europäischen Staatsmännern, der auf dem diplomatischen Feld am aktivsten agierte. Durch aktives Handeln, so seine Überzeugung, musste er verhindern, dass Frankreich eine gegen das Deutsche Reich gerichtete Koalition bilden und sich in einem neuen Krieg, die verlorenen Gebiete wieder aneignen könne. In dem berühmten „Kissinger-Diktat" von 1877 legte Bismarck die Ziele seiner Außenpolitik entsprechend nieder: Nicht auf weiterem territorialen Zugewinn sollte diese ausgerichtet sein, sondern auf eine „Gesamtsituation, in welcher alle Mächte außer Frankreich unser bedürfen, und von Koalitionen gegen uns durch ihre Beziehungen zueinander nach Möglichkeit abgehalten werden."[13]

Bündnispolitik

Dies führt direkt zur zweiten Sollbruchstelle des europäischen Mächtesystems, der Situation in Südosteuropa. Spätestens seit dem ausgehenden 18. Jahrhundert zeichnete sich ab, dass in dieser Region die unterschiedlichen Interessen der europäischen Großmächte aufeinanderprallten und dass die Bevölkerung dieser Region selbst immer mehr zu deren Spielball wurde. Die Gewalt, die diese Region im 19. Jahrhundert insgesamt und seit den 1870er Jahren im Beson-

Konfliktherd Südosteuropa

---

13 Die Auswärtige Politik des Deutschen Reiches 1871–1914, hg. vom Institut für Auswärtige Politik. Bd. 1. Berlin 1928, 58 f.

deren mehr als jede andere europäische Region prägte, war die unmittelbare Folge dieser Konstellation. Zwar verliefen auch in anderen europäischen Regionen die Konflikte keineswegs gewaltfrei – in Spanien und Portugal kam es immer wieder zu Phasen des Bürgerkriegs, in Irland wiederholt zu Aufständen gegen die britische Herrschaft – doch nirgendwo sonst in Europa gerieten Großmachtinteressen und lokale Interessen in so komplexer Form aneinander wie in Südosteuropa. Seit der zweiten Hälfte des 18. Jahrhunderts versuchte Russland, die Macht und die Ausdehnung des Osmanischen Reichs in verschiedenen Kriegen immer weiter zurückzudrängen. Dass dies nicht in dem von Russland erhofften Ausmaß gelang, lag weniger an der Stärke der „Hohen Pforte", wie das Osmanische Reich in Anlehnung an die Bezeichnung des Regierungssitzes zeitgenössisch häufig genannt wurde, als an der strategisch bedingten Unterstützung durch Großbritannien. Eine machtpolitische Ausdehnung des Zarenreichs in Richtung des Mittelmeers sah Großbritannien nicht nur als Bedrohung der innereuropäischen Machtverhältnisse, sondern auch seiner eigenen globalpolitischen Interessen an. So hatte es zusammen mit den Franzosen schon im Krimkrieg Russlands Versuch gestoppt, Zugriff auf die Dardanellen, den Bosporus und damit aufs Mittelmeer zu erlangen. Zudem hatten die Briten wiederholt auf Reformen innerhalb des Osmanischen Reichs gedrängt. Diese waren seit 1839 auch in verschiedenen Bereichen in Gang gesetzt worden und der gesamte Reformprozess mündete 1876 schließlich in die Verabschiedung einer Verfassung, die jedoch die Herrschaftswirklichkeit nur wenig veränderte. Zu einer machtpolitischen Stabilisierung trug beides daher letztlich auch kaum bei. Sowohl gegenüber Russland als auch der zunehmenden Zahl an Aufständen in Südosteuropa geriet das Osmanische Reich immer stärker in die Defensive.

Machtpolitische Bedrohungen für Europa

Mitte der 1870er Jahre eskalierte die Lage auf dem Balkan. Den Ausgangspunkt bildete die drastische Anhebung von Steuern und Abgaben durch das Osmanische Reich in Bosnien und Herzegowina in Verbund mit einer Missernte im Jahr 1875. Als die Bauern sich mit einem Aufstand gegen die Maßnahmen zu wehren versuchten, reagierte der Sultan mit brutaler Härte. Dies führte nicht nur zu einer Spirale von Gewalt und Gegengewalt in den konkret betroffenen Gebieten, sondern insgesamt zu einer Situation in der Region, in der schon Kleinigkeiten den Ausbruch weiterer, zum Teil massivster Gewalt zur Folge haben konnten. Ein Aufstand gegen die os-

Eskalation auf dem Balkan

manische Herrschaft im bulgarischen Dorf Batak, in dem wie anderorts auch Christen und Muslime bis dahin weitgehend friedlich zusammengewohnt hatten, entlud sich in eine ähnlich brutalen Gewalteskalation wie zuvor in Bosnien und Herzegowina.

Spätestens seit der 48er Revolution hatte sich der Nationalismus in den verschiedenen Gebieten Südosteuropas ausgeweitet und die Ereignisse von Batak reichten aus, um einen Flächenbrand zu erzeugen. Was unter anderen Bedingungen ein lokales Ereignis geblieben wäre, führte nun zu einer Krise europäischen Ausmaßes. Dazu trug die machtpolitische Gesamtsituation, aber auch eine neue, sich rasant entwickelnde Presselandschaft bei. So gewalthaft das Vorgehen der osmanischen Truppen und ihrer Helfer auch war, so sehr waren es die Presseberichte, die eine europäische Öffentlichkeit mit einer Frontstellung zwischen der vermeintlichen europäischen Zivilisation und der orientalischen Gewalt erzeugten. Entscheidend ist in diesem Zusammenhang, dass diese Wahrnehmung zu einem Faktor der Außenpolitik wurde. So nutzte der britische Oppositionsführer William Gladstone die Ereignisse auf dem Balkan mit seiner Schrift *The Bulgarian Horrors and the Question of the East* zu einem Angriff auf die Regierung des Vereinigten Königreichs und deren traditionelle Unterstützung der „Hohen Pforte". Er rief zu einer Militärintervention zugunsten der Bulgaren auf und trug so dazu bei, dass Russland sich ermutigt sah, die Lage seinerseits zu nutzen und einmal mehr zu versuchen, das Osmanische Reich auf dem Balkan zurückzudrängen und den eigenen Einfluss auszudehnen. Nachdem ein erster, diplomatischer Versuch gescheitert war, das Osmanische Reich zum Rückzug vom Balkan zu bewegen, wählte das Zarenreich im April 1877 die kriegerische Option und wurde dabei unterstützt von den Truppen der verschiedenen bereits unabhängigen Staaten des Balkans sowie den Volksgruppen und Territorien, die einen eigenen Staat anstrebten. In weniger als einem Jahr zwang Russland das Osmanische Reich zur Kapitulation und glaubte, im Frieden von San Stefano seinen Triumph auskosten und eine Neuordnung des gesamten südosteuropäischen Raums diktieren zu können. Rumänien, Serbien und Montenegro sollten ihre Unabhängigkeit vom Osmanischen Reich erhalten und Bulgarien zu einem bis zur Ägäis ausgedehnten Fürstentum werden. Durch eine enge Anbindung Bulgariens ans Zarenreich hätte dieses seine langfristigen strategischen Ziele – nicht zuletzt einen indirekten Zugang zum Mittelmeer – erreicht. Wenig überraschend erachteten

Machtinstrument Presse

Österreich-Ungarn ebenso wie Großbritannien diese Konstellation als inakzeptabel, so dass im Frühjahr 1878 unmittelbar die nächste große kriegerische Auseinandersetzung drohte, die möglicherweise weit über den Balkan hinausgegangen wäre. Stattdessen gelang auf dem Berliner Kongress zwar vordergründig eine friedliche Lösung. Die jedoch stand weder unter der Maßgabe, eine dauerhaft stabile Ordnung in Südosteuropa zu schaffen, noch war sie geeignet, die Spannung unter den Großmächten dauerhaft zu entschärfen. Dazu war die Situation auf dem Balkan viel zu sehr eingebunden in umfassende, imperiale Zielsetzungen der Großmächte. Zudem stritten das Vereinigte Königreich und Russland in Asien um Einfluss und in Südosteuropa machte Österreich-Ungarn ebenso seinen Anspruch auf Einfluss deutlich wie Russland. Zwar erkannte der Berliner Kongress Rumänien, Bulgarien, Serbien und Montenegro als unabhängige Staaten an, doch fielen diese Entscheidungen im Wesentlichen ohne Beteiligung der betroffenen Staaten. Viele Vorstellungen davon, dass dem jeweils eigenen Staat noch weitere Gebiete zustanden, blieben ebenso unbefriedigt wie die Ansprüche anderer auf einen eigenen Staat.

Unbefriedigte Machtansprüche

Aus der kolonialpolitischen Perspektive Großbritanniens und Frankreichs stand auch in Nordafrika das osmanische Erbe zur Disposition. In diesem Zusammenhang geriet ebenfalls das unter osmanischer Herrschaft stehende Zypern in den Blick des britischen Interesses. Die Insel war für die Briten in hohem Maße attraktiv als Brückenkopf für die Festigung ihrer Ambitionen in Vorderasien und Nordafrika. So gelang es der britischen Regierung, vom Osmanischen Reich die Herrschaftsrechte im Gegenzug dafür abgetreten zu bekommen, dass die Briten – abgesehen von der Zahlung eines finanziellen Ausgleichs – der Hohen Pforte ihre Unterstützung in der Auseinandersetzung mit dem Zarenreich zusagte. Die Inbesitznahme Zyperns war somit Teil einer innereuropäischen Kolonialisierung durch das Vereinigte Königreich, wogegen sich die zypriotischen Griechen – lange erfolglos – zur Wehr zu setzen versuchten.

Verbindung zur Kolonialpolitik

Das deutsche Interesse bestand nun gerade nicht darin, dauerhafte Stabilität im Südosten Europas zu schaffen, im Gegenteil: Eine Situation, in der sich die Großmächte gegenseitig belauerten, erschien Bismarck als beste Voraussetzung dafür, dass das Deutsche Reich für den Ausgleich von Interessen immer wieder gebraucht würde. Für ihn war somit eine Art handhabbare Dynamik und nicht eine stabile Ordnung das, was den deutschen Interessen am

Deutsches Reich als vermeintlicher Profiteur

meisten entgegenkam. Vor dem Hintergrund der Sackgasse, in die Bismarck das Kaiserreich durch die zementierte Feindschaft zu Frankreich geführt hatte, war die deutsche Position auf dem Berliner Kongress somit alles andere als frei von Eigeninteressen. So verschränkten sich in Südosteuropa drei Ebenen inter- und transnationaler Politik auf eine Weise, die symptomatisch für die weitere Entwicklung wurde: Die traditionelle europäische Mächtepolitik, wie sie Bismarck noch betrieb, geriet von zwei Seiten unter Druck. Zum einen zeigte die Situation in Südosteuropa, dass die regionale Ebene vor allem dort, wo es keine oder keine gefestigten Nationalstaaten gab, eine zunehmend wichtige Rolle spielte. Zum andern war die Lage auf dem Balkan für die Imperien und Kolonialmächte längst in Interessen eingebunden, die weit über Europa hinaus gingen. Mit dem Zerfall des Osmanischen Reichs hatten Großbritannien und Frankreich längst den Nahen Osten und Nordafrika als Interessensgebiet im Blick.

Für die britische, aber auch die französische Außenpolitik war Europa zwar immer noch ein wichtiges Handlungsfeld, doch globale Interessen gewannen nach 1870 zunehmend an Gewicht. So war der britische Blick auf die deutsche Einigung nicht nur mit der Frage nach den Machtverschiebungen innerhalb Europas verbunden. Die britische Regierung machte sich mehr Sorgen darum, wer ihr auf globaler Ebene beistehen konnte. Durch ihre Haltung im amerikanischen Bürgerkrieg, als die Briten tendenziell eher an der Seite der Südstaaten gestanden hatten, aber auch durch die wachsende Unterstützung der USA für eine irische Unabhängigkeit waren die Beziehungen zur ehemaligen Kolonie schwer belastet. Zugleich kämpfte Großbritannien mit dem Zarenreich um Einfluss in Asien. Auf eine deutsche Unterstützung konnte Großbritannien auf beiden Konfliktfeldern kaum setzen – dazu war der neu gegründete Staat noch viel zu sehr mit der eigenen Konsolidierung und der Stellung innerhalb Europas beschäftigt. Die britische Sorge galt vor allem Frankreich, das durch die Niederlage geschwächt und damit auch für globale Planspiele ausfiel. Tatsächlich war Frankreichs Interesse zum einen darauf gerichtet, langfristig wieder Revanche an Deutschland nehmen zu können und zum andern, seinen Einfluss in Afrika zu stärken, um damit den erlittenen Machtverlust innerhalb Europas zu kompensieren. Während das Deutsche Reich ähnlich wie Österreich-Ungarn weitgehend im Horizont des europäischen Mächtesystems agierten, wurde Europa für Großbritannien,

Fokussierung auf die globale Ebene

Frankreich und Russland zwischen 1870 und 1890 zunehmend zu einem außenpolitischen Handlungsfeld unter mehreren.

4.2 „Ce magnifique gâteau africain": Der koloniale Umbruch

Inbesitznahme Afrikas

Es gibt wohl nur wenige historische Beispiele, bei denen sich die Herrschaftsverhältnisse und Rahmenbedingungen für die Bevölkerung eines ganzen Kontinentes in so kurzer Zeit und in so massiver Weise veränderten wie für Afrika in den 1870er und 1880er Jahren. Zwei Punkte stechen dabei vor allem ins Auge: Die enorme Dynamik, mit der sich diese Entwicklung vollzog, sowie der Einfluss, den eine erstaunlich geringe Anzahl von Personen ausübte, um diese Dynamik in Gang zu setzen und auch aufrecht zu erhalten. Bemerkenswert ist dabei zudem, dass die Regierungen der involvierten europäischen Staaten in mehrerer Hinsicht zunächst eher als Getriebene einer Dynamik erschienen, als dass sie diese gezielt in Gang gesetzt hätten. Die von Bismarck nach Berlin eingeladene Afrikakonferenz im Winter 1884/85 bildete den vorläufigen Höhepunkt dieser Dynamik. Im Zuge dieser Entwicklung nahmen einige der europäischen Mächte Afrika gleichsam „in Besitz", während sowohl die afrikanische Bevölkerung, aber auch die meisten europäischen Länder bei dieser Entwicklung weitgehend tatenlos zuschauen mussten.

Ökonomische Interessen

So schnell diese Schritte in den 1880er Jahren erfolgten, gründeten sie doch auf weit zurückreichende europäische Interessen an Afrika. Diese lagen zunächst insbesondere im ökonomischen Bereich: Aus verschiedensten europäischen Ländern wie Portugal, den Niederlanden, Dänemark, Schweden, Großbritannien oder Brandenburg waren seit dem 17. Jahrhundert Expeditionen vor allem an die Westküste Afrikas in der Hoffnung unternommen worden, dort Gold oder andere Waren zu finden, mit denen sich profitabel Handel treiben ließ. Die in diesem Zusammenhang errichteten Niederlassungen lagen alle an der Küste und waren weniger Kolonien als mehr oder weniger prekäre Handelsstützpunkte. Die immer wieder geäußerte Hoffnung, ein „afrikanisches Indien" zu finden, mit dem die Entdecker ähnlich erfolgreich waren wie die Briten in Asien, erfüllte sich gleichwohl nicht und so waren die meisten Ökonomen bis weit ins 19. Jahrhundert der Ansicht, dass es sich wirtschaftlich für die europäischen Staaten kaum lohnen würde, in Afrika Kolonien anzustreben. Die Entdeckung von Diamantenvorkommen im südafrikanischen Kimberley im Jahre 1869 beflügelte zwar noch einmal die Phantasie einiger Europäer, in Afrika zu schnellem Reichtum kommen zu können. Und tatsächlich gelang es Einzelnen, sich im Stile einer „anarchischen Beutewirtschaft" (Jürgen Osterhammel) punktuell zu bereichern. Die Frage nach dem volkswirtschaftlichen Nutzen eines Engagements in Afrika blieb jedoch unter Ökonomen umstritten. Vor allem seit den 1870er Jahren mehrten sich allerdings unter ihnen die Stimmen derer, die das wirtschaftliche Potenzial Afrikas deutlich günstiger einschätzten – auch weil sie zunehmend ökonomische mit politischen Argumenten kombinierten.

Ein wesentlich klareres Interesse an Afrika hatten zunächst andere Gruppen: Missionare, Wissenschaftler und Abenteurer. Seit dem ausgehenden 18. Jahrhundert entwickelten sich ausgehend von Großbritannien in vielen europäischen Ländern protestantische und katholische Gesellschaften, die es als Chance oder auch als ihre religiöse Pflicht verstanden, das Christentum in jene Teile der „nicht-zivilisierten Welt" zu bringen, die bis dahin noch vielfach als „unentdeckt" galten. Auch wenn die Missionare schon infrastrukturell darauf angewiesen waren, mit anderen Akteuren des Kolonialismus zusammenzuarbeiten, verfolgten sie zunächst nur ihre eigenen Interessen und drangen zum Teil wesentlich früher und weiter als andere auf den afrikanischen Kontinent vor. Die Verbreitung des Christentums wurde im Laufe des 19. Jahrhunderts zunehmend als Teil einer umfassenden *mission civilisatrice* verstanden, wie sie der französisch-katholische Schriftsteller François-René de Chateaubriand schon Anfang des 19. Jahrhunderts postuliert hatte. Aus dieser Perspektive erschienen und verstanden sich die Missionare als Vorboten einer Entwicklung, die Afrika zu einem Objekt einer Art europäischen „Erziehungsarbeit" machte. Und auf diese Weise wurde die Missionstätigkeit zum unmittelbaren Teil des europäischen Kolonialismus. In dem Maße, in dem sich Afrika auch zum Gegenstand des politischen Machtstrebens der europäischen Mächte entwickelte, verschränkte sich die Tätigkeit der Missionare mit dem Ausbau der politischen Herrschaft durch die Europäer. In der zweiten Hälfte des 19. Jahrhunderts und noch einmal verstärkt seit den 1870er Jahren breitete sich die Missionsarbeit – wenn auch zunächst auf niedrigem Niveau – immer weiter aus und erschien somit fast wie ein Vorposten im Prozess der politischen Unterwer-

Religiöse und kulturelle Interessen

Missionare als Vorboten der Kolonialisierung

fung. Gerade in den 1880er Jahren, als die Europäer die direkte Herrschaft in vielen Gebieten Afrikas übernahmen, wurden die Missionen zu wichtigen Ankern einer Übernahme und Stabilisierung der politischen Herrschaft. Das bedeutete nicht, dass sie völlig in dem Kolonialregime aufgingen. Die Missionen konnten durchaus eigene, „humanitäre", insbesondere gegen die Sklaverei und zum Teil auch gegen Gewalt gerichtete Positionen vertreten, doch waren sie eindeutig Teil von Dominanzverhältnissen, die die Herrschaft der Europäer nicht nur auf „zivilisatorische Überlegenheit", sondern auf rassistischer Herabsetzung der lokalen Bevölkerung und nicht zuletzt auf unmittelbarer Gewaltausübung gründete.

Wissenschaftliche Interessen

Die Grenze zur dritten Gruppe, die vor der politischen Unterwerfung Afrikas zu dessen kognitiver und imaginärer Erschließung beigetragen hatte, war fließend: Diese bildeten Forschungsreisende, die Abenteuerlust mit Neugierde und einem mehr oder weniger ausgeprägten wissenschaftlichem Interesse für den weitgehend unbekannten Kontinent verbanden. Einer der berühmtesten von ihnen, David Livingston, war ursprünglich ebenso Missionar wie James Richardson, der gemeinsam mit dem deutschen Geographen Heinrich Barth 1850 von Libyen aus gemeinsam zu einer Expedition durch die Sahara aufbrach. Dass sich hier ein Missionar und ein Geograph zusammenschlossen, war symptomatisch. Denn nach den Missionaren waren es die Geographen, für die „das unentdeckte Afrika" zum gelobten Land wurde. Mit der Chance, den Kontinent zu kartographieren sowie Flussläufe und Landschaften zu vermessen, waren die Geographen gleichsam auf eine wissenschaftliche Goldader gestoßen und entsprechend eng waren die Etablierung und der Ausbau der Geographie mit der Erschließung Afrikas verbunden. Auf diese Weise entwickelten sich Geographen und geographische Vereinigungen – neben der 1830 gegründeten britischen *Royal Geographical Society* gehörte dazu vor allem die 1821 bzw. 1828 entstandenen *Société des geographes* in Frankreich und die *Gesellschaft für Erdkunde* in Deutschland – zu den zentralen Akteuren bei der europäischen Erschließung Afrikas. Sie finanzierten Reisen, boten ein großes Forum für die Präsentation und Diskussion von Entdeckungen und verstanden sich nicht zuletzt als Speerspitzen eines Entdeckergeistes, der in gleicher Weise transnational vernetzt und vom Streben nach nationalem Ruhm bestimmt war.

Afrikaforscher

Unter den aus vielen europäischen Ländern stammenden Forschungsreisenden stechen zwei heraus, die mit wissenschaftlichem

Interesse an der Geographie nur wenig Berührungspunkte hatten, gleichwohl aber zu den berühmtesten und folgenreichsten „Afrikaforschern" ihrer Zeit wurden: Pierre Savorgnan de Brazza und Morton Stanley. Beide erkundeten in eigenen, voneinander unabhängigen Expeditionen seit der Mitte der 1870er Jahre das Gebiet des heutigen Kongo und trugen damit wesentlich zu der Dynamik bei, die zur Aufteilung Afrikas führten. Brazza stammte aus Rom, nahm aber die französische Staatsbürgerschaft an und machte in der französischen Marine Karriere. Dort arbeitete er gezielt darauf hin, mit einem Expeditionsauftrag ausgestattet zu werden, der ihm ermöglichte, seit 1875 den Ogowe von seinem Mündungsgebiet im heutigen Gabun hinaufzufahren und möglichst bis zum Quellgebiet zu erkunden, das im heutigen Kongo liegt. Durchaus typisch für diese Phase der Erschließung Afrikas erhielt Brazza zwar keinen offiziellen Auftrag, wohl aber die Genehmigung für die Expedition und auch eine gewisse Unterstützung. Das hinderte ihn aber nicht daran, in Afrika gleichsam als „Repräsentant Frankreichs" aufzutreten. So gründete er verschiedene französische Handelsmissionen und schloss dann in eigener Regie 1880 den sogenannten Brazza-Makoko-Vertrag ab. Vertragspartner war Illoy Loubath Imumba I., einer der lokalen Fürsten, der Makoko, im Gebiet des heutigen Gabun. Brazzas Interpretation des Vertrags war, dass er hier ein französisches Protektorat geschaffen hatte. Die afrikanische Interpretation dürfte davon deutlich abgewichen sein und eher das Verständnis einer Art Schutz- bzw. Freundschaftsvertrag gehabt haben.

Brazza-Makoko-Vertrag

Die französische Reaktion auf den Abschluss der Verträge und das von Brazza präsentierte „Geschenk" eines Protektorats im Kongo lässt noch einmal deutlich werden, dass das Heft des Handelns in dieser Phase bei Abenteurern wie Brazza lag und weniger bei den Regierungen: Das offizielle Frankreich war zunächst wenig angetan von Brazzas Erwerbung, da man sich seitens der Regierung schwer vorstellen konnte, wie die neuen Besitzansprüche durchzusetzen sein sollten und welche Konsequenzen sich daraus ergaben. Angesichts der Begeisterung, die der beurlaubte französische Offizier mit seiner Expedition in der Presse und in der Bevölkerung auslöste, sah sich die Regierung jedoch mehr oder weniger genötigt, die Interpretation des gewonnenen Protektorats zu übernehmen und das Gebiet rechts des Kongo als französisches Hoheitsgebiet anzunehmen.

Praxis der Verträge

Morton Stanley

Unterwerfung des Kongogebiets

Die Praxis der Verträge entwickelte sich nun immer mehr zu einem der wichtigsten Instrumente für die weitere Unterwerfung Afrikas. Dies ist insofern bezeichnend, als hier eine zentrale europäische Errungenschaft, nämlich die Fortschreibung der römischen Rechtstradition, die dem Selbstverständnis nach eine wichtige Basis für zivilisatorischen Fortschritt war, bedenken- und skrupellos als Machtmittel zur Unterjochung eingesetzt wurde. Morton Stanley lieferte diese Art von Verträgen Anfang der 1880er Jahre in Serie. Unter den sogenannten Afrikaforschern war er die wohl schillerndste Figur: Aus ärmlichsten Verhältnissen in England hatte er es als Schiffsjunge in die USA geschafft und sich dort zum Korrespondenten des *New York Herald* hochgearbeitet. Von der Zeitung erhielt er 1871 den spektakulären Auftrag, David Livingstone, den bis dahin bekanntesten, aber verschollenen Afrikaforscher, zu suchen. Der Erfolg seiner Reise und die intensive mediale Begleitung machten Stanley zu einer Berühmtheit, trugen ihm aber auch den Ruf eines skrupellosen Hasardeurs ein. Entsprechend blieben insbesondere in England sowohl die *Geographische Gesellschaft* als auch die Politik reserviert gegenüber Stanley und seinen hochtrabenden Plänen. Als er 1877 von seiner langen Durchquerung Afrikas nach Europa zurückkehrte, versuchte er vergeblich die britische Regierung davon zu überzeugen, unter seiner Leitung das Kongogebiet zu erschließen. Stattdessen aber interessierte sich der belgische König Leopold II. für seine Pläne. Fasziniert von den Möglichkeiten, die sich in Afrika zu eröffnen schienen, befasste sich Leopold II. spätestens seit 1875 immer intensiver mit der Idee, sich ein Stück aus diesem „magnifique gateau africain", wie er es selbst ausdrückte, zu schneiden. Zunächst als philanthropisches, gegen die Sklaverei gerichtetes, als wissenschaftliches und schließlich als internationales Unternehmen verbrämt, wurde erst langsam deutlich, dass es dem belgischen König Leopold II. im Kern darum ging, ein profitables, dem Modell des Beutekapitalismus folgendes privatwirtschaftliches Unternehmen aufzuziehen. Da Leopold II. bewusst war, dass Belgien mit Staaten wie England oder Frankreich nicht konkurrieren konnte, versuchte er erst gar nicht, den belgischen Staat zu einer Kolonialmacht zu machen. Stattdessen agierte er als eine Art privater Unternehmer und engagierte mit Morton Stanley jemanden, der ihm über Verträge und Gewalt das Kongogebiet als Besitz verschaffte. Gleichwohl benötigte er einen politischen Rahmen: Anstelle imperialer Ambitionen schuf er einen „Freistaat", den er – etwas anachronistisch ausgedrückt – über einen privaten Sicherheitsdienst kontrollierte und unternehmerisch privat ausbeutete.

Wie für alle anderen, die in Afrika engagiert waren, stellte sich allerdings auch für Leopold II. die Frage, ob seine „Erwerbungen" internationale Anerkennung finden würden. Denn an der von Brazza und Stanley eingeführten und ausgebauten Praxis der Vertragsabschlüsse orientierten sich schnell auch andere, insbesondere Deutsche wie etwa Carl Peters und Gustav Nachtigal, die sich mit Unterstützung kolonialer Lobbygruppen in Ost- und in Südwestafrika – in vermeintlich noch „freien" Gebieten – nun auch noch schnell Gebiete zu sichern versuchten.

Problem der Anerkennung

Das tropische Afrika war nicht die einzige Region in Afrika, in der sich spätestens seit Anfang der 1880er Jahre eine enorme Dynamik in der Frage von etwaigen territorialen Besitzansprüchen entwickelte. Insbesondere galt dies für den Norden Afrikas, wo die Akteure allerdings weniger Forscher und Abenteurer waren als die klassischen Vertreter von Politik und Wirtschaft. Politisch war der Norden Afrikas dadurch in den Blick gerückt, dass das Osmanische Reich seine imperialen Ansprüche spätestens seit dem verlorenen Krimkrieg immer weniger aufrechterhalten konnte und nach und nach ein machtpolitisches Vakuum entstand.

Politische Interessen

Wirtschaftlich ließ der 1869 abgeschlossene Bau des Suezkanals die Region für europäische Akteure zusätzlich interessant werden. Zunächst galt dies vor allem für das Vereinigte Königreich, das an einem verkürzten Seeweg nach Indien interessiert war. Nachdem es lange Zeit wenig Interesse für den Bau des Kanals gezeigt hatte, änderte sich die Situation, als Anfang der 1870er Jahre sowohl Frankeich durch den verlorenen Krieg gegen Deutschland als auch der ägyptische Herrscher, der Khedive Ismail, durch massive Kursverluste seiner Kanalaktien erheblich geschwächt war. Die Briten nahmen sowohl politisch als auch wirtschaftlich die sich bietenden Chancen wahr und lösten damit Frankreich in seiner Rolle als beherrschende europäische Macht in Ägypten ab. Als 1881 ägyptische Offiziere gegen die Herrschaft des Khediven und die ihn stützenden europäischen Mächte revoltierten, sah sich der britische Premierminister William Gladstone einer Situation gegenüber, die seine bisherige Position zu Fragen der Kolonialpolitik radikal in Frage zu stellen drohte. Die Unterhauswahlen von 1880 hatte Gladstone nicht zuletzt damit gewonnen, dass er sich als großer Moralist inszenierte. Außenpolitik müsse sich an humanitären Werten orientieren

Bau des Suezkanals

und den Schwächeren zur Seite stehen. 1876 hatte er von der konservativen Regierung Disraeli gefordert, den Bulgaren in ihrem Aufstand gegen die Truppen des Osmanischen Reichs zur Hilfe zu eilen, um die Massaker zu beenden, von denen die Presse berichtete. Umgekehrt griff er die imperialistische und kriegerische Politik Disraelis in Asien und Afrika an: Den Krieg gegen Afghanistan verurteilte er genauso wie den Krieg gegen die Zulus und die Annexion Transvaals.

Britische Herrschaft über Ägypten Auf die Gefährdung der europäischen und speziell britischen Interessen in Ägypten reagierte er jedoch in gleicher Weise machtpolitisch. Dass der Suezkanal in die Hände einer ägyptischen Regierung fiel, die sich um europäische Interessen nicht scherte, hielt auch er für inakzeptabel und intervenierte militärisch. Angesichts der Überlegenheit der britischen Truppen und der Instabilität der neuen ägyptischen Regierung war der britische Sieg schnell erreicht und mündete in eine direkte Machtübernahme. Gladstone hatte zwar ursprünglich vorgeschwebt, dass das Osmanische Reich wieder die Vorherrschaft über das Gebiet übernahm. Doch dazu war dies zum einen inzwischen kaum mehr in der Lage und zum anderen stieß diese Lösung auch auf den Widerstand der Franzosen. Frankreich war nach seiner Niederlage gegen Deutschland und dem dadurch erfolgten Machtwechsel zunächst damit beschäftigt, innenpolitisch wieder zu einer stabilen Ordnung zu gelangen. Außenpolitisch setzte sich erst nach und nach die Position durch, dass Frankreich durch eine aktive Kolonialpolitik möglicherweise auch seinem Hauptziel, der Rückgewinnung Elsass-Lothringens näherkommen könnte. Nach längerem Zögern, jenseits des algerischen Küstenstreifens, den man bereits 1830 in Besitz genommen hatte, weitere Gebiete aktiv unter französische Kontrolle zu bringen, änderte sich dies 1881, als sich Frankeich zur Besetzung und damit zur Kolonialisierung Tunesiens entschloss. Ähnlich wie in Ägypten konnte das Osmanische Reich auch in Tunesien seinen Herrschaftsanspruch nicht mehr durchsetzen. 1860 erhielt Tunesien zwar eine liberale Verfassung, die jedoch nie wirklich umgesetzt wurde und in keine politische Stabilität mündete. Nach einem Staatsbankrott von 1869 übernahm ein britisch-französisch-italienisches Konsortium die Finanzaufsicht und sicherte damit den Einfluss der Länder, die die größten Interessen an der Region hatten. Auf der Berliner Konferenz von 1878 wurde das Gebiet gewissermaßen als Kompensationsmasse für den Ausgleich von Interessen behandelt. Entsprechend misstrauisch reagierte Frankreich auf Bismarcks Angebot, Tunesien in Besitz zu nehmen. Bis 1881 hatte sich – auch von dem Hintergrund der Ereignisse im tropischen Afrika – jedoch die Position derer durchgesetzt, die in einem Engagement auf dem afrikanischen Kontinent weit mehr Chancen als Risiken sahen.

Die Veränderung der französischen Haltung ist symptomatisch für die Entwicklung in dieser Frage in weiten Teilen Europas. Hatten zunächst vorgeblich humanitäre und idealistische Aspekte – wie der Kampf gegen den Sklavenhandel, die Verbreitung europäischer Errungenschaften und Entdeckungen im Dienste der Wissenschaft – zumindest argumentativ noch eine nicht unerhebliche Rolle gespielt, trat vor allem seit den 1880er Jahren die unverbrämte Interessenpolitik immer klarer in den Vordergrund. Es ging dabei um imperiale Konkurrenz und das damit verbundene Image, aber auch um die Durchsetzung wirtschaftlicher Belange. Zu dieser Interessenspolitik gehörte es schließlich auch, dass die europäischen Staaten der Dynamik der Landnahme eine gewisse Ordnung verliehen. Besonders notwendig war dies im Kongogebiet, wo die Interessen Portugals, Frankreichs und die des belgischen Königs aufeinanderstießen. Während Portugal seine vermeintlich älteren Rechte geltend machte, lieferten Frankreich und der belgische König die genannten „Verträge", mit denen sie die entsprechenden afrikanischen Gebiete für sich beanspruchten. Die Lösung sollte schließlich auf einer internationalen Konferenz, der sogenannten Kongo- oder Afrikakonferenz, gefunden werden. Dazu lud 1884 Otto von Bismarck nicht nur die beteiligten, sondern fast alle europäischen Länder und die USA ein. Neben Frankreich, England, Belgien und Portugal waren dies auch die Niederlande, Spanien, Österreich-Ungarn, Schweden-Norwegen, Dänemark, Italien, Russland sowie das Osmanische Reich. Dass keine Vertreter Afrikas eingeladen waren, war für alle Beteiligten selbstverständlich. So wenig einige der teilnehmenden Länder auch direkt in die zu verhandelnden Fragen involviert waren, ging von der Zusammensetzung jedoch eine klare Botschaft aus: Bei Afrika handelt es sich um einen Raum, der zumindest potenziell in einem übergreifenden europäischen Fokus stand. Die Tatsache, dass der Kongo, um den es im Kern ging, schließlich als eine Freihandelszone definiert wurde – die er faktisch nie war – schuf hier eine Art theoretisches Konstrukt, das vermeintlich niemanden vom Handel mit Afrika ausschloss. Leopold II. hatte es mit

Imperiales Konkurrenzdenken

Berliner Afrikakonferenz

dieser Konstruktion geschafft, den Kongo als seinen Privatstaat abzusichern, den er fortan gnaden- und skrupellos ausbeuten konnte.

Eine Aufteilung Afrikas, wie sie von den Zeitgenossen schnell wahrgenommen wurde, fand – dies ist in der Literatur oft betont worden – nicht wirklich statt. Auch Konfliktregelungsmechanismen schuf die Konferenz letztlich nicht. Diskutiert wurde, ob die Okkupation von Küstengebieten auch auf das „Hinterland" auszudehnen sei. Da aber die Frage, wo denn das Hinterland enden sollte, nicht wirklich zu regeln war, blieb diese ungelöst. Letztlich galt das Prinzip: Ein Gebietsanspruch musste darauf beruhen, dass glaubhaft gemacht werden konnte, das entsprechende Land auch tatsächlich in Besitz genommen zu haben. Die Auseinandersetzungen, die sich daraus ergaben, wurden letztlich jeweils bilateral gelöst. Während auf dieser Ebene also die „zivilisatorische Errungenschaft" der Diplomatie kriegerische Konflikte zwischen europäischen Staaten weitgehend vermied, öffnete das Prinzip der „glaubhaften Inbesitznahme" der Gewalt gegen die Afrikaner:innen letztlich jede Tür. Mit Gewaltausübung wies man nicht nur der lokalen Bevölkerung, sondern auch etwaig konkurrierenden Staaten gegenüber seinen Machtanspruch unmissverständlich nach.

Gebietsansprüche und Inbesitznahme

Auch wenn auf der Afrika-Konferenz nicht einfach die Teilung Afrikas beschlossen wurde, so bestanden sowohl auf der Konferenz als auch danach offensichtlich relativ klare Vorstellungen davon, wo wessen Einflussgebiete lagen. Das Deutsche Reich war hier aus Sicht der Kolonialbefürworter gerade noch rechtzeitig auf den fahrenden Zug aufgesprungen. Ähnlich wie in Frankreich herrschte auch im Deutschen Reich zunächst noch eine eher zögerliche Haltung gegenüber der Kolonialfrage vor. Bismarck und andere sahen durchaus die Risiken, die damit verbunden waren, in Afrika einen klaren Herrschaftsanspruch für bestimmte Territorien zu formulieren. Die Dynamik Anfang der 1880er Jahre, als die Vorstellung vom neu zu entdeckenden Kontinent und die damit verbundenen Phantasien und Interessen sich in weiten Teilen Europas rasant ausbreiteten, machte dann aber auch vor Deutschland nicht halt. Die Kombination aus prokolonialen *Presure groups*, einzelnen Akteuren wie Adolf Lüderitz, Carl Peters, Gustav Nachtigal oder Adolph Wöhrmann und der medialen Begleitung von deren vermeintlichen Erfolgen, ließ auch in Deutschland eine Art prokolonialer Aufbruchsstimmung entstehen, für die sich nationale Größe zunehmend in

Späteinsteiger Deutschland

imperiale Ambitionen niederschlug. Das Vereinigte Königreich war in dieser Hinsicht das unerreichbare Vorbild. Als etablierte Weltmacht mit seiner weit zurückreichenden Präsenz vor allem in Südafrika war Großbritannien das Land, das im „Scramble for Africa" von Beginn an am schnellsten und entschlossensten agieren konnte. Etwas zögerlicher zeigte sich Frankreich, das nach 1881 dann ebenfalls die sich bietenden Chancen schnell ergriff und in Afrika nur wenig dahinter zurückblieb. Portugal gelang es, auf der Basis seiner weit zurückreichenden Präsenz in Form von Handelsstützpunkten seine Position in Afrika ebenfalls auszubauen und zu stabilisieren. Mit den „Erwerbungen" in Südwest-Afrika, Ostafrika und den Gebieten von Kamerun und Togo lag Deutschland zwar klar hinter den führenden Kolonialstaaten zurück, hatte es aber auch geschafft, in diesen Kreis einzudringen. In noch etwas geringerem Maße galt dies schließlich ebenso für Italien, das ausgehend von einem Handelsstützpunkt in der Bucht von Assab im Bereich von Eritrea Fuß fasste und schließlich im italienisch-türkischen Krieg von 1911 mit der Besetzung von Libyen seine seit den 1880er Jahren gehegten Ansprüche auf einen Teil Nordafrikas befriedigen konnte. Mit dem belgischen „Freistaat" im Kongo und dem von Spanien kontrollierten mauretanischen Küstenstreifen war damit fast ganz Afrika in der Zeitspanne zwischen 1870 und 1890 faktisch in den Besitz einiger weniger europäischer Länder übergegangen, auch wenn der Kongo nominell bis 1908 im Privatbesitz Leopolds II. war.

Vorreiter Großbritannien

Afrika war in dieser Phase gewiss am massivsten von den kolonialen Ambitionen Europas betroffen. In Asien war die Entwicklung in mehrerer Hinsicht komplexer. Mit Russland kam eine weitere europäische Macht hinzu, die ihren imperialen Anspruch zunehmend nach Asien ausdehnte und hier zum einen mit England und zum anderen mit Japan in Konflikt geriet. Auch wenn sich Russland aus vielen kolonialen Auseinandersetzungen heraushielt und sich insbesondere nicht an der Aufteilung Afrikas beteiligte, war es dennoch auch Teil des Systems der europäischen Kolonialimperien. Russland war darauf bedacht, sein Imperium an den Rändern abzusichern und zu erweitern und blieb daher der wichtigste Konkurrent für die britischen Expansionspläne in Asien. Die wichtigste britische Bastion bildete hier ohne Zweifel Indien, das seit der Gründung der *East India Company* im Jahr 1600 im Blick britischer Herrschaft war. Aber auch hier verschärfte sich in den 1870er Jahren der Anspruch auf eine neue Art der Durchsetzung dieser Herr-

Kolonialisierung Asiens

schaft. Die Ernennung Queen Victorias als „Kaiserin von Indien" im Jahr 1876 symbolisiert diesen Anspruch und bildet damit einen wichtigen Schritt im Übergang vom *informal* zum *formal empire*. Was China angeht, war das Land zwar insgesamt zu groß und zu mächtig, um auch nur die Idee zu entwickeln, das riesige Reich von Europa als Ganzes zu kolonialisieren. Gleichwohl taten vor allem die Briten alles, um das Land zu schwächen und daraus Profit zu ziehen. Andere europäische Länder wie Frankreich und Deutschland folgten. Frankeich setzte sich zudem in Indochina fest, Portugal und die Niederlande versuchten mit ihren geringeren Mitteln, ihre weit zurückreichende Präsenz in Ostasien zu halten und zu festigen. In den zwei Jahrzehnten zwischen 1870 und 1890 setzten sowohl die europäischen Einzelstaaten in nationaler Konkurrenz zueinander als auch Europa als Ganzes mit aller Macht darauf, die Welt so weit wie möglich unter Kontrolle zu bringen.

4.3 Internationale Organisationen und transnationale Verfechtungen

Entstehung internationaler Organisationen

Madeleine HERREN erklärt in ihrer Überblicksdarstellung zur Geschichte der internationalen Organisationen das Jahr 1864/65 zum „annus mirabilis" der Entstehung internationaler Organisationen [4.3: HERREN, Internationale Organisationen, 18]. So gänzlich unterschiedliche Vereinigungen wie das *Internationale Komitee der Hilfsgesellschaften für die Verwundetenpflege* als Vorläufer des Roten Kreuzes (1863), die *Internationale Telegraphenunion* (1865), die *Internationale Arbeiterassoziation* (1864) oder die Vorläuferorganisation der *Internationalen Geodätischen Gesellschaft* (1864) wurden in einem relativ kurzen Zeitabschnitt gegründet und standen damit stellvertretend für eine in vielen Bereichen zu beobachtende internationale Vernetzung. In den 1870er Jahren setzte sich dieser Trend nicht nur mit der Gründung einer erheblichen Zahl weiterer internationaler Vereinigungen, sondern auch durch die Zunahme internationaler Konferenzen und Kongresse, die Gründung internationaler Ämter und ein allgemein wachsendes Bestreben zu grenzübergreifender Kooperation fort. Dieser Prozess der Internationalisierung ist nicht per se identisch mit dem der Globalisierung, wohl aber sind beide Entwicklungen eng miteinander verwoben. Durch die Tatsache, dass sowohl die Staatlichkeit als auch die gesellschaft-

Prozess der Internationalisierung

liche Selbstorganisation innerhalb Europas weiter fortgeschritten waren als in den meisten anderen Weltregionen, hatte die Entstehung internationaler Organisationen ihren Schwerpunkt zweifellos in Europa. Schon die zeitliche Nähe zu der globalgeschichtlich häufig angesetzten Zäsur von 1880 verweist jedoch auf die Zusammenhänge zwischen Internationalisierung und Globalisierung. Auch der seit 1880 beschleunigte Prozess der Kolonialisierung und des Ausbaus der imperialistischen Bestrebungen können als eine zentrale Facette der Internationalisierung gesehen werden, die diese nicht nur einfach erweiterte, sondern ihr neue Dimensionen – insbesondere die der Ausweitung des europäischen Herrschaftsanspruchs – verlieh.

Europa als Entstehungszentrum

Als Kontrapunkt zur lange Zeit vorherrschenden Sicht vom 19. Jahrhundert als Zeitalter des Nationalismus ist in der jüngeren Forschung nun stattdessen zunehmend vom Zeitalter des Internationalismus die Rede. So berechtigt diese Perspektivverschiebung ist, erscheint es sinnvoll, beide Prozesse nicht als gegensätzlich, sondern vielmehr als komplementär zu begreifen. Die Tatsache, dass sich die Nationalstaaten nach innen verfestigten, die Staatsbildungsprozesse voranschritten und die staatlich verfasste Nation zum zentralen Bezugspunkt des Handelns von Regierungen wurde, hatte für inter- und transnationale Prozesse zentrale Konsequenzen. Verbindungen zwischen Regionen, die auch schon zuvor existierten, wurden dadurch „international", dass sich Grenzen im Zuge der inneren Staatsbildung schärfer abzeichneten. So wurde etwa Arbeitsmigration in Grenzgebieten in dem Maße international, wie sich in beiden Ländern unterschiedliche Regeln etwa im Arbeitsrecht oder in der sozialen Absicherung herausbildeten und wie der Anspruch der Staaten wuchs, ihre Bürger und Bürgerinnen auch statistisch zu erfassen. Soweit wie sich eine übergreifende „République des lettres" zunehmend nationalisierte und nationalstaatlich verfestigte, wurden grenzübergreifende Kontakte und Kooperationen entsprechend „international". Die katholische Kirche, die ihrem ganzen Selbstverständnis nach eine Organisation mit globalem Anspruch jenseits aller Grenzen war, hatte es zwar seit jeher mit besonderen territorialen Ausprägungen zu tun gehabt. Doch die Verfestigung der Nationalstaaten und die unterschiedliche Einbindung des Katholizismus in die jeweilige nationale politische Landschaft gaben dem transnationalen Charakter der Kirche eine neue Färbung. Auf der anderen Seite entstanden neue Notwendigkeiten und Bestre-

Nationalismus und Internationalismus als komplementäre Prozesse

bungen für Probleme, die sich innerstaatlich gar nicht oder nur schlecht lösen ließen, internationale Kooperationen zu suchen. In dem Maße, in dem einerseits die Staaten ihren Herrschafts- und Regelungsbereich ausweiteten und andererseits innerhalb der Gesellschaften die Ansprüche an den Staat stiegen, Lösungen zu liefern, wurde internationale Zusammenarbeit zu einer immer wichtiger werdenden Ressource. Das Spektrum der grenzüberschreitenden Vernetzung war dabei breit und die Akteure und Zielsetzungen so vielfältig, dass letztlich nur wenige gesellschaftliche Bereiche, die einem Internationalisierungsprozess gänzlich entgingen, von dieser Entwicklung unberührt blieben. Eine Systematisierung fällt vor diesem Hintergrund nicht leicht. Staatliche und nicht-staatliche Akteure waren ebenso miteinander verschränkt wie die Ebenen von Kooperation, Konkurrenz und der Entwicklung von Dominanzverhältnissen.

Transnationale Vernetzung

Im wirtschaftlichen Bereich wird dies besonders schnell deutlich: Die industriellen Zentren zogen grenzübergreifend Arbeitskräfte an, Handel und Finanzströme verdichteten sich ebenfalls grenzübergreifend. Sowohl im Handel als auch im internationalen Finanzkapitalismus entwickelten sich Dominanz- und Abhängigkeitsverhältnisse, die sowohl innerhalb Europas als auch im Verhältnis zwischen Europa und den außereuropäischen Ländern die Machtverhältnisse tendenziell zugunsten der ohnehin bereits mächtigeren und prosperierenden Regionen verschoben. Auf den seit Mitte des 19. Jahrhunderts stattfindenden Weltausstellungen inszenierten die Länder die Produkte ihrer jeweiligen Wirtschaft im Stile von konkurrierenden Leistungsshows, die ihrerseits das Bestreben nach wechselseitiger Beobachtung und damit einer Zunahme der länderübergreifenden Kommunikation förderten. Für den Ausbau dieser Kommunikationsnetze bedurfte es ebenso der internationalen Zusammenarbeit wie bei der Einigung auf gemeinsame Maße und Zeitzonen, die dann wiederum den Handel und die wirtschaftliche Kooperation beförderten.

Machtverschiebung durch Dominanz- und Abhängigkeitsverhältnisse

Transnationale Kommunikation

Internationale Zusammenarbeit auf der politischen Ebene

Während bei diesen Formen der internationalen Vernetzung häufig viele Zahnräder vergleichsweise geräuschlos ineinander griffen, indem Handelspartner und Experten mit und ohne regierungsamtlichen Auftrag eine Vielzahl von Problemen in der internationalen Zusammenarbeit lösten oder zumindest zu lösen versuchten, sah dies im politischen Bereich deutlich anders aus: Die wohl berühmteste und provokanteste Aufforderung zur internationalen Zusammenarbeit ging gewiss von der Arbeiterbewegung aus. Marx' und Engels' Appell an die „Proletarier aller Länder" sich zu vereinigen glich am Vorabend der 48er Revolution einem Donnerhall, der auf den Umsturz aller bestehenden Herrschaftsverhältnisse in ganz Europa zielte. Marx' Hoffnung richtete sich gerade nicht auf den einzelnen Nationalstaat und auch nicht auf dessen Gründung in Deutschland oder in Italien. Im Bewusstsein der Tatsache, dass die Arbeiterschaft als politische Bewegung in den jeweiligen nationalen Kontexten noch viel zu schwach für umfassende Veränderungen war, sollte die Stärke aus der Internationalität gewonnen werden. Mit der Gründung der *Internationalen Arbeiterassoziation* in London im Jahr 1864 war ein erster organisatorischer Schritt in diese Richtung getan. Die Auseinandersetzungen zwischen den unterschiedlichen Positionen – kurz gesagt zwischen den Anhängern von Marx und Vertretern der anarchistischen Richtung – sind ebenso bekannt wie die Friktionen, die sich insbesondere durch den deutsch-französischen Krieg ergaben. Tatsächlich zerbrach die „Erste Internationale" auch in den 1870er Jahren an diesen Auseinandersetzungen. Doch die Ansätze zu transnationaler Solidarität, wie sie sich nicht zuletzt in einer grenzübergreifenden Verteilung von Streikunterstützungen zeigten, blieben als Erfahrung ebenso wichtig wie die Erkenntnis, dass unterschiedliche nationale Kontexte zumeist auch zu unterschiedlichen politischen Schlüssen führten. Und nicht zuletzt blieb das Ziel der internationalen Vernetzung der Arbeiterbewegung erhalten. Es mündete nicht nur in die Gründung der *Zweiten Internationalen* im Jahr 1889, sondern begleitete die Arbeiterbewegung bei allen tiefgreifenden Differenzen das gesamte 20. Jahrhundert hindurch.

Auf der politischen Ebene war es im Kontext der sich verfestigenden Nationalstaaten und des damit verbundenen Nationalismus jedoch hoch ambivalent, den inter- oder transnationalen Charakter einer Bewegung zu unterstreichen. Sich als Teil einer großen europäischen Strömung darzustellen, vermittelte den Eindruck, auf breite Unterstützung bauen zu können. Dem stand der mögliche Vorwurf entgegen, sich international statt national zu orientieren. Die Rede von der roten (sozialistischen), schwarzen (katholischen) und goldenen (jüdischen) Internationalen wurde gerade im Deutschen Kaiserreich (aber nicht nur dort) oftmals zur Diffamierung nicht nur politischer Gegner, sondern ganzer Bevölkerungsgruppen genutzt. Sozialisten, Katholiken und Juden wurde vorgeworfen, ihre

Solidaritätsfragen und Bekenntnisse zur Nation

Solidarität jenseits der eigenen Nation zu suchen und somit dieser gegenüber illoyal zu sein. Gerade von Sozialisten und Juden wurde das Bekenntnis zur eigenen Nation daher auch immer wieder vehement eingefordert, um es gleichzeitig in Frage zu stellen.

Vernetzung der Frauenbewegungen

Gleichwohl war relative Schwäche in den nationalen Kontexten und die Suche nach Gleichgesinnten, Inspiration und Kooperation auch einer der Beweggründe für die Vertreterinnen der frühen Frauenbewegungen, sich international zu vernetzen. Wenn etwa Louise Otto-Peters 1868 auf dem Dritten Kongress des *Allgemeinen Deutschen Frauenvereins* in Braunschweig davon sprach, dass man Berichte und Zuschriften nicht nur aus deutschen Städten, sondern „aus Paris, London, Dublin, der Schweiz und Amerika" erhielte, dann verweist dies genau darauf, dass man sich als Teil einer wachsenden, sich vernetzenden internationalen Community fühlen konnte. Ein organisatorischer Zusammenschluss auf internationaler Ebene verlief zwar erst etwas zögerlich. Doch auch in den Frauenbewegungen ist die Tendenz unverkennbar, dass zivilgesellschaftliche Initiativen Kontakt und Solidarität über die nationalen Grenzen hinaus suchten.

Internationale Hilfsorganisationen

Eine ganz andere Form des zivilgesellschaftlichen Zusammenschlusses stellten Vereinigungen wie das *Internationale Komitee der Hilfsgesellschaften für die Verwundetenpflege* (später: *Rotes Kreuz*) dar. Hier ging es nicht um politische Bewegungen, die primär auf die nationalen Kontexte ausgerichtet waren und internationale Unterstützung suchten, sondern um Organisationen, die sich von vornherein nationsübergreifend organisieren mussten, wenn sie erfolgreich sein wollten. Hierzu zählte bereits die Anti-Sklaverei-Bewegung, die es mit einem transnationalen Problem zu tun hatte und von daher auch selbst transnational agieren musste. Wie diese bedurfte auch die Vorläuferorganisation des *Roten Kreuzes* allerdings die Anerkennung und die Unterstützung der Staaten. Ein zentraler Schritt hierfür war die Genfer Konvention, der sich 1864 zunächst zwölf europäische Staaten – Baden, Belgien, Dänemark, Frankreich, Hessen, Italien, die Niederlande, Portugal, Preußen, die Schweiz, Spanien und Württemberg – anschlossen, um für den Kriegsfall die Versorgung der Verwundeten sicherzustellen, unabhängig davon, welcher Kriegspartei sie angehörten. Die Organisation, die diese Versorgung sicherstellten sollte, war das „Internationale Komitee vom Roten Kreuz", wie die *Hilfsgesellschaft für die Verwundetenpflege* seit 1876 hieß. Dieses wiederum war in die jeweiligen nationalen

Gesellschaften aufgegliedert, so dass das *Rote Kreuz* gewissermaßen als Prototyp einer internationalen Organisation gelten kann. Der Erfolg zeigte sich nicht zuletzt darin, dass zu den zwölf Unterzeichnerstaaten bald weitere, wichtige Teilnehmer hinzukamen: Schweden und Norwegen noch im Gründungsjahr, Großbritannien, Österreich und Russland kurze Zeit später. Die USA folgten 1882, das Deutsche Reich erst 1906. Dem vom *Roten Kreuz* bei der Gründung formulierten Ziel einer – wie auch immer begrenzten – grenzübergreifenden humanisierenden Hilfeleistung war in den zugrundeliegenden Prinzipien nicht mehr zu widersprechen.

Die Genfer Konvention kann in diesem Kontext als wichtiger Baustein gesehen werden. Sie steht für das Bemühen, internationales Recht mit humanitärer Zielsetzung oder besser gesagt, mit dem Ziel zu schaffen, die dehumanisierenden Folgen des Krieges rechtlich abzumildern oder einzuhegen. Einer der wichtigsten Initiatoren der Genfer Konvention war Gustave Moynier. Der Schweizer Jurist war Mitglied der 1867 gegründeten *Ligue internationale et permanente de la paix* und sah sich auch in dieser Hinsicht als Vorkämpfer einer friedlichen, auf humanitären Prinzipien beruhenden Welt. All das hinderte ihn jedoch nicht daran, seit Mitte der 1870er Jahre zu einem der aktivsten Unterstützer Leopolds II. bei der Absicht zu werden, das Kongogebiet zu unterwerfen und einen Freistaat zu gründen, zu dessen Freikonsul er 1890 ernannt wurde. Auch hier sah er sich insofern in humanitärer Mission, als er sich – etwa auf der von ihm mitinitiierten Brüsseler Konferenz von 1890 – für das Ende des Sklavenhandels in Afrika einsetzte. Das äußerst brutale Vergehen gegen die lokale Bevölkerung des Kongo war ansonsten jedoch nicht Gegenstand seiner humanitären Bemühungen. Letztlich war es das von ihm mitvorangetriebene Völkerrecht, das ihm half, den sich daraus ergebenden Widerspruch aufzulösen. 1873 hatte er gemeinsam mit acht weiteren Europäern, einem Amerikaner und dem aus Argentinien stammenden, aber in Europa tätigen Juristen und ehemaligen Diplomaten Carlos Calvo in Gent (Belgien) das *Institut de droit international* gegründet, mit dem es den Initiatoren auf der Linie der Genfer Konvention darum ging, Kriege mit rechtlichen Mitteln einzuhegen. Dieser Ansatz war jedoch unmittelbar damit verbunden, Europa als den entscheidenden Rechtsraum zu definieren, von dem aus nicht nur die Regeln festgelegt wurden, sondern auch bestimmt wurde, wer überhaupt als rechtsfähiges Subjekt im Sinne eines zu schaffenden Völkerrechts gelten

Genfer Konvention

konnte. Dabei nahmen die „Männer von 1873", wie sie sich selbst bezeichneten, von vornherein die Setzung vor, dass nur „zivilisierte" Staaten Rechtssubjekte in dem neu zu entwerfenden Völkerrecht sein konnten. Gegenüber der Frühen Neuzeit war dies eine deutliche Verschiebung: Bis zum 19. Jahrhundert, so der Völkerrechtler Jörn Axel KÄMMERER, seien die Verbindungen zwischen europäischen und außereuropäischen Mächten noch sehr viel stärker von einem Kooperationswillen geprägt gewesen. Das moderne Völkerrecht wurde nun aber, so KÄMMERER, wie ein Verein entworfen, der allein darüber bestimmte, wer Mitglied sein durfte und wer nicht, gleichzeitig aber den Anspruch erhob, dass seine Regeln universell Geltung hatten. Das „Ius Publicum Europaeum" war somit eine von Europa ausgehende Rechtsordnung, in der sowohl die USA als auch die nach 1810 entstandenen Süd- und Mittelamerikanischen Staaten einbegriffen wurden. Das so entworfene Völkerrecht bestimmte, wie es Thomas Lawrence 1895 ausdrückte, „the rules which determine the conduct of the general body of the civilized states in their dealing with another." [zit n.: 4.3: KÄMMERER, 400] Die Frage, wer als „zivilisierter Staat" zu gelten hatte, wurde von Europa aus bestimmt und konnte zum Teil durchaus komplex sein. Mit Blick auf Afrika war die Lage in den Augen der meisten Völkerrechtler jedoch eindeutig: Hier gab es weder Zivilisation noch Staaten im eigentlichen – europäischen – Sinne, so dass man es per se nicht mit Rechtssubjekten im Sinne des Völkerrechts zu tun haben konnte. Vor diesem Hintergrund gab es auch nur wenige Bemühungen, den Widerspruch aufzulösen, dass die mit der lokalen Bevölkerung abgeschlossenen „Verträge" rechtsgültig waren.

Die Industrialisierung, die Entstehung des Wohlfahrtsstaates, der Ausbau von Bildungsinstitutionen, die Medialisierung und viele weitere Prozesse verliefen grenzübergreifend und können nicht als nationale, sondern müssen als transnationale Phänomene begriffen werden. Es ist daher wenig sinnvoll, diese im vorliegenden Kontext mit zu behandeln. Stattdessen seien abschließend zwei systematische Punkte hervorgehoben. Zum einen verweist der Blick auf transnationale Vernetzungen forschungsperspektivisch darauf, dass die Nationalstaaten gerade im Zuge ihres wachsenden Aufgabenbereichs zwar für nahezu alle gesellschaftlichen Bereiche ein zentraler, aber nicht der einzige Bezugspunkt waren. Für fast alle gesellschaftlichen Bereiche verzahnte sich die gewichtige nationale Perspektive mit transnationalen Bezügen, und zwar innerhalb Europas zumeist mehr als zwischen Europa und den Ländern jenseits Europas – die USA ein Stück weit ausgenommen. Zum anderen lenkt die Fokussierung auf die transnationalen Verflechtungen den Blick auf die Tatsache, dass Austauschbeziehungen häufig nicht auf Gleichrangigkeit beruhten, sondern auch Abhängigkeiten ausbildeten und verstärkten. Die Beziehungen zu den Kolonien zeigen das in besonderer Weise. Zwar ist gerade auch von der neuesten Forschung zu Recht betont worden, dass die Beziehung zu den Kolonialgebieten nicht als einseitiges Dominanz-, sondern als ein Wechselverhältnis verstanden werden sollte und gefragt werden muss, welchen Einfluss die koloniale Expansion auf die „Mutterländer" selbst hatte. Diese Rückwirkungen aus den Kolonien haben die Dominanz der Metropolen jedoch an keiner Stelle ausgehebelt.

Abhängigkeitsverhältnisse statt Wechselbeziehungen

5 Wissens- und Mediengesellschaft

5.1 Mediale Vielfalt

Die Entwicklung der Medien ist ein gesellschaftlicher Bereich, bei dem wie in kaum einem anderen nationale Verfestigung, transnationale Verflechtung und wechselseitige, internationale Beobachtung unmittelbar miteinander verbunden sind. Die inneren Staatsgründungsprozesse, die in weiten Teilen Europas nach 1870 deutlich an Durchschlagskraft gewannen, waren eng mit der Expansion einer Presselandschaft verbunden, für die der jeweilige Nationalstaat gleichsam zum selbstverständlichen Bezugsrahmen wurde. Der enge Zusammenhang von Kommunikation und nationaler Integration, auf den schon früh der aus Prag stammende, amerikanische Politikwissenschaftler K. W. Deutsch hingewiesen hatte, ist hier schon an anderer Stelle unterstrichen worden. In den Nationalstaaten trug die Presse ganz wesentlich dazu bei, dass deren Grenzen zunehmend auch zu Grenzen von Kommunikationsräumen wurden. In jenen Staaten, die wie Russland, Österreich-Ungarn oder das zerfallende Osmanische Reich keine Nationalstaaten waren, verlief die Entwicklung komplexer. In Österreich-Ungarn verstärkte der sog. Ausgleich von 1867 eine Entwicklung, die auch in kommunikativer Hinsicht ein Auseinanderdriften Österreichs und Ungarns vorantrieb. Die verschiedenen größeren und kleineren Nationalitäten in der Doppelmonarchie sowie im sonstigen Bereich Süd-Osteu-

Expansion der Presselandschaft

Kommunikationsräume als Grenzgeber

ropas waren dabei jeweils bemüht, sich ihrerseits über die Presse zu artikulieren und sich mit ihren Anliegen Gehör zu verschaffen. Das Zarenreich war ohnehin noch darauf bedacht, die Presse zu kontrollieren und ließ auch von daher der nichtrussischen – insbesondere etwa der polnischen – wenig Raum, um sich zu entfalten. Aber auch hier fungierte die Presse einerseits als Medium zur Schaffung eines staatlichen, auf das Zarenreich ausgerichteten Kommunikationsraums und andererseits – wenn auch auf einer ganz anderen Ebene – als weitgehend unterdrücktes und zum Teil geheim erscheinendes Medium zur Artikulation nationaler Interessen.

Schaffung und Festigung nationaler Kommunikationsräume

Dieser wichtigen Rolle für die Schaffung und Festigung nationaler Kommunikationsräume entsprach die Beschäftigung mit dem „Ausland" als zentrale Rubrik der politischen Tagespresse. Bereits die Kategorisierung, also die Trennung zwischen „In-" und „Ausland" trug dazu bei, zwischen den eigenen – damit also nationalen – und den fremden, also ausländischen Angelegenheiten zu unterscheiden. Sowohl die Leser als auch die Gestalter der Zeitungen blickten damit permanent auf das Geschehen in anderen Ländern und Regionen, aber die Perspektive dabei war zumeist eine nationale.

Gründung von Nachrichtenagenturen

Für die Auslandberichterstattung wuchs in der zweiten Hälfte des 19. Jahrhunderts den Nachrichtenagenturen eine zentrale Rolle zu, bei denen das Ineinandergreifen von nationalstaatlichen Perspektiven und trans- bzw. internationalen Organisationsformen besonders greifbar und in gewisser Weise paradox war. In der Jahrhundertmitte (*Reuters* in England und *Wolffs Telegraphenbüro* in Deutschland) bzw. etwas zuvor (*Havas* in Frankreich) gegründet, waren diese Agenturen einerseits quasi staatliche Institutionen oder im Fall von *Reuters* zumindest eng mit dem Staat verbunden, die darin eindeutig ein Instrumentarium ihrer Informationspolitik sahen. Auch alle weiteren Staaten gründeten jeweils „ihre" Agenturen und folgten damit dem Bespiel der drei Vorbilder – ebenfalls mit dem Ziel, den internationalen Nachrichtenfluss in ihrem Sinne

Filterung und Beeinflussung des Nachrichtenflusses

beeinflussen zu können. Vor diesem Hintergrund erscheint es in gewisser Weise als paradox, dass sich die drei großen Agenturen 1870 zu einem Kartell zusammenschlossen und die Welt (abgesehen von den USA) nachrichtentechnisch gleichsam unter sich aufteilten. Die übrigen staatlichen Agenturen waren mehr oder weniger gezwungen, sich diesem Kartell anzuschließen – aber nicht als gleichberechtigte Partner, sondern in unmittelbarer Abhängigkeit von einer der drei großen Agenturen. Eine Agenturmeldung aus Spanien ging auf diese Weise durch drei nationale Filter, bevor sie möglicherweise die deutschen Leser erreichte: Die spanische Agentur *Centro de Corresponsales* war verpflichtet, ihre Nachrichten über die *Agence Havas* zu vertreiben. Die wiederum filterte die Nachrichten aus einer französischen Perspektive, bevor sie sie den Kartellpartnern *Reuters* und *Wolffs Telegraphenbüro* zur Verfügung stellten. Die beiden filterten die Meldungen auch noch einmal und aus dem Pool, der anschließend den deutschen Zeitungen zur Verfügung gestellt wurde, wählten diese dann das Material aus, was ihrer Meinung nach die deutschen Leser interessierte. Der Weg einer Nachricht aus dem polnischen Teil des Zarenreichs beispielsweise nach Italien war unter diesen Umständen noch weiter: Eine russische, geschweige denn eine polnische Agentur existierte im 19. Jahrhundert noch nicht. Die russischen Zeitungen, die das *Wolff* – in dem Kartell zuständig für Russland – für ihren Nachrichtenpool auswerteten, berichteten im Zweifel sehr gefiltert über die polnischen Gebiete und was davon auf dem Weg über *Havas* beim italienischen Zeitungsleser ankam, ist sehr fraglich. Zwar gab es auch Korrespondenten, die jenseits der Agenturen direkt aus anderen Ländern berichteten, doch war deren Zahl begrenzt und der internationale Nachrichtenfluss damit alles andere als ungehindert. Sowohl innerhalb Europas als auch auf der globalen Ebene war die Dominanz des Agenturkartells (zu der außer den europäischen Agenturen noch *Associated Press* aus den USA gehörte) für den Nachrichtenaustausch erdrückend.

Der Aufstieg der Agenturen erwies sich als wesentlicher Teil eines transnationalen Medienwandels, in dem die Nachricht als Ware mit Verkaufswert und Verfallsdatum eine schnell wachsende Bedeutung erhielt. Die Mediengeschichte hat vor diesem Hintergrund zum Teil das Bild vom Aufstieg der „Informationspresse" zulasten der „Parteipresse" gezeichnet. Das ist in verschiedener Hinsicht sehr verkürzend. Bei allem Bedeutungszuwachs der Nachrichten ging damit eher ein Diversifizierungs- und weniger ein Verdrängungsprozess einher. Die Differenzierung verlief parallel zu einer enormen Expansion der gesamten Medienlandschaft. So unterschiedlich die Presseentwicklung in Europa zwischen den Metropolen und den kleineren Städten, zwischen kleineren Städten und ländlichen Regionen, zwischen den unterschiedlichen Regionen und Ländern in Europa auch verlief, gab es doch kaum einen Bereich innerhalb Europas, der nach 1870 nicht in irgendeiner Form

Bedeutungszuwachs und Expansion der Medienlandschaft

von der zunehmenden Einbindung in die immer dichter werdende kommunikative Vernetzung betroffen gewesen wäre. Neben wichtigen Faktoren wie Alphabetisierung, Urbanisierung und Industrialisierung war es aber zunächst der Grad an Pressefreiheit, der bestimmte, ob und in welchem Maße eine dynamische Presseentwicklung überhaupt einsetzen konnte. Bei allen Unterschieden bildeten die ausgehenden 1860er und frühen 1870er Jahre in dieser Hinsicht eine wichtige Zäsur für Europa insgesamt. Das bedeutet nicht, dass nun überall in Europa uneingeschränkte Pressefreiheit herrschte, doch in vielen europäischen Ländern gab es liberalisierende Einschnitte und dort, wo diese wieder rückgängig gemacht wurden, stieg der Begründungszwang. Presseeinschränkende Maßnahmen wurden daher nicht mehr als allgemeine Einschränkungen der Pressefreiheit verordnet, sondern als gezielte Maßnahmen gegen vermeintliche Bedrohungen. Wie schon seit dem frühen 19. Jahrhundert erkennbar, entwickelte sich das Ausmaß der Pressefreiheit bzw. ihre Einschränkung zu einem sensiblen Gradmesser für die politische Freiheit insgesamt. Das bedeutete umgekehrt, dass die Auswirkungen von Liberalisierungen, sei es durch Reformen oder den Prozess der Verfassungsgebungen, immer zuerst im Bereich der Presse zu spüren waren.

Pressefreiheit und -einschränkungen

Politik als Taktgeber für Zensuren

Die enge Verbindung zwischen einer vergleichsweise liberalen politischen mit einer entsprechend liberalen Entwicklung der Presse ist für England am klarsten erfassbar. England galt immer als das Vorreiterland der Pressefreiheit in Europa, und unverkennbar verlief die britische Pressentwicklung vergleichsweise kontinuierlich und von neuen Einschränkungen weitgehend verschont. Zwei Differenzierungen sind allerdings zu machen: Zum einen genoss auch in Skandinavien und in den Niederlanden die Presse in der ersten Hälfte des 19. Jahrhunderts bereits vergleichsweise große Freiheiten bzw. war nur von relativ wenigen Einschränkungen geprägt. Zum andern agierte die britische Regierung wesentlich weniger großzügig, wenn es um Irland ging: Der irischen Unabhängigkeitsbewegung wurde kaum Spielraum eingeräumt und deren Presse nach Kräften unterdrückt. Das Prinzip der Pressefreiheit war somit auch im Vereinigten Königreich durchaus abhängig von politischen Zielen, die als höherwertig eingeschätzt wurden. In Frankreich verlief die Presseentwicklung – parallel zu den politischen Einschnitten – ungleich disruptiver. Alle revolutionären Einschnitte gingen mit Medienrevolutionen Hand in Hand und waren gefolgt von herben Rückschlägen. Erst mit dem Krieg von 1870/71 und dem damit verbundenen Ende des Zweiten Kaiserreichs setzte sich in Frankreich die Pressefreiheit nachhaltig durch, auch wenn das dazugehörige Gesetz erst 1881 verabschiedet wurde. In den deutschen Staaten, speziell in Preußen hatte sich das Klima für die Presse bereits ohne eine Veränderung der Gesetzeslage seit Beginn der „Neuen Ära" im Jahr 1859 verbessert. Die Reichsverfassung verschob die Frage der Pressefreiheit noch auf eine kommende gesetzliche Regelung, welche 1873 folgte und dem Staat mehr Eingriffe ermöglichte als es sich viele Liberale ursprünglich gewünscht hatten. Dennoch und trotz des zeitweiligen Verbots der sozialdemokratischen Presse bildete das Gesetz von 1873 die zentrale Voraussetzung für eine Presseentwicklung, die in allen Bereichen – Zahl und Diversität an Zeitungen und Zeitschriften, Auflagen, Seitenzahlen, Erscheinungshäufigkeit – unter dem Zeichen der Expansion stand.

Die Vereinigung Italiens ging ebenfalls mit der grundsätzlichen Festlegung auf Pressefreiheit einher. In Spanien brachten der Umsturz von 1868 und die anschließende Verfassung von 1869 zunächst ebenfalls die Pressefreiheit, sie erfuhr aber mit dem erneuten Umsturz von 1874 und der einsetzende Restauration wieder deutliche Einschränkungen. Die 1876 erlassene neue Verfassung führte die Zensur nicht wieder ein und garantierte prinzipiell Meinungsfreiheit, doch infolge verschiedener rechtlicher, administrativer und ökonomischer Maßnahmen war diese Freiheit durchaus begrenzt. In Österreich legten das Pressegesetz von 1862 und die Verfassung von 1867 die Grundsteine für eine weitegehend liberale Presseordnung und auch für den ungarischen Teil der k. u. k. Monarchie galt im Wesentlichen Vergleichbares. Das einzige Land Europas, das auch bis über das Jahrhundertende hinaus – konkret bis zur Revolution von 1905 – an der Zensur festhielt, war Russland. Auch dort setzten gleichwohl in den 1860er Jahren erste Liberalisierungen ein: Das Pressegesetz von 1865 schaffte immerhin die Vorzensur für Bücher mit über 160 Seiten ab. Eine gewisse Liberalisierung des politischen Klimas führte auch hier zu einem wahrnehmbaren Expansionsschub und tendenziell zu einer Diversifizierung der Presselandschaft. Für Russland wie für das übrige Europa galt jedoch, dass neben den gesetzlichen Bestimmungen immer auch das politische Klima maßgeblich für den Spielraum der Presse war. So führten die Attentate auf den Zaren von 1866 und von 1881 wieder zu Verschärfungen der Pressekontrolle, so dass insgesamt die Presse in

Entwicklung liberaler Presseordnungen

Russland innerhalb Europas die am wenigsten freie war. Für die übrigen Staaten Europas galt, dass das System der Vorzensur zur Pressekontrolle abgeschafft und es im Wesentlichen der Justiz überantwortet wurde, darüber zu entscheiden, ob mit bestimmten Veröffentlichungen Gesetze übertreten wurden. Die Handhabung der Gesetze und die Frage, in welchem Maße die Justiz gegebenenfalls unter dem Einfluss der Politik oder auch der Kirchen stand, konnten im Einzelnen sehr unterschiedlich ausfallen und standen in engem Zusammenhang mit der Frage, wie liberal oder illiberal sich die jeweiligen Gesellschaften entwickelten.

Medien als integraler Bestandteil von Gesellschaften

So sehr die Entwicklungen in den verschiedenen Ländern im Einzelnen variierten, lassen sich jenseits der überall beobachtbaren quantitativen Expansion mindestens drei zentrale Entwicklungen erkennen, die die europäische Presse in dieser Phase insgesamt kennzeichneten. Diese führten letztlich dazu, dass die Medien zum integralen Bestandteil von Gesellschaften wurden und sich mediale und gesellschaftliche Entwicklungen so durchdrangen, dass die Konturen ausgereifter Mediengesellschaften zunehmend klar erkennbar wurden. Die erste betrifft die Rolle der Medien für die politische Selbstorganisation der Zivilgesellschaft. Seit dem ausgehenden 18. Jahrhundert war die Presse dort, wo es die politischen Verhältnisse zuließen, auf das Engste mit der Herausbildung eines politischen Raumes und den entstehenden politischen Strömungen verbunden. In England entstanden in enger personeller Verbindung mit den Parlamentsfraktionen Zeitungen, die zunächst gleichsam den parlamentarischen Raum erweiterten und dazu beitrugen, dass die Konservativen und die Liberalen als zentrale Parteien in der Wahlbevölkerung und darüber hinaus Verankerung fanden. In den meisten anderen europäischen Ländern verlief die politische Entwicklung weniger kontinuierlich. Das gleiche galt für die Entwicklung der Presse. Überall in Europa lässt sich verfolgen, dass die Presse dort, wo es die Zensur zuließ, zum zentralen Instrument der politischen Selbstorganisation der Gesellschaft wurde. Im Kontext der Revolutionen von 1789, 1830 oder 1848 zeigte sich dies auf besonders eruptive Weise. Aber auch darüber hinaus nahmen Zeitungen häufig die Rolle von Kristallisationspunkten der sich formierenden politischen Parteiungen ein. In dem Maße, in dem sich die politischen Parteien festigten, verloren die Zeitungen diese Funktion und rückten politisch gewissermaßen ins zweite Glied. Doch das Maß der Festigung der Parteien verlief in Europa sehr unterschiedlich. England nahm hier nicht nur durch den vergleichsweise ruhigen und stetigen Ausbau des parlamentarischen Systems eine Sonderrolle ein, sondern auch durch das früh entwickelte und lange Zeit stabile bipolare Parteiensystem. Für die Presse hatte diese Konstellation eine doppelte Konsequenz: Zum einen spielten dadurch die Zeitungen als Kristallisationspunkte für neue politische Strömungen eine geringere Rolle, da Konservative und Liberale die politische Landschaft lange Zeit dominierten. Auf diese Weise entstand auf der anderen Seite früher als in andern Ländern Raum für das journalistische Konzept politischer Unabhängigkeit und den Anspruch, eine eigenständige, vierte Gewalt zu verkörpern.

Das bedeutete gleichwohl im Umkehrschluss nicht, dass die britischen Zeitungen ihre Rolle für die Selbstorganisation der Gesellschaft prinzipiell einbüßten – im Gegenteil. Für die Arbeiterbewegung, die Frauenbewegung, die Formierung von Vereinen, Verbänden und Organisationen jeder Art war die Pressefreiheit und die Möglichkeit, sich über unterschiedliche publizistische Kanäle zu Wort zu melden, die zentrale Grundlage. Hier wird unmittelbar deutlich, wie eng Pressefreiheit und die Möglichkeit zivilgesellschaftlicher Selbstorganisation Hand in Hand gingen. So expandierten in Europa mit zunehmender Pressefreiheit nicht nur die Tagespresse, sondern Publikationsorgane jeder Art. Länger als in England blieb in den meisten anderen europäischen Ländern die Presse allerdings noch unmittelbarer mit dem Prozess der Formierung der Parteien verbunden. In Frankeich etwa bildete die von Leon Gambetta, späterer Premierminister und einer der führenden republikanischen Politiker der 1870er und frühen 80er Jahre, 1871 gegründete Zeitung *République Française* die Keimzelle seines politischen Netzwerks, auf das er seine Karriere und seinen politischen Einfluss gründete. Vor allem in den 1870er Jahren, als das politische System noch nicht gefestigt und die politischen Strömungen noch fluide und instabil waren, bildeten die Zeitungen den zentralen Ort der politischen Auseinandersetzung. In Deutschland wie in vielen anderen europäischen Ländern hatte die Liberalisierung des politischen Klimas in den 1860er Jahren dazu geführt, dass die politischen Zeitungen ihre Freiheit zunächst vor allem dazu nutzten, sich politisch klar zu bekennen – viele vor allem zu den Liberalen, aber durchaus auch zu den Konservativen. Umgekehrt schufen sich überall in Europa, soweit es Gesetzeslage und politisches Klima zuließen, die politischen Strömungen und Parteien ihre eigenen Organe und trugen

Massenpolitisierung

so wesentlich zu einer Ausweitung des politischen Raums, zu einer „Massenpolitisierung" bei.

Kommerzialisierung der Presse

Die zweite zentrale Entwicklung, die die Presseentwicklung dieser Phase kennzeichnete, bestand darin, dass sich mit den wachsenden ökonomischen Chancen für die Presse ein Prozess verstärkte, der sich am besten als Zunahme medialer Eigenlogiken fassen lässt. Mit den rasant wachsenden Absatzmärkten, insbesondere in den Großstädten, erkannten vor allem Verleger und Zeitungsunternehmer bald, dass man den Lesern und Leserinnen deutlich mehr als nur politische Gesinnung liefern musste, um erfolgreich zu sein. Grundsätzlich war dies keine neue Erkenntnis der 1870er Jahre. Ein erster Kommerzialisierungsschub hatte vor allem in England und in Frankreich schon in den 1830er Jahren eingesetzt. Kommerzialisierung bedeutete in diesem Kontext nicht zuletzt eine stärkere Berücksichtigung potenzieller Leserinteressen. Vor allem in Frankreich hatten die politischen Umstände diese Entwicklung zunächst wieder gebremst und auch in England orientierten sich die Zeitungen lange noch vornehmlich an einem vorwiegend bürgerlichen Publikum. Dies begann sich in den 1870er und 1880er Jahren erheblich zu ändern. Nachdem die Verkaufszahlen auch bei den auflagestärksten Zeitungen in den europäischen Haupt- und Großstädten bis in den 1860er Jahre selten über einen mittleren fünfstelligen Bereich hinausgingen, erkannten die Zeitungsunternehmer bald, dass Auflagen im sechsstelligen und an der Schwelle zum 20. Jahrhundert sogar im siebenstelligen Bereich möglich waren. Zu einem der wichtigsten journalistischen Wegbereiter dieser Entwicklung wurde der britische Journalist William Thomas Stead, der die Londoner *Pall Mall Gazette* in den 1870er und 80er Jahren zu einer der innovativsten europäischen Zeitungen machte. Stead arbeitete zum einen daran, die Zeitungen über die Gestaltung leserfreundlicher zu machen, zum anderen aber definierte er die Rolle der Journalist:innen neu. Der „new journalism", d.h. die eigenständige Recherche von Themen und den dazugehörigen Geschichten und Nachrichten wurde auch in den USA zum neuen Maßstab für guten Journalismus. Die journalistische Realität in Europa sah zunächst zwar noch anders aus, doch ein Bewusstsein für die Bedeutung von Faktoren medialer Eigenlogik nahm deutlich zu: Der Stellenwert von schneller und korrekter Nachrichtenübermittlung, thematische Diversifizierung, günstige Preisgestaltung, eine leserfreundlichere Gestaltung sowie generell der Versuch neue Leserschichten zu erschließen bereiteten den Weg für den Durchbruch zu einer Massenpresse, die bis zur Jahrhundertwende – ausgehend von den Groß- und Hauptstädten – die Presselandschaft in Europa insgesamt deutlich verändern sollte. Teil dieses Prozesses war nicht zuletzt, dass die Zeitungen zunehmend für sich in Anspruch nahmen, nicht mehr nur Leser und Leserinnen einer bestimmten politischen Gruppierung anzusprechen, sondern „für alle" zu schreiben. In diesem Sinne etwa trat das *Illustrierte Wiener Extrablatt* 1872 explizit mit dem Anspruch an, eine Zeitung zu machen, die „Fiakerkutscher, Hausmeister und einfache(n) Arbeiter [...] regelmäßig" lesen würden. Damit verbunden war sowohl eine Verschiebung des Themenspektrums als auch der wachsende Anspruch auf Eigenständigkeit und Unabhängigkeit. Zu den zentralen Elementen im Prozess der Zunahme medialer Eigenlogiken gehörte schließlich das Mittel der Skandalisierung. Die sich langsam durchsetzende Praxis, bestimmte Ereignisse im politischen, ökonomischen oder anderweitig interessanten Bereich als skandalös zu präsentieren, eröffnete den Zeitungen nicht nur die Möglichkeit, sich ins Gespräch zu bringen und ökonomische Gewinne zu erzielen, sondern auch dazu, das Gewicht der Presse als eigenständigen, gesellschaftlichen Faktor zu untermauern.

<small>Presse für alle</small>

<small>Skandalisierung</small>

Die dritte zentrale Entwicklung hängt mit der zweiten unmittelbar zusammen und ist gekennzeichnet durch die Integration der Medien in die sich ausweitende Konsumgesellschaft. Drei Aspekte sind hier zu unterscheiden: Erstens wurden Zeitungen und Zeitschriften, aber auch andere Medien wie Bücher, Broschüren, Postkarten und anderes mehr zu Konsumprodukten mit deutlich anwachsendem Umsatz. Auf die Expansion und die Auflagensteigerung der Zeitungen ist schon verwiesen worden. Was den Buchhandel angeht, hatte dieser in Deutschland nach einem vorläufigen Höhepunkt im Jahr 1843 zunächst einen Rückgang erlebt, bevor dann im Jahr 1879 die Zahlen aus dem Vormärz wieder erreicht und dann schnell und mit weiter steigender Tendenz übertroffen wurden. In anderen europäischen Ländern verlief die Entwicklung zumeist gleichmäßiger und, wenn auch auf recht unterschiedlichem Niveau, ebenfalls auf Expansion ausgerichtet. Bücher spielten damit einerseits eine wichtige Rolle für die Verbreitung von Wissen, gewannen aber andererseits auch als Konsumartikel zunehmend an Bedeutung. Einen noch rasanteren Aufstieg verzeichnete ein weiteres, neuartiges Medium: Die 1865 erfundene Postkarte setzte sich

<small>Medien als Konsumprodukte</small>

seit den 1870er Jahren schnell in ganz Europa durch. Sie ermöglichte nicht nur kurze private Textbotschaften, sondern bot auch Raum für bildliche Darstellungen mit teilweise offenen oder subtilen Werbebotschaften kommerzieller oder politischer Art. So wurde die Postkarte selbst zu einem begehrten Konsumgut, das zugleich häufig auf andere Möglichkeiten des Konsums, z. B. Reisen, verwies. Zweitens nahm nicht nur die Bedeutung von Werbung in den verschiedenen Publikationsformen zu. Vor allem Zeitschriften verstärkten darüber hinaus ihre Rolle als Medien einer sich ausdifferenzierenden Konsumgesellschaft. Zeitschriften für Mode und für andere Luxusprodukte reichen bereits bis ins 18. Jahrhundert zurück, aber im letzten Drittel des 19. Jahrhunderts expandierte auch dieser Markt erheblich. Damit wuchs nicht nur der Werbemarkt, sondern auch die redaktionellen Artikel über Mode, über kulturelle Ereignisse und Produkte und schließlich auch über Sport und sonstige Veranstaltungen schufen neue Konsumanreize. Drittens schließlich entwickelten sich Zeitungen und Zeitschriften durch ihre Periodizität zu permanenten Begleitern vor allem der (groß-)städtischen Bevölkerung und trugen wesentlich dazu bei, einen städtischen Kommunikationsraum zu schaffen. Vor allem in Großstädten entwickelten sich Bühnen für immer neue Geschichten – zum Teil mit Fortsetzungscharakter. „Serienkiller" wie Jean-Baptiste Troppmann in Frankreich und natürlich Jack the Ripper in England hielten die Leserschaft ebenso in Atem wie in Deutschland später der harmlose, aber unterhaltsame „Hauptmann von Köpenick". Die großen hauptstädtischen Zeitungen begannen nicht nur täglich, sondern mehrfach täglich zu erscheinen und entwickelten sich so zu rhythmusgebenden und Unterhaltung versprechenden Gütern, deren Kauf für viele zum Teil des monatlichen Budgets wurden. Der Höhepunkt dieser Entwicklung lag erst kurz nach der Jahrhundertwende, als zum einen die Blätter in den europäischen Metropolen ihre höchsten, auch nach dem Krieg zumeist nicht mehr erreichten Auflagen erzielten und sich zum andern – 1905 schließlich auch in Russland – die Pressefreiheit in ganz Europa zumindest solange durchgesetzt hatte, bis der Erste Weltkrieg die Lage wieder gänzlich veränderte.

Bedeutung von Werbung

Zeitungen und Zeitschriften als permanente Begleiter

5.2 Wissenschaften und Bildung

In den 1860er Jahren begann der französische Schriftsteller Émile Zola mit der Planung eines einzigartigen schriftstellerischen Unterfangens, das in der Zeitspanne zwischen 1871 und 1893 seine Umsetzung fand: Der 20 Bände umfassende Roman-Zyklus über die weit verzweigte Familie der Rougon-Macquart sollte gleichsam wissenschaftlich basiert eine Totalerfassung der französischen Gesellschaft liefern. Inspiriert vom Positivismus und angelehnt an die Methode des wissenschaftlichen Experiments sollten seine Figuren ausloten, welche Begrenzungen und welche Möglichkeiten ihnen das jeweilige ererbte soziale Milieu für ihre individuelle Entwicklung bot. Ausdrücklich nahm Zola in seinen theoretischen Überlegungen Bezug auf die Naturwissenschaften – in erster Linie auf den französischen Mediziner Claude Bernard, der maßgeblich für den Anspruch stand, Medizin mit gezielten Experimenten an Tieren zu einer exakten Wissenschaft zu machen. In diesem Sinne ging es Zola darum, auszuloten, wie biologische und soziale Faktoren zusammenspielen, um die Handlungen und die Persönlichkeit eines Individuums zu determinieren. Zola war Schriftsteller genug, um nicht den Versuch zu unternehmen, die Theorien Bernards oder Charles Darwins, auf den er sich ebenfalls bezog, ganz konkret literarisch umzusetzen. Doch allein die Tatsache, dass er seinen Zyklus als eine Art wissenschaftsbasierten Blick auf die Gesellschaft konzipierte, lässt deutlich werden, welche Faszination in dieser Zeit die Wissenschaften und die Idee ausübten, über exakte, experimentelle Methoden zu ganz neuen Erkenntnissen zu gelangen.

Faszination der Wissenschaften

Das Beispiel lässt erahnen, was gemeint ist, wenn von der Zeit seit 1848 vielfach als von der „hohen Zeit der Naturwissenschaften" oder der „Revolution der Wissenschaften" die Rede ist: Zunächst gab es eine ungewöhnlich hohe Zahl neuer wissenschaftlicher Erkenntnisse und Forschungen, die in ganz unterschiedlichen Bereichen das Verständnis der jeweiligen Wissenschaft grundlegend veränderten. Dazu gehörten Darwins 1859 erstmals veröffentlichte Theorie der Evolution ebenso wie die mikrobiologischen Arbeiten von Louis Pasteur und Robert Koch zur Bedeutung und Bekämpfung von Keimen und Bakterien aus den 1870er und 80er Jahren, die Neubegründung der Chemie durch die Erstellung des Periodensystems durch Dimitrij Medelejev und (wenige Monate später) Lothar Meyer im Jahr 1869, die experimentelle Erzeugung elektroma-

Hochkonjunktur der (Natur)Wissenschaften

gnetischer Wellen durch Heinrich Hertz im Jahr 1887, aber auch die in vieler Hinsicht problematischen Ausgrabungen Heinrich Schliemanns in der heutigen Türkei sowie die nicht minder zweifelhaften geographischen Vermessungen Afrikas in den 1870er Jahren. All diese Entdeckungen konnten jede für sich als „revolutionär" im jeweiligen Fachkontext angesehen werden und sie führten zu jener Wahrnehmung, die Werner von Siemens 1886 prägnant formulierte, als er davon sprach, dass „ein neues Zeitalter der Menschheit" angebrochen sei, „welches wir berechtigt sind, das naturwissenschaftliche Zeitalter zu nennen".[14] Zudem aber standen all diese Erkenntnisse und Forschungen nicht isoliert für sich und wurden nicht nur als Fortschritt in einer bestimmten wissenschaftlichen Disziplin definiert. Vielmehr lösten sie sowohl in ihrer Gesamtbetrachtung als auch in ihrer jeweiligen Einzelbeobachtung eine Vielzahl von Vorstellungen, Zuschreibungen und Auseinandersetzungen über ihre gesellschaftlichen Implikationen und ihren jeweiligen politischen Gehalt aus. Das bedeutet, dass die sich entwickelnde Wissensgesellschaft sich nicht von gesellschaftlichen und medialen Prozessen trennen lässt, und somit Wissens- und Mediengesellschaft hier unmittelbar zusammenflossen. Ganz basal lässt sich dies bereits an der rasanten Zunahme wissenschaftlicher Zeitschriften in der zweiten Jahrhunderthälfte von gut 1 000 auf rund 8 000 weltweit ablesen. Nicht minder wichtig war die enorme, wenn auch kaum bestimmbare Zahl von populärwissenschaftlichen Artikeln, die sich in ganz unterschiedlichen Medien mit den wissenschaftlichen Neuentwicklungen befassten. Das Überfliegen der Inhaltsverzeichnisse populärer Zeitschriften lässt schnell erkennen, dass das Interesse an den Erkenntnissen, aber ebenso an den Personen wie Darwin, Koch, Schliemann, Pasteur, Stanley und vielen anderen enorm war. Der zugespitzte Blick auf einzelne Personen lässt sich als Teil eines Medialisierungsprozesses verstehen, bei dem mit dem Mittel der Personalisierung komplexer Erkenntnisprozesse Wissenschaftler und Entdecker zu Medienstars der sich formierenden Wissensgesellschaft wurden. Nahezu ausschließlich männliche Wissenschaftler und Entdecker wurden so zu verklärten Heroen einer neuen Zeit.

---

14 Werner von Siemens, Das naturwissenschaftliche Zeitalter, in: Tageblatt der Versammlung deutscher Naturforscher und Ärzte in Berlin vom 18.-24. September 1886. Berlin 1886, 92–96, 92.

Sowohl innerwissenschaftlich als auch von der außerwissenschaftlichen Reichweite her war Darwin gewiss der einflussreichste aus diesem Personenkreis. Sein 1859 erstmals erschienenes Buch *On the origin of species* gilt als Grundlegung der Evolutionstheorie, nach der sich die Arten im Laufe von Generationen über natürliche Selektion entwickelten und ausdifferenzierten. Das Buch machte ihn und seine Theorie in kurzer Zeit in ganz Europa bekannt. Die erste Übersetzung ins Deutsche wurde bereits 1860 der Öffentlichkeit vorgestellt. Zwei Jahre später erschien das Buch auf Französisch, 1864 jeweils auf Italienisch und auf Russisch und 1877 schließlich auf Spanisch. Die Rezeption setzte zwar vor den Übersetzungen in den verschiedenen Ländern ein, doch zogen die Übersetzungen jeweils einen neuen Schub der öffentlichen Wahrnehmung nach sich. Über viele der Grundfragen wurde dabei überall in ähnlicher Weise diskutiert, unübersehbar ist jedoch, dass sowohl die unterschiedlichen politischen Kontexte als auch die unterschiedlichen Wissenschaftstraditionen die Rezeption erheblich beeinflussten. Somit entstand eine übergreifende, transnationale Debatte mit sehr unterschiedlich ausgeprägten nationalen Besonderheiten. Die deutsche Debatte stand zunächst noch ganz im politischen Kontext der Post-1848er Jahre: Nachdem die Revolution weitgehend gescheitert, ihre Ideen als idealistisch diskreditiert schienen und der Liberalismus deutlich geschwächt war, schien von Technik und Wissenschaft ein unverbrauchtes und noch nicht enttäuschtes Fortschrittsversprechen auszugehen. Vor allem die Naturwissenschaften weckten ein neues bürgerliches Bildungsinteresse und wurden zugleich zur Projektionsfläche für neue Vorstellungen von gesellschaftlichem Fortschritt. In diesen Kontext passt Darwins Neuentwurf der Naturgeschichte in perfekter Weise. Für Liberale war, wie der Philosoph Kurt Bayertz argumentiert, die Darwin'sche Theorie in doppelter Weise attraktiv: Zum einen ließ sich seine Theorie als antireligiös bzw. antiklerikal interpretieren, da Gott für die Entwicklung der Natur und des Menschen nicht mehr benötigt wurde und die Kirche damit an Deutungshoheit verlor. In ihrer tendenziellen Opposition oder zumindest kritischen Distanz zu Kirche und Religion konnten sich die Liberalen nun auf der „richtigen" Seite sehen. Zum anderen, so Bayertz, konnten die Liberalen mit Bezug auf Darwin davon ausgehen, dass „Entwicklung identisch mit Fortschritt" und somit „der Fortschritt in Natur und Gesellschaft unaufhaltsam sei" [5.2: Bayertz, 181].

Charles Darwins Werk

Verhältnis von Wissenschaft und Religion

In der französischen Rezeption spielte das Verhältnis von Darwins Theorie zur Religion ebenso eine wichtige Rolle. Das hing nicht zuletzt mit der von Clémence Royer vorgenommenen Übersetzung zusammen. Denn Royer, die sich auf eigene Initiative um die Übersetzung bemüht hatte und die Darwin in einem Brief als „one of the cleverest and oddest women in Europe" bezeichnet hatte,[15] hatte den Text nicht nur übersetzt, sondern auch kommentiert. Dabei steckte Royer, die selbst ein Buch über Darwin geschrieben und sowohl in Frankreich als auch in Italien eine Vielzahl von Vorträgen über ihn gehalten hatte, die beiden Pole jener Vorstellungen ab, die auf Darwins Werk projiziert wurden: In radikal fortschrittsorientierter Perspektive sah sie Darwin als Verkörperung des Sieges der Wissenschaft und der Rationalität über die Kirche, deren Idee der göttlichen Schöpfung und über all jene, die sich dem Fortschritt entgegensetzten. Zugleich eröffnete die Evolutionstheorie in ihren Augen die Möglichkeit, eugenisch in die Entwicklung des Menschen einzugreifen. Royer leistete damit jenen Interpretationen Vorschub, die Darwin zum Kronzeugen rassistischer und anderweitiger biopolitischer Ideen machen wollten. Sie selbst verband mit ihren eugenischen Vorstellungen, soweit erkennbar, noch keine konkreten rassistischen Ideen, doch die Zahl derer, die sich mit Bezug auf Darwin in kruden Vorstellungen vom Leben als „Kampf ums Dasein" und dem „Recht des Stärkeren" bestätigt sahen, nahm seit den 1870er Jahren erkennbar zu. Im deutschen Kontext hing dies u. a. mit dem Krieg gegen Frankreich zusammen. Der Mediziner und Zoologe Gustav Jäger, der eine Vielzahl von Artikeln in der Zeitschrift *Das Ausland* verfasst und früh zur Popularisierung Darwins beigetragen hatte, sah im Krieg prinzipiell und dem Sieg der Deutschen über die Franzosen im Konkreten das für ihn naturgegebene Prinzip der Durchsetzung des Stärkeren bestätigt. Die vermeintlichen Prinzipien einer sich nach bestimmten, moralfreien Gesetzmäßigkeiten entwickelnden Natur wurden so von Jäger und anderen umstandslos auf die menschliche Gesellschaft übertragen.

Lombrosos Theorien

Etwa zur gleichen Zeit veröffentlichte in Italien der Mediziner Cesare Lombroso mit dem Buch *L'uomo bianco e l'uomo di colore* eine der ersten wissenschaftlichen Abhandlungen, die sich an einer wissenschaftlichen Fundierung des Rassismus mit direktem Bezug

---

15 Charles Darwin an Asa Grey, 10.-20. Juni 1862, in: Darwin Correspondence Project: https://www.darwinproject.ac.uk/letter/DCP-LETT-3595.xml (22.9.2022).

auf Darwin versuchten. Sowohl körperlich als auch geistig, so die Behauptung, entwickele sich der farbige Mensch von Beginn an anders, nämlich nach seiner Vorstellung „minderwertig", und befinde sich damit näher an der Entwicklung der Affen als an der der weißen Menschen. Fünf Jahre später erschien dann das Buch, mit dem Lombrosos in ganz Europa bekannt wurde: *L'Uomo Delinquente* (Der kriminelle Mensch). Es ging dabei um den Versuch, Kriminalität als eine Wesensart zu beschreiben, die an äußeren körperlichen Merkmalen erkennbar sein sollte. Aufgrund von über Generationen weiter vererbter Eigenschaften, so behauptete Lombroso, gebe es eine sich fortsetzende und verfestigende Degenerierung, die den Kriminellen in der schärfsten Ausprägung schließlich zum Lust- oder Serienmörder machen konnte. Die Entwicklung des Wahnsinns oder des Genies verliefen nach Lombroso letztlich nach einem ähnlichen Muster: Überall ging es bei Lombroso darum, den Menschen als ein biologisch determiniertes Wesen darzustellen, wobei Fehlentwicklungen kurzfristig nur durch Aussonderung und langfristig durch eugenische Maßnahmen zu korrigieren waren.

Trotz dieser und anderer radikaler Vereinnahmungen Darwins für gesellschaftspolitische Fragen und Visionen, kann die Rezeption Darwins keineswegs darauf verkürzt werden. Im katholischen Teil Europas, insbesondere in Spanien, aber auch in Italien und Portugal war der Umgang mit der Darwin'schen Lehre eng verbunden mit der Haltung der katholischen Kirche zur Wissenschaftsentwicklung insgesamt. Anders als etwa Clémence Royer, die im französischen Kontext die Opposition zwischen Wissenschaft und katholischer Glaubenslehre im Zusammenhang mit ihrer Darwin-Rezeption klar verfestigt hatte, ging es den zumeist männlichen Autoren in Spanien oder Italien oft mehr darum, einen Weg zu finden, die Evolutionslehre mit dem Glauben zu versöhnen. Ähnliches galt für Griechenland: Auch hier war die orthodoxe Kirche den Naturwissenschaften gegenüber nicht eben aufgeschlossen, so dass es jenen, die Darwins Lehre populär machen wollten, vorrangig darum ging, die Vereinbarkeit von Glauben und Evolutionslehre herauszuarbeiten. In Russland war der Rezeptionskontext hingegen ein ganz anderer: Darwins Metapher vom „Struggle for existence" wurde ganz im Schatten des Malthusianismus gelesen, der in Russland quer durch alle politischen Lager heftige Aversionen hervorrief. Dass es jemals zu einer Überbevölkerungskrise kommen sollte, erschien aus der Perspektive eines äußerst spärlich bewohnten Riesenreichs

Vereinbarkeit von Glauben und Evolutionslehre

ebenso absurd wie die Vorstellung von segensreichen Folgen von Hungersnöten abwegig und inhuman. Bereits der Verdacht, dass Darwin in Malthus wurzele, reichte aus, um auch Darwin mit großer Skepsis zu lesen. Der grundsätzlichen Breite der Rezeption Darwins in Russland tat auch diese Leseart jedoch keinen Abbruch.

Revolutionäre mikrobiologische Forschungen

Ein wissenschaftsgeschichtlich vielleicht noch höherer Stellenwert als Darwins Evolutionslehre kommt den mikrobiologischen Forschungen Louis Pasteurs und Robert Kochs zu. Bereits von den Zeitgenossen wurde der Aufstieg der Mikrobiologie in den 1880er Jahren als Sensation erlebt. Die Entdeckung der bakteriellen Erreger von Tuberkulose und Cholera in den Jahren 1882 und 1884 weckten unmittelbar die Hoffnung darauf, beide bedrohlichen Krankheiten besiegen zu können. Die Geschichte von Pasteurs Heilung eines mit Tollwut infizierten neunjährigen Jungen, die ihm durch eine versuchsartige und hoch riskante „Impfung" gelang, verschaffte Kochs französischem Konkurrenten Pasteur den Ruf des medizinischen Heroen, der durch Wagemut und wissenschaftliches Genie die Menschheit von den schlimmsten Krankheiten befreien konnte. Dass die Realität hinter den Erfolgen wesentlich komplexer und problematischer war, spielte für die zeitgenössische Wahrnehmung keinerlei Rolle. Vielmehr bot die gesamte Konstellation, in der Pasteur und Koch ihre Erfolge feierten, die idealen Voraussetzungen für die Erschaffung wissenschaftlicher Heldenfiguren: Die Krankheiten, um die es ging – neben Tuberkulose und Cholera auch Milzbrand und Tollwut – waren als reale Bedrohungen für viele Menschen dauerhaft präsent, selbst wenn man damit nicht unmittelbar in Berührung kam. Dass ihre erfolgreiche Bekämpfung einen medizinischen Fortschritt bedeutete, war von kaum jemandem zu bestreiten. Doch anderes kam hinzu. Pasteur und Koch wurden in einer doppelten Kampfsituation wahrgenommen: Einmal im Kampf gegeneinander um den größeren wissenschaftlichen Ruhm und um die Frage, wer möglicherweise irrte oder Recht behielt, ein Kampf der vor dem Hintergrund der deutsch-französischen Feindschaft von der jeweiligen Presse, aber auch der wissenschaftlichen Community massiv nationalistisch aufgeladen wurde – ungeachtet der Tatsache, dass sowohl Berlin als auch Paris zum Anziehungspunkt für junge Wissenschaftler aus ganz Europa wurden. Und schließlich ging es – noch wesentlich wichtiger – um den Kampf gegen „die kleinsten, aber gefährlichsten Feinde der Menschheit", wie es Koch in Bezug auf die Bakterien ausdrückte. Das militärische Vokabular,

Medizinwissenschaftlicher Konkurrenzkampf

mit dem die medizinischen Prozesse beschrieben wurden, war so plastisch und offenbar unmittelbar einleuchtend, dass es sich sofort etablierte: Der gesunde Körper musste sich gegen die Eindringlinge, gegen die äußeren Feinde, die bis dahin und ohne Hilfsmittel nicht erkennbar waren, zur Wehr setzen, damit diese den Körper nicht von innen zerstörten. Auch dadurch, dass es den Mikrobiologen gelungen war, nicht nur die Krankheitserreger mikroskopisch sichtbar zu machen, sondern auch ihre Wirkung, also gleichsam ihre „Zerstörungskraft", bekamen die Forschungen eine unmittelbare Evidenz, derer sich die beteiligten Wissenschaftler bewusst waren.

Diese neue Möglichkeit der Sichtbarmachung, die auf der experimentellen Herstellung von Evidenzen im Labor beruhte, macht die zentrale wissenschaftsgeschichtliche Bedeutung der mikrobiologischen Forschung aus, für die Koch und Pasteur berühmt wurden. Das Labor wurde auf diese Weise real wie symbolisch zu dem maßgeblichen Ort naturwissenschaftlicher Forschung. Damit erlebte die Wissenschaft einen radikalen epistemologischen Bruch: Hatte die Auseinandersetzung mit der Natur bis zu diesem Zeitpunkt im Wesentlichen auf Naturbeobachtung beruht, wurde das Labor nun zu dem Ort, an dem sich auf der Basis methodischer Prinzipien Erkenntnisse überprüfbar reproduzieren ließen. Im Labor werden, so schreibt Bruno Latour, die Phänomene der Forschung unter Kontrolle gebracht und für den Menschen beobachtbar gemacht. Das Labor, so Latour weiter, ermögliche es, ein Element aus der realen Welt herauszunehmen und es in ein neues, aber vorteilhaftes Milieu zu pflanzen, in dem nichts anderes den Blick darauf trübe.

Forschungsort Labor

Eine zentrale Bedeutung für die Nutzbarmachung der im Labor gewonnenen Erkenntnisse kam schließlich den Tierversuchen zu: Sie wurden zur Schnittstelle zwischen Labor und Mensch. Tiere erhielten damit den Status von beliebig verfügbarem Forschungsmaterial. Darwins Evolutionstheorie bildete dabei einen wichtigen Baustein: Menschen und Tiere waren ihrer Einzigartigkeit als Geschöpfe Gottes beraubt und bildeten stattdessen verschiedene Varianten von lebenden Organismen in unterschiedlichen Stadien der Evolution. Tiere wurden somit zu Modellorganismen für den Menschen und die beliebige Verwendbarkeit von Tieren zu einer wichtigen Voraussetzung für die Weiterentwicklung der auf den Menschen ausgerichteten Wissenschaft. Naturbeobachtung veränderte sich im Zuge dieser Prozesse zur Naturwissenschaft, die auf der Basis der Idee jederzeit nachvollziehbarer Erkenntnisse mit einem

Tiere als Forschungsmaterial

neuen Anspruch auf Wahrheit und Welterklärung antreten konnte. Das Labor verkörperte somit einen ganz spezifischen Ort einer Modernität, die aufs engste verbunden war mit der Idee von wissenschaftlichem und gesellschaftlichem Fortschritt.

Bildung als Grundstein für die Wissenschaft

Ausbau des staatlichen Schulwesens

Die Erfolge der Wissenschaften, wie sie in Frankreich und dann vor allem in Deutschland im ausgehenden 19. Jahrhundert gefeiert wurden, wären ohne den Ausbau des öffentlichen Bildungswesens nicht denkbar gewesen. Der Ausbau des staatlichen Schulwesens und darauf aufbauend der Universitäten ist zwar ein Trend, der prinzipiell überall in Europa im 19. Jahrhundert zu beobachten ist, doch die Unterschiede im Ausmaß und der Geschwindigkeit sind eklatant. Dies gilt nicht nur in Bezug auf die verschiedenen Länder, sondern auch innerhalb der Staaten zwischen Stadt und Land. Schaut man etwa nach Russland, so befand sich Mitte des 19. Jahrhunderts weniger als ein Viertel der Elementarschulen auf dem Land. Entsprechend lag die Alphabetisierungsquote dort in dieser Zeit bei deutlich unter einem Prozent, während in der Stadt etwa 5–6 % der Bevölkerung lesen konnte. Die Aufhebung der Leibeigenschaft 1861 brachte den Schulen langsam einen höheren Zulauf und trug damit zum Ausbau des staatlichen Schulwesens bei. Auch Ende des 19. Jahrhunderts – erst der Zensus von 1897 liefert hier einigermaßen verlässliche Daten – lag die Alphabetisierungsquote insgesamt bei gut 21 % (29,3 % bei den Männern und 13,1 % bei den Frauen). Ebenso am westlichen Ende Europas oder auch in Griechenland oder auf dem Balkan war die Situation kaum besser. In Portugal konnten um 1890 rund drei Viertel der Bevölkerung nicht lesen und schreiben, ähnliches galt für Südosteuropa. In den ländlichen Gebieten Österreichs konnten um 1875 noch an die 80 % der Bürgermeister weder lesen noch schreiben.

Alphabetisierungsraten

Alphabetisierungsvorsprung in den protestantischen Gebieten

In anderen Teilen Europas sah die Lage deutlich anders aus. Insbesondere in den protestantischen Ländern und Gebieten kam der Lesefähigkeit schon deutlich früher ein vergleichsweise hoher Stellenwert zu. Ganz besonders galt dies für die Niederlande, wo schon um 1800 von einer Alphabetisierungsrate von rund 80 % ausgegangen wird. Auch in Schottland oder in Schweden war die Lesefähigkeit schon in der ersten Hälfte des 19. Jahrhunderts überdurchschnittlich. In den deutschen Staaten trieb vor allem Preußen den Schulbesuch und somit die Alphabetisierungsrate mit den post-napoleonischen Reformen vergleichsweise schnell und erfolgreich nach oben. 1867 besuchten in Preußen bereits 85 % aller schulpflichtigen Kinder die Elementarschule, in Frankreich waren es 1864 gut 70 % – ein im europäischen Vergleich schon deutlich überdurchschnittlicher Wert. Die preußische Volkszählung von 1871 wies entsprechend aus, dass nur noch 10,8 % der Männer und 16,4 % der Frauen über zehn Jahren weder lesen noch schreiben konnten. Nimmt man die besonders rückständigen östlichen Gebiete aus, so erreichte Preußen eine Alphabetisierungsquote von über 90 % und lag damit deutlich vor Großbritannien und Frankreich, die zu diesem Zeitpunkt auf 60–70 % Lesefähigkeit kamen, wobei man allerdings auch hier von erheblichen Unterschieden zwischen Stadt und Land ausgehen muss. In Frankreich führte der verlorene Krieg gegen Deutschland zu einem massiven und erfolgreichen Ausbau des Schulwesens, bei dem es nicht nur um Bildung, sondern auch um die Ausweitung und Durchsetzung der Staatlichkeit ging. Dies galt nicht nur für Frankreich, sondern für die meisten europäischen Staaten. Selbst in England wurde erst nach 1870 zunehmend Wert auf die Durchsetzung des regelmäßigen Schulbesuchs gelegt.

Im letzten Drittel des 19. Jahrhunderts gab es kaum einen europäischen Staat, in dem die Notwendigkeit, in das Bildungssystem zu investieren, es auszubauen und zu verbessern, kein Thema gewesen wäre. Die Ausgangslage und die Mittel unterschieden sich aber derart, dass sich die Schere in absehbarer Zeit kaum schließen ließ. Dies galt insbesondere im Bereich der Wissenschaften. Es zeigte sich, dass der enorme Erfolg der deutschen Wissenschaften im ausgehenden 19. Jahrhundert auf einem über viele Jahrzehnte ausgebauten Bildungssystem beruhte, das von einer frühen Durchsetzung der Schulpflicht bis zum konsequenten Ausbau der Universitäten reichte. Dabei profitierte Deutschland auch von der weit zurückreichenden Konkurrenz zwischen den deutschen Einzelstaaten, die häufig eigene Landesuniversitäten unterhalten und gefördert hatten. Die Erzählung vom Humboldt'schen Bildungsideal, das für den Erfolg der deutschen Universitäten im 19. Jahrhundert verantwortlich gewesen sei, ist zwar eine Erfindung des frühen 20. Jahrhunderts. Gleichwohl entwickelte sich die deutsche Universitätslandschaft im 19. Jahrhundert in einer Weise, die sowohl von den Zeitgenossen als auch von der Historiographie als sehr spezifisch angesehen wurde. Sehr verkürzt ausgedrückt und durchaus idealisierend stand das deutsche Universitätssystem für die Freiheit der Wissenschaft, ihre institutionelle Zusammengehörigkeit sowie die

Entwicklung der Universitätslandschaft

Unterschiedliche Modelle universitärer Bildung

Einheit von Forschung und Lehre. Ein Gegenmodell repräsentierte Frankreich: Der napoleonische Staat hatte die universitäre Bildung vorrangig als Ausbildungsstätte der staatlichen Eliten konzipiert. Neben den Universitäten entstanden fächerspezifische Hochschulen, die für die jeweiligen Fächer eine nach strengen Kriterien ausgewählte Elite schaffen sollte. Entsprechend fand Forschung eher in speziellen Instituten als an den Universitäten statt. Nicht zufällig bekam Louis Pasteur 1888 in Frankreich sein eigenes Institut vom Staat zur Verfügung gestellt, während Robert Koch 1885 zunächst an die Berliner Universität geholt wurde, um dort seine Forschungen zu betreiben. Um jedoch mit dem französischen Konkurrenten gleichziehen zu können, bekam auch Koch kurze Zeit später sein eigenes Institut. Die damit verbundenen Einschränkungen etwa hinsichtlich seiner Patentrechte ließen gleichwohl die Universität als Ort der Freiheit der Wissenschaft noch einmal in einem helleren Licht erscheinen. Ohnehin überlagerten sich die Modelle: So wie in Frankreich auch an den Universitäten geforscht wurde, wurden ebenso in Deutschland Institute gegründet. So wie in Deutschland die Universitäten eine staatliche Elite ausbildeten, gab es auch in den französischen Universitäten Wissenschaftsfreiheit. Dennoch bildeten die beiden Modelle, wie sie sich seit dem frühen 19. Jahrhundert herausgebildet hatten, wichtige Orientierungspunkte für die europäische Universitätslandschaft insgesamt. Eine Sonderrolle spielten in diesem Kontext schließlich die altehrwürdigen britischen Bildungsinstitutionen Oxford und Cambridge. Sie ragten als mittelalterliche Institutionen mit ihren ganz eigenen Traditionen in die Moderne hinein, passten sich aber an die Veränderungen an und stiegen unter den neuen Bedingungen wieder zu weltweit führenden Bildungsinstitutionen auf. Lange hielten Oxford und Cambridge jedoch noch daran fest, eine umfassend gebildete intellektuelle Elite mit Führungsqualitäten und entsprechenden Ansprüchen auszubilden. An den unaufhaltsamen Trend zur wissenschaftlichen Spezialisierung begann man sich hier erst langsam zu gewöhnen. Für die britischen Universitäten blieben die Eliteuniversitäten Oxford und Cambridge zwar auch weiter ein Vorbild. Für das übrige Europa aber bot dieses Modell in der Zeit des ausgehenden 19. Jahrhunderts nur wenig Anknüpfungspunkte.

Einrichtung von Forschungsinstituten

Wissenschaftsfreiheit

Frauen in Wissenschaft und Bildung

Der Zugang zur höheren Bildung war im behandelten Zeitraum zwar weitestgehend noch Männern vorbehalten, doch der Protest von Frauen gegen diesen Ausschluss wurde seit den ausgehenden

1860er Jahren zunehmend formuliert. Hier zeigte sich im Übrigen die Kehrseite des staatlichen Bildungswesens: Wo der Staat festlegte, wer unter welchen Bedingungen Zugang zu den Bildungseinrichtungen erhielt, wurde die Frage der Zulassung von Frauen zu einer Grundsatzfrage. Die wurde im Zweifel gegen die Frauen entschieden. Private Bildungseinrichtungen konnten, wie etwa das britische Beispiel zeigt, da wesentlich flexibler agieren. Der Kampf um Teilhabe an staatlicher Bildung gehörte daher auch zu den zentralen Tätigkeitsfeldern der Frauenbewegungen. In Frankreich gelang es 1861 Julie-Victoire Daubié, sich an der Fakultät für Literatur in Lyon einzuschreiben, nachdem ihr das in Paris verwehrt worden war. Erst 1880 setzte sich allerdings der Zugang von Frauen zum Hochschulstudium durch, als das Gesetz von Camille Sée die öffentliche Sekundarschulbildung für Frauen einführte. Im Bereich der Naturwissenschaften nahm die Schweiz mit der Züricher Universität eine Vorreiterrolle ein. Dort hatte im Jahr 1867 die Russin Nadežda Suslova ihr Medizinstudium mit Promotion abgeschlossen. Die bürgerliche Frauenbewegung in Deutschland bezog sich in ihren Forderungen nach gleichen Bildungschancen für Frauen künftig wiederholt auf dieses Beispiel, ohne damit in Deutschland zunächst auf größere Resonanz zu stoßen. Allerdings zog es nun die ersten Frauen aus dem Ausland, insbesondere aus Deutschland, an die Züricher Universität. Bekannt geworden sind dabei unter anderem Emilie Lehmus und Franziska Tiburtius, die 1870 und 1871 dort ihr Studium aufnahmen. Als beide später in Berlin eine Gemeinschaftspraxis aufmachen wollten, legten ihnen die Behörden jedoch alle nur möglichen Steine in den Weg: Die Bezeichnung Arzt durften sie nicht führen, da sie dazu den Abschluss eines deutschen humanistischen Gymnasiums und ein neunsemestriges Studium an einer deutschen Universität mit entsprechendem Staatsexamen hätten vorweisen müssen. Die Lösung, die sie fanden, war originell und werbewirksam: 1876 eröffneten sie eine Praxis mit dem Schild „Dr. med. der Universität Zürich". Dagegen konnten die Behörden nicht vorgehen und so hatte die Praxis, aus der sie kurze Zeit später eine Poliklinik entwickelten, einen enormen Zulauf, vor allem von Frauen. Bis zur generellen Durchsetzung des Frauenstudiums in Europa war es noch ein weiter Weg. Den französischen und Schweizer Universitäten folgten zunächst die nordeuropäischen Länder: 1870 Schweden, 1875 dann Finnland und Dänemark. Belgien und Italien zogen 1876 nach, die Niederlande 1878 und Norwegen 1884. In England erhiel-

Kampf um Zugang zu staatlicher Bildung

ten Frauen 1876 in Oxford und Cambridge das Recht das Medizinstudium aufzunehmen, andere Fächer folgten.

In Deutschland dagegen wurde die ablehnende Haltung zunächst sogar noch einmal zementiert: Ein Erlass vom 9. August 1886 bestimmte in Preußen, dass Universitäten Frauen weder zum Studium zulassen noch auch nur als Hospitantinnen aufnehmen durften. Zwar gab es vereinzelt Frauen, die insbesondere in den Naturwissenschaften ohne Studium eine Promotion einreichten. Dies änderte aber lange nichts an der grundsätzlichen Ablehnung. Erst 1896 wurden Frauen als Gasthörerinnen und ab 1909 als ordentliche Studierende zugelassen.

5.3 Zeitlichkeit, Emotionalität und Religiosität

Fortschritt und Wandel zur Hochmoderne

Im Jahr 1873 veröffentlichte Gustav Schmoller in den *Preußischen Jahrbüchern* einen Artikel mit dem recht prosaischen Titel „Über den Einfluss der heutigen Verkehrsmittel". Dahinter verbargen sich sehr grundsätzliche Überlegungen, die, wie Schmoller schreibt, „das einfache Gemüth" genauso beschäftigen wie „den Denker, den Philosophen und Historiker": was nämlich „in der Welt und in wie weit es anders geworden sei, seit der Großvater die Großmutter nahm, warum unsere Kinder nicht so sind wie wir, und warum wir nicht, wie unsere Väter."[16] Die Verkehrsmittel bilden für Schmoller so etwas wie eine Sonde für diese Fragen: Wie kein anderer Bereich verkörpern sie den rasanten Wandel, dem die Welt unterlag: Eisenbahnen, Schiffe, Telegraphen und die anderen modernen Kommunikationsmittel, so sein Befund, hätten die Welt in rasanter Weise zusammenrücken lassen und den Raum des Möglichen für den Einzelnen genauso wie für die Menschheit im Ganzen in atemberaubender Weise erweitert. „Wir sehen, wir erleben", so Schmoller weiter, „das hundert- und mehrfache von dem, was unsere Großväter gesehen haben [...] Wir handeln entschlossener, wie wir intensiver leben, genießen und arbeiten. Schnell muss alles vorwärts gehen. Die Tugend der Präzision ist vielleicht am allermeisten gestiegen. Die Eisenbahnen wirken [...] wie große Nationaluhren." Die

Wahrnehmung der Beschleunigung

---

16 Gustav Schmoller, Über den Einfluss der heutigen Verkehrsmittel, in: Preußische Jahrbücher, 31, 1873, 413–430, 413.

Faszination, die von all dem auch für ihn ganz persönlich ausgeht, ist unverkennbar, doch beschleichen ihn auch ganz andere Gedanken: Wer bei dem Tempo mitkommen wolle, müsse seine individuellen Wünsche zurücklassen, dürfe keine Minute verlieren. Das ganze Leben gleiche einem „dahinbrausenden Eisenbahnzug." Und so fragt er schließlich auch: „Ist wirklich die Fortschrittsstetigkeit und die eigene Bewunderung das einzig berechtige Gefühl, bei der Betrachtung unserer mit Dampf daherstürmenden Zeit? Ueberkommt nicht den tiefer Blickenden oft das Gefühl, dass nur der äußere Apparat unseres Lebens, die Zurüstungen zum Leben sich vermehrt haben?" Der ganze Text ist durchzogen von einem zutiefst ambivalenten Gefühl nicht nur zwischen Forstschritt und Verlust, sondern auch gegenüber den Anforderungen, die die Veränderungen, die Verdichtungen und die Beschleunigungen des Lebens mit sich brachten. All das, was Schmoller durchaus als Fortschritt wahrnimmt, ist letztlich von der Furcht begleitet, dem Tempo der Veränderungen nicht standhalten zu können und dabei buchstäblich unter die Räder zu kommen.

Charles Baudelaire, der mit seinem 1859 erschienenen Gedichtband *Les Fleurs du Mal* die künstlerisch-literarische Moderne gleichsam begründet hatte, war in seiner Wahrnehmung der gesellschaftlichen Veränderungen noch radikaler: Zwar übte auch auf ihn der technische Fortschritt, die Entstehung der modernen Großstadt und viele andere „moderne" Entwicklungen ihre eigene Faszination aus. Zugleich aber erfüllten sie ihn mit einem tiefen Pessimismus, ja geradezu mit einem „Ekel" vor der wachsenden Bedeutung alles „Materiellen". Vor allem aber sah er in der Diskrepanz zwischen dem rasanten technischen Fortschritt und einer Gesellschaft, für die es in seinen Augen keinerlei Weiterentwicklung gab, einen schwer zu ertragenden Zustand. In den künstlerischen Entwicklungen des letzten Drittels des 19. Jahrhunderts lässt sich die emotionale Ambivalenz gegenüber der heraufziehenden Hochmoderne vielleicht am besten fassen. Es spricht einiges dafür, dass das Gefühl der Ambivalenz zwischen Faszination und Sorge, zwischen Begeisterung für neue Möglichkeiten und Überforderung, wie es sich bei Schmoller und genauso in der Kunst findet, nicht untypisch war und insofern die Jahre zwischen 1870 und 1890 auch in diesem Bereich eine markante Übergangsphase bilden. Bezeichnenderweise fällt diese auch zusammen mit der Entdeckung eines immer häufiger diagnostizierten Leidens an „Nervenschwäche", für die zuneh-

Ambivalenz des Fortschritts und Emotionalität

mend der Begriff „Neurasthenie" verwendet wurde. Erstmals analysiert hatte sie der New Yorker Arzt George M. Beard im Jahr 1869 und beschrieb damit ein Krankheitsbild, dessen Diagnose sich zunehmend auch in Europa verbreitete. Die Meyer'schen Enzyklopädie nahm die Neurasthenie 1896 erstmals auf, klassifizierte sie aber noch nicht als Krankheit, sondern als eine Funktionsstörung. Als Ursache dieser Störung wurde gesehen, dass die Nerven den wachsenden Anforderungen, mit denen sich der Mensch konfrontiert sah, nicht mehr gewachsen waren.

Auswirkungen auf Zeitlichkeit und Religiosität

Die Frage, wie sich solche emotionalen Zustände jenseits von Einzelaussagen oder über künstlerische Darstellungen erfassen lassen, ist nicht einfach zu beantworten. Es spricht gleichwohl einiges dafür, dass Emotionalität im Kontext der heraufziehenden Hochmoderne die Zeitgenossen vor allem in zwei Bereichen in besonderer Weise umtrieb: Im Umgang mit der Zeit und im Umgang mit Religion. In beiden Bereichen verknüpften sich die umfassenden gesellschaftlichen Veränderungen auf besonders intensive Weise mit dem individuellen Leben. Die zeitliche Taktung betraf das öffentliche Verkehrswesen genauso wie das Geschäfts- und das individuelle Arbeitsleben, die Schule ebenso wie alle anderen öffentlichen Einrichtungen. Über die Zeit verknüpfte sich das individuelle Leben mit den großen, globalen Vernetzungen. Für die Religion galt – wenn auch auf andere Weise – durchaus ähnliches. Vor dem Hintergrund der ganz neuen Erklärungsansprüche der Wissenschaft einerseits und dem sich rasant ausweitenden menschlichen Anspruch, die Zukunft als Fortschritt zu gestalten andererseits sahen sich nicht nur die Kirchen als Institutionen, sondern alle Gläubigen damit konfrontiert, ihre Religiosität und die weltliche Entwicklung möglicherweise neu in Einklang bringen zu müssen. Die in den 1870er und 1880er Jahren intensiv geführten Debatten um Fragen der Bedeutung von Zeit und ihrer Synchronisierung auf der einen und dem Stellenwert von Religiosität und Spiritualität auf der anderen Seite berührten von daher die Gefühlswelt der Menschen in Europa in besonderer Weise.

Synchronisation des Zeitsystems

Schon im ausgehenden 18. Jahrhundert hatten Wissenschaftler und Uhrenhersteller in ganz Europa davon geträumt, die Vielfalt der Zeiten und die Ungenauigkeiten der verschiedenen Zeitangaben mit Hilfe eines einheitlichen Systems zu synchronisieren. Zu einem breit diskutierten Thema wurde dies jedoch erst seit den ausgehenden 1860er Jahren. Der Ausbau des Telegraphennetzes, der sich verdichtende Schifffahrts- und Eisenbahnverkehr und die auch auf andere Weise zusammenwachsende Welt ließ von verschiedensten Seiten die Forderung nach einer synchronisierten, einheitlichen Zeitmessung immer lauter werden. Genaue Zeitangaben waren zu einem Gut geworden, nach dem Anbieter und Nutzer öffentlicher Verkehrsmittel genauso verlangten wie öffentliche Verwaltungen, Vertreter des Geschäftslebens, aber auch Teile der städtischen und der ländlichen Bevölkerung. Die Frage nach der Definitionsgewalt über Zeitabläufe ließ somit auf allen Seiten das Bedürfnis nach präzisen Zeitangaben wachsen. Auch wenn man über den Umgang mit Zeit im Einzelnen vergleichsweise wenig weiß, spricht einiges dafür, dass gerade auf dem Land der Bezug auf die „natürlichen" Zeiten, die sich nach dem Gang der Sonne richteten, keineswegs im Gegensatz zu dem Verlangen nach präzisem Zeitmessen stehen musste. Wer etwa unter den Landarbeitern eine Taschenuhr besaß, konnte den Beginn der Mittagspause beanspruchen oder auch verlangen, dass die Glocken der Dorfkirchen nicht nach Gutdünken Zeiten verkündeten, sondern sich nach der messbaren Zeit richteten.

Umgekehrt liegt auf der Hand, dass auch diejenigen, die näher an den Hebeln der Macht saßen, Zeit zu einem Mittel der Disziplinierung nutzten. Dies konnte die genaue Kontrolle über die Arbeitszeiten betreffen, aber auch bestimmte behördliche Regelungen. In England etwa wurde 1872 und 1874 mit Gesetzen versucht, den Ausschank von Alkohol zeitlich zu regeln und damit andere Maßnahmen zu ergänzen, um den Konsum von Alkohol einzuschränken. Interessant an dem Fall ist vor allem die Debatte, die den Gesetzen folgte, nämlich um die Frage, auf welche Uhrzeit sich die Festlegung beziehen sollte – die jeweilige lokale Zeit oder die Greenwich-Zeit, die im Prinzip schon im ganzen Land gelten sollte. Tatsächlich dauerte es sowohl auf nationaler und erst recht auf internationaler Ebene noch Jahrzehnte, bis sich einheitliche Zeitstandards überall durchsetzten. Paris war eine der ersten europäischen Städte, die in den 1870er Jahren ein Synchronisationssystem einrichtete. Doch dieses komplizierte pneumatische System war keineswegs fehlerfrei, so dass es immer wieder Klagen gab. Zum anderen versuchten die Eisenbahngesellschaften überall darauf hinzuwirken, dass die unterschiedlichen Ortszeiten zugunsten von Standardzeiten und Zeitzonen abgeschafft wurden, damit sowohl die Sicherheit als auch ein reibungsloser Ablauf des Eisenbahnverkehrs sichergestellt

Zeit als Mittel zur Disziplinierung

werden konnte. Dennoch galten bis Ende der 1880er Jahre etwa in Österreich-Ungarn die jeweiligen Zeiten von Wien, Prag oder Budapest. Erst 1890 konnte man sich auf eine an der Greenwich Mean Time orientierte Mitteleuropäische Zeit einigen. Es dauerte noch ein weiteres Jahr, bis sie auch durchgehend angewendet wurde, um sich dann auch über den Balkan bis nach Griechenland als gemeinsame Zeit durchzusetzen. In Westeuropa hingegen, insbesondere in Belgien, den Niederlanden und Frankreich hielten die Debatten um eine Vereinheitlichung der Zeit noch weiter an. In Deutschland wurde schließlich 1893 die mitteleuropäische Zeit gesetzlich festgelegt, was aber nicht hieß, dass diese im Alltag auch überall Verwendung fand.

Bedeutung und Bewertung von Zeit

Das Ringen um Synchronisierung, das Bedürfnis nach Präzision von Zeitangaben und das Festhalten an regionalen und „natürlichen" Zeiten waren somit Teil einer übergreifenden Entwicklung, die die Bedeutung von Zeit immer mehr ins Bewusstsein geraten ließ. Das Nebeneinander unterschiedlicher Zeiten und Zeitvorstellungen erhält noch eine weitere Dimension, wenn man die sozialen Unterschiede und Geschlechterdifferenzen mitberücksichtigt. Dabei geht es nicht nur um zeitlich höchst unterschiedliche Tagesabläufe, sondern auch um die Frage der Bewertung von Zeit. Muße, Müßiggang, Arbeitszeit, Freizeit, Langeweile: Die Frage danach, in welcher Weise die verbrachte Zeit begrifflich gefasst und welche Vorstellungen damit jeweils verbunden waren, verweist auf eine weitere Ebene des Umgangs mit Zeit. Je mehr Arbeitszeiten klarer definiert und Arbeit und arbeitsfreie Zeit schärfer getrennt wurden, desto mehr geriet auch die Frage nach der Sinnhaftigkeit der Arbeit auf der ei-

Arbeitszeit und Freizeit

nen und der freien Zeit auf der anderen Seite in den Blick. In diesem Kontext begannen sich Männer verstärkt über ihre Arbeit zu definieren. Arbeit wurde zunehmend zum entscheidenden Gradmesser für ein erfülltes Leben. In dem Maße, in dem Frauen der Zugang zu einer Vielzahl von Berufen verwehrt blieb und Erwerbstätigkeit auch in der Arbeiterschaft als möglichst temporär begrenztes, notwendiges Übel angesehen wurde, beschränkte sich für Frauen die Idee eines erfüllten Lebens weitgehend auf den familiären Bereich. Die zunehmende Trennung von Arbeitszeit und freier Zeit und die damit noch deutlichere Zuweisung der Frauen in den Bereich der Familie und der Männer in den Bereich der Arbeit ließen somit auch die Emotionswelten von Männern und Frauen weiter auseinandertreten. All das war ein Prozess, der sich mindestens über das gesamte 19. Jahrhundert erstreckte. Doch mit den zunehmenden zeitlichen Regulierungen, die zumindest in Teilen Europas seit den 1860er Jahren zu beobachten sind, zeichneten sich die Konturen dieses Prozesses umso deutlicher ab.

Greift man noch einmal Gustav Schmollers Bild vom Leben als „dahinbrausendem Zug" auf, wird man davon ausgehen können, dass darin für etwas wie innere Einkehr oder Religiosität nur wenig Raum war. Ein Teil der Europäer:innen, der sich auf der Seite des Fortschritts und der Wissenschaft sah, definierte sich geradezu in einer Gegnerschaft zur Kirche, zur Religion und der damit assoziierten Rückständigkeit. Dabei stand auch diese Perspektive im Kontext der „Polarisierung der Geschlechtercharaktere", wie sie für das 19. Jahrhundert in vieler Hinsicht erkennbar ist. Komplementär zur Zuschreibung von Rationalität, Wissenschaftlichkeit und Öffentlichkeit zu Domänen des Männlichen wurden umgekehrt Emotionalität und Privatheit als Sphären des Weiblichen entworfen. Der männlich gedachte Fortschritt war in dieser Perspektive unweigerlich dazu bestimmt, sich durchzusetzen, während Religiosität allenfalls noch im vorrangig weiblich konnotierten Privaten seinen Platz hatte.

Religion als Gegenbild zum Fortschritt?

Mit einer europäischen Realität an der Schwelle zur Hochmoderne hatte diese Sichtweise allerdings relativ wenig zu tun. Denn Religiosität spielte nicht nur im Rahmen der Kirche weiterhin eine wichtige Rolle, sondern erhielt auch in einer sich neu entwickelnden Volksfrömmigkeit eine neue Bedeutung. Im katholischen Bereich äußerte sich dies nicht zuletzt in den häufigen Bezeugungen von Marienerscheinungen, die auch im letzten Drittel des 19. Jahrhunderts und darüber hinaus ein in ganz Europa verbreitetes Phänomen blieben. Die bis heute bekanntesten dieser vermeintlichen Erscheinungen ereigneten sich in Lourdes, im Südwesten Frankreichs, im Jahr 1858 sowie 1917 im portugiesischen Fatima. Dazwischen lagen viele weitere Bekundungen vor allem in Italien und in Frankreich, aber auch im kleinen irischen Ort Knock im Jahr 1879. In Deutschland sorgte die angebliche Marienerscheinung in Marpingen aus dem Jahr 1876 für erhebliches Aufsehen. Der kleine Ort im Saarland zog Zehntausende von Pilgern an und die deutschen Behörden sahen sich auf dem Höhepunkt des Kulturkampfes veranlasst, dagegen einzugreifen, um in Einklang mit den Liberalen sowie mit Hilfe des Militärs gegen den Aberglauben und dessen Verbreitung vorzugehen. Wichtiger aber als das ungewöhnliche Ein-

Neue Volksfrömmigkeit

greifen des Staates war das Phänomen selbst: Es bedeutete nicht nur, dass Volksfrömmigkeit weiter bestand, sondern auch, dass ein Glaube, der eng verbunden war mit Empfindungen und Gefühlen, mit Mystizismus und einem Festhalten an der Möglichkeit von Wundern, eine große Anziehungskraft ausübte. Offenbar waren nicht wenige bereit, wie im Falle Marpingens, den drei achtjährigen Mädchen zu glauben, dass sie eine weiße Frau mit einem Kind auf dem Arm gesehen hatten und dass diese Frau Maria war. Und auch in den anderen Fällen der Marienerscheinungen, die zumeist von Frauen bezeugt wurden, spiegelte sich so etwas wie ein kompletter Gegenentwurf zu einem von Rationalität und Fortschrittsglauben geprägten Zeitgeist.

Herz-Jesu-Kult

Auch der wachsende Zulauf, den der Herz-Jesu-Kult im letzten Drittel des 19. Jahrhundert erhielt, steht für die neue Attraktivität einer Gefühlsfrömmigkeit. Ihren Ausgangspunkt hatte der Kult in Frankreich, er verbreitete sich von dort aus in weite Bereiche des katholischen Europas und erreichte eine enorme Popularität. Ursprünglich von den Jesuiten vertreten, stellte der Kult eine Art der Frömmigkeit dar, die sich eher an den emotionalen Bedürfnissen der Gläubigen als an theologischen Feinheiten ausrichten sollte. Durch die katholische Aufklärung im 18. Jahrhundert zunächst lange zurückgedrängt, erlebte er in der zweiten Hälfte des 19. Jahrhunderts, explizit gefördert durch den Heiligen Stuhl, einen neuen Aufschwung. 1864 sprach Papst Pius IX. die Nonne und Mystikerin Marguerite-Marie Alacoque selig, die im 17. Jahrhunderts als große Förderin des Herz-Jesu-Kultes in Erscheinung getreten war. Von der politischen Bedeutung des Kultes in Frankreich war bereits an anderer Stelle die Rede. Dabei ging es darum, der Republik und ihrer an die Französische Revolution anknüpfenden Fortschrittsprogrammatik etwas entgegenzusetzen. Der Bau der Basilika Sacré-Cœur auf dem Montmartre in Paris war der weithin sichtbare Ausdruck dieses Gegenprogramms. Für die Bedeutung des Kultes in Europa war aber weniger seine spezifische politische Indienstnahme in Frankreich wichtig als die Tatsache, dass er – vergleichbar den Marienerscheinungen – durch seinen mystischen, an die Gefühle appellierenden Kern im ausgehenden 19. Jahrhundert eine erhebliche Anziehungskraft entfaltete.

Religiosität und das Bemühen um zeitliche Synchronisierung und zeitliche Präzision lassen sich als die beiden Extrempunkte im Umgang mit Zeit und Zeitlichkeit insgesamt begreifen, die vor dem

Hintergrund der Entwicklungen seit den 1870er Jahren in spezifischer Weise zusammentrafen: Während eine präzise und synchronisierte Zeiterfassung eine immer genauere Taktung des Lebens ermöglichte und damit potenziell den Druck auf eine sich immer weiter verbessernde Zeitausnutzung erhöhte, standen Frömmigkeit und Religiosität für innere Einkehr und den Blick in die Ewigkeit. Gewiss bildeten die 1870er Jahre hier keine ganz scharfe Zäsur. Dennoch ist das skizzierte Spannungsfeld für die heraufziehende Hochmoderne symptomatisch für eine doppelte Ambivalenz. Diese bestand in dem Gegensatz von Fortschrittsbegeisterung auf der einen und dem Festhalten am Bestehenden sowie der Sehnsucht nach Beständigkeit und Einkehr auf der anderen Seite. Wichtiger noch aber war die innere Spannung auf beiden Seiten des Spektrums: Auch diejenigen, die sich – wie etwas Gustav Schmoller – auf der Seite des Fortschritts sahen, konnten sich zugleich von dessen Anforderungen überwältigt fühlen. Umgekehrt bedienten sich auch diejenigen, die von der Moderne abgestoßen waren, in deren Arsenal und vergrößerten es sogar. Dies galt für Baudelaires Lyrik genauso wie für den Herz-Jesu-Kult, die ganz selbstverständlich die Mittel der modernen Kommunikation verwendeten, um ihre Anhängerschaft in Europa zu erweitern.

Doppelte Ambivalenz der aufkommenden Hochmoderne

II Grundprobleme und Tendenzen der Forschung

1 Zur Charakteristik der Epoche

Forschungen, die sich spezifisch mit der Zeit zwischen 1870 und 1890 in der europäischen Geschichte befassen, existieren kaum. Insbesondere die Gesamtdarstellungen zur europäischen Geschichte des 19. Jahrhunderts, von denen in den letzten Jahren einige erschienen sind, wählen eine deutlich breitere Zeitspanne, variieren allerdings im konkreten zeitlichen Zuschnitt. Während Richard Evans mit den Jahren 1815 und 1914 die klassischen politikgeschichtlichen Einschnitte – Wiener Kongress und Ausbruch des Ersten Weltkriegs – gewählt hat, hat sich Willibald Steinmetz gezielt gegen diese Eckdaten entschieden und benennt als zeitlichen Rahmen „das kalendarische 19. Jahrhundert". Steinmetz diskutiert und begründet diese Entscheidung damit, dass es ihm darum gehe, sich „von der Suggestionskraft einzelner Ereignisse der großen Politik zu verabschieden" [3.5: Steinmetz, 33]. Stattdessen sieht er die Zeit „um 1800" und „um 1900" jeweils als Phasen einer „beschleunigten Transformation", die sich mit bestimmten Ereignissen in Verbindung bringen lassen. Steinmetz betont dabei, dass jeder Periodisierung eine gewisse Willkür innewohnt und er relativiert zudem die vermeintliche Zäsur von 1900 noch stärker als die von 1800. Letztlich erscheine es sinnvoll, die Moderne insgesamt, „also den Zeitraum vom späten 18. Jahrhundert bis in unsere Gegenwart als Einheit zu betrachten" [3.5: Steinmetz, 43]. Insbesondere wendet sich Steinmetz gegen die vermeintliche Natürlichkeit der großen politikgeschichtlichen Zäsuren und setzt stattdessen einen stärker kultur- und gesellschaftsgeschichtlichen Akzent, der auch seine Darstellung prägt. Auch Richard Evans liefert aber trotz der politikgeschichtlich induzierten Eckdaten keine rein auf die Politikgeschichte fokussierte Erzählung. Das gilt auch für die Darstellungen von Jonathan Sperber, Johannes Paulmann und Jörg Fisch zur zweiten Hälfte des 19. Jahrhunderts, die jeweils die Zeitspanne von 1850 bis 1914 ins Auge fassen. Das arbiträre Datum der Jahrhundertmitte korrespondiert hier mit dem Ende der 48er Revolution, während der Endpunkt erneut durch den Beginn des Ersten Weltkriegs markiert wird.

Randnotizen: Gesamtdarstellungen zur europäischen Geschichte des 19. Jahrhunderts; Zäsuren; Zeitspanne von 1850 bis 1914

Der europäische Raum   Was den räumlichen Zuschnitt und die Frage der „Einheit Europas" angeht, verfolgen die genannten Autoren alle mehr oder weniger explizit einen konstruktivistischen Ansatz. Allen ist klar, dass die vermeintlich „natürlichen Grenzen" Europas jeweils das Ergebnis von Setzungen und Konstruktionen sind, die durchaus variieren konnten. In ähnlicher Weise wie beim zeitlichen Zuschnitt stellt Willibald Steinmetz auch die räumliche Einheit am deutlichsten in Frage. Diese habe in der Perspektive der Europäer:innen „allenfalls theoretisch oder in Ausnahmesituationen" bestanden [3.5: Steinmetz, 30]. Damit verweist Steinmetz auf die grundsätzlich offene, aber neuerdings wieder neu diskutierte Frage danach, worin die Spezifik der Beschäftigung mit der Europäischen Geschichte bestehen könnte [1.3: Levsen/Requate]. Schließlich herrscht unter den genannten Autoren auch weitgehend Einigkeit über die globale Einbettung Europas wie über den grundsätzlich transnationalen Charakter vieler Entwicklungen. Die gilt prinzipiell auch für Jörg Fisch, dessen Darstellung insofern einem anderen Ansatz folgt, als er neben europäisch übergreifenden Prozessen die jeweiligen nationalen Entwicklungen separat behandelt. Damit fokussiert er stärker die nationalen Eigendynamiken, bindet diese aber immer wieder transnational ein.

Narrative zur europäischen Geschichte des 19. Jahrhundert   Jenseits dieser gemeinsamen Perspektiven unterscheiden sich die genannten Darstellungen allerdings in den Interpretationsangeboten zu den Wandlungsprozessen Europas des 19. Jahrhunderts bzw. dessen zweiter Hälfte. Skepsis gegenüber übergreifenden Narrativen ist vor allem bei Steinmetz erkennbar. Sein Band heißt schlicht „Europa im 19. Jahrhundert" und liefert auch darüber hinaus bewusst kein übergreifendes auf den Begriff zu bringendes Interpretationsangebot. Richard Evans dagegen nennt seinen Band im englischen Original „The Pursuit of Power". Das „Streben nach Macht" habe die gesamte Gesellschaft durchzogen und das Agieren von Staaten genauso geprägt wie das von Revolutionären, politischen Parteien, Industriellen und Emanzipationsbewegungen. In der deutschen Übersetzung lautet der Titel ohne weitere Erläuterung allerdings „Das europäische Jahrhundert". Die von Evans im Vorwort vorgenommenen Erklärungen für die englische Titelwahl verlieren damit tendenziell an Wert.

Darstellungen zur Geschichte Europas in der zweiten Hälfte des 19. Jahrhunderts liefern demgegenüber präzisere Interpretamente. Jörg Fisch fasst diese Epoche als Epoche zwischen „Wachstum und Gleichheit". In dem enormen Zuwachs der Produktivität und in dem Streben nach Gleichheit sieht Fisch die beiden „Grundkräfte des Zeitalters" [1.1: Fisch, 19], das auf diese Weise einen in der Tendenz nach „fortschrittlichen" Charakter erhält. Mit dem Titel „Progress, Participation and Apprehension", den Jonathan Sperber gewählt hat, knüpft er ebenfalls an eine auf Fortschritt ausgerichtete Perspektive an, fügt dieser aber mit dem Begriff der „Apprehension" (dunkle Vorahnungen) eine gewisse Ambivalenz hinzu, die eher in die Zukunft weist. Mit dem Titel „Globale Vorherrschaft und Fortschrittsglaube" reduziert Johannes Paulmann die Fortschrittsfrage auf den Glauben daran und verbindet ihn mit den kolonialen Ansprüchen und Praktiken Europas.

Interpretationsangebote zur zweiten Hälfte des 19. Jahrhunderts

Den kolonialen bzw. imperialen Anspruch Europas sieht auch Eric Hobsbawm in seiner europäischen Geschichte („Das imperiale Zeitalter") als prägend an, entscheidet sich dabei aber für die Zeitspanne zwischen 1875 bis 1914. Hobsbawm wählte damit kein politisches Datum für den Beginn der von ihm betrachteten Epoche, sondern eher einen etwas arbiträren Ausgangspunkt. In der von Akira Iriye und Jürgen Osterhammel herausgegebenen Reihe „Geschichte der Welt" wird schließlich das Jahr 1870 als Zäsur gesetzt. Dabei wird die Zeit zwischen 1750 und 1870 („Wege zur Moderne") mit einem thesenhaften Titel versehen, während die Phase zwischen 1870 und 1945 („Weltmärkte und Weltkriege") unter einen eher deskriptiven Titel subsumiert wird [1.1: Rosenberg]. Der von Lothar Gall verfasste Vorgängerband dieser Reihe wiederum trägt den Titel „Europa auf dem Weg in die Moderne" und umfasst die Zeit zwischen 1850 und 1890 [1.1]. Auch mit diesem Titel ist die These verbunden, dass die angegebene Phase für Europa eine wichtige Übergangsphase zur Moderne bildet.

So unterschiedlich die zeitlichen Zuschnitte und die Interpretationsangebote im Einzelnen auch sind, verweisen die meisten dieser Darstellungen auf zentrale Veränderungen innerhalb der Moderne, die im ausgehenden 19. Jahrhundert immer deutlicher zu Tage traten. Der Begriff der „Hochmoderne" greift die stärkere Dynamik und Ambivalenz dieser Veränderungen innerhalb der Moderne auf und die Zeit um 1880 erscheint als die Phase, die den

Übergang zur Hochmoderne

Übergang zur Hochmoderne in Europa markiert [1.3: NOLTE; HERBERT; RAPHAEL].

Nationalgeschichtliche Zäsuren

Die Zäsuren von 1870 und 1890 werden in vielen stärker auf die jeweiligen Nationalgeschichten ausgerichteten Studien immer wieder als Ausgangs- oder Endpunkt gewählt, auch wenn die zwei Jahrzehnte selbst nur relativ selten spezifisch fokussiert werden. Eine gewisse Ausnahme bildet hier der deutsche Kontext, wo aus einer politikgeschichtlichen Perspektive die Bismarck-Zeit thematisiert wird. Auch dazu sind Forschungen allerdings selten geworden. Für eine Reihe von europäischen Ländern ergeben sich für die Zeit um 1870 unterschiedliche politische und strukturelle Zäsuren: Beginn der 3. Republik in Frankreich, das sog. *Sexenio Democrático* (1868–1874), eine kurze Phase eines demokratischen Aufbruchs in Spanien, die Gründung Italiens Anfang der 1860er Jahre, die sog. Bauernbefreiung und andere Reformen der 1860er Jahre in Russland. Das Jahr 1890 markiert dagegen in vielen Studien häufig den Anfang von Entwicklungen, die sich dann zu Beginn des 20. Jahrhunderts stärker Bahn brachen. Auch wenn also die Forschung die Zeit von 1870 bis 1890 nicht als klar umrissene Epoche zeichnet, ist in dieser Phase für Europa der Übergang zu einer neuen Phase der Moderne, die sich als Hochmoderne fassen lässt, insgesamt deutlich fassbar.

2 Innere Staatsbildung und Nationalismus

2.1 Nationalstaatsbildung und Gewalt(monopol)

Stellenwert von Gewalt in der historischen Forschung

Der Anspruch auf Durchsetzung des staatlichen Gewaltmonopols und die damit verbundene, häufig gewalthafte staatliche Praxis ist in der Forschung bisher nur in Ansätzen in seiner umfassenden Gesamtheit beschrieben worden. Selbstverständlich existiert eine Vielzahl unterschiedlichster Studien zu revolutionärer Gewalt, zu Aufständen, zur Polizei und zu polizeilicher Gewalt ebenso wie zu terroristischer, kolonialer und anderen Formen von Gewalt. Vor dem Hintergrund eines dominierenden Fortschrittsparadigmas scheint der Stellenwert der Gewalt – und zwar sowohl von staatlicher als auch von oppositioneller – in diesem Kontext immer noch schwer bestimmbar zu sein. Mit seinem Buch über „Europas Kriege in der Moderne" hat Dieter LANGEWIESCHE in dieser Hinsicht ein eindeutiges Urteil gefällt. Er weist der kriegerischen Gewalt im Prozess der Nations- und Nationalstaatsbildung (aber nicht nur dort) einen gleichsam gesetzmäßig notwendigen Stellenwert zu [1.3: Langewiesche]. Ohne Langewiesche in der Frage der Gesetzmäßigkeit folgen zu müssen, kommt dem Buch das große Verdienst zu, der Gewalt, insbesondere der kriegerischen Gewalt, einen deutlich größeren Stellenwert in der Analyse grundlegender historischer Prozesse zukommen zu lassen, als dies in der Regel der Fall ist. Ähnlich wie Langewiesche betont auch Charles S. Maier die Bedeutung der Kriege für die Entstehung moderner Staatlichkeit [2.1: Maier], allerdings bleibt bei beiden die Rolle der Gewalt für die Durchsetzung des Gewaltmonopols nach innen nur angedeutet. In dieser Hinsicht steht eine umfassende Gesamtdarstellung noch aus und man ist vorerst auf die vielen Einzelstudien zu den unterschiedlichen Aspekten dieses Prozesses angewiesen.

Die Faszination, die von der Pariser Kommune ausging, beruhte zu einem erheblichen Teil auf der Erzählung von der durch ein Massaker enormen Ausmaßes zerstörten gesellschaftlichen Utopie. Wie häufig in der Geschichte von massiver Gewalt bildete die Zahl der Opfer auch in diesem Fall einen maßgeblichen Bestandteil für die Frage der Einordnung. Nachdem lange Zeit durchaus plausible Schätzungen von 20 000–40 000 Toten sprachen, versuchte der britische Historiker Robert Tombs, der zuvor selbst von rund 10 000–15 000 Toten ausgegangen war, die Zahl der Toten mit Hilfe von Angaben zu den Bestattungen genau zu rekonstruieren und kam dabei auf die Zahl von 6 000–7 500 Toten. In der sich daran anschließenden Debatte wurde zum einen die Frage gestellt, ob angesichts der chaotischen Zustände die Zahlen überhaupt auch nur einigermaßen präzise zu ermitteln seien. Zum anderen folgte daraus eine Diskussion über die Frage nach der Einordnung der „semaine sanglante" in die Gewaltgeschichte des 19. Jahrhunderts. Wenngleich es weniger Opfer gegeben habe als ursprünglich angenommen, verliere das Massaker damit keineswegs seine grundlegende Bedeutung, so etwa Quentin Deluermoz [2.1: Deluermoz/Varey/Tombs]. Anders als bei der blutigen Niederschlagung der 48er Revolution habe es sich bei der „semaine sanglante" um eine einseitige, staatliche Strafaktion jenseits des Kampfgeschehens gehandelt. Gerade weil die neuen Zahlen dem Ereignis seinen außergewöhnlichen Charakter nähmen, erweitere sich die Perspektive auf die Ausübung staatlicher Gewalt im 19. Jahrhundert insgesamt. Auch Robert Tombs unterstreicht in seiner Replik noch einmal, dass die ge-

Pariser Kommune

„Semaine sanglante"

ringeren Zahlen nichts daran änderten, dass es sich bei der „semaine sanglante" um „das größte Massaker an Zivilisten in Westeuropa zwischen der Französischen und Russischen Revolution" gehandelt habe [2.1: Tombs, 28]. Die Debatte verweist darauf, dass die Frage nach dem Ausmaß und dem Stellenwert von staatlicher Gewaltausübung bei der Durchsetzung des Gewaltmonopols in der Zeit nach 1870 für Europa insgesamt noch weiterer Forschungen bedarf.

Ursprünge des Terrorismus

Die terroristischen Anschläge des ausgehenden 19. Jahrhunderts sind breit untersucht, und zwar sowohl für die jeweiligen nationalen Kontexte als auch in ihrer transnationalen Dimension. Lange Zeit stand dabei die Frage nach der Vorgeschichte des jeweils aktuellen Terrorismus im ausgehenden 20. und frühen 21. Jahrhundert im Vordergrund. Damit hing auch die Suche nach den Ursprüngen zusammen, die aus verschiedener Perspektive zwischen 1858 und 1894 angesetzt werden. Während John Merriman das Pariser Attentat von Emile Henry auf ein vollbesetztes Café mit „normalen Menschen" im Jahr 1894 als entscheidendes Datum für den Beginn des modernen Terrorismus ansieht [2.1: Merriman], verortet Carola Dietze [2.1] den Beginn bereits für die Jahre zwischen 1858 und 1866, da die Anschläge auf Napoleon III., Alexander II., Abraham Lincoln und andere durch die spezifische Verbindung von politischen Forderungen mit internationaler Kommunikation gekennzeichnet gewesen seien, die sie als zentral für den modernen Terrorismus ansieht. David Rapoport [2.1] setzt den Beginn der ersten Welle des modernen Terrorismus schließlich in den 1870er Jahren an, konkret mit dem Attentat von Vera Zasulich auf den Petersburger Stadtkommandanten Fjodor Trepow, das anarchistische Kreise in ganz Europa inspirierte.

Terrorismus als neue Gewaltform

Weitgehend einig ist sich die Forschung darüber, dass es sich bei den terroristischen Anschlägen um eine neue Form der Gewalt handelte, die sich vom Königsmord früherer Jahrhunderte unterschied, auch wenn die Grenzen in der Praxis weniger scharf waren, als es die Modellbildung suggeriert [2.1: Haupt]. Größtenteils unbestritten ist zudem, dass die vielfach als „Propaganda der Tat" gefasste neue Gewaltform eng mit der aufsteigenden Mediengesellschaft und den sich verdichtenden transnationalen Kommunikationsmöglichkeiten zu tun hatte [2.1: Waldmann; Dietze; Weinhauer/Requate]. Es ging bei den Attentaten und Anschlägen nicht (nur) darum einzelne Personen zu treffen, sondern die Gesellschaftsordnung und damit vor allem den Staat. Diesen Aspekt der Herausforderung des staatlichen Gewaltmonopols durch terroristische Anschläge betont insbesondere Heinz-Gerhard Haupt, ohne sich dabei auf einen klaren Ursprungszeitpunkt dieses Gewaltphänomens festzulegen. Ihm geht es um die Wechselwirkungen zwischen der Gewalt und den staatlichen Reaktionen, sowie um die Frage danach, wie „erfolgreich" einerseits die Terroristen mit ihren Attentaten und andererseits die Staaten mit ihren jeweiligen Maßnahmen dabei waren, ihr Gewaltmonopol durchzusetzen und es zu legitimieren.

Bei aller Transnationalität des Phänomens ist es hier wiederum nötig, auf die Konstellationen in den einzelnen Staaten zu schauen. Besonders intensiv ist in dieser Hinsicht Russland untersucht, zumal sich eine verbindende Linie von den terroristischen Anschlägen der 1870er Jahre bis zur Revolution von 1905 ziehen lässt [2.1: Hilbrenner; Häfner]. Die Forschungen zeigen, dass es den Anarchisten in Russland gelang, bestimmte Formen von Gewalt bis weit in das liberale Lager hinein als Mittel der politischen Auseinandersetzung diskussionsfähig zu machen. Angesichts der fundamentalen Kritik an der Unbeweglichkeit der russischen Autokratie erschien auch manchen Liberalen die Ausübung von Gewalt als legitimes und durchaus angemessenes Mittel. Zudem ist für Russland die vergleichsweise wichtige Rolle von Frauen bei der Ausübung und Planung der Attentate hervorgehoben worden, die es in dieser Form in den übrigen europäischen Ländern nicht gab [2.1: Hilbrenner]. In den meisten anderen europäischen Ländern gelang es, wie Haupt für Deutschland, Italien und Frankreich argumentiert, die terroristische Gewalt mit der Kombination aus polizeilichen, juristischen und nicht zuletzt gesellschaftlichen Mitteln weitgehend einzuhegen [2.1: Haupt].

Konstellationen in den einzelnen Staaten

Die Forschungen zur Geschichte der Polizei nehmen zwar nur selten eine übergreifend europäische, partiell wohl aber eine transnationale und vergleichende Perspektive ein. Einen wichtigen Bezugspunkt bildet hier die Arbeit von Wolfgang Knöbl [2.1] über die Entwicklung der Polizei(en) in Preußen/Deutschland, Großbritannien und den USA. Ausgehend vom mehr oder weniger parallel verlaufenden Aufbau einer lokalen Polizei (seit 1829 in London, seit 1848 in Berlin, in den 1840er und 1850er Jahren in amerikanischen Städten) betont er übergreifende Gemeinsamkeiten in Bezug auf die Bedeutung der Polizei im Staatsbildungsprozess oder auch im Stadt-Land-Gefälle sowie Unterschiede und Pfadabhängigkeiten im Einzelnen. Auch wenn die Ergebnisse – eine militärischere und we-

Geschichte der Polizei

niger demokratische Ausrichtung der Polizei in Preußen, eine stärker zivilgesellschaftlich und lokal stärker verankerte Polizei in Großbritannien und in den USA – zum Teil als zu holzschnittartig kritisiert worden sind, bietet die Arbeit immer noch Anknüpfungspunkte für den internationalen Vergleich. Im Kontext des vergleichsweise langsamen Staatsbildungsprozesses in Italien ist entsprechend die lange anhaltende Bedeutung des Militärs gerade bei der Bekämpfung von Protesten betont worden [2.1: Guarnieri]. Auch Ende der 1880er Jahre war die lokale Polizei gegenüber den aus dem Militär stammenden Carabinieri deutlich schwächer. Der sich nur sehr langsam vollziehende Übergang von einer repressiv zu einer präventiv agierenden Polizei ist für das Italien der 1870er und 1880er Jahre herausgearbeitet worden – ein Ergebnis, dass sich gleichwohl auf weite Teile Europas übertragen lassen dürfte [2.1: Davis]. Für Frankreich ist zudem für die 1870er und 1880er Jahre der Umbau von einer kaiserlich-autoritären hin zu einer republikanischen Polizeistruktur deutlich gemacht worden – ein Prozess, der gleichwohl auch seine Zeit brauchte und nicht konfliktfrei ablief. In Vertiefung der vergleichenden Arbeiten hat Quentin Deluermoz [2.1: Policiers] zudem die Gemeinsamkeiten bei den Herausforderungen der Polizeien in den europäischen Großstädten gezeigt: Trotz gewisser nationaler Spezifika und nationaler Konkurrenzen etablierte sich dort im ausgehenden 19. Jahrhundert eine Vielzahl von gemeinsamen Merkmalen – allerdings auch dezidiert zur Schau gestellten Unterschieden. Übergreifend ging es für die Polizei in allen Großstädten darum, unter den Herausforderungen rasch wachsender Metropolen einen Weg zwischen Repression und präventiver Zivilität zu finden. Auch wenn Deluermoz [2.1: Policiers] vor allem von London, Paris, Berlin und Brüssel ausgeht, wird sich diese Perspektive auf Europa insgesamt ausweiten lassen, wobei im Einzelnen zu untersuchen wäre, inwieweit dies etwa auch für die Polizei in St. Petersburg, Wien, Prag, Madrid oder Rom galt.

Gewalttätigkeit und Zivilität der Polizei

Anja Johansen befasst sich aus verschiedenen Perspektiven mit Praktiken, Image und der Ausbildung der Polizei in Frankreich, England und Deutschland. Dabei betont sie, dass sowohl die deutsche, vor allem die preußische Polizei als auch die französische Polizei als brutal und gewalttätig gegolten hätten, die britische dagegen deutlich weniger. Gleichwohl habe sich die Wahrnehmung für Deutschland und Frankreich insofern unterschieden, als die preußische Polizei als Symptom eines autoritären Regimes gesehen worden sei, während die französische Republik dagegen weniger mit der Brutalität der Polizei identifiziert worden sei. Die Republik habe jedoch als heuchlerisch gegolten, wenn sie sich als Hüterin der Zivilität dargestellt, gleichzeitig aber die Gewalt der Polizei gedeckt habe. Für alle drei Länder sieht JOHANSEN in der Sorge um das Image und in der Angst vor Skandalen einen gewissen, zivilisierenden Effekt [2.1: JOHANSEN 2007; JOHANSEN 2011].

2.2 Ausbau und Grenzen des (nationalen) Staates

Um die unterschiedlichen Verläufe der europäischen Staatsbildungsprozesse des 19. Jahrhunderts zu systematisieren, hat der italienische Historiker Gionvi LEVI [2.2] zunächst zwei Modelle ausgemacht: Das französische mit einem starken Zentralstaat und einer organisierten und partizipationsfähigen Zivilgesellschaft und das englische mit einem schwachen Staat und einer starken Zivilgesellschaft. Für Italien und Spanien konstatierte er jeweils einen schwachen Staat mit fragmentierter Zivilgesellschaft. Als Ausgangspunkt ist eine solche Systematisierung hilfreich, doch haben die Forschungen dieses Bild im Einzelnen stark differenziert.

Systematisierung der Staatsbildungsprozesse

Für Frankreich hatte Eugen WEBER in seiner 1976 erschienenen und schon fast kanonisch gewordenen Studie „Peasants into Frenchmen" die Vorstellung vom durchgreifenden französischen Zentralstaat in sehr nachdrücklicher Weise dekonstruiert [2.2]. WEBER öffnete mit seinem Buch den Blick für die enorme Diskrepanz, die zwischen den Ansprüchen eines sich als modern verstehenden, zentral gesteuerten Verwaltungsstaates und der Realität „vor Ort", weit weg von Paris und den dortigen Vorstellungen von einer „Durchstaatlichung" der Gesellschaft herrscht. Wenn schon in dem vergleichsweise lang zentralistisch regierten Frankreich die dörfliche Realität auch noch bis deutlich über 1870 hinaus weit weg von den Zugriffsmöglichkeiten des Staates war, sprach viel dafür, dass in anderen Regionen Europas mit weniger ausgeprägter zentralstaatlicher Tradition sich die Situation aus staatlicher Sicht „besser" darstellte. Wie WEBER für Frankreich zeigte, wuchsen die Ansprüche und Durchsetzungsmöglichkeiten der staatlichen Verwaltung bis zum Ersten Weltkrieg beträchtlich, doch verliefen diese Prozesse alles andere als eindimensional und störungsfrei. Mit ihrem 2016 erschienenen Sammelband über das „Vorrücken des Staates in die

Durchstaatlichung

Fläche" schlossen Jörg GANZENMÜLLER und Tatjana TÖNSMEYER [2.2] an diese Perspektive an und erfassten mit dem metaphorisch einprägsamen Titel den vielschichtigen Prozess der „Durchstaatlichung", der Europa in unterschiedlicher zeitlicher und regionaler Ausprägung bis weit über das 19. Jahrhundert hinaus prägte. Um den im Einzelnen recht unterschiedlichen Beispielen einen analytischen Rahmen zu geben, haben sich die Herausgeber an der politikwissenschaftlichen Forschung orientiert, die in den vier Dimensionen – Recht, Ressourcen, Legitimation und Wohlfahrt – die zentralen Handlungsfelder des modernen Staates ausgemacht hat.

Durchsetzung moderner Staatlichkeit

In historischer Perspektive wird der Frage nachgegangen, wie und unter welchen Bedingungen sich auf den verschiedenen Feldern moderne Staatlichkeit durchsetzte. Der zentrale Befund lautet, dass dies am ehesten dort gelang, „wo Top-down- und Bottom-up-Perspektiven in Einklang zu bringen waren, mit anderen Worten, wo Lokalverwaltungen gemäß den Vorstellungen der Beamtenapparate in den Hauptstädten als Transmissionsriemen in die Provinzen und bis in die Dörfer funktionierten und örtliche Bevölkerungen sich über die Verwaltungen an der Gestaltung der eigenen Belange beteiligen konnten" [2.2: GANZENMÜLLER/TÖNSMEYER, 23]. Der zeitliche Schwerpunkt dieser Prozesse lag regional wie sektoral sehr unterschiedlich. Gleichwohl zeigt sich in der zweiten Hälfte des 19. Jahrhunderts eine gewisse Verdichtung. Von staatlichen Reformen im Zarenreich, den dortigen Bestrebungen, die polnischen Gebiete nach dem Aufstand von 1863/64 wieder unter Kontrolle zu bringen, über die staatlichen Einigungsprozesse in Italien und Deutschland bis hin zur staatlichen Neuordnung durch und nach der Phase des *Sexenio Democrático* (1868–74) intensivierten sich seit den 1860er und 1870er Jahren die Prozesse der Durchstaatlichung in vielen Bereichen. Eugen WEBER verortet den Ausgangspunkt seiner Untersuchung nicht von ungefähr im Jahr 1870, als es aus republikanischer Perspektive darum ging, den republikanischen Staat zu festigen und „in die Fläche" zu bringen. Dabei konnte Frankreich tatsächlich sehr viel stärker auf lange gewachsene Verwaltungsstrukturen aufbauen, während es etwa für die spanischen Verwaltungsbeamten angesichts der komplexen Klientelstrukturen vor Ort sehr viel schwieriger war, staatliche Ansprüche geltend zu machen [2.2: HEROLD-SCHMIDT]. Für Italien galt Ähnliches.

Gegenüber der Perspektive des sich vom Zentrum in die Peripherie ausweitenden und immer weiter Zugriff gewinnenden Nationalstaates sind seit einiger Zeit die Grenzen des Durchstaatlichungsprozesses betont worden und hat sich der Fokus auf die Frage der Durchsetzung des Nationalstaates gerichtet. Drei Bereiche lassen sich hier insbesondere nennen: die Persistenz des Regionalen gegenüber den Ansprüchen des Nationalstaates, die Bedeutung der Grenzräume sowie die Bedeutung der Imperien gegenüber den Nationalstaaten.

Grenzen des Durchstaatlichungsprozesses

Aus der Perspektive des sich durchsetzenden Nationalstaates galt lange Zeit die Region zumindest für einige europäische Länder als eine sich in der Defensive befindende Einheit. In Frankreich etwa repräsentierte die *Vendée* den Widerstand gegen das revolutionäre Frankreich, in Italien erschien der Süden als rückständige, nur durch die Kraft des Nationalen zu modernisierende Region, in Deutschland drängte der hegemoniale Anspruch des preußisch dominierten Staates die übrigen Regionen in die Defensive. Der Nationalstaat stand für das Moderne und Fortschrittliche, die Region für das tendenziell Rückständige. Für andere Länder, wie etwa für Spanien, stellte sich die Frage nach dem Verhältnis von Nation und Region anders. Die seit dem 16. Jahrhundert bestehende staatliche Einheit wurde hier im 19. Jahrhundert durch alternative Nationalismen etwa in Katalonien oder im Baskenland herausgefordert und damit gerade von den Regionen in Frage gestellt, die sich als besonders modern und fortschrittlich definierten. Während allerdings lange Zeit in der spanischen Historiographie Nationalismus und Regionalismus als Gegensatz gesehen wurden, galt dies insbesondere für das ausgehende 19. Jahrhundert keineswegs zwingend [2.2: BRINKMANN; NÚÑEZ-SEIXAS].

Verhältnis von Nation und Region

Auch für Deutschland hat sich seit geraumer Zeit eine Perspektive durchgesetzt, die die Region in verschiedener Hinsicht stärker aufwertet [2.6: APPELGATE; CONFINO]. Siegfried WEICHLEIN [2.6] geht auch von der Frage nach dem inneren Staatsbildungsprozess aus, sieht diesen aber nicht vom Zentrum aus in die Region diffundierend, sondern argumentiert, dass die modernen Regionen gleichzeitig mit modernen Nationen entstanden seien und einander bedingten. WEICHLEIN lehnt sich dabei an den kommunikationstheoretischen Ansatz von Karl W. Deutsch an und sieht in der Verdichtung der Kommunikation den zentralen Faktor für die nationale Integration. Gleichwohl fand diese, so WEICHLEIN, sowohl was die Eisenbahnen

Verdichtung der Kommunikation

als auch was die Post betraf, zunächst stärker mit Blick auf regionale als auf nationale Erfordernisse statt. Im Ergebnis stärkte die regionale Vernetzung dann jedoch ihrerseits wiederum die nationale Integration, die den Regionen gleichwohl ihr Eigengewicht und ihre Eigenlogiken beließ [2.6: Weichlein].

Untersuchungsfeld Grenzregion

Ein besonderes Untersuchungsfeld für die Reichweite des (National-)Staates stellen die Grenzregionen dar, wie ein von Michael Müller und Rolf Petri herausgegebener Sammelband von 2002 zeigt. Grenzregionen seien, so Müller und Petri, „Exerzier- und Experimentierfelder für die vielfältigen Formen, in denen sich die moderne Neuerfindung von Gemeinschaft, einer mit Territorialisierung verbundenen nationalen Identität, durchgesetzt hat" [2.2: Müller/Petri, vi]. So zeigt sich, dass es deutschsprachige Gruppen gab, die sich bis weit ins 19. Jahrhundert hinein kaum einem deutschen Staat zugehörig fühlten und keine klare Trennung zu den „Polen" vollzogen. Die Germanisierungspolitik des deutschen Reiches trug dann jedoch massiv dazu bei, diese Trennung auch innerhalb des deutschen Staates aufbrechen zu lassen, wobei Thomas Serrier [2.2] in seiner Studie über den deutsch-polnischen Grenzraum zwischen 1848 und 1914 betont, dass der Begriff der Germanisierung die komplexen Verhältnisse nur unzureichend erfasse. Auch für andere Grenzgebiete, den deutsch-dänischen Grenzraum, Südtirol oder Elsass-Lothringen zeigt sich, dass die Versuche einer gänzlichen Vereinnahmung der Bevölkerung durch den jeweiligen Nationalstaat buchstäblich an ihre Grenzen stießen [2.2: Riederer; Petri].

Perspektivwechsel in der Forschung

Während aus der Perspektive der Region die Dominanz und die Reichweite des Nationalstaates gleichsam „von unten" in Frage gestellt wird, ist seit einiger Zeit auch aus der Perspektive der Imperien an der Selbstverständlichkeit der Nationalstaaten gekratzt worden. In ihrem Sammelband „Empires und Nationalstaaten im 19. Jahrhundert" plädieren Ulrike von Hirschhausen und Jörn Leonhard [2.6] dafür, den Nationalstaat nicht als das normgebende Modell der europäischen Geschichte und die Großreiche damit als nicht bestandsfähige Staatsgebilde zu sehen, die ohnehin früher oder später zerfallen würden. Vor dem Hintergrund des sich auflösenden Osmanischen Reichs und der Tatsache, dass sowohl das Habsburger- als auch das Zarenreich erheblich mit den aufkommenden Nationalismen zu kämpfen hatten, ist gerade für das ausgehende 19. Jahrhundert die Sprengkraft der Nationalismen tatsächlich kaum zu übersehen. Doch vor allem in der Habsburg-Forschung hat sich hier der Blickwinkel ein Stück weit von der Bedrohung durch den Zerfall hin zur Betonung einer relativen Stabilität verändert [1.2: Judson]. So es geht von Hirschhausen und Leonhard vor allem darum, den Nationalstaat nicht als alternativlose politische Ordnungsform zu betrachten [2.6: von Hirschhausen/Leonhard]. Sie zeigen anhand ausgewählter Beispiele, dass die Großreiche bei der Durchsetzung ihrer staatlichen Geltungsansprüche zumindest partiell agierten wie die Nationalstaaten. Die Unterschiede zwischen den Großreichen waren allerdings beträchtlich. Das britische Empire besaß gänzlich andere Strukturen als das Habsburger- oder das Zarenreich, die aber ihrerseits wiederum sehr unterschiedlich mit ihren Herrschaftsansprüchen gegenüber den wachsenden Nationalismen umgingen. Während etwa in Galizien im Rahmen des Habsburgerreichs ein relativ hohes Maß an quasi-staatlicher Autonomie entstand [2.2: Jobst], galt das für die polnischen Gebiete im Zarenreich so nicht. Wie aber etwa Malte Rolf zeigt, stießen die Bemühungen des Zarenreichs, die Zusammenarbeit mit den lokalen Eliten und damit die Effizienz und Reichweite ihres staatlichen Durchsetzungsanspruches zu stärken, an ihre Grenzen. [2.2: Rolf 2012; Rolf 2016]. So waren insgesamt die Chancen des deutschen Kaiserreichs, seine staatlichen Ansprüche und Angebote nach Bayern auszudehnen, gewiss deutlich größer als die des Zarenreichs, dieses in den polnischen Gebieten zu erreichen. Doch die Forschung hat sehr klar gezeigt, dass weder das Gelingen des einen noch das Scheitern des anderen Falles gleichsam teleologisch bestimmt waren.

Unterschiede zwischen den Großreichen

Die rechtliche Seite des Durchstaatlichungsprozesses wird für die meisten Staaten zum einen von relativ spezialisierter juristischer Literatur behandelt und fließt zum anderen in die jeweiligen Darstellungen der unterschiedlichen thematischen Felder ein. Für den deutschen Kontext sind hier insbesondere auf die rechtshistorischen Arbeiten von Micheal Stolleis [2.2] zu verweisen, dem es in hervorragender Weise gelingt, die juristischen Fragen in den jeweiligen gesellschaftspolitischen Kontext zu stellen. Darüber hinaus gelten die verfassungsgeschichtlichen Arbeiten des Staatsrechtlers Ernst Rudolf Huber immer noch als Standardwerke auf diesem Feld. Hubers Affinität zum Nationalsozialismus und zu antidemokratischem Denken ist bei der Lektüre jedoch auch dann im Hinterkopf zu behalten, wenn sich dieses nicht unmittelbar in der Darstellung niederschlägt [2.2: Huber].

Staatsbürger-schaftsrecht

Gut erforscht und in seiner historischen Bedeutung intensiv debattiert worden ist die Frage des Staatsbürgerrechts. Roger BRUBAKER [2.2] hatte in seiner vergleichenden Arbeit zum deutschen und französischen Staatsbürgerrecht argumentiert, dass das französische Recht, basierend auf einem republikanischen Staatsverständnis, sehr viel inklusiver und offener gegenüber Einwanderern unabhängig ihrer Herkunft gewesen sei als das deutsche, das sehr viel exklusiver auf den Nachweis deutscher Abstammung konzentriert gewesen sei. Dieter GOSEWINKEL [2.2] hat diese Perspektive relativiert und gezeigt, dass es in beiden Ländern republikanisch inklusive und ethnisch-kulturell exklusive Elemente gegeben habe. Die Debatte, die weit über den hier zu behandelnden Zeitraum hinausgeht, hat sich auf weitere europäische Länder ausgeweitet und die Komplexität im Umgang mit dem Staatsbürgerrecht gezeigt. Für den hier im Mittelpunkt stehenden Zeitabschnitt bleibt festzuhalten, dass Frankreich mit dem Gesetz zur Staatsbürgerschaft aus dem Jahr 1889 scheinbar ein neues, republikanisches Verständnis der Zugehörigkeit zum französischen Nationalstaat festschrieb, das nicht auf Abstammung, sondern auf dem Willen beruhte, Franzose sein zu wollen. Nicht nur für das französische Selbstverständnis hat diese Sichtweise lange eine wichtige Rolle gespielt. Dieter GOSEWINKEL und andere haben aber betont, dass es hier jedoch nicht allein um ein universelles Republikverständnis, sondern ganz pragmatisch darum ging, die französische Bevölkerung zu vergrößern.

2.3 Kulturkämpfe

Fokussierung auf die politische Seite der Konflikte

Die Forschung hat die Kulturkämpfe lange Zeit vornehmlich als politischen Kampf in den jeweiligen nationalen Kontexten wahrgenommen. Für Deutschland lag dabei ein zum Teil stark personalisiertes Hauptaugenmerk auf der Auseinandersetzung zwischen Bismarck und Papst Pius IX. Die immer wieder verwendete Karikatur des Schachspiels zwischen den beiden Protagonisten steht gleichsam symbolisch für diese Schwerpunktsetzung. Mit etwas anderem Akzent, aber gleichfalls in politischer Perspektive galt der Kulturkampf zudem nicht nur für Deutschland als Konflikt zwischen Liberalismus und Katholizismus. Dieser Konflikt schlug sich zumindest partiell auch in der Geschichtsschreibung nieder, und auch hier standen sich „liberale" und „katholische" Positionen gegenüber [2.3:

katholische Perspektive u. a. LILL; MORSEY; für die liberale Sichtweise 1.2: WEHLER 1995]. Darüber ist die Forschung inzwischen in verschiedener Hinsicht hinausgegangen. Zum einen werden die Kulturkämpfe inzwischen als deutlich vielschichtiger wahrgenommen, so dass die Kluft zwischen liberalen und katholischen Sichtweisen eine deutlich geringere Rolle spielt, und zum anderen wird die europäische Dimension des Konfliktes inzwischen sehr viel stärker in den Mittelpunkt gestellt.

Olaf BLASCHKE unterschied für den deutschen Fall zuletzt sieben Konfliktdimensionen des Kulturkampfes [2.3: BLASCHKE: Burgfrieden]. Neben dem schon genannten Machtkampf zwischen Staat und Kirche – symbolisiert durch den deutschen Reichskanzler und den Papst – sowie dem „Weltanschauungskampf" zwischen Liberalismus und Katholizismus nennt BLASCHKE zunächst den konfessionellen Konflikt zwischen protestantischer Mehrheit und katholischer Minderheit. In diesem Kontext steht auch sein Ansatz, das 19. Jahrhundert als ein „zweites konfessionelles Zeitalter" zu verstehen, da – so die zugespitzte These – die Frontstellung zwischen den beiden Konfessionen seit der Glaubensspaltung im 16. und 17. Jahrhundert sich im 19. Jahrhundert erneut verschärfte, insbesondere während des Kulturkampfes [2.3: BLASCHKE: 19. Jahrhundert]. Immerhin wurden die Katholiken als „Reichsfeinde" innerhalb des protestantisch dominierten Reichs stigmatisiert, wobei hier die Grenze zwischen der konfessionellen Auseinandersetzung und Bismarcks politischen Absichten fließend war.

Konfliktdimensionen

Die sozialgeschichtliche Dimension des Kulturkampfs (bei BLASCHKE die vierte) ist insbesondere von Thomas MERGEL betont worden. Sowohl die liberalen Eliten als auch die Katholiken hätten den Kulturkampf auch als eine Auseinandersetzung um ihre jeweilige gesellschaftliche Stellung interpretiert. Indem sich die liberalen Eliten als Vertreter des Fortschritts definierten, versuchten sie ihre Position gegen die als rückständig stigmatisierten Katholiken abzusichern. Zudem galten ihnen die möglicherweise von Priestern aufgeheizten katholischen Unterschichten ähnlich wie die Sozialdemokraten als potenzielle Bedrohung der sozialen Ordnung. Der Kulturkampf war in dieser Perspektive auch ein Mittel für deren Aufrechterhaltung [2.3: MERGEL].

Die sozialgeschichtliche Dimension

Demgegenüber steht die fünfte Dimension: Michael GROSS vertrat 2004 die These, der Kulturkampf sei im Kern ein „Geschlechterkampf" gewesen und er formulierte pointiert, im Zentrum des Anti-

Die geschlechtergeschichtliche Dimension

katholizismus habe nicht Religion, sondern „ein fundamentaler Sexismus" gestanden [2.3: Gross, 203]. Die hegemoniale protestantische Männlichkeit, so Gross, sei für das Selbstverständnis der Kulturkämpfer zentral gewesen. Gross knüpft damit an eine Reihe von geschlechtergeschichtlichen Arbeiten zur Religionsgeschichte an, die aus verschiedenen Perspektiven die geschlechtergeschichtliche Polarisierung der Konfessionen im 19. Jahrhundert und die Feminisierung des Katholizismus herausgearbeitet hatten [2.3: Busch; Meiwes; Götz von Olenhusen]: der Anspruch des Protestantismus, die „männliche", die „vernünftige" oder die „nüchterne" Seite der Religion zu vertreten, während der Katholizismus aus dieser Perspektive als „gefühlsbetont" und „weiblich" galt. Inzwischen weiß man, dass es sich dabei nicht nur um eine Zuschreibung der Protestanten handelte [2.3: Bennette]. Der Bezug auf die weibliche „Germania" als Verkörperung der Nation, die Marienverehrung und andere Denkformen, die die Weiblichkeit des Katholizismus betonten, wurden durchaus von Katholiken zur Selbstidentifikation verwendet.

Räumliche Dimensionen

Als sechste und siebte Dimension des Kulturkampfes nennt Blaschke schließlich noch den räumlichen Aspekt, der sich national auf die unterschiedlichen regionalen Ausprägungen des Kulturkampfes bezieht, auf die damalige Auseinandersetzung, wie „national" und „integriert" die Katholiken waren. Die transnationale Raumdimension – „international" war ein Schimpfwort – erhellt transnationale Solidarisierungen. Dieser letzte Punkt knüpft erneut an die Stigmatisierung der Katholiken als „Reichsfeinde" an, womit noch einmal deutlich wird, dass die Dimensionen miteinander verwoben sind und es sich insgesamt um einen „mehrdimensionalen Loyalitätskonflikt" [2.3: Mergel] handelte.

Clark/Kaiser

Während die hier genannten Dimensionen, bis auf die letzte, im Wesentlichen in der Auseinandersetzung mit dem deutschen Fall hervorgegangen sind, wird der Kulturkampf seit 1981 vor allem auch in seiner europäischen Dimension untersucht, wobei zunächst vergleichende [2.3: Becker], zuletzt auch transnationale Fragestellungen zentral sind. Einen wichtigen Ausgangspunkt bildet der von Christopher Clark und Wolfram Kaiser herausgegebene Sammelband aus dem Jahr 2003 [2.3]. Die politische, gesellschaftliche und kulturelle Mehrdimensionalität der Konflikte und ihre nationsübergreifende Ähnlichkeit rechtfertigen den umfassenden Begriff der „culture wars". Clark und Kaiser arbeiten sowohl auf katholischer wie auf antiklerikaler Seite europäische Muster und Vernetzungen heraus, die den europäischen Charakter deutlich werden lassen. Wie die Einzelstudien zeigen, wurden Konflikte um die Zivilehe oder um Fragen der Schulaufsicht von Spanien über Belgien und die Schweiz bis nach Österreich und Ungarn fast überall in ähnlicher Intensität geführt. Vor diesem Hintergrund werden auch die im Vereinigten Königreich geführten innerprotestantischen Auseinandersetzungen um Fragen des Verhältnisses von Staat und Kirche oder um das Schulwesen ebenfalls als Teil der „culture wars" interpretiert. Die Furcht vor einem Erstarken des katholischen Einflusses in Irland habe auf die Konflikte innerhalb Großbritanniens abgefärbt.

Im Kontext der europäisierten Forschungsperspektive auf die „culture wars" hat sich diese auch inhaltlich erheblich ausgeweitet. So erscheinen die Kulturkämpfe der 1870er Jahre inzwischen sehr viel stärker eingebettet in umfassendere antikatholische und antiklerikale Traditionslinien. Ein von Yvonne Maria WERNER und Jonas HARVARD herausgegebener Sammelband [2.3] zieht diese Linien vom 17. bis ins 21. Jahrhundert, auch wenn das 19. Jahrhundert hier einen prominenten Platz einnimmt. Die Begriffe Antikatholizismus und Antiklerikalismus werden dabei nicht immer ganz trennscharf voneinander abgegrenzt, wobei zum Teil etwas unterschiedliche Perspektiven beansprucht werden. Manuel BORUTTA [2.3] etwa favorisiert in seiner deutsch-italienisch vergleichenden Studie den Begriff des Antikatholizismus, Lisa DITTRICH [2.3] dagegen in ihrer die drei Länder Deutschland, Frankreich und Spanien umfassenderen Arbeit den Begriff Antiklerikalismus, der aber im Wesentlichen auch auf die katholische Kirche ausgerichtet ist. Beide ordnen die konkreten Konflikte der 1870er und 1880er Jahre ebenfalls in sehr grundsätzliche Auseinandersetzungen ein. Dabei argumentiert BoRUTTA, dass es bei dem Kulturkampf weniger um eine Reaktion auf einen als illiberal, rückständig und antimodern empfundenen Katholizismus gegangen sei, sondern vielmehr darum, dass sich alle diejenigen, die sich auf der Seite des Liberalismus und des Fortschritts wähnten, ein „gegenüber" zur Selbstidentifikation gesucht hätten. In dieser Hinsicht sei der Katholizismus in gleichsam „orientalisierender" Weise als das mit der modernen Welt unvereinbare Andere und entsprechend als statisch, exotisch und primitiv konstruiert worden. Die Säkularisierungsthese erscheint vor diesem Hintergrund nicht mehr als ein analytischer Befund, sondern vielmehr als Teil eines antiklerikalen Selbstentwurfs. Ganz ähnlich

Europäische Vergleiche und Verflechtungen

sieht auch DITTRICH den Antiklerikalismus als aktiven Motor der Säkularisierung.

Skandalisierungen

Den europäischen Charakter des Kulturkampfes betont Lisa DITTRICH [2.3] zudem in besonderer Weise auf der medialen Ebene: Die Skandalisierung der Entführung des Jungen Edgardo Mortara im Jahr 1858 durch den Vatikan, der auf der Basis des Kirchenrechts nicht zulassen wollte, dass der getaufte Sechsjährige von seinen jüdischen Eltern erzogen wurde, habe die europäische Öffentlichkeit ebenso zu einer Appellationsinstanz werden lassen wie die Beschlüsse des Ersten Vatikanischen Konzil in den Jahren 1869/1870.[1] Deshalb greift DITTRICH die von Shulamit VOLKOV [2.7] geprägte Denkfigur vom Antisemitismus als „kulturellem Code" auf und bezieht ihn auf den Antiklerikalismus. Damit ist gemeint, dass der Antiklerikalismus (wie der Antisemitismus) „ein ganzes System von Ideen und Einstellungen" bildete, ohne ein kohärentes Weltbild darzustellen [2.3: DITTRICH, 31]. Auch wenn der Begriff nicht für die Selbstbezeichnung genutzt worden sei (anders als beim Antisemitismus),

antiklerikale Argumentationsmuster

seien antiklerikale Argumentationsmuster zu einem „assoziativen Verweisungskomplex" zusammengeschmolzen [2.3: DITTRICH, 449]. Das wiederum habe die Antiklerikalen kulturell und politisch miteinander verbunden. So wie auf der einen Seite der Katholizismus für sich beanspruchte, für Europa zu stehen, galt dies umgekehrt auch für den Antiklerikalismus. Die Kulturkämpfe der 1870er Jahre erscheinen somit als ein wichtiges Element in dieser Entwicklung.

2.4 Bürgerliche Partizipation und Demokratisierung

Gradmesser für Demokratie?

Der Neigung der Politikwissenschaft, die politischen Systeme weltweit zu vermessen und in regelmäßigen Abständen „Demokratietabellen" mit Gewinnern und Verlieren herauszugeben, können Historiker:innen nur wenig abgewinnen. „Was ist die ‚Metrik', die den Grad der Demokratie messen würde?", fragte die amerikanische Historikerin und Spezialistin für die Geschichte des Kaiserreichs Margaret ANDERSON in einer profunden Auseinandersetzung mit dem Problem eines etwaigen „Demokratiedefizit" des Kaiserreichs [2.4:

---

[1] Zur Konzeptionalisierung der europäischen Öffentlichkeit als Appellationsinstanz vgl. J. REQUATE/M. SCHULZE WESSEL (Hrsg.), Europäische Öffentlichkeit. Transnationale Kommunikation seit dem 18. Jahrhundert. Frankfurt a. M. 2002.

ANDERSON: Demokratiedefizit]. Einen genauen Standard zu benennen, an dem der Grad der Demokratie zu messen wäre, ist gerade für eine Zeit, in der sich demokratische Verfahrensweisen erst begannen einzuspielen, kaum sinnvoll. Doch es ist kein Zufall, dass ANDERSON sich bei der Frage nach einem etwaigen Demokratiedefizit vor allem mit den Wahlen beschäftigt. Die Geschichte der Wahlen hat nicht nur in Deutschland und nicht nur mit Blick auf das Kaiserreich erheblich an Aufmerksamkeit gewonnen. Unter dem Label einer „new electoral history" hat die Untersuchung von Wahlen und Wahlpraktiken von Lateinamerika über die USA bis zu den verschiedenen europäischen Ländern seit einigen Jahren eine ganz neue Aufmerksamkeit erhalten. Alain GARRIGOU [2.4] spricht gar von einer neuen „akademischen Begeisterung" für die Wahlen, nachdem diese lange Zeit in ihrer Bedeutung eher missachtet worden seien [2.4: KERGOMARD].

Die Besonderheit der Forschung zu Deutschland liegt darin, dass sie zumindest partiell immer noch im Schatten der Sonderwegsthese steht, die davon ausging, dass das Deutsche Kaiserreich unter einem Demokratiedefizit gelitten habe und dies langfristig den Aufstieg des Nationalsozialsozialismus gefördert habe. Gerade auch bei Margaret ANDERSON dient die Sonderwegsthese als Ausgangspunkt ihrer Frage nach dem Demokratiedefizit und sie zeigt damit einmal mehr, dass die These, auch wenn sie kaum noch offensiv vertreten wird, für die Generierung von Forschungsfragen immer noch erstaunlich präsent ist. Zwar lässt sich argumentieren, dass die Sonderwegsthese gleichsam „zu Tode widerlegt" worden ist, doch hat sie ihre Funktion als Ausgangspunkt für vergleichende Fragen behalten. Für die politische Sozialgeschichte Bielefelder Prägung hat der Vergleich gerade vor dem Hintergrund der Sonderwegsthese insbesondere in dem dort in den 1980er Jahren angesiedelten SFB zur Geschichte des Bürgertums eine zentrale Rolle gespielt [3.4: Kocka, Bürgertum]. Auch andere, insbesondere amerikanische und britische Historiker:innen nutzten die These, um den Blick auf die deutsche Geschichte sowohl durch die außerdeutsche Perspektive als auch durch konkrete Vergleiche erheblich zu erweitern [2.4: ANDERSON, Practicing Democracy; BLACKBOURN/ELEY; SMITH].

Sonderwegsthese

Auch wenn ein konkretes Ranking nach politikwissenschaftlichem Muster dabei kaum das Ziel sein kann, hat sich der Blick auf die europäische Landkarte der Demokratieentwicklung erheblich präzisiert und modifiziert. So hat die Forschung etwa die Vorreiter-

Vorreiterrolle Großbritanniens

rolle, die Großbritannien in der ersten Hälfte des 19. Jahrhunderts in Bezug auf die Parlamentarisierung zweifellos hatte, für das letzte Drittel des 19. Jahrhunderts deutlich relativiert. Noch deutlicher gilt dies für die Demokratisierung. Der Pfad, den England eingeschlagen hatte, besaß seine Eigenheiten und erhebliche Beschränkungen. Im letzten Drittel des 19. Jahrhunderts musste sich England genauso wie die anderen europäischen Länder mit dem Streben nach mehr Demokratisierung auseinandersetzen und wurde vor diesem Hintergrund auch von anderen beobachtet. Die Strahlkraft als vermeintliches demokratisches Vorbild, die lange die deutsche Forschung prägte, hat aber deutlich nachgelassen. Für die britische Geschichtsschreibung allerdings war die Vorbildhaftigkeit der eigenen Verhältnisse höchstens auf einer sehr abstrakten Ebene Thema. Konkrete Untersuchungen konzentrierten sich dagegen eher auf die problematischen Punkte. So gibt es eine lange und umfassende Debatte um die Auswirkungen verschiedener Wahlreformen und die Einführung der geheimen Wahl. Schon sehr früh hatten sich britische Historiker:innen ernüchtert über die unmittelbaren Effekte der Wahlrechtsreformen auf den konkreten Ablauf gezeigt. In England ist es jedoch weniger die kulturgeschichtlich ausgerichtete „new electoral history" als die Politikwissenschaft, die sich dem Thema für das Viktorianische Zeitalter angenommen und dabei theoretische Modelle mit historischer Quellenarbeit verbunden hat. Wenig überraschend ist, dass die Forschung zu dem Ergebnis kommt, dass die Einführung der geheimen Wahl und anderer Maßnahmen, die den Stimmenkauf verhindern sollten, langfristig sehr wohl wirksam waren [2.4: ORR]. Interessanter ist dagegen der Nachweis, dass die Einführung der geheimen Wahl dazu führte, dass die Kandidaten die Auswirkungen der Bestechung geringer einschätzten, da sie einkalkulieren mussten, dass einige Wähler Versprechen brechen würden und auf diese Weise die Preise für Bestechungen nach 1872 schnell sanken [2.4: KAM]. Am britischen Beispiel ist schließlich auch eindrücklich herausgearbeitet worden, wie die Debatten um die Staatsbürgerschaft und das Wahlrecht miteinander verbunden waren, und in welchem Maße das Kolonialreich Rückwirkungen auf die Definition der Nation in Bezug auf „Class, Race and Gender" hatte [2.4: HALL/ MCCLELLAND/RENDALL].

Vor dem Hintergrund der langen parlamentarischen Tradition standen in England vor allem die Probleme der Wahlen und der Umgang damit im Mittelpunkt der Forschung. In Frankreich dagegen sind die Wahlen für die Zeit nach 1870 vorrangig in Verbindung mit der Frage behandelt worden, wie sich die Republik und damit letztlich auch demokratische Verhältnisse durchsetzen konnten. Dabei geht es aus einer eher sozialgeschichtlichen Perspektive darum, wie auch auf der lokalen Ebene die alten Eliten der Notabeln abgelöst und durch eine neue republikanische Elite ersetzt wurden [2.4: GARRIGOU; AGULHON]. Das Konzept von der „Ausweitung der Politik auf die Massen" steht dabei ebenso im Hintergrund wie Eugen WEBERS [2.2] Untersuchung über die Ausbreitung und Festigung des (re-)publikanischen Staates. Aus einer kulturgeschichtlichen Perspektive sind die Wahlen zudem unter dem Gesichtspunkt des symbolischen Handelns als Einübung von republikanisch konnotierten Praktiken untersucht worden, wobei auch hier letztlich die Festigung der III. Republik im Vordergrund stand [2.4: IHL]. Gegen diese tendenziell auf Modernisierung und die Durchsetzung rationaler Verfahren unter Einschluss der symbolischen Ebene ausgerichteten Darstellung ist auf der einen Seite die Persistenz von Klientelverhältnissen und Nutzung der Wahlen zur Aufrechterhaltung überkommener Machtstrukturen betont worden [2.4: BRIQUET: Dispositifs]. Auf der anderen Seite hat Yves DÉLOYÉ gegen das Narrativ von der Durchsetzung des republikanischen Ideals durch die Wahlen eine grundsätzlich andere Interpretation gesetzt. Er hat dabei die Rolle der Kirche im Kontext der Wahlen untersucht und dabei nicht nur gezeigt, in welch hohem Maße sich der Klerus aktiv in die Wahlkämpfe einschaltete, sondern er vertritt darüber hinaus die These, dass die Kirche es zumindest partiell geschafft habe, die Wahlen in einer Weise klerikal einzubetten, dass das Erlernen und die Praxis der Stimmabgabe dauerhaft „in ein religiöses Imaginäres" eingeschrieben worden sei und die Bedeutung der Wahlen als autonomen individuellen Akt des politischen Handelns konterkariert habe. Die Wahlen trugen auf diese Weise eben nicht nur zur republikanischen Politisierung der Bevölkerung bei, sondern auch zu einer konservativ-klerikalen [2.4: DÉLOYÉ: Les voix de Dieu]. Ähnliche Entwicklungen hat die Forschung auch für andere europäische Regionen, etwa in Italien, konstatiert. Klientelverhältnisse waren insbesondere auch in Süditalien dauerhaft stark ausgeprägt und determinierten politische Prozesse. Und auch in Italien beförderte der Katholizismus, der von der katholischen Kirche vorgeschriebenen politischen Zurückhaltung zum Trotz, rasch die Entste-

Sozialgeschichtliche Perspektive

Kulturgeschichtliche Perspektive

Rolle der Kirchen im Kontext der Wahlen

hung eines einflussreichen konservativ-klerikalen politischen Milieus [2.2: DE PROSPO].

Auch für Deutschland ist der Aspekt des symbolischen Handelns im Zusammenhang mit den Wahlen schon seit einiger Zeit betont worden. Die Ausübung des Dreiklassenwahlrechts in Preußen stand trotz seines wenig demokratischen Charakters im Kontext einer tiefgreifenden Politisierung der Bevölkerung, die sich in emanzipatorischen Forderungen ebenso wie in dem Bedürfnis nach der Bewahrung der traditionellen Verhältnisse äußern konnte [2.4: KÜHNE]. Margaret ANDERSON hat in ihrer zuerst im Jahr 2000 auf Englisch erschienenen Studie in diesem Sinne gleichfalls den prinzipiell demokratischen Charakter des Wahlaktes im Sinne eines „Einübens von Demokratie" betont. Mit ihrem Aufsatz zur Frage des Demokratiedefizits im Kaiserreich knüpft sie daran an und arbeitet detailliert eine Reihe von Punkten ab, bei denen sich ein etwaiges Demokratiedefizit des Kaiserreichs gegenüber anderen Ländern – sie nimmt hier bewusst die etablierten westlichen Demokratien England, Frankreich und die USA in den Blick – zeigen könnte. Im Kontext der Wahlen und der parlamentarischen Einflussmöglichkeiten weist ANDERSON akribisch nach, dass weder in den rein wahlrechtlichen Aspekten, bei den Praktiken der Wahlen, der Beschwerdekultur im Zusammenhang mit Wahlen, bei der Rolle des Föderalismus noch bei der Frage der parlamentarischen Kontrolle über das Militär das Kaiserreich gegenüber den punktuell ausgesuchten Vergleichsländern schlechter abschnitt. Gerade für England als dem Vorreiterland des europäischen Parlamentarismus zeigt das genaue Hinschauen, in welchem Maße die Eliten darauf bedacht waren, durch eine Vielzahl rechtlicher Kniffe den weniger privilegierten Bevölkerungsteilen weniger Chancen einzuräumen. Ebenso zeigt sie, dass finanzielle Aspekte – sowohl durch gezielte Unterstützung von Wahlkreisen und Kandidaten als auch durch die finanzielle Be- oder Entlastung der Kandidaten im Wahlkampf – in Frankreich und England eine sehr viel größere Rolle als in Deutschland spielten.

Auch bei den neueren Forschungen von Hedwig RICHTER [2.4: Wahlen] geht es darum, die deutsche Demokratieentwicklung durch die Untersuchung der Wahlen in einen transnationalen Kontext zu stellen. Dabei vertritt sie die These, dass Wahlen in Deutschland, aber auch in den USA, eher gewährt als erkämpft wurden und dass Massenpartizipation insgesamt sich nicht so sehr über Freiheitsbewegungen, sondern mehr durch eigendynamische Entwicklungen ergeben habe. Auf diese Weise kommt sie zu einer Art umgekehrten Zurückweisung der Sonderwegsthese. Sie sieht das Kaiserreich genauso wie andere Länder des „transatlantischen Raums" auf dem Weg zur Massendemokratie, betrachtet diesen Weg aber, wie auch aus anderen Publikationen hervorgeht, zumindest als ambivalent, wenn nicht als problematisch. Diese Deutung weist deutlich über die Jahre zwischen 1870 und 1890 hinaus, ist aber insofern zentral, als der Weg zu einer Fundamentalpolitisierung und einer Massendemokratie zumindest im deutschen Fall nicht in eine Geschichte des Fortschritts, sondern letztlich in die vielfältigen Schrecken des 20. Jahrhunderts führte. Hedwig RICHTER verwende, so Ute DANIEL, die Begriffe „,die Massen' bzw. die ‚Massenpolitisierung' immer wieder als Movens, als Akteur für ihre dunkle Seite der Moderne." Damit wird „die Inklusion der Massen" zu einem zentralen Faktor für den Kolonialismus, ebenso wie für den Ausbruch des Ersten Weltkrieges und schließlich den Nationalsozialismus. Zugespitzt könnte man formulieren, dass aus Hedwigs RICHTERS Perspektive nicht das Demokratiedefizit, sondern der Demokratieüberschuss für den unheilvollen Weg der deutschen Geschichte verantwortlich war.[2]

Auseinandersetzungen um die Positionen von Hedwig RICHTER

RICHTERS Arbeiten lassen sich nicht auf, wie DANIEL schreibt, „ganz gruselige Botschaften" reduzieren, doch es wird einmal mehr deutlich, welche Sprengkraft die Geschichte des Kaiserreichs immer noch in sich trägt. In der Debatte um das Kaiserreich spielt die Wilhelminische Zeit zumeist eine noch größere Rolle als die Phase bis 1890. Doch auch für die Einordnung der ersten Phase des Kaiserreichs ist zentral, ob diese eher als Basis eines reform- und demokratisierungsfähigen Gemeinwesens oder als Grundstock eines stabilen Obrigkeitsstaates gesehen wird. Forschungsansätze, die insbesondere mit Blick auf das Parlament eine Ausweitung einer demokratisch-parlamentarischen Kultur erkennen wollten, haben sich nicht bestätigt. Das bedeutet, dass der Streit um den grundsätzlichen Charakter des Kaiserreichs auch jenseits der im Prinzip erledigten Sonderwegsfrage fortdauern dürfte. Ein von Sven Oliver MÜLLER und Cornelius TORP herausgegebener Sammelband zum

---

[2] Ute DANIEL: Rezension zu: Hedwig RICHTER: Aufbruch in die Moderne. Reform und Massenpolitisierung im Kaiserreich, Berlin: Suhrkamp 2021, in: sehepunkte 21 (2021), Nr. 6, http://www.sehepunkte.de/2021/06/35793.html (15.06.2021).

Deutschen Kaiserreich „in der Kontroverse" [1.2] spiegelt genau diese Debatte wider: Obwohl deutlich wird, dass die politischen, gesellschaftlichen, wirtschaftlichen und kulturellen Entwicklungen sich ganz und gar im Rahmen eines breiten europäischen Spektrums bewegen, wird damit der Begriff des Obrigkeitsstaates nicht ad acta gelegt, sondern zum Teil weiter offensiv vertreten [2.4: Retallack].

Begriff des Obrigkeitsstaats

Inwieweit der Begriff des Obrigkeitsstaates analytisch für eine Einordnung in den europäischen Kontext gerade mit Blick auf die Zeit zwischen 1870 und 1890 hilft, erscheint eher fraglich, zumal er wenig von der Dynamik der Entwicklung einfängt. Diese Dynamik wird in der Forschung zu vielen europäischen Ländern dieser Zeit zum einen als Phase der Auseinandersetzung um mehr Partizipation und Demokratisierung und zum anderen als Übergang von der Honoratioren- zur Massenpolitik beschrieben. Bei allen Problematiken der Argumentation von Hedwig Richter im Einzelnen ist das grundsätzliche Bestreben, die Ambivalenzen dieses Prozesses stärker als bisher herauszuarbeiten, durchaus fruchtbar und findet sich auch in der Forschung zu anderen europäischen Ländern angelegt.

Übergang von der Honoratioren- zur Massenpolitik

2.5 Emanzipationsbewegungen: Arbeiterschaft und Frauen

Einfluss E. P. Thompsons

Wohl kaum ein anderes Buch hat die Arbeitergeschichtsschreibung so beeinflusst wie E. P. Thompsons 1963 erstmals erschienenes Buch „The Making of the English Working Class". Auch wenn insbesondere der Klassenbegriff inzwischen zurückhaltender verwendet wird als von Thompson, hat die Frage danach, in welcher Weise sich die entstehende Arbeiterschaft als soziale Gruppe formiert hat und in welcher Weise sich zumindest Teile der Arbeiterschaft gewerkschaftlich und politisch engagiert haben, die Arbeitergeschichte lange dominiert. Thompsons Blick auf die *agency* einfacher Leute und die Frage danach, in welcher Weise sie soziale Beziehungen herstellten und darin vor dem Hintergrund tiefgreifender ökonomischer Wandlungsprozesse handelten, ist dabei auch für die heutige Arbeitergeschichtsschreibung noch von unverminderter Relevanz. Das gilt nicht zuletzt deshalb, weil hier Arbeiter- und Arbeiterbewegungsgeschichte eng miteinander verwoben sind.

Das vielleicht klarste Modell des Klassenbildungsprozesses und der damit zusammenhängenden Formierung einer Arbeiterbewegung hat Jürgen Kocka [2.5] schon in den 1980er Jahren in den Grundzügen dargelegt und später in umfassender und ausdifferenzierter Weise ausgeführt. Kocka sieht in der Durchsetzung der Lohnarbeit die zentrale Basis dafür, dass – zunächst vor allem männliche – Arbeiter gemeinsame Erfahrungen in bestimmten, sich immer mehr durchsetzenden Arbeitsverhältnissen machten, gemeinsame Kommunikationskreise mit ähnlichen Wahrnehmungs- und Deutungsmustern bildeten und auf dieser Grundlage zumindest partiell auch gemeinsame Interessen entwickelten und formulierten. In Rückgriff sowohl auf die Marx'sche als auch die Weber'sche Begrifflichkeit sieht Kocka hier zumindest in der Tendenz eine Entwicklung von der „Klasse an sich" zu der „Klasse für sich" bzw. von der „Markt-" zur „sozialen Klasse". Einen Determinismus dieser Entwicklung weist Kocka jedoch klar zurück. Vielmehr geht es ihm darum, die jeweiligen Bedingungsgefüge zu analysieren, auf deren Basis Vorrausetzungen dafür geschaffen wurden, dass sich ein Teil der – vor allem männlichen Arbeiter – schließlich politisch konstituierte. In einem weiteren Sinne war diese Frage ursprünglich dem Kontext der Sonderwegsdebatte erwachsen und hatte damit einerseits eine deutsche, andererseits aber implizit auch eine vergleichende Perspektive. Als erklärungsbedürftig erschien die im europäischen Kontext vergleichsweise frühe Gründung von eigenständigen Arbeiterparteien in Deutschland, die als frühe Ablösung der Arbeiterbewegung von den liberalen und demokratischen Bewegungen interpretierte wurde.

Thomas Welskopp [2.5] setzt mit seiner umfangreichen Studie zur Entstehung der deutschen Sozialdemokratie auch in dieser Hinsicht einen deutlich anderen Akzent. Er interpretiert die frühe Sozialdemokratie als eine radikaldemokratische Volksbewegung, die zunächst auch sehr viel bürgerlicher gewesen sei als gemeinhin angenommen. Auf einer Handwerkertradition basierend hätte dieser Erfahrungshorizont eine deutlich wichtigere Rolle gespielt als ein proletarischer oder gewerkschaftlicher Hintergrund. Daher sei auch die Arbeiterbewegung nicht aus der sich formierenden Klasse hervorgegangen. Vielmehr sei umgekehrt die politische Organisierung in der Sozialdemokratie dem Klassenbildungsprozess vorgelagert gewesen. Erst der enorme politische Druck auf die – anfangs

Modell des Klassenbildungsprozesses

Thomas Welskopps Interpretation der frühen Arbeiterbewegung

noch bürgerliche – Arbeiterbewegung habe dann den Klassenbildungsprozess in der Arbeiterschaft stark beschleunigt.

Trotz der im europäischen Vergleich außergewöhnlich frühen Formierung des politischen Arms der Arbeiterbewegung rückt Deutschland damit wieder etwas näher an die Entwicklung anderer europäischer Länder heran. Radikaldemokratische Strömungen existierten auch in Deutschland nach der 48er Revolution weiter und manifestierten sich insbesondere in der frühen Sozialdemokratie. Mit der Polarisierung zwischen liberalem Bürgertum und sozialdemokratischer Arbeiterschaft nach 1870 setzte dann aber ein Prozess der Fremd- und Selbstausgrenzung ein, den Welskopp auch weiter als eine nicht unerhebliche Hypothek für den weiteren Verlauf der deutschen Geschichte ansieht.

> Polarisierung zwischen liberalem Bürgertum und sozialdemokratischer Arbeiterschaft

Prinzipiell hat auch in den meisten Historiographien anderer Länder Europas der Prozess der Klassenbildung und der Entstehung einer politischen Arbeiterbewegung einen festen Platz. Da die Arbeiterbewegungen in weiten Teilen Europas in den 1870er und 1880er Jahren noch schwach waren, bildet diese Perspektive eher einen gewissen Fluchtpunkt. Der damit verbundene teleologische Bias ist zum Teil erkennbar, wird aber für die hier zur Debatte stehende Phase häufig explizit zurückgewiesen. Auch für Frankreich spielt in der langfristigen Perspektive die Frage nach der Entstehung der Arbeiterklasse und ihrer Organisationsformen eine gewisse Rolle [3.4: Noiriel 2002]. Vor allem die sog. *Bourses du travail* sind in dieser Hinsicht intensiv untersucht worden [2.5: Schöttler; Trempé; Colson; Leteux]. Doch für die Zeit vor 1890 sind vor allem die konkreten Arbeitskämpfe und Auseinandersetzungen zwischen Arbeiterschaft und Unternehmern in den Blick genommen worden. Von zentraler Bedeutung ist in diesem Kontext immer noch die Pionierstudie von Michelle Perrot, die eindrücklich nachgewiesen hat, in welchem Maße die Streiks nicht nur für das Selbstverständnis und die Handlungsmacht der Arbeiter zentral waren, sondern auch für das Beziehungsgeflecht zwischen den verschiedenen Akteuren der lokalen Gesellschaft und denen des Staates. In dieser Tradition ist für Frankreich die besondere Bedeutung der Streiks und der entstehenden Gewerkschaften für die soziale Ordnung der III. Republik herausgearbeitet wurden. Stéphane Sirot [2.5] hat in diesem Kontext betont, dass Frankreich in Europa insofern eine Ausnahme darstellte, als der Streik im Mittelpunkt der Regulierung der sozialen Beziehungen stand: Die Arbeitsniederlegung stand in der Regel am Be-

> Klassenbildung und die Entstehung der Arbeiterbewegung in weiteren europäischen Ländern

> Frankreich

ginn der Auseinandersetzung um konkrete Forderungen und war nicht deren Ergebnis. Die Gewerkschaften hätten diesen Mechanismus zu einem gewissen Grade kanalisiert und seien insofern von den republikanischen Abgeordneten als wichtiges Regulativ in den Arbeitsbeziehungen anerkannt worden.

Der Anarchismus ist in der Geschichte der Arbeiterbewegungen lange Zeit nur am Rande und häufig eher von außeruniversitären Historiker:innen behandelt worden. Dies hat sich seit einigen Jahren deutlich geändert und es ist eine Reihe von Arbeiten erschienen, die einerseits die transnationalen Verbindungen besonders herausgearbeitet haben [2.5: MANFREDONIA; BERRY/BANTMAN; BANTMAN/ALTENA; LEVY/ADAMS] und andererseits für unterschiedliche Länder die Forschungen zu den anarchistischen Zweigen der Arbeiterbewegungen weiter vertieft haben [2.5: LEMMES; BEAUDET; EITEL]. Vergleichsweise gut untersucht ist schon seit längerer Zeit der spanische Anarchismus, für den insbesondere die Bedeutung der Gewalt als Teil der Logik von Arbeitskonflikten herausgestellt worden ist [2.5: HERRERÍN LÓPEZ]. Auch der russische Anarchismus ist gut erforscht. Allerdings steht dieser hier weniger im Zusammenhang mit einer sich formierenden Arbeiterbewegung oder spezifischen Formen von Arbeitskonflikten als im Zusammenhang mit einer grundsätzlichen Herausforderung des autokratischen Staates.

anarchistische Arbeiterbewegungen

Für Europa insgesamt ist die Geschichte der Arbeiterbewegung lange Zeit fast ausschließlich als männliche Geschichte geschrieben worden. Neben anderen hat Kathleen CANNING das Modell des Klassenbildungsprozesses, wie es von Jürgen KOCKA entworfen worden ist, früh kritisiert und die Kategorie Geschlecht nachdrücklich eingefordert [2.5: SCOTT/TILLY; CANNING]. KOCKA hat diese Einwände insofern aufgenommen, als er die Frage nach einem etwaigen Spannungsverhältnis zwischen einem klassen- und einem geschlechtergeschichtlichen Ansatz immer wieder thematisiert hat. Doch er unterstreicht, dass sich insbesondere mit Blick auf die Arbeiterfamilien die Klassen- und Geschlechterdifferenz gegenseitig bedingten und nicht ohneeinander zu begreifen sind. Insgesamt betont KOCKA damit stärker die familiäre Verbindung der Geschlechter als ihre unterschiedlichen Positionen und Erfahrungen in der Arbeitswelt.

Klassenbildungsprozesse und Geschlecht

Ganz anders wird dort argumentiert, wo es spezifischer um die Frauenarbeit geht. Am deutlichsten ist wohl inzwischen am englischen Beispiel gezeigt worden, in welchem Maße Frauen gezielt aus den gewerkschaftlichen Organisationen herausgehalten worden

Ausschluss von Frauen

sind, da sie als lohndrückende Konkurrenz empfunden wurden. Betont worden ist in diesem Zusammenhang, dass alle Versuche, Frauen in dieser Zeit zu organisieren, ausschließlich von bürgerlicher Seite, von philanthropischen Frauenorganisationen kamen – etwa die *Women's Protective and Provident League* (später *Women's Trade Union League*) im Jahr 1874. Zwischen 1874 und 1886 wurden mehr als 30 solcher Verbände gegründet, die allerdings kaum als Gewerkschaften gelten konnten und klein, schwach und von kurzer Dauer blieben [2.5: Davis].

Forschung zur Geschichte der Frauenbewegungen

Was die Forschungen zu Arbeiter- und Frauenbewegungen jenseits der bereits angeklungenen Berührungspunkte verbindet, ist die Tatsache, dass in beiden Bereichen die ursprüngliche Konzentration auf die organisatorischen und personellen Aspekte der Bewegungen in den Hintergrund gerückt sind zugunsten einer umfassenderen Geschichte der Emanzipationsbemühungen von Arbeitern auf der einen und Frauen auf der anderen Seite. Beide erlebten in den 1970er Jahren einen deutlichen Aufschwung, wobei die Geschichtsschreibung zur männlichen Arbeiterbewegung insgesamt deutlich umfangreicher ausfiel als jene zu Arbeiterinnen, zum Verhältnis von *gender* und *class* und zu Frauenbewegungen. Letztere war dafür bereits relativ früh zum einen stärker in eine allgemeine Geschichte der Frauen eingebettet, zum anderen von Beginn an transnational ausgerichtet. So legte Richard Evans bereits 1977 eine Geschichte der europäischen, amerikanischen und australischen Emanzipationsbewegungen von Frauen für den Zeitraum zwischen 1840 und 1920 vor, nachdem er sich zunächst mit den deutschen Frauenbewegungen befasst hatte [2.5: Evans]. Gisela Bocks [2.5] Darstellung zur Geschichte der Frauen in der europäischen Geschichte war ebenso wie die von George Duby und Michelle Perrot herausgegebene, breit angelegte und mehrere Bände umfassende Geschichte der Frauen durchgehend transnational ausgelegt, ohne dass dies allerdings konzeptionell besonders begründet worden wäre. Dies ist insofern bemerkenswert, als die Betonung transnationaler Perspektiven in anderen Bereichen der Geschichtswissenschaft später ein besonderes Maß an Innovativität für sich in Anspruch nahm. Richard Evans begründete im Vorwort zu seinem Buch über die Frauenbewegungen noch ausführlich, warum er das Thema für wichtig hielt, kaum aber warum er einen Ansatz wählte, der „international and comparative" war. In gewisser Weise ergab sich diese Perspektive durch die transnationale Vernetzung der Frauenbewegungen.

Transnationale Vernetzung der Frauenbewegungen

Wichtiger noch erscheint aber implizit der Gedanke gewesen zu sein, durch den Vergleich und die transnationale Perspektive den Untersuchungsraum für die Frage zu erweitern, welche Gemeinsamkeiten und Unterschiede es in den Rechtsstellungen, in den Handlungsspielräumen, in den Forderungen und in den Arten und Begründungen für die Ausgrenzungen von Frauen gab.

Vor allem was das Wahlrecht [2.5: GERHARD: Unerhört; EVANS; BOCK; 2.4: RICHTER/WOLFF], aber auch die verschiedenen Fragen der sonstigen rechtlichen Stellung der Frauen angeht, ist die transnationale und vergleichende Ausrichtung der Forschungen besonders deutlich. Was letztere betrifft, sind vor allem die Arbeiten von Ute GERHARD hervorzuheben, die die deutsche Entwicklung in verschiedenen Arbeiten weit über die hier zur Diskussion stehende zeitliche Phase hinaus immer wieder im europäischen Kontext verortet hat. Dabei hat sie zuletzt noch einmal die enorme Unübersichtlichkeit und Vielfältigkeit der Rechtsverhältnisse in Europa herausgearbeitet und betont, wie wichtig es überall für die Frauenbewegungen gerade im ausgehenden 19. Jahrhundert wurde, Einfluss auf die Rechtskodifikationen zu bekommen [2.5: GERHARD: Partikularismus].

Kampf ums Frauenwahlrecht

Auch der Antifeminismus ist zumindest partiell vergleichend untersucht worden. So hat Ute PLANERT hervorgehoben, dass er zwar keineswegs ein rein deutsches Phänomen gewesen sei, hier aber bestimmte spezifische Ausprägungen gehabt habe. Während der Antifeminismus in Großbritannien vor allem ein Phänomen der Oberklasse gewesen sei, habe er in Deutschland überwiegend im Bürgertum und im Kleinbürgertum seine Unterstützer gefunden [2.5: PLANERT: Reformfähig]. Hier habe es zudem eine enge Verzahnung der Antifeministinnen mit der radikalen, nationalistischen Rechten gegeben. Der Kampf der deutschen Antifeministen war daher auch wesentlich breiter angelegt als der ihres britischen Pendants. So bekämpfte die deutsche *Antifeministen-Liga* nicht nur das Frauenstimmrecht, sondern alles, was die bipolare Geschlechterordnung in Frage zu stellen drohte – vom Frauenstudium und der außerhäuslichen Frauenerwerbsarbeit über die vermehrte Partizipation in der Kirche und in den Gemeinden bis hin zur Forderung nach sexueller Selbstbestimmung. Diese viel breitere thematische Stoßrichtung sei auch der Grund dafür gewesen, dass der deutsche Antifeminismus viel stärker männlich dominiert gewesen sei als der britische.

Ausprägungen des Antifeminismus

Zu nennen ist schließlich der große, umfassend vergleichend angelegte Sammelband von Sylvia PALETSCHEK und Bianka PIETROW-ENNKER [2.5], der nicht nur Länder wie Frankreich, England oder Deutschland behandelt, über die ohnehin die meiste Forschung vorliegt, sondern auch die Niederlande, Norwegen, Schweden, Österreich-Ungarn, Russland, Spanien und Griechenland einbezieht. Der Band lässt zum einen noch einmal die große Ungleichzeitigkeit der Entwicklungen in Europa erkennen, insbesondere für die Zeit vor 1890. Zudem reflektieren die Herausgeberinnen die gewählten Begrifflichkeiten: Man habe sich für „Emanzipationsbewegungen" anstelle von „feministischen Bewegungen" entschieden, da der Begriff der Emanzipation bereits seit dem frühen 19. Jahrhundert mit Bezug auf die Frauenrechte verwendet worden sei und der Begriff des Feminismus die tendenzielle Gefahr berge, zu sehr von heute aus verstanden zu werden. Gleichwohl präferiert eine Reihe von Autorinnen die Verwendung des Feminismusbegriffs.

Ungleichzeitigkeit der Entwicklungen

Feminismusbegriff

2.6 Ideologisierung und Normalisierung der Nation

Versuche der Typisierung und Periodisierung

Die Nationalismusforschung ist lange Zeit von Versuchen geprägt worden, die unterschiedlichen Erscheinungsformen zu typisieren und zu periodisieren. Vor dem Hintergrund der Entstehungsgeschichte des deutschen Nationalstaats hat etwa Theodor SCHIEDER den Versuch unternommen, diese mit anderen Nationalstaatsgründungen in Beziehung zu setzen. Insbesondere England und Frankreich wurden, so die Argumentation, im 17. bzw. 18. Jahrhundert durch Revolutionen zu Nationalstaaten. D. h. in diesen Revolutionen bemächtigten sich „die Nationen" der zuvor bereits bestehenden Staaten und formten sie in Nationalstaaten um. Den zweiten Typus bildeten insbesondere Italien und Deutschland, deren Nationen „zerrissen" waren und sich dann mit Hilfe der Nationalbewegungen und der Einigungskriege zu einem Nationalstaat vereinigten. Als dritten Typus sah SCHIEDER den sog. sezessionistischen Nationalismus, der die Nationalbewegungen Osteuropas geprägt und zum Ziel gehabt habe, sich aus den großen osteuropäischen Reichen herauszulösen und dann – wie etwa die Polen, die Serben, die Rumänen, die Bulgaren, die Finnen u. a. eigene Nationalstaaten zu bilden [2.6: SCHIEDER].

Vielleicht noch einflussreicher war das Modell, das der tschechische Historiker Miroslav HROCH [2.6] entworfen hat, um den Entstehungsprozess insbesondere „kleiner" europäischer Nationalbewegungen zu beschreiben. HROCH teilt diesen Prozess in drei Phasen ein, die jeweils von unterschiedlichen Trägerschichten bestimmt werden: Die Phase A sei von einer schmalen Schicht von Gebildeten geprägt, die in ihren Schriften eine Art kulturelle Identität, ein gemeinsames Interesse und eine gemeinsame Geschichte entwarfen. In der Phase B habe sich die soziale Basis jeweils zu einer Nationalbewegung ausgeweitet, die auf Grundlage des kulturellen Gemeinschaftsbewusstseins dann politische Forderungen stellte. In der Phase C sei die Bewegung schließlich zu einer nationalistischen Massenbewegung avanciert, die für die Eigenstaatlichkeit der jeweiligen Nation gekämpft habe. Derartige Typisierungen und Periodisierungen liefern zwar für die Vielfalt der nationalistischen Erscheinungsformen für die Zeit nach 1870 eine gewisse Orientierung, doch insgesamt hat sich die Forschung eher davon abgewendet. Wie Siegfried WEICHLEIN schreibt, werden die verschiedenen Kategorisierungen „kaum mehr räumlich und zeitlich zugeordnet, sondern stärker als fortlaufende Schichten verstanden, deren Bedeutung freilich zu- oder abnahm." [2.6: WEICHLEIN: Nationalbewegungen, 52].

Phasenmodell von Miroslav Hroch

In der Nationalismusforschung zum 19. Jahrhundert hat lange Zeit die These vom Wandel des Nationalismus von einem „linken", emanzipatorischen zu einem rechten, aggressiven, rassistischen Phänomen eine zentrale Rolle gespielt [2.6: WINKLER]. In der Französischen Revolution ebenso wie etwa im deutschen Vormärz, so die Argumentation, sei das Konzept der Nation gegen die Monarchie und den Adel gerichtet gewesen und verlangte Partizipationsrechte für „das Volk". Im ausgehenden 19. Jahrhundert dagegen sei dieser liberale Nationalismus vom integralen Nationalismus verdrängt worden, der die Idee der ethnischen Homogenität und der Ausgrenzung in den Mittepunkt gestellt habe. Diese Sichtweise ist etwa von Michael JEISMANN [2.6] deutlich hinterfragt worden. Er vertrat dagegen die These, dass es letztlich keinen Nationalismus gab, der nicht integral gewesen sei und dass insofern die Unterscheidung zwischen einem friedlichen, liberalen und einem aggressiven, rassistischen Nationalismus obsolet sei. Nationalismus beruhe in seinem Kern darauf, Feindbilder zu konstruieren und lebe von der Abgrenzung von diesen Feinden. Gleichwohl sah auch JEISMANN einen Wandlungsprozess, in dem die Bedeutung der nationalen Selbstkon-

These vom Wandel des Nationalismus

struktion auf der einen und der Feindeskonstruktion auf der anderen Seite immer klarer hervortrat.

Kritisiert wurde an Jeismanns Interpretation, dass er sich ausschließlich auf Phasen des Krieges bezog, in denen der hohe Stellenwert der Feindesrhetorik wenig überraschend gewesen sei. So ist auch die Forschung seiner zugespitzten Interpretation nicht gänzlich gefolgt. Gleichwohl wird die Unterscheidung zwischen einem emanzipatorischen und einem integralen Nationalismus kaum noch verschiedenen Phasen zugeordnet, sondern diese werden als unterschiedliche Dimensionen des Phänomens gesehen. So wird auch betont, dass nicht nur der frühe Nationalismus von Beginn an aggressive und abgrenzende Züge trug, sondern auch umgekehrt der integrale Nationalismus partizipatorische Angebote mit sich brachte. Die nationale Vereinskultur, die Veteranenverbände und nicht zuletzt die nationalistischen Parteien boten vielfältige Möglichkeiten für eine „Nationalisierung der Massen", die nicht einfach nur „von oben nach unten" verlief und die für die Zeit nach 1870 eine immer wichtigere Rolle spielte [2.6: Mosse; Tombs]. Überhaupt zeigt sich in der Forschung seit einiger Zeit die Tendenz, die gesellschaftliche Ausbreitung des Nationalismus nicht mehr nur als „trickle-down"-Prozess zu sehen, der, wie es das Modell von Hroch nahelegt, von den Gebildeten und den Eliten ausging und sich dann verbreitete, sondern auch als eine Entwicklung, die vor allem nach 1870 von vielen gesellschaftlichen Polen und Gruppierungen ausging [2.6: Zimmer].

Nationalisierung der Massen

Mit dem Aufstieg der kulturgeschichtlich geprägten Nationalismusforschung rückte die Frage der Trägerschichten des Nationalismus allerdings in den Hintergrund zugunsten der Frage nach dem „doing nation", also danach, von welcher Vorstellungswelt die verschiedenen Nationalismen geprägt waren und mit welchen konkreten Praktiken diese verbunden war. Zentrale Bezugspunkte für diese Forschungen sind weiterhin die Begriffe der „imagined community" (Benedict Anderson) und der „invention of tradition" (Eric Hobsbawm/Terence Ranger), die auf den komplexen und vielgestaltigen Konstruktionsprozess des Nationalen verweisen. Hier trifft sich die Forschung zum Nationalismus teilweise mit jener zur Ausweitung und inneren Verfestigung des Nationalstaates. Die „Kultur des Nationalen" ist für viele Länder in ihren unterschiedlichen Dimensionen beschrieben worden, wobei vor allem in Deutschland, Frankreich und Italien die Zeit nach 1870 als Folge der Kriege, Na-

Kulturgeschichtlich geprägte Nationalismusforschung

Kultur des Nationalen

tionalstaatsgründungen und Neudefinitionen des Nationalstaates eine wichtige Rolle spielt. Aber auch für andere europäische Länder ist auf vielen Ebenen gezeigt worden, wie die Geschichte, die Symbolik, die Festkultur, die Wissenschaften, die Museen, die Musik, die Literatur, das Theater immer stärker in einen nationalen Kontext gestellt wurden [2.6: Bauer; Krumeich]. Mit Blick auf Italien dagegen hatte man lange angenommen, dass die kulturelle Verankerung der Nation gewissermaßen „versäumt" worden sei, doch auch hier hat die Forschung längst ein anderes Bild gezeichnet und herausgearbeitet, in welchem Maße Ereignisse wie die Eroberung Roms am 20. September 1870 sich zu nationalen Massenfeierlichkeiten mit enormer Ausstrahlung und Fortwirkung entwickelten [2.6: Borutta]. Die Nation, so haben viele Studien dargelegt, wurde auf den unterschiedlichsten Ebenen emotional untermauert, wobei immer wieder betont worden ist, dass es nicht nur um eine Art von Herrschaftstechnik ging, die das Ziel verfolgte, die Nation zu integrieren, sondern dass diese häufig mit lokalen und regionalen Initiativen „von unten" korrespondierte. Dabei ist auch herausgearbeitet worden, dass regionale und nationale Identitätskonstruktionen keineswegs gegeneinander gerichtet waren, sondern sich häufig ergänzten – so jedenfalls in Deutschland [2.6: Appelgate; Confino; Weichlein: Nation].

Mit Blick auf die Entwicklungen im 20. und 21. Jahrhundert ist die Frage nach dem Verhältnis zwischen Nationalismus und Regionalismus bzw. die Frage danach, inwieweit bestimmte Regionalismen zu neuen Nationalbewegungen führten, für Spanien, aber auch für Großbritannien von besonderer Brisanz. In Spanien waren schon im 19. Jahrhundert das Baskenland und Katalonien die Gebiete, in denen die regionalen Identitäten besonders ausgeprägt waren, während im europäischen Vergleich eine relative „Schwäche des nation-building Prozesses" konstatiert worden ist [2.6: Núñez-Seixas 1999; Eser). Aus einer tendenziell modernisierungstheoretischen Perspektive hat Eric Hobsbawm in den starken Regionalismen eine „romantische", tendenziell rückwärtsgewandte „Verteidigung der alten Lebensweise und Traditionen einer ganzen Gesellschaft gegen die Zerrüttungen durch die Moderne" gesehen, die auch in anderen europäischen Regionen zu beobachten gewesen sei [2.6: Hobsbawm, 142]. Da allerdings Katalonien und das Baskenland die am stärksten industrialisierten Regionen innerhalb Spaniens waren, vermag die Erklärung nicht ganz zu überzeugen. Stattdessen

Verhältnis zwischen Nationalismus und Regionalismus

ist die Besonderheit der spanischen Entwicklung betont worden [2.6: MEES]. Nach langen Phasen von Bürgerkriegen (den Karlistenkriegen) sei erst 1876 die Schaffung eines einheitlichen Verfassungsraums mit der Abschaffung der regionalen Sonderrechte gelungen. Dieser erst relativ spät abgeschlossene Nation-Building-Prozess war aber anders als in Deutschland oder Italien nicht von einer Welle des Nationalismus begleitet und es folgte auch keine „Natonalisierung der Massen". Weiterhin ist argumentiert worden, dass sich der latente Gegensatz zwischen einem spanischen Nationalismus und den unterschiedlichen Regionalismen nach 1876 abzuschleifen begann: Aus dem Spannungsverhältnis zwischen dem administrativen Zentrum Madrid und den verschiedenen Regionen – insbesondere den industriellen Zentren in Asturien, dem Baskenland und Katalonien – erwuchs ein spezifisches, regional unterfüttertes Nationalbewusstsein [2.6: NÚÑEZ-SEIXAS 1999; NÚÑEZ-SEIXAS 2019]. Der radikal übersteigerte Nationalismus, der in anderen Ländern schon im ausgehenden 19. Jahrhundert erkennbar wurde, war in Spanien dann erst ein Produkt des Francismus.

Was Großbritannien angeht, ist die Frage des Umgangs mit Irland lange Zeit im Wesentlichen unter der Perspektive des antagonistischen Verhältnisses zwischen Irland und England beschrieben worden. Vor dem Hintergrund der politischen Entwicklungen im Zusammenhang mit dem Brexit hat das Thema noch einmal neue Brisanz gewonnen und es ist argumentiert worden, dass die Frage des „home rule" zwar von Irland ausging, aber keineswegs nur Irland betroffen habe. Vielmehr hätten Debatten über die irische Selbstverwaltung einen erheblichen Einfluss auf die britische Politik insgesamt und den Umgang mit dem Empire gehabt.

Nationalismus und Nationalbewegungen in Ost- und Ostmitteleuropa

Bei der Forschung zu den Nationalismen und Nationalbewegungen in Ost- und Ostmitteleuropa sieht man sich insgesamt einer kaum mehr überschaubaren Menge an Studien gegenüber, die sich mit den unterschiedlichen Nationalitätenpolitiken der Imperien, den Entwicklungen der verschiedenen nationalen Gruppen sowie deren Verhältnis untereinander und zu der jeweiligen Zentralmacht befassen. Für das Habsburgerreich hat sich hier zwischen den alten Narrativen des „Völkerkerkers" einerseits und des „habsburgischen Mythos" vom harmonischen Miteinander andererseits eine weit gespannte Forschung entwickelt, die zeigt, dass sich sowohl die Frage nach dem konkreten Mit- und Gegeneinander der unterschiedlichen nationalen Gruppen als auch die Frage nach dem

Charakter des Imperiums kaum pauschal beantworten lassen. Insbesondere wird die These, dass das Auseinanderbrechen des Habsburgerreichs infolge der Nationalkonflikte unausweichlich gewesen wäre, inzwischen differenzierter gesehen und statt der Konflikthaftigkeit auch das Entwicklungspotential des Habsburgerreichs betont [2.6: Jobst: Internationalismus; Cohen; Jobst/Obertreis/Vulpius; 1.2: Judson].

Auch für das Zarenreich existiert eine breite Literatur über die verschiedenen nationalen Bestrebungen in Polen, dem Baltikum oder der Ukraine. Dabei ist etwa für die polnischen Gebiete gezeigt worden, wie sich der Nationalismus, für den über weite Strecken des 19. Jahrhunderts Ethnizität noch keine Rolle gespielt hatte, seit den 1870 Jahren zunehmend durch Abgrenzung von anderen – nicht nur den Russen, sondern auch den Litauern – definierte und in diesem Sinne radikalisierte [2.6: Porter]. Dem gegenüber stehen die Forschungen zur Politik der „Russifizierung", die seit der Niederschlagung des polnisch-litauischen Aufstandes von 1863 verstärkt von Russland aus betrieben wurde. Auch hier ist das Bild durch die jüngere Forschung erheblich differenzierter geworden. So hat sich gezeigt, dass die „Russifizierung" keiner einheitlichen Politik folgte, die mit allen ethno-konfessionellen Gruppen gleich umgegangen wäre. In seiner Studie über die Russifizierungspolitik gegenüber Litauen und Belarus hat Darius Staliunas gezeigt, wie wichtig es ist, zwischen der Politik der Zentrale und der Politik der lokalen Verwaltungen vor Ort zu unterscheiden, wobei letztere zum Teil rigoroser, zum Teil aber auch angepasster an die konkreten lokalen Umstände vorgehen konnte. Staliunas zeigt auch die zentrale Bedeutung der Sprachpolitik, die das Ziel verfolgte, das Russische überall zu verankern und die jeweils anderen regionalen bzw. nationalen Sprachen zurückzudrängen, wobei auch hier die „Erfolge" sehr unterschiedlich waren – am geringsten gegenüber dem Polnischen [2.6: Staliunas]. Der imperiale Anspruch des Zarenreichs, die russische Sprache und die russische Kultur in den gesamten Herrschaftsgebieten durchzusetzen, wurde somit je nach Gebiet, in Phasen sehr unterschiedlich, mit unterschiedlicher Intensität und unterschiedlichem Erfolg durchgesetzt, vorhanden war er aber durchgehend [2.6: Vulpius].

Russifzierungspolitik im Zarenreich

2.7 Ausgrenzungen: Antisemitismus und Umgang mit nationalen Minderheiten

Nur wenige Phänomene und Entwicklungen des ausgehenden 19. Jahrhunderts sind derart intensiv und kontrovers erforscht wie der Antisemitismus. Entsprechend lässt sich hier auf eine Reihe von Forschungsüberblicken verweisen, die sich mit dem jeweiligen Forschungsstand auseinandersetzen. Besonders konzise und gut lesbar ist die Darstellung von Christoph NONN.

Deutsche Entwicklung des Antisemitismus

Im Zentrum der Forschungen zum Antisemitismus stand und steht weiterhin eindeutig die deutsche Entwicklung, doch haben sich die Untersuchungen seit langem auch europäisch und global ausgeweitet. Der Grund dafür, dass die Forschung so vielfältig und komplex ist, hängt zum einen mit der Bedeutung des Phänomens insbesondere mit Blick auf den Holocaust zusammen, zum anderen aber auch damit, dass die Erscheinungsformen, Ausprägungen, Kontexte und Verläufe des Antisemitismus so unterschiedlich sind, dass pars-pro-toto Erklärungen zumeist schnell an ihre Grenzen stoßen. Nicht zuletzt müssen die Erklärungen, wie etwa Christoph NONN [2.7] betont hat, auch dann geeignet sein, die Entwicklungen zum Holocaust mitzuerfassen, wenn sie sich mit dem Phänomen zu anderen Zeiten oder in anderen Räumen befassen.

1870er Jahre als Zäsur

Relativ große Einigkeit herrscht in der einschlägigen Forschung darüber, dass die 1870er Jahre für die weitere Entwicklung des Antisemitismus eine Zäsur bedeuteten. Zwar ist auch gegen diese These vom Bruch zwischen traditioneller Judenfeindschaft und einem modernen, rassistisch geprägten Antisemitismus argumentiert und die Kontinuität von gegen die Juden gerichteten Stereotypen betont worden. Die meisten Historiker:innen sind sich jedoch weitgehend darin einig, dass im Zuge der vielfältigen Erscheinungsformen der Moderne – u. a. der Ausweitung und Verfestigung des Rassismus und der Radikalisierung des Nationalismus – auch die Judenfeindschaft substantiell neue Formen annahm und sich ein moderner Antisemitismus entwickelte. Aufgrund der Komplexität und Vielgestaltigkeit des Phänomens sind monokausale Erklärungen dafür inzwischen weitgehend in die Defensive geraten. Dies gilt etwa für die Erklärung des Antisemitismus allein aus dem christlichen Glauben heraus. Zwar ist überzeugend dargelegt worden, dass gerade in der Konstituierungsphase des modernen Antisemitismus in den 1870er und 1880er Jahren der Religionsbezug eine wichtige Rolle ge-

Moderner Antisemitismus

spielt hat [2.7: Katz; Tal], doch als alleiniges Erklärungsmoment erscheint der Punkt ebenso wenig ausreichend wie der Hinweis auf wirtschaftliche und soziale Ursachen. Zusammenhänge zwischen Antisemitismus und wirtschaftlichen Krisen sind zwar nachgewiesen worden [3.4: Rosenberg; 2.7: Hoffmann], gleichwohl können weder solche Krisen noch Konflikte, die mit dem sozialen Aufstieg von Juden zusammenhängen [2.7: Lindemann], den Bedeutungsgewinn des Antisemitismus im ausgehenden 19. Jahrhundert allein hinreichend erklären.

Als überzeugender hat sich dagegen der Ansatz herausgestellt, den Antisemitismus als Abwehrhaltung gegen die Moderne mit ihren unterschiedlichen und komplexen Erscheinungsformen insgesamt zu begreifen. Dazu gehörte die Forderung nach Durchsetzung von Menschen- und Bürgerrechten ebenso wie die Durchsetzung einer kapitalistischen Konkurrenzgesellschaft oder die vermeintliche Abkehr von traditionellen Lebensformen. Der mit all diesen Punkten verbundene Wandel, der wiederum mit den Juden in unmittelbare Verbindung gebracht worden sei, habe sich im Antisemitismus gebündelt und diesem seit den 1870er Jahren zum Aufstieg verholfen. Diese Sichtweise ist insbesondere von Reinhard Rürup vertreten worden und hatte großen Einfluss. Daran angeknüpft hat Shulamit Volkov mit ihrer These vom Antisemitismus als „kulturellem Code". In diesem haben sich eine „radikal antimoderne Mentalität" und ein Weltbild miteinander verknüpft, das sich durch extremen Nationalismus, Befürwortung kolonialer und imperialer Bestrebungen, „Eintreten für einen vorindustriellen Sittencodex", Demokratiefeindlichkeit und Antifeminismus ausgezeichnet habe [2.7: Volkov, 22]. Antisemitismus habe für all diese Haltungen als übergreifendes Erkennungsmerkmal gedient.

Als weiterer wichtiger Erklärungsansatz hat sich zudem als überzeugend erwiesen, Antisemitismus mit Nationalismus in Verbindung zu bringen. Dem Nationalismus, so das Argument, sei prinzipiell inhärent, ein „Wir" zu schaffen, das sich von „Anderen" absetze. Mit der Radikalisierung des Nationalismus seit den 1870er Jahren verschärfte sich somit auch der Prozess der Ausgrenzung, die andere Nationen, ganz besonders aber Juden betraf [2.7: Biefang; Mosse; Jeismann]. Mit dem Argument, dass die Ausgrenzung von Juden und Jüdinnen – gerade mit Blick auf den Holocaust – von anderer Qualität gewesen sei als die Abgrenzung gegen andere Nationalitäten, hat Klaus Holz die Denkfigur von den Juden als den „Drit-

Verbindung von Antisemitismus und Nationalismus

ten" entworfen, die noch einmal deutlich bedrohlicher als „die Anderen" gewesen seien [2.7: HOLZ]. Ob die Trennung zwischen „Anderen" und „Dritten" auch schon für die Zeit nach 1870 so scharf zu ziehen ist, auch wenn man die Perspektive auf die slawischen Völker mit einbezieht, sei dahingestellt. Der Zusammenhang aber von einem sich radikalisierenden Nationalismus und Mechanismen unterschiedlich ausgeprägter Ab- und Ausgrenzungen erscheint gleichwohl unabweisbar.

Grad der In- und Exklusion von Juden

Jenseits der umfassenden Debatten um die Gründe und Ausprägungen des Antisemitismus insbesondere nach 1870 existiert eine breite Literatur, die sich insbesondere für Deutschland nicht nur mit spezifischen Aspekten des Antisemitismus, sondern dem Grad der In- bzw. Exklusion der Juden in die Mehrheitsgesellschaft befasst. Dabei kommt Christoph NONN zu dem übergreifenden Ergebnis, dass pauschale Urteile immer fragwürdiger werden. „Bei genauerem Hinsehen" bestätige sich weder „das Konzept der ‚deutsch-jüdischen Symbiose' noch das Bild von einer allgemeinen Judenfeindschaft" [2.7: NONN, 66]. Grundsätzlich zeigt die Literatur, dass praktisch kein politisches Milieu vor Antisemitismus gefeit war, das Ausmaß aber sehr variierte. Am schärfsten ausgeprägt war er ohne Zweifel bei den Konservativen, am wenigsten bei den Liberalen. Intensive Auseinandersetzungen gab es um die Bedeutung des Antisemitismus im katholischen Milieu: Während Olaf BLASCHKE [2.7] auf breiter Quellenbasis und anhand intensiver Analysen insbesondere der katholischen Publizistik argumentierte, dass der Antisemitismus konstitutiv für das katholische Milieu gewesen sei, sieht Uwe MAZURA [2.7] auf der Basis seiner Untersuchung der Zentrumspartei eher eine Solidarität zwischen der einen Minderheit mit der anderen. Beide Positionen müssen sich allerdings insofern nicht per se ausschließen, als sie jeweils unterschiedliche Funktionsbereiche des Katholizismus – einen eher nach innen gerichteten bei BLASCHKE und einen eher nach außen gerichteten bei Mazura – in den Blick nehmen. Auch mit Blick auf den Antisemitismus an den Universitäten ergibt sich kein einheitliches Bild. Das Ergebnis von Notker HAMMERSTEINS Untersuchung [2.7], dass Antisemitismus an den deutschen Universitäten praktisch keine Rolle gespielt habe, ist angesichts der Unterstützung für Treitschkes Position im Berliner Antisemitismusstreit und vielfältiger anderer Belege kaum haltbar. Treitschkes Angriff auf die Juden hatte den Antisemitismus im akademischen Bereich bis zu einem gewissen

Grade salonfähig gemacht, ohne dass damit gleich alle Barrieren gefallen wären.

Diese intensive Forschung zum Antisemitismus und zum Verhältnis zwischen Juden und Nicht-Juden im deutschen Kontext hat auch auf die Fragestellungen und Untersuchungen für andere europäische Länder ausgestrahlt. Nicht zuletzt diente der partielle Vergleich auch dazu, bestimmte Thesen etwa zu Ursachen von Antisemitismus zu präzisieren oder in Frage zu stellen [2.7: BERGMANN]. Was die Arbeiten zu den einzelnen Ländern angeht, steht im Hintergrund häufig auch ein implizit vergleichender Blick. Für England oder für Italien wird in dieser Hinsicht eher nach den Ursachen für die relative Schwäche des Antisemitismus gefragt, für die jeweils unterschiedliche Gründe angeführt werden: Liberale Traditionen im Falle Englands, partiell auch für Italien eine sehr niedrige Zahl an Juden oder auch die relativ späte Industrialisierung. All diese Argumentationen verweisen letztlich wieder grundsätzlich auf die allgemeine Frage nach den Gründen für den Antisemitismus oder sein Ausbleiben. Was andere Länder betrifft, etwa Frankreich oder Österreich, steht eher die Zeit um und nach der Jahrhundertwende im Fokus der Forschung. Für die skandinavischen Länder ist lange davon ausgegangen worden, dass Antisemitismus insbesondere im 19. Jahrhundert allenfalls ein Randphänomen war; diese Sichtweise wird jedoch in letzter Zeit zunehmend hinterfragt. [2.7: ADAMS/HEß].

Vergleichende Perspektiven

Für die Geschichte des Zarenreichs steht das Jahr 1881 und die erste große Welle antisemitischer Gewalt im Zentrum der Forschung. In seiner monumentalen, zweibändigen Geschichte der Juden in Polen und Russland wählt Anthony POLONSKY das Jahr 1881 als wichtige Zäsur [2.7], um dieses als Wendepunkt der jüdischen Geschichte im Zarenreich jedoch zugleich in Frage zu stellen. Wie andere Historiker:innen sieht auch er die Politik Nikolaus' I. gegenüber der jüdischen Bevölkerung weniger durch Judenfeindschaft als durch das Ziel der Modernisierung des Staates motiviert, die eine Integration der Juden implizierte. Diejenigen, die darauf gehofft hätten, seien jedoch schon in den 1860er und 1870er Jahren desillusioniert worden. Gleichwohl sieht auch POLONSKY einen Wandel von der Integrationspolitik hin zur offenen Diskriminierung und Unterdrückung nach 1881. Die ältere Lesart, dass Alexander II. maßgeblich persönlich für die Pogrome der Jahre 1881/84 verantwortlich sei, da er aus religiösen Gründen Rache an den „Gottesmördern" üben wollte, ist seit den 1980er Jahren deutlich revidiert

Erste Welle antisemitischer Gewalt in Osteuropa

worden. Auch wenn der religiös motivierte Antisemitismus in der zaristischen Elite ohne Zweifel vorhanden war, spielte er für die antijüdische Gewalt keine direkte Rolle. Nachdem lange Zeit vor allem wirtschaftliche Gründe für die Gewaltausbrüche und dabei konkret vor allem verarmte Wanderarbeiter dafür verantwortlich gemacht wurden [2.7: Aronson; Frankel], hat John Klier in seiner gründlichen Untersuchung der Pogrome ein deutlich komplexeres Bild gezeichnet. Er hat sie auf der Mikroebene analysiert und im latent durch Ablehnung gekennzeichneten Verhältnis der Mehrheitsbevölkerung zur jüdischen Bevölkerung verortet. Zwar hätten sowohl wirtschaftliche als auch religiöse Gründe eine Rolle gespielt, doch seien die Gewaltausbrüche insgesamt zu verstehen als „a complex matrix of visible and assumed differences that divided Jews from their non-Jewish neighbors" [2.7: Klier: Russians, 71]. Das widersprüchliche Verhalten des Staates gegenüber den Gewalttätern, das zwischen Härte und Verständnis für die antijüdischen Motive changierte, und die durch die Presse verbreiteten Nachrichten und Debatten über die Pogrome hätten diesen schließlich eine grundlegende und in die Zukunft weisende Bedeutung gegeben.

Forschung zu nationalen Minderheiten

Was die Forschung zu nationalen Minderheiten angeht, hat Rudolf Jaworski zu Recht darauf hingewiesen, dass diese Gefahr laufe, die Ausgrenzung von Minderheiten realhistorisch und wissenschaftlich zu reproduzieren. Minderheiten sind nicht per se existent, sondern sie entstehen erst in dem Maße, wie sich die Nationalstaaten als mehr oder weniger homogene ethnische Einheiten entwerfen. Aus der Perspektive des Nationalstaates wurden die Minderheiten somit zu einem „Problem", während umgekehrt die dann entstehenden nationalen Minderheiten den Ansprüchen des Staates zunehmend ausgesetzt waren.

Polnische Minderheit im Kaiserreich

Für die polnische Minderheit im Kaiserreich sind diese Prozesse gut untersucht, doch haben neuere Forschungen auch gezeigt, dass sich die Mehrheits- und Minderheitsfrage in konkreten regionalen und lokalen Kontexten sehr viel komplexer darstellen konnte. Insbesondere für die Provinz Posen, in der die deutsche Bevölkerung mit einem Anteil von nicht mehr als 40 % ihrerseits die Minderheit bildete, hat etwa Krzysztof Makowski gezeigt [2.7], dass sich das Verhältnis nicht in einem binären Schema von Mehrheit und Minderheit abbilden lässt, sondern in einem Dreiecksverhältnis zwischen preußischer Regierung, polnischer und deutscher Bevölkerung, in das das Verhältnis zur jüdischen Bevölkerung integriert gewesen sei. Gerade durch den Druck auf die polnische Bevölkerung hätte die preußische Regierung ungewollt zu einer Stärkung der polnischen Bewegung beigetragen. Auch für das sog. Reichsland Elsass-Lothringen ergeben sich ähnlich komplexe Verhältnisse: So richtete sich der Fokus der Forschung insbesondere auf die Germanisierung [2.7: Fisch], aber auch auf die seit den 1880er Jahren einsetzende bewusste Praxis einer verstärkten Zusammenarbeit zwischen deutscher und französischer Bevölkerung.

Im Kontext der Imperien verschärft sich die Problematik der Konstruktionen von Minderheiten noch einmal, da die Frage, welche nationale Gruppe von der Forschung als Nation ohne Nationalstaat oder als nationale Minderheit angesehen wird, zumindest teilweise vom erfolgreichen oder eben nicht erfolgreichen Prozess einer Nationalstaatsbildung abhängig ist.

3 Industrialisierung und sozialer Wandel

3.1 Bevölkerungswachstum und Migration

In den verschiedenen Werken, die zur Bevölkerungsentwicklung in Europa insgesamt sowie in den einzelnen europäischen Ländern vorliegen, differieren die Zahlen im Detail, aber nicht grundlegend [3.1: Bardet/Dupâquier; Fischer: Wirtschafts- und Sozialgeschichte; Rothenbacher]. Die historische Demographie hat sich zu einem extrem ausdifferenzierten Wissenschaftszweig entwickelt. Insgesamt ist dabei eine Tendenz erkennbar, dass die übergreifenden Erklärungen zum sog. demographischen Übergang insofern in Frage gestellt werden, als differenziertere und mehr auf die regionale Ebene bezogene Untersuchungen vorgenommen werden [einführend in die zentralen Forschungsfragen: 3.1: Ehmer]. Ein besonderer Stellenwert kommt der Frage der Säuglings- und Kindersterblichkeit zu, nicht zuletzt, weil hier die Datenlage vergleichsweise gut ist und bei allen methodischen Problemen auch internationale und interregionale Vergleiche zulässt [3.1: Bideau/Desjardins/Perez-Brignoli; Breschi/Pozzi; Corsini/Viazzo]. Was die Frage der Erklärung für den Rückgang der Kindersterblichkeit betrifft, ging ein entscheidender Impuls durch die 1976 von Thomas McKeown geäußerte These aus [3.1], der medizinische Fortschritt habe bis weit ins 20. Jahrhundert hinein keinen nennenswerten Beitrag zur Reduktion der Kindersterblichkeit ge-

Historische Demographie

Debatte um Rückgang der Kindersterblichkeit

leistet. Inzwischen ist deutlich geworden, dass die These in dieser Zuspitzung kaum haltbar ist. Vielmehr hat sich gezeigt, dass in verschiedenen europäischen Ländern unterschiedliche medizinische Kampagnen und Ansätze zur Verbesserung der Hygiene und Gesundheitsverhältnisse durchaus Wirkung zeitigten [3.1: CORSINI/VIAZZO; HARRIS; ROLLET-ÉCHALIER]. Die besondere Stellung, die Frankeich seit den 1870er Jahren im Zusammenhang dieser Entwicklungen einnahm, ist vor allem in der französischen Forschung herausgearbeitet worden [3.1: ROLLET-ÉCHALIER]. Die Eigenart der französischen Bevölkerungsentwicklung im 19. Jahrhundert hängt unmittelbar mit der Entwicklung der Kindersterblichkeit zusammen. Im Widerspruch zum Modell des demographischen Übergangs fiel hier die Geburtenrate schon vor der Sterberate. Auch die politischen Reaktionen auf die Bevölkerungsentwicklung in Frankreich sind relativ gut untersucht worden. Zur 1896 gegründeten *l'Alliance nationale pour l'accroissement de la population française*, die vor allem in der Zwischenkriegszeit eine erhebliche Rolle spielte, liegen eine Reihe von Arbeiten vor, die auch die Vorgeschichte der Entwicklung beleuchten [3.1: DE LUCA BARRUSSE].

Migrationsforschung

Die Migrationsbewegungen des 19. Jahrhunderts sind gut erforscht und die deutschsprachige Literatur liefert hier noch immer vor allem durch die Arbeiten von Klaus J. BADE und Jochen OLTMER einen sehr guten Überblick insbesondere zu vielen innereuropäischen Migrationsbewegungen. [3.1: BADE: Europa; BADE/ EMMER/LUCASSEN/OLTMER; MOCH: Europeans; HOERDER/NAGLER]. Neben Deutschland können auch Frankreich, Italien, Irland oder Belgien in Bezug auf die Migrationsbewegungen als besonders gut erforscht gelten, während andere europäische Gebiete, wie etwa das Habsburgerreich erst jüngst verstärkt die Aufmerksamkeit der Forschung auf sich gezogen haben [3.1: STEIDL: Routes].

Perspektivenwechsel in der Migrationsforschung

Es ist hier weder möglich noch sinnvoll, die genaue Phase zwischen 1870 und 1890 in den Blick nehmen zu wollen. Insbesondere die unterschiedlichen methodischen Ansätze der Migrationsforschung sind für die hier behandelte Zeitspanne von Bedeutung, da sich die Perspektive der Migrationsforschung seit geraumer Zeit deutlich verschoben hat: Lange dominierte eine eher eindimensionale Betrachtungsweise, die auf das Verlassen der alten, meist agrarischen Heimat und die dauerhafte Auswanderung gerichtet war. Dies ist auch die vorherrschende Blickrichtung der kaum mehr zur überblickenden Literatur zur europäischen Auswanderung in die

USA. Insbesondere die deutsche, aber auch die irische, skandinavische und italienische Nordamerikaauswanderung wurde zum Gegenstand einer unüberschaubaren Fülle von Untersuchungen, die diesen Prozess allerdings lange Zeit als einen einseitig gerichteten ansahen und diese Art der Migration zunächst wenig in den Gesamtzusammenhang der unterschiedlichsten Wanderungsbewegungen einordneten. Vor allem für die irische Auswanderung des 19. Jahrhunderts hat diese Betrachtungsweise wohl auch weiterhin ihre Berechtigung. Denn für die meisten Iren, die in dieser Zeit ihre Region verließen, bestand lange Zeit wenig Anlass zur Rückkehr. Ansonsten aber ist diese Perspektive in der Forschung immer mehr zugunsten komplexerer Betrachtungen aufgebrochen worden.

<small>Europäische Auswanderung in die USA</small>

Schon Anfang der 1980er Jahre verwies Klaus J. BADE [3.1: Auswanderungsland] auf die Multidimensionalität und Multikausalität von Migrationsprozessen und trug damit wesentlich zu einer methodischen und empirischen Ausweitung der entsprechenden Forschung bei. Der Blick konzentrierte sich aber weiterhin lange Zeit vornehmlich auf die Perspektive der Auswanderung. Fragen, die sich im Zusammenhang mit den Rückwanderungen stellten, blieben außerhalb des Fokus und bilden auch weiterhin ein Desiderat der Forschung [3.1: STEINDL: Routes]. Nicht zuletzt über die Beschäftigung mit den in großer Zahl vorliegenden Auswandererbriefen richtete sich der Blick der Forschung zunehmend auch auf die anhaltenden Verbindungen zur Familie und zur Herkunftsregion, woraus sich zunehmend ein deutlich komplexeres Bild der Migrationssysteme entwickelte. Als ein „ewiges Hin- und Her" beschreibt Annemarie STEIDL daher gerade auch die Migrationsbewegungen des 19. Jahrhunderts – durchaus unter Einbeziehung der transatlantischen Migration des späten 19. Jahrhunderts – und grenzt sich damit semantisch nachdrücklich vom Auswanderungsnarrativ ab. STEIDL bezieht sich zwar vorrangig auf das Habsburgerreich, stützt sich aber auf weitere Forschungen zu anderen europäischen Ländern, die deutlich werden lassen, dass der habsburgische Raum hier keine Ausnahme bildet [3.1: STEIDL: Hin und Her]. 1990 hatte der französische Historiker Paul-André ROSENTAL das Begriffspaar „maintien/rupture" (Fortbestand/Bruch) als zentrale Kategorie für die Migrationsgeschichte empfohlen. ROSENTAL konnte anhand von Migrationsbiographien ganzer Familien über verschiedene Generationen unterschiedliche Muster herausarbeiten zwischen eher seltener individueller Auswanderung mit einem völligen Bruch zum Her-

<small>Multidimensionalität und Multikausalität von Migrationsprozessen</small>

<small>Abkehr vom Auswanderungsnarrativ</small>

kunftsmilieu und einer bleibenden, engen Verbindung zwischen dem Herkunft- und (zeitweiligen) Aufenthaltsort [3.1: ROSENTAL: Maintien]. Mit der Konzentration auf die „gelebte Migration" gelang es ihm, den Blick der Forschung sehr viel stärker als zuvor auf die Lebenswirklichkeit der Migranten zu richten.

Diese und weitere Arbeiten hatten erheblichen Einfluss und ergänzten sich mit Ansätzen aus der italienischen Migrationsforschung, die ihren Fokus ebenfalls bereits auf die große Bedeutung der „zirkulären" Migration sowie der stabilen Beziehungen zwischen Herkunfts- und Zielregion gerichtet hatten. Dies gilt für transkontinentale Wanderungsbewegungen – etwa nach Argentinien – ebenso wie für die kleinräumigere Migration im italienischen Alpenraum, die in der Forschung inzwischen geradezu als „Prototyp zirkulärer Migration" betrachtet wird. Entsprechend wurde auch dafür plädiert, Migrationen weniger unter der Perspektive des endgültigen Abwanderns und Ankommens zu betrachten, sondern Bewegungen zu untersuchen, die hin- und hergehen und daher kein endgültiges Ende am Zielort haben.

Ablösung älterer Kategorisierungen der Migrationsforschung

Insgesamt hat sich die jüngere Migrationsforschung daran abgearbeitet, ältere Kategorisierungen, die die Migrationsforschung lange dominiert haben, aufzulösen. Dies gilt etwa für die Unterscheidung von saisonaler und dauerhafter Migration, von freiwilliger und unfreiwilliger, legaler und illegaler, innerstaatlicher und grenzüberschreitender Migration und schließlich auch für die Unterscheidung von Auswanderung und Rückwanderung. Zwar ist fraglich, ob oder inwieweit auf diese strukturierende Begrifflichkeit gänzlich verzichtet werden kann. Doch hat sich gezeigt, dass sie zumindest teilweise zur Erfassung der konkreten Migrationsbewegungen eher den Blick verstellt als ihn öffnet. Im Anschluss an andere Arbeiten hat zuletzt etwa auch Annemarie STEIDL [3.1: Hin und Her] in ihrer Studie zur Migration im Habsburgerreich argumentiert, dass es zudem häufig sinnvoller ist, von der Region als vom Staat aus zu denken. Staatsgrenzen spielten bei der Migration häufig nur eine untergeordnete Bedeutung. STEIDL zeigt dies etwa am Beispiel der polnischen Galizier, die ins nahe gelegene, polnische Kattowitz reisten, um in Bergwerken zu arbeiten. Zur gleichen Zeit kamen Bauarbeiter aus dem Habsburgerreich zum Teil Hunderte von Kilometern zurück, um in Wien zu arbeiten, ohne dass sie dafür eine Staatsgrenze überschreiten mussten. Die kulturelle Umstellung vom

Land in die Stadt konnte dabei, so die Argumentation, als einschneidender empfunden werden als das Überqueren einer Staatsgrenze.

Wichtig bleiben die Staatsgrenzen gleichwohl weiterhin für die Frage der staatlichen Ausländerpolitik und der Ausweisungspraktiken. Als exemplarisch kann in diesem Kontext die Studie von Frank CAESTECKER zu Belgien gelten [3.1]. Er argumentiert, dass Belgien in der Migrationsgeschichte insofern eine Sonderstellung einnehme, als es sich in der Zeit zwischen 1861 und dem Ersten Weltkrieg zu einer vergleichsweise offenen Einwanderungsgesellschaft entwickelt habe. Letztlich bestimmte der Bedarf an Arbeitskräften die vergleichsweise liberale Haltung des Staates, die zwar nicht dazu führte, dass ihnen politische Rechte gewährt wurden, aber, so CAESTECKER, dass sie vergleichsweise gleichberechtigt am gesellschaftlichen Leben teilnahmen.

Staatliche Ausländerpolitik und Ausweisungspraktiken

Für Deutschland bilden die in Jochen OLTMERS Handbuch zu „Staat und Migration" versammelten Aufsätze eine wichtige Grundlage für die insgesamt vergleichsweise wenig untersuchte Frage des staatlichen Umgangs mit Migration [3.1: OLTMER: Staat]. Dass grenzüberschreitende Mobilität seit den 1880er Jahren dazu beigetragen hat, die Frage der Zugehörigkeit zur Nation neu zu verhandeln, hat insbesondere Klaus BADE gezeigt [3.1: BADE 1983], während Sebastian CONRAD in diesem Zusammenhang die Reziprozität von Nationalismus und Globalisierung gerade im Zuge der Mobilität im Kaiserreich hervorgehoben hat [3.1: CONRAD].

Einen relativ eigenständigen, mit der sonstigen Forschung zu Migrationsentwicklungen oft nur vergleichsweise lose verbundenen Zweig stellen die wirtschaftsgeschichtlich orientierten Studien zur Migration des 19. Jahrhunderts dar. Der Fokus dieser Studien liegt zum einen auf den ökonomischen Rahmenbedingungen wie etwa dem Einfluss von Konjunkturzyklen, Fragen von Einkommensunterschieden, demographischen Strukturen, aber auch auf institutionellen Faktoren wie der Landverteilung, der Bildungspolitik, den politischen Rechten und den Eigentumsrechten. Es geht darüber hinaus auch um Fragen der unterschiedlichen Entlohnung zwischen eingewanderten und einheimischen Arbeitskräften und dem konkreten Einfluss der Arbeitskräfte auf die jeweilige lokale Wirtschaft oder den mit der Migration verbundenen Kapitalströmen. Allerdings spielen die handelnden Personen in diesen Arbeiten zumeist nur eine untergeordnete Rolle und werden häufig in ökonomischer Terminologie beschrieben. Diese macht es ebenso wie die

Wirtschaftsgeschichtlich orientierte Studien

ökonometrischen Methoden schwierig, diese Arbeiten zu rezipieren [3.1: Hatton/Williamson].

3.2 Urbanisierung

Europäische Stadtgeschichte

Dass Städte für die europäische Geschichte eine zentrale Rolle spielen, ist in der Forschung unstrittig. Weiterhin wird ein bestimmter Typus der europäischen Stadt im Gegensatz zur islamischen oder asiatischen Stadt festgestellt. Von dieser Unterscheidung geht etwa auch Friedrich Lenger in seiner grundlegenden Darstellung der europäischen Stadtgeschichte aus [3.2: Lenger], warnt aber in diesem Kontext davor, die nordwesteuropäische Stadt – bei aller Vorbildfunktion, die auch er Paris und London zuschreibt – als pars pro toto für die europäische Stadt insgesamt zu nehmen. Tatsächlich legen die meisten Gesamtdarstellungen zur europäischen Stadtgeschichte ihren Schwerpunkt auf Nordwesteuropa [3.2: Lees/Lees; Pinol: Monde; weniger dagegen Pinol/Walter]. Leonardo Benevolo [3.2], der die Stadtentwicklung vorrangig aus der Perspektive von Stadtplanung und Architektur nachzeichnet, bezieht die globale Perspektive stärker mit ein, hat aber für Europa insbesondere Italien und für die zweite Hälfte des 19. Jahrhunderts vor allem die nordwesteuropäische Industriestadt im Blick.

Vor diesem Hintergrund ist auch die Diskussion über die Frage zu sehen, inwieweit es sinnvoll ist, von einem spezifischen Typ einer „ostmitteleuropäischen Stadt" auszugehen. Martin Kohlrausch [3.2] hat diese Debatte in einem Literaturüberblick konzise zusammengefasst und zum einen darauf verwiesen, dass es gute Gründe gibt, Warschau als eine europäische und weniger als eine ost- oder ostmitteleuropäische Stadt zu verorten. Andererseits sieht er im Einklang mit einer breiten Forschung gleichwohl gute Gründe, bestimmte Besonderheiten und Gemeinsamkeiten der Städte Ostmitteleuropas auszumachen. Erstens wird in der Literatur immer wieder auf deren multiethnischen Charakter verwiesen, wobei allerdings davor gewarnt worden ist, diesen als allzu harmonisch zu verklären. Gerade in der behandelten Zeit verbreitete sich der sich verschärfende Nationalismus auch im städtischen Raum. Nicht wenige Städte wurden dabei zu Kristallisationspunkten und Projektionsflächen nationaler, sich gegen die jeweiligen Imperien und deren Machtansprüche richtenden Bestrebungen [3.2: Gunzburger Ma-

KAŠ/DAMLJANOVIC CONLEY]. Zweitens hebt die Literatur die Bedeutung hervor, die die Imperien insbesondere für den Aufbau und die Entwicklungen der städtischen Verwaltungen in Ostmitteleuropa hatten. Die Städte bildeten für die Imperien die zentralen Scharnierstellen der imperialen Machtausübung, so dass deren kontrollierender Zugriff auf die Verwaltungen zu einem wichtigen Strukturmerkmal wurde. Schließlich wird in diesem Zusammenhang auch die Frage der Rückständigkeit der ostmitteleuropäischen Städte diskutiert. So argumentiert Martin KOHLRAUSCH, dass für die Zeitgenossen der Blick nach Westen und die Kategorie der Modernisierung und des Aufholens durchaus eine wichtige Rolle in der Selbstwahrnehmung gespielt hätten. In der zweiten Hälfte des 19. Jahrhunderts hätten sich viele ost-mitteleuropäische Städte – allen voran Budapest und Warschau – allerdings so schnell entwickelt, dass von einer generellen Rückständigkeit gerade auch im Vergleich mit südeuropäischen Städten in dieser Phase kaum mehr die Rede sein konnte.

<small>Imperiale Machtausübung</small>

Was die quantitative Entwicklung der Stadtgrößen angeht, liefert Paul BAIROCH eine tragfähige Grundlage, um sich ein Bild zu machen, auch wenn die Zahlen im Einzelnen immer diskutabel sind [3.2: BAIROCH; mit zum Teil anderen Zahlen und Berechnungsmethoden: PINOL/WALTER]. Um dem ungleichmäßigen Verlauf der Urbanisierung eine gewisse geographische Struktur zu verleihen, hat Paul BAIROCH Europa in vier Großregionen eigeteilt: Westeuropa (aus dem allerdings Spanien und Portugal herauszunehmen wären) sieht er als die Region, die sich im Laufe des 19. Jahrhunderts am stärksten urbanisierte und damit den Mittelmeerraum als Raum mit dem höchsten und dichtesten Anteil von Städten ablöste. Auch im Mittelmeerraum nahm die Verstädterung insbesondere in der zweiten Hälfte des 19. Jahrhunderts zu, aber in geringerem Tempo als in Westeuropa. In Nordeuropa, das sich allerdings vor allem auf Norwegen und Schweden konzentriert, schritt die Verstädterung von einem sehr geringen Niveau am stärksten voran, während schließlich Südosteuropa hinsichtlich der Urbanisierung hinter den anderen drei europäischen Großregionen relativ deutlich zurückblieb. In Russland schließlich, das von BAIROCH in dieser Kategorisierung außen vorgelassen wird, konzentrierte sich die Urbanisierung dagegen vor allem auf die relativ wenigen, ihrerseits gleichwohl ebenfalls schnell wachsenden Großstädte, so dass der Urbanisie-

<small>Quantitative Städteentwicklung</small>

<small>geographische Einteilungen</small>

rungsgrad hier im Vergleich zum übrigen Europa am geringsten blieb.

Was die Forschung zu den einzelnen Ländern angeht, gilt auch hier, dass der Nordwesten Europas – hier vor allem England, Frankreich und Deutschland – am besten untersucht ist, während es insbesondere zum Südosten Europas nur wenige Studien gibt. Für Russland hingegen sind inzwischen nicht nur die Metropolen Moskau und St. Petersburg, sondern auch Großstädte wie Odessa, Kazan oder Saratov in ihrer Entwicklung in der zweiten Hälfte des 19. Jahrhunderts gut erforscht [3.2: Herlihy; Häfner].

Urbanisierungsprozessforschung

Insgesamt hat sich die Forschung zu den Urbanisierungsprozessen in hohem Maße ausdifferenziert: Hinsichtlich der Frage nach den Ursachen der Urbanisierung ist die Annahme einer engen Verbindung von Urbanisierungs- und Industrialisierungsprozessen etwas relativiert worden. Das Städtewachstum in den weniger industrialisierten Regionen Europas, insbesondere im Süden und Südosten, wäre sonst kaum erklärbar. Die Bedeutung von Handel (insbesondere für die boomenden Hafenstädte), der Staatsbildungsprozesse und der damit verbundenen, expandierenden Verwaltung sowie schließlich auch von Kultur und Wissen wird in einem Gesamtblick höher gewichtet. Als Motor für das wirtschaftliche Wachstum Europas ist die Bedeutung der Industrialisierung gleichwohl unstrittig. Seit geraumer Zeit ist aber sowohl auf der Modellebene als auch empirisch in vielfältiger Weise gezeigt worden, dass sich die verschiedenen Bereiche – Produktion, Handel, Konsumtion, Staatstätigkeit, Bildung, Kultur – jeweils gegenseitig so verstärkten, dass auch die Städte profitierten, in denen sich nicht unmittelbar Industrien ansiedelten [3.2: für die Modelle: Fujita/Thisse; Bailly/Huriot]. Kategorisierungen von Städten als Industrie-, Hafen-, Handels-, Verwaltungs-, Messe-, Bade- oder Rentnerstädte haben sich dabei in der Forschung als hilfreiche Beschreibungskategorien durchgesetzt, ohne immer ganz klar definiert zu sein. Eine Vielzahl von Einzelstudien hat dabei gezeigt, dass sich die Vielfalt der Städte und die Überlagerung von Strukturen klarer Abgrenzungen häufig entziehen.

Stadtgeschichtsforschung

Methodisch ist die Stadtgeschichtsforschung lange vor allem von sozialgeschichtlichen Perspektiven geprägt worden. Eng damit verbunden war eine Konzentration auf die Industriestädte, die zum zentralen Lebensraum für einen Großteil von Arbeitern und Arbeiterinnen wurden. Die soziale Segregation, Wohnverhältnisse, der

Zusammenhang von sozialer und räumlicher Mobilität, die Rolle der Stadtverwaltung gegenüber sozialen Problemen und vieles mehr sind hier für eine Vielzahl von Städten untersucht worden [3.2: Reif; Reulecke; Williamson; Fraser; Taylor/Evans/Fraser]. In diesen Kontext gehört auch die Frage des Verhältnisses der Städte zu ihrem Umland und nach dem Zuzug in die Städte. Hier hat sich die Perspektive insofern verschoben, als lange Zeit davon ausgegangen worden ist, dass es eine einseitige Bewegung vom Land in die Stadt gegeben hat. Das ist zwar insofern richtig, als Städte in den Industriegebieten der Ruhr, Nordenglands, Belgiens etc. das Umland regelrecht „leergesaugt" hatten. Doch ist für verschiedene Gebiete gezeigt worden, dass ein nicht geringer Bevölkerungsanteil nur eine gewisse Zeit in der Stadt lebte und später aufs Land zurückkehrte. Dort besaßen viele Arbeiterfamilien zum Teil noch kleine Parzellen, die in einigen Fällen von der Ehefrau bestellt worden waren. Insbesondere lässt sich das für Russland feststellen, wo die Bindung zur Herkunftsgemeinde aus verschiedenen Gründen besonders eng blieb und wo aus den Bauern durch die Arbeit in der Stadt nicht unbedingt Städter wurden [3.2: Friedgut; Brower]. Auch für Großbritannien und für Frankreich ist gezeigt worden, dass nicht wenige nach dem Ende ihrer Erwerbstätigkeit wieder auf das Land zurückkehrten. Insgesamt zeigt sich hier deutlich, dass die individuellen Wanderbiographien nicht im Narrativ von der „Ankunft in der Stadt" aufgehen [für den Norden Frankreichs sehr detailliert: 3.2: Lemercier/Rosental].

Ein weiterer Forschungsschwerpunkt liegt seit langem auf der Planungsgeschichte, der Geschichte der städtischen Verwaltung und der Stadtpolitik [zu Paris etwa: 3.2: Harvey]. Für die Metropolen hat hier zudem immer wieder die Frage nach der Vorbildfunktion der Haussmann'schen Neugestaltung der Stadt eine Rolle gespielt. Erweitert worden sind Fragestellungen dieser Art vor allem mit umwelt-, medizin- und hygienehistorischen Perspektiven [3.2: Evans; Ladd; Cohen; Snowden; Büschenfeld]. Judith Walkowitz [3.2] hat in ihrer bahnbrechenden Studie über das spätviktorianische London neue Perspektiven für die Stadtgeschichte insgesamt eröffnet: Ohne die Sozialgeschichte auszublenden, hat sie diese Perspektive nicht nur mit geschlechter- und kulturgeschichtlichen Fragen erweitert, sondern gezeigt, wie die Wahrnehmung und Interpretation städtischer Probleme massive Rückwirkungen auf die Stadtpolitik und auf die weitere Entwicklung der städtischen Gesellschaft hatte.

Planungsgeschichte

WALKOWITZ hat eindrücklich gezeigt, wie die moderne Großstadt in der öffentlichen Debatte als ein gefährlicher, die bürgerliche Ordnung bedrohender Raum entworfen wurde. Damit hat sie dazu beigetragen, die kulturgeschichtliche Perspektive auf die Stadt zu intensivieren und ihre Rolle als öffentlichen Kommunikationsraum wahrzunehmen, für den nicht zuletzt die aufsteigende Massenpresse eine zunehmend wichtige Funktion einnahm [3.2: MÜLLER]. Schließlich hat sich seit einigen Jahren die Stadtgeschichtsforschung verstärkt mit mittleren und kleineren Städten befasst und damit die bisher vorherrschende Konzentration auf die Großstädte perspektivisch erweitert [3.2: BÖNKER].

Soundgeschichtlicher Ansatz

Ein relativ neuer Aspekt in der Urbanisierungsforschung betrifft die Auseinandersetzung mit den Geräuschen, dem Lärm, dem „sound" der Großstadt. Auch in dieser Hinsicht kann die Zeit zwischen 1870 bis 1890 als eine wichtige Übergangsphase gelten: Mit dem rasanten Wachstum der Städte, der Verdichtung des Verkehrs, der Zunahme von Verkehrsmitteln, aber auch dem Spielen von Musik, dem Klopfen von Teppichen, dem lauten Anpreisen von Waren, dem Spielen und Toben von Kindern und vielem anderen mehr nahm nicht nur Geräuschpegel der Städte erheblich zu, es entwickelte sich auch eine spezifisch großstädtische Geräuschkulisse. Diese wiederum wurde mehr und mehr, wie die Forschung argumentiert, zu einem wichtigen Bestandteil der Wahrnehmung der Großstadt insgesamt. Exemplarisch hat Peter PAYER [3.2] diese Entwicklung am Beispiel Wiens für die Zeit zwischen 1850 und 1914 untersucht. Es geht ihm dabei darum, die tiefgreifenden Veränderungen der großstädtischen Klanglandschaft zu erfassen und zu analysieren, wie diese Veränderungen von den Zeitgenossen wahrgenommen wurden, welcher Diskurs über den Lärm und der Klang der Großstadt sich dabei entwickelte und wie ganz konkret mit dem wachsenden Lärm umgegangen wurde. Der Blick auf die Dynamik der europäischen Großstädte in der zweiten Hälfte des 19. Jahrhunderts erhält damit noch einmal eine neue Dimension.

Konjunkturen der Historiographie in der Stadtgeschichte

Die Verwendung des soundgeschichtlichen Ansatzes im Feld der Urbanisierungsgeschichte lässt sich als gutes Beispiel dafür lesen, dass die Stadtgeschichte in besonderer Weise die Konjunkturen der Historiographie insgesamt spiegelt. Die Komplexität der stadtgeschichtlichen Entwicklungen und der verdichtete Charakter der städtischen Gesellschaften haben diese zu einem privilegierten Feld für unterschiedliche Forschungsansätze und -perspektiven gemacht: Die Sozial-, die Wirtschafts- und die Rechtsgeschichte, die Wirtschafts- und die Umweltgeschichte, dann die Kultur-, die neue Politik- und die Mediengeschichte fanden in der Untersuchung der Städte und der städtischen Gesellschaften jeweils ein besonders fruchtbares Forschungsfeld. Die Dynamik der Zeit seit den 1870er Jahren spiegelt sich, wie die Forschung gezeigt hat, somit in besonderer Weise in den Städten.

3.3 Wirtschaftliche Entwicklung

So fundamental quantitative Angaben für die Darstellung der wirtschaftlichen Entwicklung sind, ist gleichwohl für die Daten der Wirtschaftsentwicklung des 19. Jahrhunderts immer in Rechnung zu stellen, dass deren Grundlagen häufig unsicher und nur sehr bedingt klar rekonstruierbar sind. Zu beachten ist auch, dass die in der Regel national erhobenen Statistiken nicht selten auf unterschiedlichen Grundlagen beruhen und insofern nicht immer erkennbar ist, inwieweit die jeweiligen Zahlen vergleichbar sind. Den Ausgangspunkt für die Berechnungen des Wachstums bilden nach wie vor die von Paul Bairoch [3.3: Niveaux] ermittelten Zahlen, die zunächst von Angus Maddison und zuletzt von Stephen Broadberry und Alexander Klein korrigiert oder erweitert wurden. Letztere aggregieren zudem die Zahlen für die europäischen Großregionen und machen hier insbesondere noch einmal das Auseinanderklaffen zwischen dem Wachstum im Nordwesten und im Südosten Europas deutlich. Die verschiedenen Handbücher [3.3: Cipolla/Borchardt; Fischer; Broadberry/O'Rourke] liefern darüber hinaus umfassendes Zahlenmaterial zu unterschiedlichen Aspekten der wirtschaftlichen Entwicklung.

Unsichere Datengrundlage

Was die übergreifende Entwicklung angeht, ist das ursprünglich von Walt Whitman Rostow entworfene Stadienmodell der industriellen Entwicklung inzwischen weitgehend verworfen worden, da immer deutlicher geworden ist, dass sich die einzelnen Entwicklungspfade von Ländern und Regionen viel zu sehr unterschieden und keinesfalls einfach dem englischen Beispiel folgten. Eine große Rolle hat in diesem Zusammenhang die Argumentation von Alexander Gerschenkron gespielt [3.3], dass die Nachzügler ihren „Nachteil" dadurch ausgleichen konnten, dass sie von den „fortgeschritteneren" Nationen lernen konnten und dass in diesem Prozess der Staat,

Übergreifende Wirtschaftsentwicklungsforschung

Gerschenkron

aber auch die Banken eine wichtige Funktion spielten. Auch wenn dieses Modell ebenfalls unübersehbar einem modernisierungstheoretischen Ansatz folgt, hat es doch wesentlich dazu beigetragen, die konkreten Bedingungen und Entwicklungen der unterschiedlichen Länder genau in den Blick zu nehmen und die jeweils sehr unterschiedlichen „Lernprozesse" herauszuarbeiten. Das hatte allerdings auch zur Folge, dass gerade im Kontext der Forschungen zu den inneren Staatsbildungsprozessen insbesondere nach 1870 auch die Untersuchungen zu den wirtschaftlichen Entwicklungen sich zunächst vorwiegend auf die innerstaatlichen Prozesse und entsprechenden Politiken konzentrierten.

Niedergang der britischen Wirtschaft?

Für Großbritannien hat die Frage nach dem vermeintlichen „decline" der Wirtschaft nach 1870 die Debatte lange bestimmt – nicht zuletzt vor dem Hintergrund der als „Niedergang" empfundenen Entwicklung Englands in der Nachkriegszeit und insbesondere in den 1970er Jahren. Auch wenn dieses Narrativ prinzipiell schon lange erheblich relativiert worden ist, spielt es als Bezugspunkt für die Interpretation immer noch eine wichtige Rolle. Zumindest der Verlust des Vorsprungs Englands vor anderen Ländern wird weiter als erklärungsbedürftig angesehen. In Umkehrung des Arguments von Gerschenkron ist für England ins Feld geführt worden, dass sich der ursprüngliche Vorteil der Vorreiterrolle in dem Maße in einen Nachteil zu verkehren begann, wie die Industrieanlagen veralteten und gegenüber den Innovationen in anderen Ländern ins Hintertreffen gerieten [3.3: Dintenfass; Pollard: Prime]. Berend verweist in diesem Kontext darauf, dass der frühe, bereits in den 1860er Jahren einsetzende Aufstieg des Dritten Sektors in der „Niedergangsdebatte" weitgehend vernachlässigt worden sei [3.3: Berend].

Rückständigkeit der russischen Entwicklung?

Die Frage nach den Gründen für die relativen Erfolge oder Misserfolge der jeweiligen wirtschaftlichen Entwicklungen bestimmt die Debatten auch für andere Länder wesentlich. Dabei stellt sich allerdings immer wieder auch die Frage nach den Maßstäben, wie sich etwa am russischen Beispiel zeigen lässt. Vor dem Hintergrund der westeuropäischen Entwicklung drängt sich hier das Paradigma der Rückständigkeit auf. Es wurde von den Zeitgenossen bereits bemüht und von der Historiographie immer wieder sowohl für die wirtschaftliche als auch die gesamtgesellschaftliche Entwicklung herangezogen [3.3: Gerschenkron; Hildermeier]. Tatsächlich hatte Russland bis in das ausgehende 19. Jahrhundert mehrfach mit Hungersnöten zu kämpfen, die im übrigen Europa seit der Mitte des 19. Jahrhunderts als weitgehend besiegt gelten konnten. Paul GREGORY zeichnet in seinen Arbeiten jedoch das Bild einer zunehmend prosperierenden Landwirtschaft und zeigt, dass in den letzten beiden Jahrzehnten des 19. Jahrhunderts die landwirtschaftliche Produktivität doppelt so schnell wuchs wie die Bevölkerung [3.3: GREGORY; zur verbesserten Ernährungsläge: MIRONOV/A'HEARN]. Tatsächlich stieg Russland in dieser Zeit zu einem der weltweit größten Getreideexporteure auf. Umstritten ist, ob der Export durch zu hohe staatliche Besteuerung herbeigeführt wurde. Von diesem Export profitierten jedoch nur wenige und für das Gros der russischen Landbevölkerung besserte sich die wirtschaftliche Lage nur langsam.

Die Debatte um die Gründe für die im Vergleich zu Westeuropa spätere Industrialisierung des Zarenreiches hat sich seit einigen Jahren deutlich ausdifferenziert. Anstelle der Vorstellung einer Wirtschaftsentwicklung, die maßgeblich von den autokratischen Verhältnissen gehemmt wurde, zeichnet sich seit einiger Zeit ein deutlich multifaktorielleres Bild ab. Die im Vergleich mit Westeuropa geringere Urbanisierung, die viel größeren Entfernungen, die einen bedeutenderen Einsatz an Infrastrukturmaßnahmen erforderten, zählten ebenso zu den Hemmnissen wie ein langsamer Technologietransfer, eine geringe technologische Innovationskraft oder eine in Relation gesehen kleinere Schicht an Kaufleuten und Unternehmern, die wiederum über geringere Investitionsmöglichkeiten als westeuropäische verfügten. Somit stieg die industrielle Produktion einhergehend mit einer deutlichen Urbanisierung im Zarenreich später als in Westeuropa, nämlich erst seit den 1870er Jahren, besonders aber seit den 1890er Jahren erheblich an. Dann aber entfaltete die Industrialisierung eine solche Dynamik, dass das Zarenreich bis zum Ersten Weltkrieg zur vierten Wirtschaftsmacht in Europa aufstieg [3.3: BURDS; GREGORY; LÖWE; MOON 1999; MOON 2001].

Hemmnisse für die Entwicklung im Zarenreich

Auch an Frankreich lässt sich zeigen, dass die Frage nach dem Erfolg der Wirtschaft von den Maßstäben abhängt. So verlor die französische Wirtschaft in der zweiten Hälfte des 19. Jahrhunderts innerhalb Europas relativ an Gewicht, entwickelte sich aber insgesamt vergleichsweise stabil. Die Industrialisierung hatte in manchen Regionen Frankreichs früher begonnen als etwa in Deutschland. Allerdings blieb die wirtschaftliche Entwicklung hinter England zurück und sie erlebte auch keinen so rasanten Aufholschub wie Deutschland in der zweiten Hälfte des 19. Jahrhunderts. Insge-

Wirtschaftliche Stabilität Frankreichs

samt ist sich die Forschung weitgehend einig darüber, dass mit der Besitzstruktur der französischen Landwirtschaft, die durch die Revolution entstanden war und viele Betriebe mit einer soliden, mittleren Größe geschaffen hatte, eine wichtige Basis für die relative wirtschaftliche Stabilität gelegt worden war [3.3: ANDERSON]. Bezüglich der Frage, warum Frankreich nach 1870 in der wirtschaftlichen Entwicklung insbesondere hinter Deutschland zurückblieb und nach 1873 in eine relative lange Phase der Stagnation verfiel, ist sich die Forschung einig, dass eine Vielzahl von Faktoren zusammenspielten. Hierzu gehören das relativ geringe Bevölkerungswachstum sowie strukturelle Probleme der Kohleindustrie. Eine französische Besonderheit wird schließlich in der Trennung zwischen der wirtschaftlichen und intellektuellen Elite einerseits und der aus der Provinz stammenden politischen Elite andererseits gesehen [3.3: BRETON/BRODER/LUTFALLA]. Übergreifend stellt sich zudem für Frankreich ebenso wie für andere europäischen Länder die Frage danach, welche Wirkung die seit den ausgehenden 1870er Jahren eingeleiteten protektionistischen Maßnahmen hatten. Während insbesondere Paul BAIROCH [3.3: Niveaux] argumentiert hatte, dass die protektionistischen Maßnahmen den jungen Industriezweigen auf dem europäischen Kontinent in ihrer Entwicklung geholfen hätten, so widersprach Jean-Pierre DORMOIS [3.3] dieser These vor einigen Jahren deutlich. Auf der Basis von sehr breitem Datenmaterial aus unterschiedlichen Industriezweigen in Deutschland, Frankreich, Italien und Großbritannien zeigt er, dass die Zölle die industrielle Entwicklung eher behindert hätten statt – wie von den zeitgenössischen Verfechtern der Zölle behauptet – die „nationale Arbeit" zu schützen.

Deutschland und der globale Handel

Für Deutschland hat sich die Forschung zur wirtschaftlichen Entwicklung lange vor allem mit der wirtschaftspolitischen Wende von 1879 und der Frage nach den Triebkräften hinter dieser Wende befasst. Insbesondere Hans-Ulrich WEHLER hat im Anschluss an Eckart KEHR, Alexander GERSCHENKRON und Hans ROSENBERG den maßgeblichen Einfluss des Bündnisses von „Roggen und Eisen", also der Großagrarier und der Großindustriellen, auf die Abkehr von der liberalen Wirtschaftspolitik betont [1.2: WEHLER 1995]. Cornelius TORP hat dem gegenüber zunächst mit Blick auf Deutschland argumentiert, dass die Bedeutung der externen, globalgeschichtlichen Faktoren im Verhältnis zu den internen Faktoren deutlich höher gewichtet werden müsse. Insgesamt zieht die seit den 1870er rapide zunehmende globale Verflechtung des Handels seit einigen Jahren verstärkt die Aufmerksamkeit der Forschung auf sich. Dabei argumentieren TORP und andere, dass die Globalisierung der Wirtschaft alles andere als ein anonymer oder naturwüchsiger Prozess war. Vielmehr wurde dieser von vielen Akteuren beeinflusst – Staaten und Unternehmen, die einerseits die sich hier bietenden Chancen unterschiedlich gut nutzen konnten, die aber andererseits von sehr unterschiedlichen ökonomischen Bedingungen ausgingen. Die Frage, welche Unternehmen, welche Branchen und welche Staaten in der Bilanz zu Gewinnern und zu Verlierern dieses Prozesses wurden, hing somit ebenso von einer Vielzahl von Faktoren ab. Für Deutschland betont TORP, dass jene Branchen, die ihre Rohstoffe und Vorprodukte aus dem Ausland bezogen und die einen Großteil ihrer Produkte auf dem Weltmarkt absetzten, zu den Gewinnern der Globalisierung gehörten. Dies galt in ganz besonderer Weise für die deutsche Chemieindustrie, die in den 1870er Jahren die Basis für ihre über Jahrzehnte dauernde weltweite Dominanz legte [3.3: TORP: Coalition]. Zwar entstanden in einer Reihe von europäischen Ländern auch jenseits von Deutschland und England Unternehmen der Chemieindustrie, doch allein den Schweizer Unternehmen gelang es, hier ebenfalls von den Exportmöglichkeiten der Globalisierung zu profitieren [3.3: HOMBURG/TRAVIS/SCHRÖTER].

Was die Landwirtschaft angeht, die in Europa insgesamt weiter der wichtigste Wirtschaftszweig blieb, liegen eine Vielzahl von Einzeluntersuchungen und -darstellungen vor, die auf der einen Seite zeigen, dass die Globalisierung in diesem Bereich zu einem erheblichen Preisdruck führte, auf den in vielen europäischen Ländern mit der Einführung von Schutzzöllen reagiert wurde. In Ost- und Südosteuropa wurde dagegen versucht, den Herausforderungen der Globalisierung dadurch zu begegnen, dass man sich ganz auf die Produkte konzentrierte, die auf dem Weltmarkt nachgefragt wurden: Rumänien und Bulgarien setzten daher auf die Produktion von Weizen, Makedonien versuchte sich mit Baumwolle zu behaupten. Kurzfristig waren die Länder damit zwar partiell erfolgreich, langfristig aber erwies sich diese Konzentration als fatal, da sie auf diese Weise ganz und gar der globalen Konjunktur und dem entsprechenden Preisdruck ausgesetzt waren [3.3: BEREND; GOUNARIS; CALIC].

Einen gewissen Sonderfall in Europa stellt Großbritannien in Bezug auf die Frage der Auswirkungen der Globalisierung auf die

Sonderfall Großbritannien

Landwirtschaft dar, da hier die Besitzstruktur des Landbesitzes deutlich anders war. Das Land war zumeist in den Händen von Großgrundbesitzern, die dieses dann verpachteten. So ist in Bezug auf Großbritannien argumentiert worden, dass die Krise der Landwirtschaft für kaum jemanden wirklich existenzbedrohend gewesen sei. Die kulturelle Bedeutung der Agrarkrise sei höher zu bewerten als die wirtschaftlichen Auswirkungen. Durch Landverkäufe und andere Umstrukturierungen seien die Verluste für die Landbesitzer gut aufzufangen gewesen. Diese hätten sich allerdings angesichts der Entwicklung bedroht und in die Defensive gedrängt gefühlt [3.3: Collins]. Sehr wohl existenzbedrohend war die Agrarkrise in Großbritannien allerdings für die Pächter.

Insgesamt lässt sich Torps auf Deutschland bezogener Befund, dass die Globalisierung die Wirtschaft zumindest kurzfristig in Gewinner und Verlierer teilte, auf die europäische Wirtschaft dieser Zeit hochrechnen. Da Landwirtschaft für viele europäische Regionen in der Zeit nach 1870 weiter den wichtigsten Wirtschaftszweig darstellte, gerieten wichtige Teile der europäischen Wirtschaft somit unzweifelhaft unter einen von der Globalisierung ausgelösten Druck. Die Frage, welche Industriezweige und welche Regionen in Europa sich von diesem Druck befreien konnten, verweist dann auf die Frage nach der weiteren wirtschaftlichen Entwicklung der jeweiligen Regionen.

3.4 Europäische Klassengesellschaft(en) und nationale Versäulung

Forschungen im Kontext der Sozialgeschichte

Die Erforschung der unterschiedlichen gesellschaftlichen Klassen und Schichten stand lange in unmittelbarem Zusammenhang mit dem Aufstieg der Sozialgeschichte seit den 1960er Jahren. Ausgehend von den wichtigen Impulsen der britischen Forschung stand

Männliche Arbeiterschaft

hier zunächst vor allem die vorwiegend männliche Arbeiterschaft im Zentrum. Nicht zuletzt inspiriert durch die Arbeiten von E. P. Thompson und Eric Hobsbawm bildete die Frage nach der „Entstehung der Arbeiterklasse" und damit die Verbindung von Arbeiter-

Arbeiterbewegungsgeschichte

und Arbeiterbewegungsgeschichte einen wichtigen Fluchtpunkt. Dies galt insbesondere für Deutschland, wo die Frage nach den Gründen für die vergleichsweise frühe Auseinanderentwicklung der bürgerlich-liberalen von der sozial-demokratischen Demokratiebewegung wichtige Impulse für eine europäisch-vergleichende Forschung setzte. Vom deutschen Beispiel ausgehend hat Jürgen Kocka den Zusammenhang von „Lohnarbeit und Klassenbildung" modellhaft untersucht und Bedingungsfaktoren für einen Klassenbildungsprozess herausgearbeitet [3.4], ohne dabei eine teleologische Zwangsläufigkeit zu postulieren. Er argumentierte, dass Lohnarbeit gerade dort, wo sie unter gemeinsamen Bedingungen und mit gemeinsamen Erfahrungen – insbesondere in größeren Fabriken – ausgeübt wurde, eine wichtige Voraussetzung dafür bildete, dass die gemeinsame Klasselage auch als verbindendes Element wahrgenommen wurde. Diese Wahrnehmung sei dann auch die Voraussetzung dafür gewesen, sich politisch zu organisieren. Thomas Welskopp [3.4] sah dagegen den politischen Zusammenschluss der Arbeiter nicht als Ergebnis, sondern umgekehrt als Motor des Klassenbildungsprozesses. Methodisch verschiebt sich Welskopps Blick von der sozialgeschichtlichen Analyse der „Klassenlage" hin zu einer kulturgeschichtlichen Analyse gemeinsamer Praktiken und der damit verbundenen Erfahrungen. Für die Untersuchung der englischen, französischen, italienischen oder spanischen Arbeitergeschichte hatte diese insofern schon eine größere Rolle gespielt, als hier den Streikerfahrungen immer schon ein höherer Stellenwert beigemessen wurde. Michelle Perrot [3.4: ouvriers] hatte in ihrer Analyse der Streiks in Frankreich zwischen 1871 und 1890 bereits auf die zentrale Rolle des gemeinsamen Kampfes nicht nur als Grundlage für gemeinsame Erfahrungen, sondern auch für Selbst- und Fremddefinitionen der Arbeiterschaft sowohl gegenüber anderen sozialen Gruppen als auch unter sich selbst betont. Perrot hat in ihren Untersuchungen somit schon früh nicht nur die Differenziertheit der Arbeiterschaft beleuchtet, sondern auch den Blick auf die Genderfrage gerichtet, indem sie unter anderem die wichtige und eigenständige Rolle der Arbeiterinnen in den Streiks hervorgehoben hat. Hat sich somit für die Erforschung der Arbeiterschaft die Verbindung sozial- und kulturgeschichtlicher Ansätze als besonders ertragreich erwiesen, gilt dies auch für die Untersuchung anderer Klassen und Schichten.

Sozial- und kulturgeschichtliche Ansätze

Keiner Gesellschaftsformation hat sich die historische Forschung gerade in letzter Zeit so sehr gewidmet wie dem Adel. Einflussreich für die Perspektive auf die Rolle des deutschen Adels war lange Zeit ein grundlegender Aufsatz von Hans Rosenberg aus dem Jahr 1958 über „Die ‚Pseudodemokratisierung' der Rittergutsbesit-

Forschungsfeld Adel

zerklasse". ROSENBERG sah in der „Klasse" der „ostelbischen Junker", also der adeligen Rittergutsbesitzer, eine enorm mächtige soziale Gruppe, die eine zentrale Rolle für die Geschichte des Kaiserreichs und dessen mangelnde Liberalisierung gespielt habe. Die Rittergutsbesitzer, so ROSENBERG [3.4], hätten im Laufe des Jahrhunderts gezielt bürgerliche Großgrundbesitzer aufgenommen und damit dazu beigetragen, dass sich das Bürgertum am Adel ausgerichtet habe, statt dass sich umgekehrt der Adel den Werten der bürgerlichen Gesellschaft angepasst habe. Auch wenn ROSENBERGS Thesen inzwischen in vieler Hinsicht kaum mehr Geltung beanspruchen können, sind sie als Ausgangs- und Bezugspunkt für die weitere Forschung immer noch wichtig – nicht zuletzt für die Frage der Verortung des preußisch-deutschen innerhalb des europäischen Adels. Eine gewisse Orientierungsfunktion hat hier weiterhin der Blick nach England, wo sich bis weit ins 18. Jahrhundert zurück eine sogenannte „composite elite" – eine aus Adeligen und aufstrebenden Bürgerlichen bestehende Elite – herausgebildet hatte, die den Adel in die Wandlungs- und Reformprozesse einband. Für Deutschland betont etwa Heinz REIF, dass es hier zwar vielfältige Ansätze zur Bildung einer „composite elite" gegeben habe, diese aber alle gescheitert seien [3.4: REIF]. Die vielleicht wichtigste Korrektur an dem von ROSENBERG entworfenen Bild vom deutschen Adel bestand darin, dass der von Adeligen ausgeübte Einfluss nicht als Resultat einer geschlossen auftretenden Klasse interpretiert werden kann. Gerade unter den Bedingungen des neu gegründeten Nationalstaats, so REIF, nahm die Vielfalt des Adels „explosionsartig zu" [3.4: REIF, 17]. Teile dieses fragmentierten Adels radikalisierten sich und übten entsprechenden politischen Einfluss aus. Dieser Einfluss beruhte allerdings weniger auf einem konservativen Traditionsüberhang als darauf, dass ein Teil der Adeligen dazu beitrug, eine moderne Rechte aufzubauen. Stephan MALINOWSKI hat in diesem Sinne etwa gezeigt, dass sich vor allem im Kleinadel – bestärkt durch eine spezifische Wahrnehmung der Börsen- und Wirtschaftsskandale des frühen Kaiserreichs – der Antisemitismus ausbreitete und verfestigte und damit auch die Kluft zu liberalen Wertvorstellungen innerhalb des Bürgertums vertieft wurde [3.4: MALINOWSKI].

Insbesondere von der englischen Entwicklung ausgehend hat für die Geschichte des westeuropäischen Adels das Konzept des Elitenwandels eine wichtige Rolle gespielt. Hier konnte die Forschungsfrage danach, wie, in welchem Umfang und mit welchem

Erfolg sich Adelige unter den Bedingungen einer sich demokratisierenden Marktgesellschaft in der Elite etablieren konnten, für die verschiedenen Länder produktiv umgesetzt werden. Für Osteuropa hat insbesondere Michael MÜLLER an dieses Konzept angeknüpft, dabei aber gezeigt, dass „die an westeuropäischen Gesellschaften entwickelten Strukturbegriffe und Verlaufsvorstellungen" weite Teile Osteuropas so nicht anwendbar sind [3.4: MÜLLER: Landbürger; REIF, 19]. Denn hier hatte der Staat eine völlig andere Rolle als in Westeuropa. Für den ins russische oder österreich-ungarische Reich eingegliederten polnischen, baltischen oder ungarischen Adel war er kein Bündnispartner – ganz im Gegenteil. Zudem wurde der Adel insbesondere in den polnischen Gebieten auch infolge der relativen Schwäche des dortigen Bürgertums zum wichtigen zivilgesellschaftlichen Träger des polnischen Nationalismus. Michael MÜLLER [3.4: MÜLLER: Adel; MÜLLER: Landbürger] argumentiert daher, dass sich der polnische Adel schon in der Mitte des 19. Jahrhunderts zu „adeligen Landbürgern" gewandelt hätte. {Adel in Osteuropa}

Was die Forschung zur Geschichte des Bürgertums angeht, lässt sich zunächst festhalten, dass diese für kein anderes europäisches Land eine so zentrale Rolle spielt wie für Deutschland. Zugleich gibt es kaum einen anderen Forschungsbereich, der ähnlich viele, explizit europäisch vergleichende Studien hervorgebracht hat. In beiderlei Hinsicht nimmt der Bielefelder Sonderforschungsbereich zur „Sozialgeschichte des neuzeitlichen Bürgertums" (1986–1997) einen zentralen Platz ein. Im Kontext der Frage nach einem etwaigen deutschen Sonderweg geriet die Geschichte des Bürgertums in besonderer Weise in den Fokus. Methodisch ging es ursprünglich um eine Verbindung der Sozial- mit der Gesellschaftsgeschichte des Bürgertums, um die Verbindung der Geschichte des Bürgertums mit der Entwicklung der Bürgerlichen Gesellschaft. Ein wichtiger Ausgangspunkt war dabei die Frage nach einem möglichen „Defizit an Bürgerlichkeit", von dem wiederum vermutet wurde, dass es zu einer „defizitär" ausgeprägten Bürgerlichen Gesellschaft geführt habe. Das Bürgertum erhielt damit eine Schlüsselrolle für die Frage nach der demokratischen Entwicklung der deutschen Gesellschaft. Auch wenn der Sonderforschungsbereich insgesamt das 19. und 20. Jahrhundert in den Blick nahm, richtete sich zunächst der Blick stark auf das Deutsche Kaiserreich, so dass auch im internationalen Vergleich die Zeit nach 1870 ein besonderes Gewicht bekam. {Geschichte des Bürgertums}

Vergleichende europäische Forschung

Die Ergebnisse der europäisch vergleichenden Forschungen, die insbesondere in von Jürgen KOCKA herausgegebenen Sammelbänden präsentiert wurden, fielen eindeutig aus: Das deutsche Bürgertum nahm im internationalen Vergleich keineswegs eine Sonderstellung ein. Ein „Defizit" an Bürgerlichkeit war nicht auszumachen. Die These von der „Feudalisierung" des deutschen Bürgertums, also der vermeintlichen Neigung des deutschen Bürgertums, sich an den Werten und dem Lebenstil der Aristokratie zu orientieren, die vor allem in den 1970er und frühen 1980er Jahren breit vertreten wurde, war bereits in einer Reihe von Arbeiten in Frage gestellt worden, bevor sie von Dolores AUGUSTINE, in ihrer Untersuchung über die Wirtschaftselite des Kaiserreichs schließlich gänzlich zurückgewiesen wurde [3.4: AUGUSTINE]. Im Vergleich mit Ländern Westeuropas erwies sich damit das deutsche Bürgertum somit keineswegs als schwächer oder weniger selbstbewusst, im Vergleich zu Süd-, Südost- und Osteuropa dagegen vielfach als stärker und selbstbewusster.

Einheit des Bürgertums

Eine vor allem mit Blick auf die deutsche Bürgertumsforschung immer wieder gestellte Frage war die nach der Einheit des Bürgertums. Der insbesondere für Großbritannien verwendete Begriff der ‚middle class(es)' suggeriert diese Einheit weniger, so dass die Frage nach dem Zusammenhalt dort auch weniger gestellt worden ist. In ganz Europa lässt sich allerdings eine gewisse doppelte Frontstellung der Mittelklassen erkennen: Gegen den Adel auf der einen und gegen die zunehmend als bedrohlich empfundene Arbeiterschaft auf der anderen Seite [3.4: BUDDE: Blütezeit]. Albert TANNER betont mit Blick auf die Schweiz, dass die Pariser Kommune (1871) mit Blick auf die Abgrenzung zur Arbeiterschaft eine zentrale Zäsur darstellte. Die „gemeinsame, mehr fiktive und antizipierte als reale Bedrohung durch die Arbeiter- und Gewerkschaftsbewegung" sei in der Folge ein wichtiger Faktor zur Herausbildung eines bürgerlichen Klassenbewusstseins gewesen [3.4: TANNER, 223]. Der soziale Zusammenhalt der verschiedenen Fraktionen des auch in der Schweiz sehr diversifizierten Bürgertums sei damit deutlich gewachsen. Darüber, ob dies auch für andere europäische Länder in gleicher Weise galt, liegen keine konkreten Forschungen vor, doch spricht einiges dafür, dass die Schweiz mit dieser Tendenz nicht allein stand. Was die Abgrenzung zum Adel angeht, fiel diese – je nach dessen politischer und gesellschaftlicher Bedeutung – in Europa durchaus unterschiedlich aus. Prinzipiell zeigt sich, dass dort, wo das Wirtschaftsbürgertum erfolgreich war, auch die Tendenz bestand, dass die Eliten miteinander verschmolzen. Youssef Cassis machte hier zwischen England, Frankreich und Deutschland für das ausgehende 19. Jahrhundert eher graduelle als grundsätzliche Unterschiede aus. In England und Frankreich entstand unter verschiedenen Voraussetzungen bereits früher eine neue, amalgamierte Elite, die auf der einen Seite die Frontstellung gegenüber dem Adel verschwinden ließ, damit aber auf der anderen Seite eine neue, sich den ‚middle classes' absetzende Oberschicht bildete. Die Forschung zum Bürgertum und den Mittelklassen in Europa insgesamt zeigt, dass mit der Größe des Bürgertums und der Mittelklassen auch deren Binnendifferenzierung zunahm und die Grenzen sowohl nach „unten" als auch noch „oben" nicht unbedingt klarer waren als innerhalb der verschiedenen Fraktionen des Bürgertums.

Damit stellte sich die Frage nach dem, was das Bürgertum zusammenhielt nur noch deutlicher. Die Forschung hat in dieser Hinsicht die zentrale Bedeutung der Kultur herausgearbeitet: Gemeinsame Vorstellungen von bürgerlichen Lebensformen und Werten, „die Hochschätzung von Arbeit und Leistung, von Vernunft und Disziplin, von Bildung und Hochkultur sowie das bürgerliche Familienideal mit seiner dualen Geschlechterordnung" hätten, so Gunilla Budde, Bürgerinnen und Bürger unabhängig davon geteilt, „ob sie in Manchester, in Paris, in Amsterdam, in Bremen oder in Uppsala zu Hause waren" [3.4: Budde: Blütezeit, 122]. Philipp Sarasin [3.4] hat aber für das Baseler Bürgertum gezeigt, dass es keineswegs nur um Vernunft und Bildung, sondern immer auch um Rituale der Zugehörigkeiten und der Distinktion ging. Auch hier wird man annehmen können, dass diese „barbarischen" Rituale, wie Sarasin sie beschreibt, kein Alleinstellungsmerkmal des Baseler oder des Schweizer Bürgertums waren. So geht Budde für die zweite Hälfte des 19. Jahrhunderts von der Existenz eines „europäischen Bürgertums" aus, das insbesondere auf der Basis der gemeinsamen Wurzeln in der Aufklärung, der übergreifenden Hochschätzung von Bildung und der städtischen Orientierung entstand. Zudem hätte sich mit den wachsenden Kommunikations- und Reisemöglichkeiten gerade für das Bürgertum die Chance für Vernetzung und Austausch verbessert. Der nationalen Versäulung der Mittelklassen mit der Fokussierung auf das, was man unter den jeweiligen Nationalkulturen verstand, tat dies allerdings ebenso wenig Abbruch wie der Tatsache, dass die Hochschätzung humanistischer Bildung sich problem-

Bedeutung der Kultur

los mit in vieler Hinsicht inhumanen Ansichten und Praktiken verbinden ließ.

3.5 Soziale Frage und Sozialstaat

Vergleichende Forschung der Sozialstaatsentwicklung

Wesentlich ausgeprägter als bei anderen Themenfeldern hat sich im Bereich der Sozialstaatsentwicklung eine umfangreiche, international vergleichende Forschung etabliert. Diese Forschung stammt vorwiegend aus der Politikwissenschaft und knüpft an die im ausgehenden 19. Jahrhundert beginnende trans- bzw. internationale Expertenliteratur an, die auf der Basis des Vergleichs neue Lösungen erarbeitete. In der heutigen politikwissenschaftlichen Literatur dient der Blick auf die historische Entwicklung insbesondere der Unterscheidung unterschiedlicher Modelle und der Erläuterung der jeweiligen Pfadabhängigkeit. Diese, zumeist mit Blick auf die Frage der Weiterentwicklung des Sozialstaats geschriebene Literatur, denkt zumeist vordringlich in nationalen Kategorien und tendiert dazu, die Modelle zu kategorisieren und wiederum in übergreifenden Kategorien zusammenzufassen [3.5: Kaufmann; Palier]. Die historische Forschung hat ebenfalls lange Zeit vorrangig auf die Entwicklung der jeweiligen nationalen Sozialstaatsmodelle geblickt. In Deutschland hat man sich dabei lange auf die Genese und die Ausgestaltung der Bismarck'schen Sozialgesetzgebung konzentriert. Ausdruck dieser Konzentration ist die international einzigartige, 34 Bände umfassende „Quellensammlung zur Geschichte der deutschen Sozialpolitik 1867–1914", deren Wurzeln bis in die Weimarer Republik zurückreichen und die erst 2008 abgeschlossen wurde. Auf der Basis dieser Quellen haben Wolfgang Ayaß, Wilfried Rudloff und Florian Tennstedt zuletzt die Genese der deutschen Sozialversicherung und der darum geführten Debatten noch einmal detailliert dargestellt [3.5: Ayaß/Rudloff/Tennstedt] und abschließend in einen europäisch vergleichenden Kontext gestellt [3.5: Rudloff].

Transnationale Dimensionen

Tatsächlich hat die vergleichende Perspektive in der Frage der Genese des Sozialstaats von Beginn an eine wichtige Rolle gespielt [3.5: Ritter; Hennock: Origin]. In jüngerer Zeit ist insgesamt stärker die transnationale Dimension der entstehenden Sozialpolitik hervorgehoben und zum Teil gegen die vergleichende Forschung in Stellung gebracht worden. Wie allerdings etwa Gerhard A. Ritters immer noch grundlegende Studie zur Entstehung des Sozialstaats im internationalen Vergleich zeigt, war im vergleichenden Ansatz die Frage transnationaler Verbindungen partiell bereits integriert [3.5: Ritter]. In neueren Studien wurde deren Bedeutung allerdings noch sehr viel stärker hervorgehoben. So haben Chris Leonards und Nico Randeraad [3.5] die Zeit zwischen 1840 und 1880 als die entscheidende Phase der Sozialreform in Europa ausgemacht, in der sich die Experten aus den verschiedenen Ländern zunehmend eng miteinander vernetzt hätten, um verschiedene Konzepte der Sozialreform zu diskutieren und auszutauschen. Die Autoren zeigen, wie aus diesem Netzwerk eine „Kongresselite" entstanden ist, die dann maßgeblich dazu beigetragen hätte, dass die internationale Debatte und die internationalen Erfahrungen in die jeweiligen nationalen Kontexte hineingetragen wurden. Auch wenn einzelne aus dieser ausschließlich männlichen Gruppe, wie Edwin Chadwick oder Anton Mittermeier in den jeweiligen Ländern als prominente Akteure wahrgenommen worden seien, sei die Bedeutung der Expertengruppe als solcher bis dahin kaum wahrgenommen worden. Eine genaue Auflistung der Staaten, aus denen die Experten kamen, liefern Leonards und Randeraad nicht, aber es ist unübersehbar, dass sie in ihrer großen Mehrheit aus Nord-Westeuropa kamen. Einzelne Vertreter stammten aus Spanien oder Italien. Russen waren, soweit sich dies erkennen lässt, nicht oder höchstens vereinzelt vertreten.

Lange war der Blick vorrangig auf die staatliche Ebene konzentriert und auf die Frage, welchen Einfluss insbesondere das deutsche Modell auf die Entstehung des Sozialstaates in anderen Ländern gehabt und von welchen Einflüssen umgekehrt Deutschland profitiert hat [3.5: Mitchel]. Dieter Langewiesche hatte allerdings schon früh darauf verwiesen, dass nicht der Staat, sondern die Kommunen „die ‚sozialstaatliche' Hauptlast der gesellschaftlichen Entwicklung zu tragen hatten" [3.5: Langewiesche, 623]. Ebenfalls die staatliche Ebene relativierend, hat Sandrine Kott zudem in ihren Arbeiten zur Herausbildung des deutschen Sozialstaats im europäischen Kontext den Blick auf die dezentralen Praktiken gelenkt und betont, dass diese für die Herausbildung des deutschen Systems ebenso wichtig waren wie die staatliche Initiative der Reform „von oben". Sie verweist auch darauf, dass diese bei der vergleichenden Modellbildung sowohl von den Zeitgenossen als auch von der Historiographie weitgehend übersehen worden seien [3.5: Kott, 48].

Vorreiter Deutschland?

Jenseits der Frage nach der Entstehung der unterschiedlichen Modelle des modernen Wohlfahrtsstaats wurde vor allem in der

Genese der Sozialen Frage und der Reformen

französischen Literatur der Fokus darauf gelegt, den Konstruktionscharakter der Sozialen Frage sowie den grundsätzlichen Prozess der Reform herauszuarbeiten. Im ausgehenden 19. Jahrhundert sei es insgesamt darum gegangen, den Möglichkeitsraum von Reformen abzustecken und neu zu definieren, so Christian TOPALOV. Die Herausbildung des Sozialstaates wird in dieser Perspektive nicht als Antwort auf „objektive Probleme" gesehen, sondern als ein Prozess, in dem es gelingen musste, bestimmte Probleme überhaupt erst als solche zu definieren, um dann Antworten darauf zu finden [3.5: TOPALOV. Naissance; Laboratoires; CASTEL]. Christoph CONRAD hat in diesem Zusammenhang auf die schwer hintergehbaren Probleme des Vergleichs verwiesen. So sei einerseits zu beachten, dass hinter den jeweiligen Begrifflichkeiten sozialer Kategorien, wie etwa Rentner, Invalider oder Arbeitsloser, zum Teil sehr unterschiedliche Konzepte standen. Wenn man aber andererseits nur den Blick auf die je unterschiedlichen Konstruktionen der sozialen Kategorien habe, könne man nur noch „Sichtweisen gegenüberstellen" [3.5: CONRAD 1996, 166].

Soziale Frage und Geschlecht

Deutlich unterbelichtet war lange Zeit die Genderfrage in Bezug auf die sich herausbildenden Sozialsysteme. Zunächst waren es vor allem die *gender studies* die darauf verwiesen, dass die Geschichtsschreibung über den europäischen Wohlfahrtsstaat ebenso wenig genderneutral war wie die Gesetzgebung in dem Bereich. So entstanden seit Ende der 1970er Jahre erste Arbeiten, die den weitgehenden Ausschluss von Frauen aus den entstehenden Sozialsystemen herausarbeiteten und betonten, dass die Schutzmaßnahmen gegenüber Frauen vor allem dazu dienten, die patriarchalische Gesellschaftsordnung zu erhalten, indem sie aus bestimmten männlich konnotierten Berufen herausgehalten werden sollten [3.5: WILSON; GORDON; PIVEN/CLOWARD]. Erst das Eingreifen des Staates und die Einführung von Arbeitsschutzgesetzen habe aus der Präsenz von Frauen in der Arbeitswelt ein Problem gemacht. Arbeitende Frauen seien als moralisches Problem und Bedrohung für die familiäre Ordnung wahrgenommen worden und die Sozialpolitik habe patriarchalische Vorstellungen der gesellschaftlichen Ordnung und der Ungleichheiten von Männern und Frauen weiter verfestigt [3.5: KOVEN/MICHEL; AUSLANDER/ZANCARINI-FOURNEL]. Demgegenüber ist allerdings zunehmend argumentiert worden, dass es verfehlt sei „Frauen lediglich als Objekte der Sozialpolitik zu betrachten", da sie „an ihrer Umsetzung als Mitwirkende und Klientinnen aktiv" beteiligt gewesen seien [3.5: Kott, 117 f.]. Die Sozialgesetzgebung und der gesamte, sich als Tätigkeitsfeld herausbildende Sozialbereich habe auch neue Handlungsoptionen für Frauen eröffnet. Sie begannen, Leistungen einzuklagen und in Anspruch zu nehmen und erweiterten so ihre Handlungsoptionen [3.5: Ellerkamp; Kott]. Zudem eröffnete sich insbesondere für bürgerliche Frauen im Bereich der Wohlfahrt und der entstehenden Sozialarbeit ein neues Betätigungsfeld [3.5: Sachße: Mütterlichkeit; Schröder].

Als weiterer Diskussionspunkt um die Entstehung der Sozialstaatlichkeit lässt sich schließlich die Frage nach dem Zusammenhang mit dem Solidaritätsgedanken ausmachen. So ist etwa aus emotionsgeschichtlicher Perspektive argumentiert worden, dass das Wohlfahrtsstaatsprinzip überkommene Solidaritätsbeziehungen in den Hintergrund gedrängt und durch einen anonymen Geldtransfer ersetzt habe. Dagegen ist jedoch eingewandt worden, dass es gerade mit Blick auf die einsetzende Hochmoderne sinnvoll sei, „den Solidaritätsbegriff von seiner Fixierung auf den handelnden Akteur und seine Motivlage zu lösen und stattdessen [...] die Frage der Geltung von Sozialnormen auf der Ebene gesellschaftlicher Systeme in den Blick zu nehmen." Um den Wohlfahrtsstaat angemessen zu würdigen, sei es notwendig, die bürokratischen Strukturen und die damit verbundenen Rechtsansprüche „als Verkörperung einer Solidarität ‚unter Fremden'" zu begreifen [3.5: Süß/Torp, 116].

Wohlfahrtsstaat und Solidarität

Neuere Forschungen zur Geschichte der Armut haben allerdings gezeigt, dass ein traditioneller Umgang mit Armut sowohl seitens der Betroffenen als auch seitens derer, die versuchten zu helfen, durch die neue, wohlfahrtsstaatlich ausgerichtete Sozialpolitik auf der einen Seite keineswegs verdrängt wurden. Auf der anderen Seite ist die repressive Seite des entstehenden Wohlfahrtsstaates stärker herausgearbeitet worden. So wurde Armut in diesem Kontext zunehmend als Ausdruck von Verwahrlosung und Devianz gesehen, während die davon Betroffenen zum Ziel staatlicher Repressionsmaßnahmen wurden. Im Kontext des historisch breit angelegten Trierer SFB zu „Fremdheit und Armut" sind hier eine Vielzahl von Arbeiten entstanden, die gerade auch für den Übergang zur Hochmoderne viele neue Erkenntnisse gebracht haben. Exemplarisch lässt sich dieser Übergang etwa am Umgang mit der sog. „Landstreicherei" verdeutlichen, die seit den 1870er Jahren in verschiedenen europäischen Ländern verstärkt staatliche Aufmerksamkeit auf sich zog. Wie Beate Althammer gezeigt hat, lebte einer-

Armutsforschung

seits die traditionelle karitative Wanderfürsorge weiter. Gleichzeitig aber wurde staatlicherseits versucht, dem „Problem" durch repressive Maßnahmen wie Präventivhaft oder die Einweisung in Arbeitshäuser Herr zu werden. Auch beim Umgang mit Arbeitslosigkeit überlagerte sich vielfach ein traditionelles Vorgehen, das partiell auch Fürsorge umfasste, mit einer neuen Perspektive, die Arbeitslosigkeit mit moralischen Urteilen und Versuchen der Disziplinierung in Verbindung brachte. So erweist sich insgesamt, dass die Idee einer modernen Sozialpolitik und die damit verbundene Entwicklung wohlfahrtsstaatlicher Ansätze langfristig zwar unzweifelhaft den Grundstein für umfassende Verbesserungen der sozialen Lage legte. Doch zugleich etablierten sie auf der einen Seite auch Praktiken des staatlichen Zugriffs auf Arbeitende, Arbeitssuchende und prekär lebende und auf der anderen Seite verdrängte sie – vor allem, wenn man Europa insgesamt betrachtet – traditionelle Umgangsweisen mit Armut für lange Zeit nicht oder nur in sehr geringem Ausmaß. [3.5: Althammer/Raphael/Stazic-Wendt; Gestrich/King/Raphael; Althammer/Gestrich/Gründler].

4 Koloniale Expansion und transnationale Verschränkungen

4.1 Europas Neuordnung nach 1870/71

Forschungsschwerpunkt Bismarck'sche Außenpolitik

Für die Zeit zwischen 1870 und 1890 gibt es wohl kein anderes europäisches Land, dessen Außenpolitik Gegenstand auch nur annähernd so detaillierter Untersuchungen war wie das Agieren des Deutschen Reiches [4.1: Hillgruber; Hildebrand; Hildebrand/Kolb; Canis; Lappenküper/Urbach]. Dies liegt nicht nur daran, dass Bismarck in dieser Zeit die zentrale und dominierende Figur im Bereich der internationalen Beziehungen innerhalb Europas war, sondern auch an der kaum verkennbaren Faszination der Historiker und Historikerinnen für den deutschen Reichskanzler. Entsprechend ging von der Beschäftigung mit Bismarck nicht nur eine Vielzahl von Debatten zu Einzelfragen seiner Politik aus, sondern es entzündete sich daran auch eine grundsätzliche und tiefgreifende Auseinandersetzung zum Stellenwert der internationalen Beziehungen innerhalb der Geschichtswissenschaft. Um die Protagonisten Klaus Hildebrand

Innerdeutsche Historikerdebatte

(Bonn) und Hans-Ulrich Wehler (Bielefeld) entwickelte sich ein mit großer Schärfe geführter Streit, bei dem Hildebrand und andere in der Beschäftigung mit den internationalen Beziehungen so etwas wie die Königsdisziplin der Geschichtswissenschaft sahen, während aus einer gesellschaftsgeschichtlichen Perspektive die Vertiefung in den Verästelungen der Diplomatiegeschichte nicht viel mehr als ein Glasperlenspiel ohne einen grundlegenden Erkenntnisgewinn darstellte. Auch wenn die Debatte längst über derartige Fragen hinaus gegangen ist, bleibt sie für die bundesdeutsche Historiographiegeschichte insgesamt von besonderer Bedeutung. Denn entlang dieser Debatte, so unterstrich Ewald Frie [4.1], wurden seit Mitte der 1970er Jahre „Lagergrenzen" innerhalb der deutschen Geschichtswissenschaft markiert, die in anderen Historiographen so kaum zu finden sind. Frie liefert eine knappe und konzise Darstellung der Positionen und der Bedeutung der Debatte: Mit seinem Angriff auf die traditionelle Politikgeschichte ging es Wehler darum, sein Konzept der Gesellschaftsgeschichte zu profilieren, die sich an den Sozialwissenschaften orientierte und auch die Außenpolitik im Kontext ihrem gesellschaftlichen Bedingungsgefüge analysieren wollte [4.1: Wehler]. Auch wenn der Auseinandersetzung teilweise attestiert wurde, ein „Dialog der Taubstummen" zu sein, wurden die Impulse der jeweils anderen Seite in der historiographischen Praxis durchaus aufgenommen. So hat sich auf der einen Seite die Diplomatiegeschichte von einem reinen Blick auf die „Politik der Kabinette" wegbewegt, während andererseits Wehler in seiner Gesellschaftsgeschichte den Eigendynamiken der Bismarck'schen Außenpolitik durchaus Rechnung trägt [1.2: Wehler 1995].

Mindestens so wichtig wie die Herausforderung durch die Gesellschaftsgeschichte erwiesen sich in der Folgezeit die Impulse, die von der Kulturgeschichte für die Geschichte der internationalen Beziehungen ausgingen. Mit dem Bedeutungszuwachs der trans- und der internationalen Geschichte geriet zudem auch die Geschichte der internationalen Beziehungen wieder stärker ins Zentrum des historiographischen Interesses – nun aber nicht mehr in Form einer abgekoppelten Diplomatiegeschichte, sondern eingebunden in transnationale kultur- und gesellschaftliche Fragestellungen.

Internationale Beziehungen und Kulturgeschichte

Neben den methodisch-theoretischen Fragen stand die Bewertung von Bismarcks Außenpolitik im Zentrum der Debatte. Zwei Positionen stehen sich hier gegenüber. Die einen betonen, dass Bismarck in der Lage gewesen sei, eine komplexe Außenpolitik zu be-

Bewertung der Bismarck'schen Außenpolitik

treiben, die letztlich das Ziel der Friedensbewahrung gehabt habe [4.1: Hillgruber; Hildebrand; Lappenküper/Urbach]. Andere dagegen heben die langfristigen Belastungen hervor, die von Bismarcks Politik für den europäischen Frieden ausgegangen seien. An erster Stelle ist aus dieser Perspektive die durchgehend feindliche Politik gegen Frankreich zu nennen, die von der Annexion von Elsass-Lothringen an die gesamte deutsche Außenpolitik des Kaiserreichs bestimmte. Hinzu kommt insbesondere die schwankende Haltung gegenüber Russland, die aber letztlich auch von der Feindschaft gegenüber Frankreich determiniert war [1.2: Wehler: Gesellschaftsgeschichte; 4.1: Conze: Europa].

Deutsche Russlandpolitik

Blickt man auf die einzelnen Felder rund um Bismarcks außenpolitisches Agieren, lag das Hauptaugenmerk der Forschungen lange Zeit auf der Auseinandersetzung mit der deutschen Russlandpolitik. Bismarcks vermeintlichem Geschick, Russland trotz der Rivalität zum Habsburgerreich in einem Dreierbündnis mit Deutschland und Österreich-Ungarn zu halten, mit dem Ziel, eine Allianz des Zarenreichs mit Frankreich zu verhindern, ist in den verschiedenen Einzelaspekten immer wieder diskutiert worden [4.1: Deininger]. Ebenfalls sehr breit debattiert wurde die sog. „Krieg in Sicht"-Krise des Jahres 1875. Zwei neuere Monographien haben sich noch einmal sehr intensiv mit der Frage nach den Motiven von Bismarcks Handeln und mit seinem Umfeld befasst [4.1: Janorschke; Stone]. Vor allem die Untersuchung von Johannes Janorschke bettet die Krise wesentlich stärker als andere außenpolitische Studien breit in einen gesamteuropäischen Kontext ein und trägt den Motiv- und Interessenlagen der anderen europäischen Mächte sehr viel stärker Rechnung als sonst üblich. Beide Studien lassen aber auch erkennen, dass die Versuche, die jeweiligen Motivlagen bis in den letzten Winkel auszuleuchten, an ihre Grenzen stoßen.

Weitere Studien, die sich darüber hinaus mit dem Verhältnis Deutschlands zum Osmanischen Reich, zu Spanien und zum System der Außenpolitik in Europa insgesamt auseinandersetzen, haben in den unterschiedlichsten Varianten immer wieder gezeigt, wie sehr die deutsche Außenpolitik unter dem Primat stand, Frankreich zu isolieren oder anderweitig Schaden zuzufügen. Mit Blick auf die außenpolitische Wende des Jahres 1890 – vor allem markiert durch die Nicht-Verlängerung des Rückversicherungsvertrags mit Russland – lautet der Subtext vieler dieser Studien, dass es die besondere Leistung Bismarcks war, dieses ebenso komplexe wie fragile Gesamtkonstrukt halbwegs in der Waage zu halten und dass die Nachfolger dem nicht mehr gewachsen waren.

Auch wenn die außenpolitische Zäsur des Jahres 1890 insgesamt kaum bestritten wird, ist sie in der jüngeren Forschung dennoch relativiert worden. Dabei spielt der Punkt, dass die Entscheidung für die Nicht-Verlängerung des Rückversicherungsvertrages auch revidierbar gewesen wäre, eine eher untergeordnete Rolle. Wichtiger ist das Argument, dass sich das gesamte System der Außenpolitik seit den 1870er Jahren und dann zunehmend seit den 1880er Jahren insgesamt zu verändern begann. Diese Perspektivverschiebung hängt nicht zuletzt mit methodischen Erweiterungen der Geschichtsschreibung der internationalen Beziehungen zusammen, und zwar einerseits in kultur- und andererseits in globalgeschichtlicher Hinsicht.

Zäsurjahr 1890?

Aus kulturgeschichtlicher Perspektive hat die Untersuchung von Johannes Paulmann über die Monarchenbegegnungen im 19. Jahrhundert [4.1] mit dem sprechenden Titel „Pomp und Politik" wichtige Impulse für die Geschichte der internationalen Beziehungen gesetzt. Sein besonderes Augenmerk hat er auf die Frage gelegt, wie mit Inszenierungen und mit der Symbolik dieser Zusammentreffen gleichsam Politik gemacht wurde. Paulmann argumentiert, dass das Konzept der monarchischen Solidarität durch die Kriege zwischen 1848 und 1871 obsolet geworden sei. Stattdessen seien die Staatsoberhäupter zunehmend zu Repräsentanten ihrer Nationen geworden und hätten sich auch so inszeniert. Monarchenbegegnungen wurden zu nationalistisch aufgeladenen Schauspielen, die ihrerseits auf eine Nationalisierung der „Massen" zurückwirkten. Auch schon seit den 1880er Jahren hatten sich die Staaten so zu positionieren begonnen, dass weniger eine langfristige Friedensordnung als die kurzfristige Kriegsfähigkeit zur leitenden außenpolitischen Kategorie wurde. Entsprechend betont Ewald Frie, dass Bündnisse in diesem Kontext in erster Linie als Mittel gesehen wurden, um einen als unausweichlich angesehenen Krieg siegreich führen zu können [4.1: Frie].

Kulturgeschichtliche Perspektive

Auch wenn Frie vorrangig die deutschen Verhältnisse beschreibt, galt dies für die „großen" europäischen Staaten in ähnlicher Weise. Allerdings spielte insbesondere für England, Frankreich und das Zarenreich die globale Einbindung ihrer Außenpolitik eine deutlich größere Rolle. Wenn Lothar Gall in Bezug auf die Zäsur des Jahres 1890 schrieb, dass zu diesem Zeitpunkt weithin Einigkeit bestanden habe, dass man dabei war „in ein ganz neues Zeitalter der europäischen, ja der Weltgeschichte einzutreten" [1.1: GALL, 98 f.], so hat auch in dieser Hinsicht die Forschung Relativierungen vorgenommen. Aus einer globalgeschichtlichen Perspektive vollzog sich die Einbindung Europas in globale Strukturen auch auf dem Gebiet der internationalen Beziehungen weniger abrupt als dies die Formulierung GALLS nahelegt. Auf dem Balkan ist diese Verzahnung der internationalen Beziehungen innerhalb Europas kaum von einer globalen Ebene dieser Beziehungen zu trennen. Dies hat sowohl die Forschung zu Südosteuropa als auch die neuere Forschung zu Imperien deutlich werden lassen [4.1: CALIC; LEONHARD/VON HIRSCHHAUSEN]. Auch der Blick auf die deutsche Einigung wird in der jüngeren Forschung stärker globalgeschichtlich eingeordnet [4.1: SIMMS].

Rückkehr des Begriffs „Realpolitik"

Schließlich ist eine Rückkehr des Begriffs der „Realpolitik" im Kontext der Geschichte der internationalen Beziehungen – gerade auch für die Phase zwischen 1870 und 1890 – erwähnenswert. Insbesondere in der angloamerikanischen Literatur erlebt der einst von Ludwig von Rochau geprägte Begriff eine Renaissance. So argumentiert John BEW [4.1], dass Rochau den Begriff gerade nicht im Sinne einer Bezeichnung zynischen Machtpolitik verwendet habe, sondern im Sinne einer Vereinbarkeit langfristiger, durchaus idealistischer Ziele mit der Frage der konkreten, kurzfristigen Umsetzbarkeit. In seiner Auseinandersetzung mit der deutschen Außenpolitik des Kaiserreichs argumentiert BEW, dass der Begriff zunehmend zum Synonym für einen wertfreien Pragmatismus und eines machiavellistischen Machtstrebens wurde. Mit Rochaus Idee der Realpolitik habe dessen popularisierte Verwendung in der deutschen Öffentlichkeit nicht mehr viel zu tun gehabt, sondern nur noch der ideologischen Untermauerung reiner Machtpolitik gedient.

4.2 Kolonialismus

Forschungen zum europäischen Kolonialismus

Postkoloniale Ansätze und Kritik

Die Forschung zur Geschichte des europäischen Kolonialismus hat seit einigen Jahren nicht nur erheblich an Aufmerksamkeit gewonnen, sondern die Perspektiven und Schwerpunktsetzungen haben sich in vielerlei Hinsicht verändert. Diese Veränderungen hängen zunächst mit dem übergreifenden Einfluss kolonialkritischer und postkolonialer Ansätze zusammen, die zwar schon seit den 1960er Jahren eine gewisse Rolle spielten, doch erst langsam von der Wissenschaft aufgenommen wurden. Die politischen Impulse, die von Frantz Fanon, Aimé Césaire und anderen ausgingen, waren allerdings insofern wichtig, als mit der wachsenden Kritik am Kolonialismus eine rein affirmative Kolonialgeschichte, die vor allem aus einer britischen und französischen Perspektive die vermeintlichen Segnungen und „zivilisatorischen Effekte" des Kolonialismus priesen, nicht mehr haltbar war [4.2: Stuchtey: Expansion]. Im engeren Sinne wissenschaftlichen Einfluss hatte dann vor allem Edward Saids 1978 erschienene und inzwischen überall zitierte Studie über den Orientalismus [4.2: Williams/Chrisman]. Das änderte jedoch zunächst noch wenig daran, dass die zentralen Werke zum britischen, französischen oder deutschen Kolonialismus vorwiegend noch politikgeschichtlich orientiert blieben und nach den Mechanismen und Motiven kolonialer Ausbreitung fragten [4.2: Meyer et al.; James; Gründer].

Seit den 1990er Jahren erhielt die Kolonialgeschichte sowohl durch den Bezug auf den Postkolonialismus als auch mit dem Aufstieg der Global-, Kultur- und Wissensgeschichte eine neue Prägung und neue Aufmerksamkeit. An den Forschungsüberblicken und Studien zur Entwicklung der Historiographie, die in den letzten Jahren erschienen sind, lässt sich dies im Einzelnen sehr gut nachvollziehen [4.2: Lindner: Geschichtsschreibung; Lindner: Begegnungen; Kraft/Lüdtke/Martschukat; Ghosh; Stockwell].

<small>Global-, Kultur- und Wissenschaftsgeschichtliche Einflüsse</small>

Was die deutsche Forschung angeht, ist zunächst anzumerken, dass die ehemals in Merseburg gelagerten Kolonialakten bis 1990 nur für die Akademie der Wissenschaften der DDR und somit nicht für westdeutsche Geschichtswissenschaft zugänglich waren. Insofern konnte die DDR-Geschichtsschreibung mit quellennahen Studien die kolonialgeschichtliche Perspektive zunächst erweitern. Dabei ging es auch darum – nicht zuletzt in Kritik an der bundesdeutschen Geschichtsschreibung und damit durchaus auch ideologisch überformt –, die kolonialen Herrschaftsverhältnisse stärker herauszuarbeiten [4.2: van der Heyden].

<small>DDR-Geschichtsschreibung</small>

In der bundesdeutschen Kolonialgeschichtsschreibung stand lange Zeit die Frage im Mittelpunkt, warum sich Bismarcks Haltung in den Jahren 1884/85 offenbar veränderte, nachdem er lange Zeit keinerlei Interesse für ein koloniales Engagement gezeigt bzw. dieses auch offen abgelehnt hatte. Diese Frage zog auch deshalb so lange die Aufmerksamkeit der Forschung auf sich, weil sich hier eine grundsätzliche Auseinandersetzung über die Ausrichtung der deut-

<small>Bundesdeutsche Kolonialgeschichtsschreibung</small>

<small>Bismarcks Kolonialpolitik</small>

schen Geschichtswissenschaft bündelte, nämlich die Herausforderung der traditionellen Politikgeschichte durch die – in den 1960er und 1970er Jahren – neue Sozial- und Gesellschaftsgeschichte. Entscheidend hierfür war die Habilitationsschrift von Hans-Ulrich WEHLER „Bismarck und der Imperialismus". Die bisherige Forschung hatte sich weitgehend darauf konzentriert, Bismarcks Kolonialpolitik mit außen- und machtpolitischen Motiven zu begründen: Hier wurde etwa argumentiert, dass Bismarck versucht habe, sich Frankreich über ein Bündnis in der Kolonialpolitik anzunähern, um auf diese Weise den Konflikt um Elsass-Lothringen zu entschärfen. Ein weiteres Motiv wurde darin gesehen, dass Bismarck einen Konflikt mit England verschärfen wollte, um bei einem möglicherweise bevorstehenden Thronwechsel von Wilhelm I. zum vermutet liberaleren und anglophilen Friedrich III. zu verhindern, dass dieser über ein enges Bündnis mit England auch die deutsche Gesellschaft liberalisiere [neu vertreten die These bei 4.1: BAUMGART]. WEHLER [4.2] setzte dagegen seine Sozialimperialismus-These und interpretierte Bismarcks Kolonialpolitik „als Teil einer groß angelegten und langfristig verhängnisvollen innenpolitischen Machtsicherungsstrategie" [FRIE, 45]. Es sei ihm darum gegangen, innenpolitische Spannungen „nach außen" abzuleiten und in enger Verbindung mit seiner Sammlungs- und Schutzzollpolitik, dem Sozialistengesetz und anderen innenpolitischen Maßnahmen den gesellschaftlichen Status quo zu festigen und jede Form von Demokratisierung zu verhindern. WEHLER erteilte damit der Dominanz außenpolitischer Erklärungsansätze eine klare Absage und setzte an deren Stelle sozial-, wirtschafts-, und gesellschaftsgeschichtliche Ansätze. Die Frage nach innenpolitischen Motiven für kolonialpolitische Entscheidungen ist auch für andere Länder und in anderen Historiographien diskutiert worden, doch nirgendwo nahm die Auseinandersetzung darum einen so grundsätzlichen und dominanten Charakter an.

Inzwischen ist der Stellenwert der Frage nach den Motiven für Bismarcks Kolonialpolitik deutlich in den Hintergrund getreten, da inzwischen den längerfristigen Faktoren im Prozess der Beherrschung Afrikas eine größere Rolle zugemessen wird und zudem Bismarcks Politik nicht mehr als radikaler Richtungswechsel interpretiert wird [4.2/3: CONRAD: Globalisierung, 23]. Bismarcks Vorbild, so etwa Sebastian CONRAD, sei die *East India Company* gewesen. Der Staat sollte in dieser Hinsicht eine unterstützende und schützende Funktion für privatwirtschaftliche Initiativen übernehmen. Eine gewisse Veränderung von Bismarcks Position ist dennoch kaum bestreitbar, doch tendiert die Forschung hier mehr zu multifaktoriellen Erklärungen: So wird von einer Kombination innen- und außenpolitischer Faktoren ausgegangen: Zu außenpolitischem und imperialistischem Prestigedenken kam die Erkenntnis hinzu, dass die Kolonialbewegung zunehmend zu einem wichtigen innenpolitischen Faktor geworden war, den sich Bismarck zu nutzen machen konnte. Damit schließt sich die deutsche Kolonialismusforschung Positionen an, wie sie auch für die anderen europäischen Länder und ihre Kolonialpolitik zu finden sind, dass nämlich die Entwicklung der 1880er Jahre in vielerlei Hinsicht eher einem dynamischen Ineinandergreifen innen- und außenpolitischer Faktoren geschuldet war als einer langfristig planvoll gestalteten Politik.

Nachdem also die Kolonialgeschichte in den 1960er und 1970er Jahren wichtige Impulse für die Sozial- und Gesellschaftsgeschichte des Kaiserreichs gegeben hatte, ging das Interesse der deutschen Geschichtswissenschaft an dem Themenfeld insgesamt deutlich zurück. Auch international wurde der deutsche Kolonialismus tendenziell als marginal angesehen [4.2: GANN]. Diese Situation begann sich in den 2000er Jahren deutlich zu verändern. Ein wichtige Rolle spielten dabei neue Impulse für die Kolonialismusforschung insgesamt, die vor allem von der amerikanischen Forschung, insbesondere von den Arbeiten Frederick COOPERS und Ann STOLERS, ausgingen [4.2]. Beide entwarfen die Kolonialgeschichte methodisch neu als eine Verflechtungsgeschichte zwischen der Metropole und den Kolonien und öffneten damit zugleich den Blick auf neue Themenfelder, wie etwa kulturelle Transfers und Wechselbeziehungen zwischen Kolonisierten und Kolonisierenden, rassistische Abgrenzungen sowohl innerhalb der Kolonien als auch zwischen Kolonie und Metropole, Fragen von Geschlechterbeziehungen und Sexualität in Kolonialgesellschaften und anderes mehr. Im Zuge dieser Entwicklung gerieten insgesamt vermehrt Perspektiven in den Blick, die sich vom engen Blick auf die Kolonialpolitik eines Landes hin zu transnationalen, transkolonialen und transimperialen Sichtweisen entwickelten. In diesem Sinne fragt etwa Ulrike LINDNER nach Kooperationen und Wechselbeziehungen zwischen Deutschland und Großbritannien in der Kolonialpolitik und im kolonialen Alltag. Sie kommt dabei zu dem Ergebnis, dass es trotz eines grundsätzlich gespannten Verhältnisses durchaus punktuelle Kooperationen und vor allem aber permanente gegenseitige Beobachtungen zwischen

Neue Forschungsimpulse

Koloniale Verflechtungen und Wechselbeziehungen

dem kolonialen Nachzügler und der etablierten Kolonialmacht gab [4.2: Lindner: Begegnungen]. Für andere Kolonialmächte ist dieser Aspekt des Wechselverhältnisses von Kooperation und Konkurrenz inzwischen auch stärker betont worden [4.2: Barth/Cvetkovski]. Ein wichtiger Teil der Verflechtungsperspektive ist zudem auch die Frage nach den Rückwirkungen des Kolonialismus auf Europa bzw. die kolonisierende Metropole geworden. Insbesondere ist hier die Bedeutung des Kolonialismus für die Konstruktion von *race* und *gender* hervorgehoben worden [4.2: McClintock; Perry].

Postcolonial Studies

Eng damit zusammen hängt das Thema der Erforschung des kolonialen Wissens, das jenseits von Fragen der Verflechtungen in den letzten zwei bis drei Jahrzehnten zu einer der zentralen Forschungsperspektiven geworden ist [4.2: Kwaschik]. Hier ist der Einfluss der *postcolonial studies* vielleicht am deutlichsten zu spüren. Während in älteren Sichtweisen die Weitergabe von europäischem Wissen und europäischer Kultur gewissermaßen als helle Seite des Kolonialismus gesehen wurde, dem die Gewaltausübung gewissermaßen als dessen dunkle Seite gegenüberstand, wird inzwischen die Rolle der Wissenschaft und der Kultur als inhärenter Teil der Herrschafts- und Gewaltausübung interpretiert [4.2: Stoler; Deprest]. Ohne sich prinzipiell gegen eine postkoloniale Sichtweise zu positionieren, plädierte Pierre Singaravélou allerdings vor diesem Hintergrund dafür, die „sciences coloniales" nicht ausschließlich als Teil eines kolonialen Diskurses, sondern auch als eine Art Eigenwert zu sehen [4.2: Singaravelou]. In diesen Kontext lässt sich schließlich auch die seit einigen Jahren stark expandierende Literatur zur Missionsgeschichte einordnen. Auch hier wird mit unterschiedlicher Gewichtung diskutiert, in welcher Weise Missionare und Missionen Teil der kolonialen Herrschaft waren und wo sie in ihren eigenen Logiken handelten oder sogar Kontrapunkte ausbildeten [4.2: Habermas/Hölzl; Hölzl; Porter; Ratschiller/Wetjen].

Stellenwert des Kolonialismus

Die Frage danach, welchen Stellenwert der Kolonialismus insgesamt für die Geschichte der kolonisierenden Länder einnimmt, wird insbesondere in England und Frankreich intensiver und kontroverser diskutiert als in Deutschland. Das Selbstverständnis der eigenen Rolle in der Welt ist für beide Länder noch immer mit deren Geschichte als Kolonialmächte verbunden, während sich die deutsche Debatte vor allem auf die Frage nach Kontinuitäten zum Nationalsozialismus konzentrierte [4.2: Zimmerer]. In Belgien hat die Auseinandersetzung mit dem brutalen, im Kongo errichteten System spätestens seit den 1990er Jahren eine zentrale Rolle gespielt [4.2: MARCHAL; VELLUT]. In Frankreich kam es 2005 zu heftigen Auseinandersetzungen, als das Parlament auf Drängen des Präsidenten Sarkozy ein Gesetz verabschiedete, das die Schulen aufforderte, die „positiven Aspekte" der französischen Kolonialherrschaft zu betonen. Das Gesetz war eine Art Reaktion auf die Debatte, die Marc Ferro zwei Jahre zuvor mit dem von ihm herausgegebenen „Livre noir du colonialisme" auslöste. 2005 erschienen fast zeitgleich in Frankreich und England zwei Bücher, die mit äußerster Schärfe mit der Kolonialherrschaft beider Länder abrechneten [4.2: LE COUR GRANDMAISON; ELKINS dazu: HOWE]. Diese Debatten seien hier aber nur angerissen, da sie weit über den hier behandelten Zeitraum hinausgehen und den Gesamtkomplex von Kolonialisierung und Dekolonialisierung berühren.

4.3 Internationale Organisationen und transnationale Verflechtungen

Da sich die Forschung zum 19. Jahrhundert lange Zeit auf die Herausbildung der Nationalstaaten konzentriert hat und der Nationalismus als eine der vorherrschenden Ideologien viel Aufmerksamkeit auf sich gezogen hat, sind Aspekte des Internationalismus und der Transnationalität gerade für diese Epoche lange nicht spezifisch fokussiert worden. Das bedeutet nicht, dass transnationale Bezüge, Verbindungen und Verflechtungen in der älteren Forschung gänzlich missachtet wurden, aber sie wurden selten als eine eigene Analysekategorie herangezogen. Das hat sich seit geraumer Zeit deutlich verändert. Nur kurz verwiesen sei hier auf die theoretischen und konzeptionellen Debatten um den Begriff, dessen Definitionen und Abgrenzungen [4.2/3: PATEL; GASSERT]. Eine wichtige methodische Basis der transnationalen Geschichte bildet die *histoire croisée* [4.3: WERNER/ZIMMERMANN] und die *entangled history*, die ihrerseits nach grenzüberschreitenden Verbindungen, Verflechtungen und Transfers fragt.

Debatte um Internationalismus und Transnationalität

Die Begriffe Inter- und Transnationalität werden nicht immer ganz klar voneinander abgegrenzt, stammen aber ursprünglich aus unterschiedlichen Kontexten. Der Begriff des Internationalen stand lange Zeit in Verbindung mit der Diplomatiegeschichte und besaß damit eine unmittelbare Verbindung mit der Untersuchung der internationalen (Staaten-)Beziehungen. Ein zweiter historiographischer Kontext, in dem der Begriff „international" Bedeutung gewann, war der des internationalen Vergleichs. Eine wichtige Rolle spielte er im Kontext der Sozial- und Gesellschaftsgeschichte Bielefelder Prägung, bei der es um einen methodischen Zugang, eine Art Versuchsanordnung mit dem Ziel ging, übergreifende gesellschaftliche Entwicklungen in ihren jeweiligen nationalen Varianten zu untersuchen [4.2/3: Welskopp; Kaelble; Haupt/Kocka]. Der Begriff der Transnationalität entstammt tendenziell auch der historischen Binnenbetrachtung von Gesellschaften. Das heißt, Ausgangspunkt von Fragen nach transnationalen Verbindungen waren zumeist auch die national verfassten Gesellschaften, von denen aus nach transnationalen Verbindungen gefragt wurde. Auf diese Weise hat sich jedoch der sozial- und gesellschaftsgeschichtliche Zugang weiterentwickelt. Aufgrund der Kritik an der Fixierung auf die Nationalgeschichte(n) und der Vorstellung, Nationen seien gleichsam geschlossene Einheiten („Container"), ist seit den 1990er Jahren zunehmend die Bedeutung transnationaler Prozesse betont und in die empirische Forschung integriert worden. Dies gilt zwar in unterschiedlichem Ausmaß für die verschiedenen historischen Gegenstandsbereiche und keineswegs für alle europäischen Historiographien in gleicher Weise. Dennoch hat der ursprünglich aus der amerikanischen Geschichtswissenschaft kommende Trend für die Europäische Geschichte unverkennbar an Bedeutung gewonnen [4.2/3: Osterhammel].

Spannungsverhältnis inter- und transnationale Geschichte

Im Zuge dieser Entwicklung hat sich auch das ursprüngliche Spannungsverhältnis zwischen inter- und transnationaler Geschichte deutlich abgeschwächt. Das hängt vor allem damit zusammen, dass die internationale Geschichte und damit der Begriff des Internationalismus seit einiger Zeit deutlich weiter gefasst wird und sich nicht mehr ausschließlich auf staatliche Außenpolitik bezieht. Stattdessen hat sich die „internationale Geschichte" inzwischen zunehmend auf nichtstaatliche, zivilgesellschaftliche, wissenschaftliche und ökonomische Akteure konzentriert [4.2/3: Dülffer/Loth; Geyer/Paulmann]. In diesem Sinne erscheint die internationale Geschichte weniger als Gegensatz, sondern als eine Spielart der transnationalen Geschichte. Ob allerdings der Begriff der transnationalen Geschichte eine Art Oberbegriff für all jene historischen Forschungen ist, die sich mit Entwicklungen und Phänomenen jenseits von (National-)Staaten befassen – Globalgeschichte, postkoloniale Geschichte, *entangled history* etc. – ist eher fraglich [4.2/3: PATEL]. Denn mit den Begriffen transimperial, transregional und translokal hat die Nation noch stärker ihre vermeintliche Selbstverständlichkeit als Bezugsgröße eingebüßt. Einig ist sich die Forschung im Wesentlichen allerdings darüber, dass transnationale Geschichte, wie Kiran PATEL schreibt, weder eine Theorie noch eine Methode ist, sondern es sich vielmehr um eine Perspektive handelt, welche die scheinbar festen Entitäten wie die Nation als Bezugsgröße relativiert und nach übergreifenden Entwicklungen und Verflechtungen fragt.

Vor diesem Hintergrund sind seit einigen Jahren eine Reihe von Buchprojekten mit dem Ziel erschienen, die jeweiligen Nationalgeschichten in transnationale und globale Kontexte einzubinden. Dem von Sebastian CONRAD und Jürgen OSTERHAMMEL 2004 herausgegebenen Sammelband mit dem Titel „Das Kaiserreich transnational" [4.2/3] kam hier eine gewisse Vorreiterrolle zu. Auch für andere Nationalgeschichten gibt es Ansätze in dieser Richtung. So sind etwa für Spanien, Frankreich oder Italien umfangreiche Überblicksdarstellungen aus einer globalgeschichtlichen Perspektive entstanden, die sich insbesondere damit befassen, wie sich Menschen, Waren oder Ideen aus den entsprechenden Ländern in die Welt verbreitet haben. Fragen nach Rückwirkungen oder Verflechtungen spielen dabei zumeist eine eher untergeordnete Rolle.

Transnationale und globalgeschichtliche Einbettungen der Nationalgeschichten

Gegen den inzwischen stark verbreiteten Verflechtungsbegriff wendet Johannes PAULMANN allerdings ein, dass dieser sowohl die Akteursperspektive als auch die Konfliktpotenziale von grenzüberschreitenden Prozessen vernachlässige. Tatsächlich tendiert die Forschung zum Teil dazu, transnationale Prozesse vor allem dort explizit als solche zu begreifen, wo es nicht um das Aufeinandertreffen und Aushandeln von Interessen, sondern eher um entweder tendenziell anonyme Prozesse oder vergleichsweise konfliktarme Verbindungen und Austauschprozesse geht [4.2/3: PAULMANN]. In ähnlicher Richtung gibt Heinz-Gerhard HAUPT zu bedenken, dass die transnationale Geschichte zu einer Erfolgsgeschichte einer immer näher zusammenrückenden Welt tendiere [4.2/3: HAUPT].

Bei einer näheren Betrachtung der Untersuchungsfelder zeigt sich, dass dies keineswegs notwendig ist. Die Geschichte des Völkerrechts, die Geschichte internationaler Organisationen oder die Geschichte humanitärer Interventionen, die alle in dem hier fokussierten Zeitraum ihren Ausgangspunkt nehmen, bieten, wie die Forschung zeigt, erhebliches Konfliktpotenzial. Wie sich an den

Geschichte internationaler Organisationen

Arbeiten von Madeleine HERREN gut verfolgen lässt, waren die internationalen Organisationen von Beginn an sowohl Felder einer beginnenden internationalen Kooperation als auch der Konkurrenz und der Auseinandersetzung. Der Seuchenschutz kann hier als Beispiel dienen: Als 1860 eine Rinderpest ausbrach, deren Ursprung in Russland vermutet wurde, mündete dies in eine internationale Vernetzung von Veterinärmedizinern mit dem Ziel, Tierseuchen international zu erfassen und zu bekämpfen. Die Kooperation wurde aber zugleich zu einem Feld der Auseinandersetzungen um Ab- und Ausgrenzungen: Als etwa 1881 sieben europäische Staaten mit dem Argument des Seuchenschutzes die Einfuhr von amerikanischem Schweinefleisch mit hohen Zöllen belegten, vermuteten nicht nur die Amerikaner, dass die Abwehr von Krankheiten hier eher ein vorgeschobenes Argument war.

Schließlich entwickelten sich die internationalen Organisationen zu Instrumenten, europäische Standards zu globalen Normen zu machen und dadurch die europäische Dominanz zu festigen – etwa im Bereich des Patentrechts. Zudem, so argumentiert Madeleine HERREN, sahen Staaten wie die Schweiz oder Belgien die Chance, sich als Gastgeber und Fürsprecher internationaler Organisationen zu profilieren und auf diese Weise jenseits der klassischen Großmachtdiplomatie Einfluss zu gewinnen. So war die Kooperation im Sinne von transnationalen Zielsetzungen von Beginn an eng mit dem Kampf um Einfluss verbunden. Die Frage, zu wessen Gunsten und zu wessen Lasten die Politik der verschiedenen internationalen Organisationen ging, ist allerdings in vielem noch unerforscht.

Deutsch-französische *histoire croisée*

Als ein spezifisches Beispiel transnationaler Geschichtsschreibung sei schließlich noch auf das Projekt der Deutsch-Französischen Geschichte verwiesen, das sich insgesamt von der Zeit Karls des Großen bis in die jüngste Vergangenheit erstreckt, aber gerade für die Zeit nach 1870 von besonderem Interesse ist. Der von Mareike KÖNIG und Elise JULIEN verfasste Band [4.2/3] folgt explizit dem Konzept der *histoire croisée* und zeigt, dass sich Fragen der Verflechtungen damit in gleicher Weise erfassen lassen wie Aspekte der Verfeindung. Der Deutsch-Französische Krieg von 1870/71 war Ausgangspunkt einer Entwicklung, die, wie die Autorinnen hervorheben, keineswegs nur im Konflikt aufging. Aber neben fortgeführten und neu begonnenen kooperativen Verflechtungen lassen sich die Abgrenzungen und Verfeindungen auch als Aspekte einer

Transnationalität sehen. Verflechtung muss von daher keineswegs Konfliktfreiheit bedeuten.

5 Wissens- und Mediengesellschaft

5.1 Mediale Vielfalt

Die Geschichte der Medien im 19. Jahrhundert ist lange Zeit vor allem unter vorwiegend politischen Perspektiven untersucht worden. Das hängt nicht zuletzt damit zusammen, dass die Presse und der Journalismus überall in Europa lange Zeit integraler Bestandteil des politischen Formierungsprozesses waren. Die Geschichte der verschiedenen politischen Strömungen, aber auch die Geschichte der sozialen Bewegungen wie insbesondere der Frauenbewegung lässt sich vor allem in ihren jeweiligen Anfangsphasen kaum von einer Geschichte des Journalismus trennen. Für den deutschen Kontext spielte zudem Habermas' Studie zum „Strukturwandel der Öffentlichkeit", der seinerseits auf die zeitungskundliche Literatur des ausgehenden 19. und frühen 20. Jahrhunderts zurückgriff, in dieser Hinsicht eine nicht unwesentliche Rolle. Die Kritik an der Kommerzialisierung und der damit verbundenen Entstehung der Massenpresse ging in der zeitgenössischen, zum Teil antisemitisch grundierten Kritik zumindest teilweise Hand in Hand mit einem moralischen Urteil. Gesinnung wurde zum entscheidenden Kriterium und Gesinnungsfestigkeit der „Parteipresse" der „Gesinnungslosigkeit" der neuen Massenpresse, die in Deutschland unter dem Begriff der Generalanzeiger gefasst wurde, gegenübergestellt. In historische Darstellungen ist dieses Urteil insofern eingeflossen, als die Generalanzeigerpresse oft mit dem Attribut „farblos" versehen wurde, ohne dass man sich mit deren Bedeutung tatsächlich näher befasst hatte. Mit der Kommerzialisierung – so auch die These von Jürgen Habermas – verlor die Presse zumindest partiell ihre kritische Funktion als Diskussionsforum der Zivilgesellschaft. Dahinter steht eine klare, theoretisch fundierte Vorstellung von der Funktion der Presse, die jedoch – schon wegen weitgehend fehlender Forschung – mit der Realgeschichte der Massenpresse wenig zu tun hatte.

Mediengeschichte als Teil der politischen Geschichte

Entstehung der Massenpresse in kritischer Perspektive

Entstehung der Massenpresse in Fortschrittsperspektive

In der anglo-amerikanischen und zum Teil auch in der französischen Literatur ist die Geschichte der Entstehung der Massenpresse dagegen häufig unter umgekehrten Vorzeichen geschrieben worden. Ihre Entstehung wird hier tendenziell modernisierungstheoretisch überformt und als Fortschrittsgeschichte von der „Partei-" zur „Nachrichtenpresse" geschrieben [5.1: CHALABY; PALMER]. Sehr explizit wird diese modernisierungstheoretische Perspektive etwa auch in der deutschsprachigen, insbesondere der österreichischen Kommunikationsgeschichte eingenommen [5.1: MELISCHEK/SEETHALER]. Vor allem in der Mediengeschichtsschreibung, die eher aus der Kommunikationswissenschaft kommt, dient Niklas Luhmann dabei als – zumeist implizit – theoretische Referenz: Medien werden in dieser Perspektive als ein soziales System in einer sich ausdifferenzierenden Gesellschaft begriffen, das seinerseits durch eine fortgesetzte Binnendifferenzierung mit ausgeprägten Eigengesetzlichkeiten gekennzeichnet ist. Es hat sich auch in der Geschichtswissenschaft durchgesetzt, Medien nicht mehr nur als eine Art Ausdrucksmittel oder gar Anhängsel politischer Gruppierungen, sondern als eigene Akteure zu betrachten [5.1: BÖSCH: Mediengeschichte]. Aber auch als eigene Akteure bleiben die Medien eng mit gesellschaftlichen Prozessen verzahnt, so dass eine abgekoppelte Geschichte des „Mediensystems" aus geschichtswissenschaftlicher Sicht unbefriedigend bleibt.

Skandale als Forschungsfeld

Die engste Verbindung zwischen gesellschaftlichen Entwicklungen und einer eigenständigen Rolle der Medien zeigt sich bei Skandalen. Da diese gleichsam per Definition nicht nur umfangreiches Pressematerial, sondern auch weitere Quellen produzierten, die die Berichterstattung begleiteten, ergibt sich in diesem Kontext ein besonders dankbares und ertragreiches Untersuchungsfeld. Skandale dienen in der Literatur zumeist als Sonden für gesellschaftliche Veränderungen, die sich in Debatten um Maßstäbe für gesellschaftliches Verhalten niederschlagen. Von „moralischen Skandalisierungen" im Kontext von Prozessen gegen Schriftsteller wie Flaubert oder Baudelaire über Finanzskandale etwa im Zusammenhang mit dem „Gründerkrach" von 1873 oder dem Bau des Panamakanals, Kolonialskandale angesichts des Gebarens von Carl Peters und anderen bis hin zu Skandalen in den verschiedenen europäischen Königshäusern verdichteten sich im letzten Drittel des 19. Jahrhunderts Ereignisse, die die zeitgenössische Öffentlichkeit erregten und entsprechend die Aufmerksamkeit der Forschung auf sich zogen.

Frank Bösch betont in diesem Zusammenhang zu Recht, dass die Expansion zwar eine wichtige Voraussetzung für die Zunahme von Skandalisierungen war, diese aber zumeist nicht durch investigativ recherchierende Journalisten ausgelöst wurden, sondern vielmehr durch ein Zusammenspiel von Politikern und Journalisten zustande kamen. Die Massenpresse vergrößerte zwar den Resonanzraum der Skandale, bildete aber zumeist nicht den Ausgangspunkt der Skandalisierung [5.1: Bösch: Geheimnisse].

Über die Massenpresse selbst ergibt die Forschung für die verschiedenen europäischen Länder ein sehr unterschiedliches Bild. Wenig überraschend ist, dass die Geschichte der britischen Presse im Allgemeinen und der Massenpresse im Besonderen am breitesten untersucht ist [5.1: Boyce/Curran/Wingate; Brown; Koss: Nineteenth Century; Wiener]. Das Verhältnis von Presse und Politik spielt hier ebenso eine wichtige Rolle wie die sonst oft nur spärlich behandelte Frage nach den ökonomischen Aspekten und der Rolle großer Presseunternehmer. Auch für Frankreich ist die Entstehung der Massenpresse gut untersucht, wobei zumindest teilweise die Bedeutung des Nachrichtenjournalismus überbetont wird [5.1: Palmer; Ferenczi]. Die Entstehung der deutschen Massenpresse ist immer noch vergleichsweise wenig erforscht, was allerdings auch mit der schlechten Quellenlage – die Archive der großen Zeitungen wurden im Zweiten Weltkrieg weitestgehend zerstört – zusammenhängt. Auch für die meisten anderen europäischen Länder gilt, dass die entstehende Massenpresse und ihre gesellschaftliche Rolle zumeist nur in Ansätzen untersucht worden ist [5.1: Melischek/Seethaler; van den Dungen]. Dies trifft insbesondere auch für inhaltliche Ausdifferenzierung der Zeitungen jenseits des Politischen zu. Auch diesbezüglich liegen für Frankreich und England die meisten und vielfältigsten Studien vor. Besondere Aufmerksamkeit hat hier vor allem die Berichterstattung der Zeitungen zum weiten Feld von Kriminalität auf sich gezogen. Sowohl für die englische als auch für die französische Presse ist gezeigt worden, in welcher Weise Kriminalität einerseits zu einem Gegenstand avancierte, der geeignet war, das Interesse des Publikums zu gewinnen, andererseits aber auch eine Rolle dabei spielte, die Großstadt als einen – insbesondere für Frauen – gefährlichen Ort zu beschreiben. Judith Walkowitz hat dies mit Blick auf die Berichterstattung um den „Withechapel Killer" Ende der 1880er eindrücklich analysiert. Mit anderer Schwerpunktsetzung, aber in ähnlicher Perspektive hat Anne-Claude Ambroise-Rendu für

Forschungsfeld Massenpresse

Kriminalität und „faits divers"

Frankreich herausgearbeitet, wie in der aufblühenden Rubrik der „fait-divers" immer auch soziale Normen verhandelt und die Maßstäbe für „Normalität" gesetzt werden. Diese und andere Arbeiten machen auch jenseits der politischen oder wirtschaftlichen Berichterstattung deutlich, wie die Bedeutung der Nachrichten mit dem Aufstieg der Massenpresse stetig wuchs, ohne dass damit jedoch so etwas wie „Neutralität" der Berichterstattung verbunden gewesen wäre, wie manchmal suggeriert wird. Vielmehr sorgte die, wie diese Arbeiten zeigen, Diversifizierung der Berichterstattung dafür, dass sich mit einer ausweitenden Medialisierung auch das thematische Spektrum verbreitete, das Teil von medial ausgetragenen Aushandlungsprozessen wurde [5.1: Walkowitz; Shattock; Ambroise-Rendu, Kalifa; Requate: Mediengesellschaft].

Forschungen zu Arbeitsweisen von Journalisten

Über das konkrete Agieren der zumeist männlichen Journalisten ist nur wenig bekannt. Quellen über Arbeitsweisen der Journalist:innen und ihr Selbstverständnis finden sich zumeist nur vereinzelt und müssen oft mühsam zusammengetragen werden. Zwar hat die Forschung gezeigt, dass viele ihre publizistische Tätigkeit als unmittelbaren Teil ihres jeweiligen politischen Engagements sahen und betrieben [5.1: Requate: Journalismus]. Das Eintreten für Freiheitsrechte, für soziale Veränderungen, für Frauenrechte, aber auch für konservative oder für antisemitische Positionen war für sie Teil einer journalistischen Tätigkeit, deren Selbstverständnis klar erkennbar war. Journalistische Aktivität von Frauen war in dieser Phase daher auch häufig unmittelbar mit einem Engagement für die Frauenbewegungen verbunden [5.1: Chambers/Steiner/Fleming; Kinnebrock], ebenso wie Arbeiter:innen den Weg in den Journalismus fast ausschließlich über ein Engagement in der Arbeiterbewegung fanden.

Wesentlich schwieriger ist es, etwas über das Selbstverständnis und die Arbeitsweise der in dieser Phase zumeist noch männlichen Journalisten in Erfahrung zu bringen, die als Redakteure arbeiteten oder mit Nachrichten und Recherche zu tun hatten. Vor allem für die britische Presse hat die Figur des Reporters und in diesem Zusammenhang der sog. „new journalism" einige Aufmerksamkeit auf sich gezogen und ist zum Teil stark mythisiert worden. Der Blick hat sich dabei allerdings stark auf William T. Stead fokussiert. Der war ohne Zweifel eine wichtige Figur, doch die Frage, wie weit er prägend für den Alltag des journalistischen Arbeitens – im Vereinigten Königreich und darüber hinaus – in der Zeit insgesamt war, wäre erst noch zu untersuchen [5.1: Brake/Demoor/Beetham/Dawson/ Dekkers/Haywood; Eckley]. Dies betrifft die nationale Ebene genauso wie die internationale. Es liegen – sowohl was die Nachrichtenagenturen als auch die Arbeitsweise der Auslandskorrespondenten angeht – einige Arbeiten vor, die zeigen, dass auf der internationalen Ebene zwar die Bedeutung schneller und zuverlässiger Nachrichtenübermittlung zunahm, die nationale Perspektive aber weiter dominant war [5.1: Barth; Hillerich]. Sowohl auf nationaler wie auf internationaler Ebene löste die Nachrichtenorientierung einen auf Gesinnung basierenden Journalismus nicht ab. Vielmehr, so zeigt die Forschung, gingen mit dem Aufstieg der Massenpresse Nachrichten und Gesinnungen vielfältige neue Verbindungen ein.

Nachrichtenagenturen und Auslandskorrespondenten

Der Schwerpunkt der Mediengeschichte liegt für die hier untersuchte Phase zwar noch eindeutig auf der (Tages-)Presse, beschränkt sich aber nicht nur darauf. Panoramabilder, wie sie etwa Frank Becker untersucht hat, Ausstellungen, zu denen eine Reihe von Untersuchungen vorliegen, oder auch die entstehende Projektionskunst gehörten in das sich ausdifferenzierende Medienensemble und verweisen auf die wachsende Bedeutung der Visualisierung. Ludwig Vogl-Bienek hat etwa gezeigt, wie Bildprojektionen nicht nur zur Unterhaltung des Publikums, sondern auch zu dessen Erziehung eingesetzt wurden. Vor allem in England nutzten Organisationen der Armenfürsorge die Faszination für neue mediale Möglichkeiten, um mit ihren Botschaften ein neues Publikum zu erschließen. Insgesamt sind die Forschungen zu diesen Aspekten der aufsteigenden Mediengesellschaften allerdings noch spärlich.

5.2 Wissenschaften und Bildung

Die Zeiten, in denen Wissenschaftsgeschichte als eine Fortschrittsgeschichte des permanent wachsenden Erkenntnisgewinns geschrieben werden konnte, ist lange vorbei. In ganz auf die Perspektive der jeweiligen Fächer ausgerichteten Darstellungen finden sich solche Ansätze zwar noch vereinzelt, grundsätzlich aber hat sich die Wissenschaftsgeschichte seit einiger Zeit zu einer Wissensgeschichte gewandelt, in der aus einer kulturalistischen Perspektive eher nach den spezifischen historischen Bedingungen der jeweiligen Wissensproduktion und ihren Folgen gefragt wird, als den fortschreitenden Prozess der Erkenntnisgewinnung zu fokussieren.

Wissen(schaft)sgeschichte

Eine zentrale Rolle für diese Perspektivverschiebung spielte der aus Lemberg stammende Arzt, Mikrobiologe und Erkenntnistheoretiker Ludwik Fleck, der in seinem 1935 erstmals erschienenem Buch über die „Entstehung und Entwicklung einer wissenschaftlichen Tatsache" die Begriffe der „Denkstile" und der „Denkkollektive" prägte und mit dem Prozess der Erkenntnisgewinnung in Verbindung brachte. Fleck lenkte damit den Blick weg vom „Produkt" eines Erkenntnisprozesses hin zu dessen Entstehungs- und Konstruktionsprozess. Lange Zeit vergessen, wurde Fleck erst seit den 1980er Jahren wiederentdeckt und bildet seitdem den zentralen Referenzpunkt für eine konstruktivistisch ausgerichtete Wissens- und Wissenschaftsgeschichte. Die Schriften Michel Foucaults zur Entstehung von Wissensordnungen trugen zudem maßgeblich dazu bei, die Vorstellungen von „Rationalität" massiv zu erschüttern und die Kategorie der Macht als wesentliches Element von Wissensproduktionen einzuführen. Eine empirische Konkretisierung und methodische Erweiterung in Bezug auf die Wissen(schaft)sgeschichte des ausgehenden 19 Jahrhunderts fand diese Perspektive dann in besonderer Weise in den Arbeiten von Bruno Latour. In seinem 1984 erschienenen Buch „Les microbes: Guerre et Paix" [5.2: Latour], das im Englischen den vielleicht noch sprechenderen Titel „The Pasteurization of France" trägt, wirft er einen für die damalige Wissenschaftsgeschichte radikal neuen Blick auf die Frage nach den Gründen für die revolutionäre Wirkung, die von den Forschungen Pasteurs ausging. Ohne die Genialität von Pasteurs Forschungen in Frage zu stellen, argumentiert Latour, dass es nicht allein die Ergebnisse als solche waren, die den Erfolg garantierten, sondern das Zusammenspiel einer Vielzahl von Akteuren in einer spezifischen gesellschaftlichen Situation: Latour argumentiert, dass sich die Hygienebewegung in ihrem ständigen Kampf gegen Krankheitsursachen und die mit ihnen verbundene hohe Sterblichkeit erschöpft habe, da sich das Problem nicht lokalisieren ließ. Für die Hygieniker der Zeit ging die Gefahr von vielen Stellen aus: der Ernährung, schlechter Luft, zu engen Wohnverhältnissen, der Sexualität und vielem anderen. Pasteur lieferte nun mit den Mitteln der Mikrobiologie die Möglichkeit einer präzisen Lokalisierung der Infektionsherde. Vor diesem Hintergrund wurde die Hygienebewegung zum zentralen Verbündeten Pasteurs. Denn den Anhängern Pasteurs gelang es, so Latour, seine Forschungen als Lösung des Problems der Hygienebewegung zu präsentieren. Die Entdeckungen Pasteurs ermöglichten die rasche Durchsetzung von Hygienemaßnahmen und -techniken, die auf endlich nachweisbare Feinde, nämlich die Mikroben, abzielten. Und daran waren die Ärzte und Städtebauer genauso interessiert wie die Armee oder die Kolonialbewegung.

Ausgehend von diesen und anderen Arbeiten hat sich die Wissen(schaft)sgeschichte insbesondere seit den frühen 2000er Jahren als ein besonders fruchtbares Arbeitsfeld erwiesen, in dem den bahnbrechenden Entwicklungen des ausgehenden 19. Jahrhunderts eine zentrale Rolle zukommt. Unterscheiden lassen sich drei Bereiche. Ein besonderes Augenmerk liegt erstens auf der Frage der Wissenschaftspopularisierung. Andreas Daum hat in seiner 1995 erschienenen Untersuchung gezeigt, in welchem Maße naturwissenschaftliche Erkenntnisse und Debatten Einzug in die bürgerliche Öffentlichkeit erhielten. Er hat dies konkret am deutschen Beispiel demonstriert, wo das bürgerliche Vereinswesen insgesamt, aber eben auch im Kontext der Wissenschaftspopularisierung eine besondere Rolle gespielt hat. Der grundsätzlichen Bedeutung der Wissenschaftspopularisierung über Bücher, Zeitschriften, Ausstellungen, Vorträge und wissenschaftliche Gesellschaften in ganz Europa tut dies jedoch keinen Abbruch. Daums und viele weitere Untersuchungen in diesem Bereich zeigen auch eindrücklich, dass es sich bei der Popularisierung nicht einfach um die didaktisierte Weitergabe von Wissen, sondern um einen komplexen Prozess von Rück- und Wechselwirkungen handelt [5.2: Daum; Schwarz; Goschler: Wissenschaft; Kretschmann; Samida]. Eine wichtige Rolle spielte hier die sprachliche Ebene und dabei die Verwendung von Metaphern. Die Rede vom „Krieg" gegen die Mikroben, den Bakterien als dem „gefährlichsten Feind der Menschheit" (Robert Koch) oder der aus der Darwin'schen Lehre übernommene „Kampf ums Dasein" prägten nicht nur das Bild der Öffentlichkeit von der Wissenschaft, sondern hatten ferner Einfluss auf Denkstile innerhalb der Wissenschaft [5.2: Pörksen; Sarasin: Genealogie; Berger; Johach; Gradmann] und zwar in einer Weise, die von den Naturwissenschaften selbst als zunehmend problematisch angesehen wurde [5.2: Berger].

Wissenschaftspopularisierung

Ein zweiter Aspekt, der in den Untersuchungen zur Wissenschaftsgeschichte dieser Zeit einen wichtigen Platz einnimmt, sind die Forschungen zur Rezeption der unterschiedlichen Entdeckungen. Vor allem Darwin kommt dabei ein besonderer Stellenwert zu, da für ihn systematischer als für andere Forschungen nach der europäischen Rezeption gefragt und zentrale Unterschiede herausge-

Rezeption der Entdeckungen

arbeitet wurden [5.2: ENGELS/GLICK; ENGELS: Charles Darwin; HARVEY; ZARIMIS]. In anderer Weise als bei der Rezeption der Ergebnisse von Darwins Forschungen überlagerten sich wissenschaftliche und national-politische Interessen im Umgang mit den mikrobiologischen Forschungen Kochs und Pasteurs. Die Rivalität zwischen Koch und Pasteur hatte die Wahrnehmung der jeweiligen Ergebnisse von Beginn an geprägt und hat entsprechend Niederschlag in der Forschung gefunden [5.2: PERROT/SCHWARTZ]. Die offizielle britische Reaktion auf Kochs Ergebnisse war zunächst davon geprägt, dass seine Theorie von der Existenz des Cholerabazillus im Interesse der Schifffahrt durch den Suezkanal widerlegt werden sollte [5.2: OGAWA]. Der Wissenstransfer in Europa vollzog sich aber auch jenseits solcher direkten politischen Interventionen. Wie etwa am polnischen Beispiel gezeigt, wurden die in Berlin gemachten Erfahrungen direkt nach Warschau mitgenommen und dort zur Weiterarbeit verwendet [5.2: KREUDER-SONNEN].

Eng verbunden mit der Frage der Rezeption, aber mit noch spezifischerer Schwerpunktsetzung hat sich die Forschung drittens schließlich auf die Frage nach gesellschaftspolitischen Folgerungen konzentriert, die bestimmte Gruppen daraus gezogen haben. Eine zentrale Rolle spielt hier die Frage nach der Entstehung und Entwicklung des Sozialdarwinismus, aber ebenso nach dem Zusammenhang, der partiell zwischen Rassismus und Bakteriologie etabliert wurde [SARASIN et al. 2007]. Auch über derartige gezielte Versuche, naturwissenschaftliche Ergebnisse für gesellschaftspolitische Ziele in Dienst zu nehmen, ist die spezifische Modernität gerade der mikrobiologischen Forschungen herausgearbeitet worden. Die Idee, Phänomene im Labor zu isolieren, sie zu manipulieren und wieder in die Natur zu bringen, so betonen Philipp SARASIN und andere, habe die Vorstellung von Mach- und Veränderbarkeit von Natur und Gesellschaft massiv geprägt und damit nicht zuletzt einen wesentlichen Grundstein für die Ambivalenz der Moderne insgesamt gelegt [5.2: SARASIN/BERGER/HÄNSELER/SPÖRRI].

Im Kontext der Human-Animal Studies und aufgrund von Forderungen nach einem „animal turn" in der Geschichtswissenschaft hat seit einiger Zeit die Geschichte der Vivisektionen spezifische Aufmerksamkeit erhalten. Dabei wird moniert, dass die Tiere und ihr Schicksal in der wissenschaftsgeschichtlichen Forschung zumeist nur eine Randnotiz sind. Gefordert und zum Teil versucht wird in diesem Kontext, der Perspektive der Tiere und ihrer *agency* gegenüber den Forschenden mehr Bedeutung beizumessen [5.2: HÜNTELMANN].

Ohne dass sich bislang eine klare Gegenströmung zur kulturgeschichtlichen und tendenziell konstruktivistischen Wissen(schaft)sgeschichtsschreibung herausgebildet hat, ist anzumerken, dass dieser Ansatz zumindest partiell mit einem möglicherweise wachsenden Unwohlsein konfrontiert ist. Angesichts der Relativierung, wenn nicht gar Leugnung des menschengemachten Klimawandels, artikulierte insbesondere Bruno LATOUR dieses Unbehagen bereits 2004 und betonte die Gefahr, durch die Dekonstruktion wissenschaftlicher Erkenntnisprozesse jedem wissenschaftlichen Wahrheitsanspruch den Boden zu entziehen [5.2: LATOUR: Critique].

Was die Geschichte der Bildung angeht, spielt hier zunächst die Frage nach der Entwicklung der Alphabetisierungsrate eine zentrale Rolle. Interessanterweise ist diese Forschung für die Frühe Neuzeit methodisch zumeist ausgefeilter als für das 19. Jahrhundert. Gerade in manchen weit gespannten Überblicksdarstellungen zu europäischen Entwicklungen werden zum Teil Einzeldaten stark extrapoliert und zu einem Gesamtbild zusammengeführt. Genauere, vergleichende Studien wie etwa von Etienne FRANÇOIS zu Deutschland und Frankreich sind selten geblieben, wobei FRANÇOIS selbst seine Arbeit eher als Ausgangspunkt für weitere Forschungen sah, die dann aber kaum folgten [5.2: FRANÇOIS], so dass man von einer genauen Kenntnis der nicht nur national, sondern vor allem regional sehr unterschiedlichen Alphabetisierungsraten für den Zeitabschnitt zwischen 1870 und 1890 relativ weit entfernt ist.

<small>Geschichte der Bildung</small>
<small>Entwicklung der Alphabetisierungsrate</small>

Die Untersuchungen zu den Bildungsinstitutionen sind, insbesondere was die Schulen angeht, vorrangig national ausgerichtet und wenig vergleichend. Etwas anders sieht es für die Studien zu den Universitäten aus. Da sich diese von Beginn an zum einen als europäisch verstanden und sich zum anderen gegenseitig beobachteten, ist auch der historiographische Blick immer schon europäischer gewesen. Für das 19. Jahrhundert allerdings galt für die Bildungsinstitutionen insgesamt und so auch für die Universitäten, dass diese in enger Verbindung mit den Staats- und Nationsbildungsprozessen verstanden und entworfen wurden – ein Prozess, der entsprechend von der Forschung in den Blick genommen wurde. Auf diese Weise ist auf der einen Seite die Entstehung nationaler „Modelle" untersucht und danach gefragt worden, wie sich etwa innerhalb Deutschlands ein bestimmter Stil durchgesetzt habe [5.2: PA-

<small>Forschungen zu Bildungsinstitutionen</small>

LETSCHEK]. Nicht zuletzt vor dem Hintergrund des relativ erfolgreichen deutschen Universitätssystems ist auf der anderen Seite der transnationalen Strahlkraft dieses Modells nachgegangen worden [5.2: SCHWINGES]. Dabei zeigte sich allerdings, dass sich die Universitäten zwar gegenseitig beobachteten, es aber kaum direkte Adaptationen anderer Modelle gab [5.2: SCHWINGES; ANDERSON].

Mädchen- und Frauenbildung

Ein weiteres wichtiges Forschungsfeld stellt der Kampf für die Mädchen- und Frauenbildung dar. Neben Arbeiten zu verschiedenen einzelnen Ländern oder Bereichen [5.2: BELSER/EINSELE/GRATZFELD/SCHNURRENBERGER; VON SODEN; DYHOUSE] ist hier insbesondere auf die Darstellung von Linda CLARK zu verweisen [5.2], die mit einem weiten europäischen Blick auf einer grundsätzlichen Ebene danach fragt, was bürgerliche Frauen tun konnten, wenn sie außerhalb ihres Zuhauses tätig werden wollten. Die Frage der Bildung wird hier also weiter eingebettet, aber gerade für die Zeit nach 1870 besonders fokussiert. CLARK zeigt mit Bespielen aus vielen Teilen Europas, wie es Frauen nach und nach gelang, sich neue Bereiche der schulischen und universitären Bildung und der beruflichen Tätigkeiten zu erschließen.

5.3 Zeitlichkeit, Emotionalität und Religiosität

Emotionsgeschichte

Emotionsgeschichtliche Ansätze haben seit einiger Zeit auch für die Geschichte des 19. Jahrhunderts an Bedeutung gewonnen, doch ist die Forschung dazu insgesamt noch disparat. In seiner neuen Gesamtdarstellung zur Geschichte Europas im 19. Jahrhundert widmet Richard EVANS ein großes Kapitel dem 19. Jahrhundert als „Zeitalter des Gefühls" [1.1]. Eine Antwort auf die Frage, wodurch dieses Zeitalter gekennzeichnet gewesen sein soll und welche spezifische Bedeutung Gefühle in den Wandlungsprozessen des 19. Jahrhunderts möglicherweise hatten, bleibt EVANS allerdings schuldig. Stattdessen greift er eine Reihe von Themen auf – darunter die Epoche der Romantik, den Umgang mit Religion, die aufsteigende Wissensgesellschaft und anderes mehr –, die alle interessant zu lesen sind, ohne aber einen wirklichen emotionsgeschichtlichen Zugriff zu liefern.

Eine systematische, konkret auf die Politik des 19. Jahrhunderts bezogene emotionsgeschichtliche Perspektive liefert hingegen Birgit ASCHMANN [5.3: Zeitalter des Gefühls]. Dabei sieht sie insbesondere in der Ehre eine „Leit-Emotion" des 19. Jahrhunderts, die vor allem im Kontext von Kriegen zum Tragen gekommen sei. In Bezug auf die im vorliegenden Band zur Debatte stehende Zeitspanne geht sie auf den deutsch-französischen Krieg ein und sieht in der Strategie der Emotionalisierung des Konfliktes ein wichtiges Element der Bismarck'schen Politik. Daraus lässt sich allerdings keine emotionsgeschichtliche Signatur für die Zeit nach 1870 ausmachen. Das gilt auch für die emotionsgeschichtlichen Aspekte, die in Bezug auf den Antisemitismus herausgearbeitet worden sind. So ist zeitlich übergreifend auf den Aspekt der Angst verwiesen worden, doch ob sich daraus ein emotionsgeschichtliches Spezifikum für die Zeit nach 1870 konstruieren lässt, erscheint eher fraglich. Zudem ist zu bedenken, dass nicht wenige Propagandisten des Antisemitismus gerade betonten, es ginge nicht um eine emotionale Ablehnung, sondern eine rational begründbare Ausgrenzung. Vor diesem Hintergrund formuliert ASCHMANN auch eine Vielzahl von noch offenen Fragen.

Speziell für den Übergang in die Hochmoderne lassen sich bisher nur vereinzelte, in einem weiteren Sinne emotionsgeschichtliche Ansätze ausmachen. So hat Joachim RADKAU [5.3] mit der Bezeichnung des „Zeitalters der Nervosität" einen Begriff geprägt, der sich emotionsgeschichtlich fassen lässt, ohne dass er ihn explizit in diesen Kontext einordnet. RADKAU sieht für die Zeit um 1880 eine deutliche Zunahme im Auftreten der Neurasthenie und bringt diese nicht zuletzt mit einer zunehmenden Veränderung und Beschleunigung des Lebensrhythmus in Verbindung. RADKAU bezieht das „Zeitalter der Nervosität" zwar nur auf den deutschen Kontext und spannt es bis in die 1930er Jahre. Doch die Zeitspanne zwischen 1870 und 1890 erscheint hier auch als wichtige Übergangsphase und ließe sich sicher auch auf andere Teile Europas übertragen.

„Zeitalter der Nervosität"

Aus einer ganz anderen Perspektive hat sich Alain CORBIN der „Gefühlskultur" des 19. Jahrhunderts gewidmet. In seiner Auseinandersetzung mit der „Sprache der Glocken" und anderen Beiträgen blickt er vorrangig auf die ländliche Welt des 19. Jahrhunderts und kommt dabei aber in emotionsgeschichtlicher Sicht zu einer ähnlichen Periodisierung. Er sieht die 1860er Jahre als wichtige Phase des Übergangs an – nicht in dem Sinne, dass sich nun alles änderte, sondern dadurch, dass immer mehr Ungleichzeitigkeiten entstanden, die ihrerseits wiederum mit den grundlegenden Prozessen von Industrialisierung und Demokratisierung zusammenhängen. Diese konnten sich in unterschiedlichen Essensrhythmen oder in der Ver-

„Sprache der Glocken"

änderung von Wachzeiten und vielem anderen mehr äußern und hatten einen nicht immer klar auf den Begriff zu bringenden Einfluss auf die Gefühlskultur. Den zentralen Fokus richtet CORBIN dabei auf eine Veränderung in Bezug auf die Bedeutung der Glocken: Hatten diese über Jahrhunderte die zeitlichen Abläufe wesentlich mitbestimmt, begannen sie zunehmend für eine vergangene Zeit zu stehen. Ihr Läuten, so CORBIN, wurde vor allem morgens als zunehmend störend empfunden, der Takt des Tages wurde durch andere Dinge bestimmt.

Neue Forschungsfelder

Fragen nach dem wandelnden Umgang mit Zeit, Zeitmessungen und der Synchronisierung der Zeit haben seit einigen Jahren ein verstärktes Interesse in der Forschung gefunden. Einen wichtigen Ausgangspunkt für diese Fragen bildet immer noch der schon Ende der 1960er Jahre veröffentlichte Aufsatz von E. P. Thompson, wo er argumentierte, dass die Industrialisierung die zeitliche Dimension des Lebens der Menschen veränderte, indem sie die natürlichen Rhythmen der Landwirtschaft durch die mechanischen Anforderungen der Fabrik ersetzte [5.3: THOMPSON]. Nach einer Reihe von weiteren Arbeiten etwa zur Bedeutung der Zeitmessung für die Wissenschaft und anderen mit der Zeitmessung zusammenhängenden Fragen konzentrierte sich die Forschung zuletzt vor allem auf die Prozesse der Zeitsynchronisierung seit den 1870er Jahren. Gemeinsam ist diesen Arbeiten, dass sie deren Komplexität betonen und herausarbeiten, wie lange aller Synchronisierungsbemühungen zum Trotz die unterschiedlichen regionalen und nationalen Akteur:nnen darum kämpften, ihre eigenen Standards zu behalten und durchzusetzen. Zudem werden sowohl auf europäischer wie auf globaler Ebene die vielfältigen transnationalen Verflechtungen und Interdependenzen betont [5.3: OGLE; ROTHAUGE; GAY; BARTKY; ZIMMER]. Dabei konzentrieren sich die meisten dieser Arbeiten vorrangig auf den Bereich der Entscheidungsfindungen und Abstimmungsprozesse, während die Wahrnehmungsebene „von unten" zumeist noch etwas unterbelichtet bleibt.

Forschungen zu Zeitvorstellungen, dem Umgang mit Zeit und Zeitlichkeit

Was die Forschungen zu Zeitvorstellungen und zum Umgang mit Zeit angeht, ist hier zunächst auf die Arbeiten von Lucian HÖLSCHER [5.3] zu verweisen, der gezeigt hat, wie wichtig Zukunftsvorstellungen für das 19. Jahrhundert insgesamt, vor allem aber für die Zeit nach 1870 wurden. Die Zeit um 1890 sieht er als einen Höhepunkt der europäischen Zukunftsorientierung, die durch die zweite industrielle Revolution sowie durch den Ausblick auf die sich nähernde Jahrhundertschwelle genährt wurde. Zukunft erschien demnach als etwas, das unweigerlich mit einer Fortschrittsentwicklung verbunden war, die gleichzeitig gestaltet werden musste, der man aber auch ausgeliefert war. Komplementär dazu, so etwa jüngst Sina STEGLICH [5.3], wurde die Vergangenheit zunehmend ebenfalls als Fortschrittsgeschichte geschrieben. Die Konstruktion von Geschichte als Nationalgeschichte, die in ganz Europa im letzten Drittel des 19. Jahrhunderts eine zentrale Rolle spielte, fügt sich in dieses Fortschrittsnarrativ nahtlos ein.

Martina KESSEL [5.3] zeigt, dass Temporalität seit dem 18. Jahrhundert unterschiedliche Bedeutungen erhielt, je nachdem, welche Identität damit festgeschrieben werden sollte. Zeitlichkeit war somit immer eine differenzkonstituierende Kategorie. So deuteten kulturelle Eliten Vergangenheit, Gegenwart und Zukunft u. a. geschlechterspezifisch; sie verbanden (bürgerliche) Männlichkeit mit Fortschritt und Zukunft, Weiblichkeit mit Gegenwart und dem nicht-historischen Jenseits, so dass der Ausschluss von Frauen aus Politik und Geschichte auch über diese Sinnstruktur begründet wurde. So sehr bürgerliche Männer im späten 19. Jahrhundert auch über die Reglementierung von Zeit klagten, sie beharrten darauf, nur ihre Männlichkeit als zukunftsorientiert zu deuten, um die über Zeitlichkeit hergestellten Hierarchien beizubehalten.

Was die Forschungen zu Fragen der Religiosität angeht, hat diese seit geraumer Zeit auf breiter Ebene erheblich zugenommen. Auseinandersetzungen mit dem Kulturkampf, der an anderer Stelle im vorliegenden Band (Kapitel 2.3) behandelt worden ist, gehören in diesen Kontext. Doch auch jenseits davon haben Religiosität und Frömmigkeit in der Forschung verstärkt Aufmerksamkeit auf sich gezogen. Für den deutschen Kontext und darüber hinaus war in dieser Hinsicht das Buch von David BLACKBOURN über die Marienerscheinungen in Marpingen und ihre Folgen zentral [5.3: BLACKBOURN: Marienerscheinungen]. Hier, wie auch in anderen Arbeiten, wurde gezeigt, welche Bedeutung Religiosität und Frömmigkeit – zum Teil im Einklang mit kirchlichen Lehren, zum Teil aber auch in Abweichung davon – für die Lebenswelt des ausgehenden 19. Jahrhunderts weiterhin hatte [5.3: BUSCH: Frömmigkeit]. Breit diskutiert wurde in diesem Zusammenhang auch die These der Feminisierung von Religion und Frömmigkeit im 19. Jahrhundert [5.3: ANDERSON; BLACKBOURN: Catholic Church; BUSCH: Feminisierung; GÖTZ VON OLENHUSEN]. Diese These, die sehr unterschiedliche Aspekte umfasst und so-

Religiositätsforschungen

Feminisierung von Religion und Frömmigkeit

wohl von einer wachsenden Bedeutung der Frauen als Trägerinnen von Religiosität ausgeht als auch die stärker emotionsbasierte Frömmigkeit als Aspekt einer Feminisierung begreift, ist in jüngerer Zeit jedoch zunehmend in Frage gestellt und ihr eigener Konstruktionscharakter betont worden [5.3: Werner; Pasture; van Osselaer].

Historisierung der Säkularisierung

Insgesamt wird die lange vorherrschende Darstellung, dass das 19. Jahrhundert als eine Phase der Säkularisierung mit entsprechender Zurückdrängung des Religiösen aus der Gesellschaft sah, inzwischen selbst stark historisiert. So wird inzwischen die Säkularisierung weniger als eine Analysekategorie, sondern vielmehr als ein Begriff der politischen Auseinandersetzung gesehen. Damit rückt die Frage in den Vordergrund, was jeweils unter religiös und säkular verstanden wurde [5.3: Weir]. In dieser Hinsicht verschiebt sich auch die emotionsgeschichtliche Perspektive: Es geht weniger um die Suche nach Gründen für eine etwaige Stärkung einer emotionalen Frömmigkeit als darum, zu zeigen, dass die Auseinandersetzung um den Stellenwert der Religion in der Gesellschaft in bestimmten Phasen besonders anfällig für eine Emotionalisierung war [5.3: Habermas: Kulturkämpfer]. Dies gilt somit in besonderer Weise für den Übergang zur Hochmoderne, in der der Anspruch auf die Durchsetzung der Säkularisierung einerseits und die Geltungsmacht wissenschaftlicher Rationalität andererseits zumindest in Teilen Europas besonders vehement vertreten wurde.

III Literaturverzeichnis

Angesichts der immensen Fülle an Literatur, die zu den unterschiedlichsten Themen und Regionen in Europa für Zeit erschienen sind, in die die Spanne von 1870–1890 eingebettet ist, ist die Erstellung einer in sich gänzlich konsistenten Literaturliste ein unmögliches Unterfangen. Die hier getroffene Auswahl ist somit in vieler Hinsicht subjektiv. Ein Kriterium war der Versuch, der europäischen Vielfalt zumindest bis zu einem gewissen Grade Rechnung zu tragen. Gleichwohl ist unübersehbar, dass die größeren europäischen Länder erheblich mehr Beachtung finden als die kleineren. Dies hängt zum einen mit der Literaturlage zusammen – viele Fragen sind für England, Frankreich oder Deutschland wesentlich besser untersucht als etwa für Dänemark, Portugal oder Griechenland – zum anderen aber auch mit den sprachlichen Grenzen des Autors sowie einem größeren Teil der potenziellen Leser:innen. Vor diesem Hintergrund wurden vor allem deutsche, englische und französische, partiell auch italienische und spanische Titel aufgenommen. Darüber hinaus wurde versucht, eine gewisse Mischung aus Standardwerken und neueren Arbeiten zu erreichen, die von der Idee geleitet ist, bestimmte Entwicklungen der Forschung abzubilden. Was insbesondere die Überblicksdarstellungen zu einzelnen Ländern angeht, ist zu beachten, dass die behandelten Zeiträume häufig über das 19. Jahrhundert hinausgehen. Entsprechende Titel wurden mit aufgenommen, um einen Einstieg für die weitere Beschäftigung mit der Geschichte der jeweiligen Länder zu ermöglichen.

Bewusst verzichtet wurde auf Hinweise auf allgemeine Nachschlagewerke und Quelleneditionen. Zum einen finden sich die Hinweise auf Standardwerke in dem Vorgängerband von Lothar GALL sowie auch in anderen Bänden dieser Reihe zum 19. Jahrhundert. Zum anderen wird es mit der Ausdifferenzierung historischer Fragestellungen immer schwieriger, Quelleneditionen auszuwählen – insbesondere wenn man den europäischen Kontext insgesamt berücksichtigen möchte. Aus diesen Gründen ist hier die Entscheidung getroffen worden, auf Hinweise auf einschlägige Quelleneditionen zu verzichten und stattdessen die Liste der Forschungsliteratur etwas ausführlicher zu gestalten.

1 Zur Charakteristik der Epoche: Überblickswerke und Gesamtdarstellungen

1.1 Gesamtdarstellungen zur Geschichte Europas und ihrer globalen Bezüge

C. A. Bayly, Die Geburt der modernen Welt. Eine Globalgeschichte. 1780–1914. Frankfurt a. M. 2006.
S. Berger (Hrsg.), A companion to Nineteenth Century Europe 1789–1914. 2. Aufl. Oxford 2009.
C. Charle/D. Roche (Hrsg.), L'Europe. Encyclopédie historique. Arles 2018.
G. A. Craig, Geschichte Europas 1815–1980. München 1983.
R. J. Evans, Das europäische Jahrhundert. Ein Kontinent im Umbruch 1815–1914. München 2018.
J. Fisch, Europa zwischen Wachstum und Gleichheit 1850–1914. Stuttgart 2002.
L. Gall, Europa auf dem Weg in die Moderne. 1850–1890. 5. Aufl. München 2009.
R. Gildea, Barricades and Powers. Europe 1800 to 1914. 3. Aufl. Oxford 2003.
E. Hobsbawm, Das imperiale Zeitalter. 1875–1914. Frankfurt am Main 1989.
J. Osterhammel, Die Verwandlung der Welt. Eine Geschichte des 19. Jahrhunderts, München 2008.
J. Paulmann, Globale Vorherrschaft und Fortschrittsglaube. Europa 1850–1914. München 2019.
E. S. Rosenberg (Hrsg.), 1870–1945. Weltmärkte und Weltkriege, (= Geschichte der Welt, hg. von A. Iriye und J. Osterhammel), München 2012.
J. Sperber, Europe 1850–1914. Progress, Participation and Apprehension. Abingdon 2008.

1.2 Gesamtdarstellungen zu einzelnen Staaten

Deutschland:

B. Althammer, Das Bismarckreich 1871–1890. Paderborn 2009.
B. Aschmann/M. Wienfort (Hrsg), Zwischen Licht und Schatten. Das Kaiserreich (1871–1914) und seine neuen Kontroversen, Frankfurt a. M. 2022.
E. Conze, Schatten des Kaiserreichs. Die Reichsgründung von 1871 und ihr schwieriges Erbe. München 2020.
E. Frie, Das Deutsche Kaiserreich. Darmstadt 2004.
S. O. Müller/C. Torp (Hrsg.), Das Deutsche Kaiserreich in der Kontroverse. Göttingen 2009.
T. Nipperdey, Deutsche Geschichte 1866–1918. Bd. 1: Arbeitswelt und Bürgergeist. München 1990.
Ders., Deutsche Geschichte 1866–1918. Bd. 2: Machtstaat vor der Demokratie. München 1992.
H.-U. Wehler, Das Deutsche Kaiserreich 1871–1918. Göttingen 1973.

Ders., Deutsche Gesellschaftsgeschichte 1849–1914. Bd. 3: Von der „Deutschen Doppelrevolution" bis zum Beginn des Ersten Weltkrieges 1849–1914. München 1995.

Deutsch-Französische Geschichte:

M. König/E. Julien, Deutsch-Französische Geschichte 1870 bis 1918. Bd. VII: Verfeindung und Verflechtung. Deutschland und Frankreich 1870–1918. Darmstadt 2019.

Vereinigtes Königreich:

D. Cannadine, Victorious Century. The United Kingdom 1800–1906. London 2017.
M. J. Daunton, Wealth and Welfare. An Economic and Social History of Britain 1851–1951. Oxford 1007.
K. T. Hoppen, The Mid-Victorian Generation. 1846–1886. Oxford 1998.
A. Porter (Hrsg.), The Oxford History of the British Empire. Bd. 3: The Nineteenth Century. Oxford/New York 1999.
D. Read, The Age of Urban Democracy. England 1868–1914. London 1994.
G. Searle, A New England? Peace and War 1886–1918. Oxford 2004.
B. Stuchtey, Geschichte des Britischen Empire. München 2021.
P. Wende, Großbritannien 1500–2000. München 2001.

Irland:

T. Bartlett, The Cambridge History of Ireland, Bd. 3,1880 to the Present. Cambridge 2018.
J. Kelly, The Cambridge History of Ireland, Bd. 2, 1730–1880. Cambridge 2018.

Italien:

W. Altgeld/T. Frenz/A. Gernert/M. Groblewski/R. Lill, Geschichte Italiens. Aktual. nd erw. Aufl. Stuttgart 2021.
F. Cammarano, Storia dell'Italie liberale. Rom/Bari 2011.
M. Clark, Modern Italy. 1871 to the Present. Harlow 2008.
G. B. Clemens, Geschichte des Risorgimento. Italiens Weg in die Moderne (1770–1870). Köln 2021.
C. Duggan, The Force of Destiny. A History of Italy since 1796. London 2007.

Frankreich:

J. I. Engels, Kleine Geschichte der Dritten französischen Republik (1870–1940). Köln 2007.
E. Fureix/F. Jarrige, La Modernité désenchantée. Relire l'histoire du XIXe siècle français. Paris 2015.
E. Hinrichs/H.-G. Haupt/S. Martens/H. Müller/B. Schneidmüller/C. Tacke, Geschichte Frankreichs. 2. Aufl. Stuttgart 2014.
A.-D. Houte, Le Triomphe de la République. 1871–1914. Paris 2014.
D. Lejeune, La France des débuts de la IIIe République. 1870–1896. 5. Aufl. Paris 2011.
J. Mayeur, Les débuts de la IIIe République. 1871–1898. Paris 1973.

Russland, Zarenreich und kolonisierte Gebiete:

M. Hildermeier, Geschichte Russlands. Vom Mittelalter bis zur Oktoberrevolution. München 2013.

M. Perri, (Hrsg.), The Cambridge history of Russia, Bd. 2 Imperial Russia 1689–1917. Cambridge 2006.

J. Westwood, Endurance and Endeavor. Russian History 1812–2001. Oxford 2003.

Baltikum:

A. Plakans, A Concise History oft the Baltic States. Cambridge 2011.

Belarus:

D. Beyrau/R. Lindner, Handbuch der Geschichte Weißrußlands. Göttingen 2001.

Finnland:

D. Kirby, A Concise History of Finland. Cambridge 2006.

Polen:

J. Lukowski/H. Zawadzki, A Concise History of Poland. 2. Aufl. Cambridge 2006.

Ukraine:

K. Jobst, Geschichte der Ukraine. 2. Aufl. Stuttgart 2015.

Spanien:

W. Bernecker/H. Pietschmann, Geschichte Spaniens. Von der frühen Neuzeit bis zur Gegenwart. 4. Aufl. Stuttgart 2005.

C. Esdaile, Spain in the Liberal Age. From Constitution to Civil War, 1808–1939. Oxford 2000.

X.-M. Núñez-Seixas, Historia Mundial de España. Barcelona 2018.

P. B. Radciff, Modern Spain. 1808 to the Present. Hobeken 2017.

P. Schmitt (Hrsg.), Geschichte Spaniens, 3. aktual. und erw. Aufl. Stuttgart 2013.

A. Shubert/J. A. Junco, The History of Modern Spain. Chronologies, Themes, Individuals. London 2017.

Schweiz:

C. Church, A Concise History of Switzerland. Cambridge 2013.

M. Hettling, Kleine Geschichte der Schweiz. Der Bundesstaat und seine Traditionen. Frankfurt am Main 1998.

G. Kreis (Hrsg.), Die Geschichte der Schweiz. Basel 2014.

T. Maissen, Geschichte der Schweiz. Baden 2010.

Habsburgerreich::

P. Judson, Habsburg. Geschichte eines Imperiums, 1740–1918. München 2017.

H. Rumpler, Eine Chance für Mitteleuropa. Bürgerliche Emanzipation und Staatsverfall in der Habsburgermonarchie. Wien 2005.

Böhmen und Mähren:
M. Alexander, Kleine Geschichte der böhmischen Länder. Ditzingen 2008.
J. K. Hoensch, Geschichte Böhmens. Von der slawischen Landnahme bis zur Gegenwart. 3. Aufl. München 1997.

Galizien:
K. Jobst, Der Mythos des Miteinander. Galizien in Literatur und Geschichte. Hamburg 1998.

Ungarn:
M. Molnár, A Concise History of Hungary. Cambridge 2001.

Südosteuropa/Länder des Balkans:
U. Brunnbauer/K. Buchenau, Geschichte Südosteuropas. Ditzingen 2018.
M.-J. Calic, Südosteuropa. Weltgeschichte einer Region. 2. Aufl. München 2018.
C. Carmichael, A Concise History of Bosnia. Cambridge 2016.
R. Clogg, Geschichte Griechenlands im 19. und 20. Jahrhundert. Köln 1997.
R. J. Crampton, A Concise History of Bulgaria. 2. Aufl. Oxford 2005.
K. Hitchins, A Concise History of Romania. Cambridge 2014.
H. Sundhausen, Geschichte Serbiens, 19.-21. Jahrhundert. Wien 2007.

Portugal:
W. L. Bernecker/K. Herbers, Geschichte Portugals. Stuttgart 2013.
D. Birmingham, A Concise History of Portugal. 3. Aufl. Cambridge 2018.

Skandinavien:
N. Kent, A Concise History of Sweden. Cambridge 2008.
D. Kirby, The Baltic World 1772-1993. Europe's Northern Peripherie in an Age of Change. London 1995.

Osmanisches Reich
R. Kasaba (Hrsg.), The Cambridge History of Turkey. Band 4: Turkey in the modern world. Cambridge 2008.
M. Şükrü Hanioğlu, A Brief History of the Late Ottoman Empire. Princeton 2008.

1.3 Konzeptionelle Fragen der Europäischen Geschichte und zur beginnenden Hochmoderne

Konzeptionalisierung der Europäischen Geschichte:
P. Clavin, Time, Manner, Place. Writing Modern European History in Global, Transnational and International Contexts, in: European History Quarterly 40 (4), 2010, 624-640.
R. J. Evans, What is European History? Reflections of a Cosmopolitan Islander, in: European History Quarterly 40 (4), 2010, 593-605.

D. Langewiesche, Das Jahrhundert Europas. Eine Annäherung aus globalgeschichtlicher Perspektive, in: Historische Zeitschrift 296, 2013, 29–48.

J. Leonhard, Comparison, Transfer and Entanglement, or: How to Write Modern European History Today?, in: Journal of Modern European History 14 (2), 2016, 149–163.

S. Levsen/J. Requate (Hrsg.), Why Europe, Which Europe? A Debate on Contemporary European History as a Field of Research, 15.10.2020, https://europedebate.hypotheses.org/, (13.11.2022).

D. Mishkova/B.Trencsényi (Hrsg.), European Regions and Boundaries. A Conceptual History. New York 2017.

P. Nielsen, What, Where and Why is Europe? Some Answers from Recent Historiography, in: European History Quarterly 40 (4), 2010, 701–713.

Hochmoderne:

U. Fraunholz/T. Hänseroth/A. Woschech, Hochmoderne Visionen und Utopien. Zur Transzendenz technisierter Fortschrittserwartungen, in: Dies. (Hrsg.), Technology Fiction. Technische Visionen und Utopien in der Hochmoderne. Bielefeld 2012, 11–24.

U. Herbert, Europe in High Modernity. Reflections on a Theory of the 20th Century, in: Journal of Modern European History 5, 2007, 5–21.

P. Nolte, Abschied vom 19. Jahrhundert oder Auf der Suche nach einer anderen Moderne, in: J. Osterhammel/D. Langewiesche/P. Nolte (Hrsg.), Wege der Gesellschaftsgeschichte. Göttingen 2006, 103–132.

L. Raphael, Ordnungsmuster der „Hochmoderne"? Die Theorie der Moderne und die Geschichte der europäischen Gesellschaften im 20. Jahrhundert, in: U. Schneider/L. Raphael (Hrsg.): Dimensionen der Moderne. Festschrift für Christof Dipper. Frankfurt am Main 2008, 73–91.

P. Wagner, Soziologie der Moderne. Frankfurt a. M. 1995.

2 Innere Staatsbildung und Nationalismus

2.1 Nationalstaatsbildung und Gewalt(monopol)

D. Anderson/D. Killingray, Policing the Empire. Government, Authority and Control, 1830–1940. Manchester 1991.

J.-M. Berlière, Le monde des polices en France XIXe-XXe siècles. Bruxelles 1996.

J.-M. Berlière/C. Denys/D. Kalifa (Hrsg.), Métiers de police. Être policier en Europe, XVIIIe-XXe siècle. Rennes 2008.

E. Blanchard/Q. Deluermoz/J. Glasman, La professionnalisation policière en situation coloniale: détour conceptuel et explorations historiographiques, in: Crime, Histoire & Sociétés 15 (2), 2011, 33–53.

J. Daly, Autocracy under Siege. Security Police and Opposition in Russia, 1866–1905. DeKalb 1998.

J. A. Davis, Conflict and Control. Law and Order in 19th Century Italy. Houndmills/London 1988.

Q. Deluermoz, Des policiers dans la ville. La construction d'un ordre public à Paris (1854–1914). Paris 2012.

Ders., Capitales policières, État-nation et civilisation urbaine: Londres, Paris et Berlin au tournant du XIXe siècle, in: RHMC 60 (3), 2013, 55–85.

Q. Deluermoz/K. Varey/R. Tombs, Diskussion zu: R. Tombs, How bloody was la Semain Sanglante of 1871? A revision, in: h-france.net http://h-france.net/Salon/h-francesalon.html, Bd. 3 (1), 2011, 14–29. (22.11.2022)

C. Denys (Hrsg.), Circulations policières 1750–1914. Villeneuve d'Ascq 2012.

C. Dietze, Die Erfindung des Terrorismus in Europa, Russland und den USA 1858–1866. Hamburg 2016.

C. Emsley, The Great English Bobby. London 2009.

Ders., Hard Men: Violence in England since 1750. London 2005.

Ders., The English Police: A Political and Social History. London 1991.

U. Frevert, Die kasernierte Nation. Militärdienst und Zivilgesellschaft in Deutschland. München 2001.

A. Funk, Polizei und Rechtsstaat. Die Entwicklung des staatlichen Gewaltmonopols in Preußen, 1848–1918. Frankfurt 1982.

C. Guarnieri, L'ordine publico e la giustizia penale, in: R. Romanelli (Hrsg.), Storia dello stato italiano dall Unità a oggi. Rom 1995, 365–385.

L. Häfner, Russland als Geburtsland des modernen „Terrorismus"? oder: „Das classische Land des politischen Attentats", in: K. Weinhauer/J. Requate (Hrsg.), Gewalt ohne Ausweg? Terrorismus als Kommunikationsprozess in Europa seit dem 19. Jahrhundert. Frankfurt am Main 2012, 65–98.

H.-G. Haupt, Den Staat herausfordern. Attentate in Europa im späten 19. Jahrhundert. Frankfurt am Main 2019.

A. Hilbrenner, The Perovskaia Paradox or the Scandal of Female Terrorism in Nineteenth Century Russia, in: The Journal of Power Institutions in Post-Soviet Societies 17, 2016, https://journals.openedition.org/pipss/4169 (18.10.2022).

A.-D. Houte, Le Métier de gendarme au XIXe siècle. Rennes 2010.

A. Johansen, A Process of Civilisation? Legitimisation of Violent Policing in Prussian and French Police Manuals and Instructions, 1880–1914, in: European Review of History 14 (1), 2007, 49–71.

Dies., Complain in vain? The development of a ‚police complaints culture' in Wilhelmine Berlin, in: Crime, Histoire & Sociétés 13 (2), 2009, 119–142.

Dies., Keeping up appearances: Police Rhetoric, Public Trust and „Police Scandal" in London and Berlin, 1880–1914, in: Crime, Histoire & Sociétés 15 (1), 2011, 59–83.

A. Johansen/P. Knepper (Hrsg.), The Oxford Handbook of the History of Crime and Criminal Justice. New York 2016.

W. Knöbl, Polizei und Herrschaft im Modernisierungsprozeß. Staatsbildung und innere Sicherheit in Preußen, England und Amerika 1700–1914. Frankfurt am Main 1998.

D. Langewiesche, Der gewaltsame Lehrer. Europas Kriege in der Moderne. München 2019.

P. Lawrence, „They have an admirable police at Paris, but they pay for it dear enough". La police européenne vue d'Angleterre au XIXe siècle, in: C. Denys (Hrsg.), Circulations policières, 1750–1914. Lille 2012, 103–118.

H.-H. Liang, The Rise of Modern Police and the European State System from Metternich to the Second World War. Cambridge 1993.

A. Lüdtke, „Sicherheit" und „Wohlfahrt". Polizei, Gesellschaft und Herrschaft im 19. und 20. Jahrhundert. Frankfurt am Main 1992.

C. S. Maier, Leviathan 2.0.: Die Erfindung moderner Staatlichkeit, in: E. S. Rosenberg, 1870–1945. Weltmärkte und Weltkriege, München 2012, 33–286.

J. Merriman, The Dynamite Club. How a Bombing in Fin-de-Siecle Paris Ignited the Age of Modern Terror. Paris 2009.

Ders., The Life and Death of the Paris Commune of 1871. New Haven/London 2014.

P. Napoli, Naissance de la police moderne. Paris 2003.

G. Noiriel, État, nation et immigration. Vers une histoire du pouvoir. Paris/Belin 2001.

G. Oliva, Storia dei carabinieri. Dal 1814 ad oggi. Mailand 2002.

C. Paoletti, A Military History of Italy. Westport 2008.

J. Parry, The Politics of Patriotism, English Liberalism, National Identity and Europe (1830–1886). Cambridge 2006.

D. C. Rapoport, The four waves of modern terror, in: Ders., Terrorism. Critical Concepts in Political Science. New York 2007, 3–30. (der Aufsatz liegt in verschiedenen, teils älteren, teils neueren Versionen vor)

T. Raum, Der Januaraufstand 1863/64, in: R. Altieri/F. Jacob (Hrsg.), Spielball der Mächte. Beiträge zur polnischen Geschichte. Bonn 2014, 140–164.

H. Reinke, Nur für die Sicherheit da…? Zur Geschichte der Polizei im 19. und 20. Jahrhundert. Frankfurt am Main 1993.

C. Reith, The Police Idea. Its History and Evolution in the Eighteenth Century and After. Oxford 1938.

J. Requate, Die Faszination anarchistischer Anschläge im Frankreich des ausgehenden 19. Jahrhundert, in: K. Weinhauer/J. Requate (Hrsg.), Gewalt ohne Ausweg? Terrorismus als Kommunikationsprozess in Europa seit dem 19. Jahrhundert. Frankfurt am Main 2012, 99–123.

A. Roth, Kriminalitätsbekämpfung in deutschen Großstädten 1850–1914. Berlin 1997.

O. B. Semukhina/K. M. Reynolds, Understanding the Modern Russian Police. London 2013.

J. Sharpe, Histoire de la violence en Angleterre (XIIIe-XXe siècle), in: L. Muchielli/P. Spierenburg, Histoire de l'homicide en Europe. Paris 2009, 231–248.

H. Shpayer-Makov, The Making of a Policeman. A Social History of a Labour Force in Metropolitan London, 1829–1914. London 2018.

G. Sinclair, The ‚Irish' policeman and the Empire, influencing the policing of the British Empire-Commonwealth, in: Irish Historical Studies 36 (142), 2008, 173–187.

P. Singaravélou, „Les stratégies d'internationalisation du débat colonial et la fabrique transnationale d'une science de la colonisation à la fin du XIXe siècle", journée d'études „L'internationalisation de l'histoire de France 1750–2000", in: Monde (s) 1, 2012, 135–157.

C. Steedman, Policing the Victorian Community. The Formation of English Provincial Police Forces, 1856–80. London 1984.

D. Taylor, The New Police in Nineteenth Century England. Crime, Conflict and Control. Manchester 1997.

R. Tombs, How bloody was la Semaine Sanglante of 1871? A revision, mit Diskussionsbeiträgen von Quentin Deluermoz und Karine Varey und einer Antwort von Robert Tombs, in: h-france.net, http://h-france.net/Salon/h-francesalon.html, Bd. 3 (1), 2011, 1–13 (22.11.2022).
P. Waldmann, Terrorismus. Provokation der Macht. Hamburg 2010.
V. Weichsel/F. Fischer von Weikersthal/M. Sapper/ A. Hilbrenner (Hrsg.), Explosive Melange. Terrorismus und imperiale Gewalt in Osteuropa, osteuropa 66 (4), 2016.
K. Weinhauer/J. Requate (Hrsg.), Gewalt ohne Ausweg? Terrorismus als Kommunikationsprozess in Europa seit dem 19. Jahrhundert. Frankfurt am Main 2012.

2.2 Ausbau und Grenzen des (nationalen) Staates

J. Angster/D. Gosewinkel/C. Gusy (Hrsg.), Staatsbürgerschaft im 19. und 20. Jahrhundert. Tübingen 2019.
J. Augusteijn/E. Storm (Hrsg.), Region and State in Nineteenth-Century Europe. London 2012.
J. Baberowski/D. Feest/C. Gumb (Hrsg.), Imperiale Herrschaft in der Provinz. Repräsentationen politischer Macht im späten Zarenreich. Frankfurt am Main/New York 2008.
S. Brinkmann, Der Stolz der Provinzen. Regionalbewußtsein und Nationalstaatsbau im Spanien des 19. Jahrhunderts. Frankfurt am Main u. a. 2005.
R. Brubaker, Citizenship and Nationhood in France and Germany. Boston 1992.
P. Carasa Soto (Hrsg.), Ayuntamiento, Estado y Sociedad. Los poderes municipales en la España contemporánea. Valladolid 2000.
C. Clark, After 1848: The European Revolution in Government, in: Transactions of the Royal Historical Society, Sixth Series 22, 2012, 171–197.
R. Dörner, Staat und Nation im Dorf. Erfahrungen im 19. Jahrhundert: Frankreich, Luxemburg, Deutschland. München 2006.
N. Franz, Durchstaatlichung und Ausweitung der Kommunalaufgaben im 19. Jahrhundert. Tätigkeitsfelder und Handlungsspielräume ausgewählter französischer und luxemburgischer Landgemeinden im mikrohistorischen Vergleich (1805–1890). Trier 2006.
J. Ganzenmüller/T. Tönsmeyer (Hrsg.), Vom Vorrücken des Staates in die Fläche. Ein europäisches Phänomen des langen 19. Jahrhunderts. Köln/Weimar/Wien 2016.
D. Gosewinkel, Staatsangehörigkeit in Deutschland und Frankreich während des 19. und 20. Jahrhunderts – ein historischer Vergleich in: C. Conrad /J. Kocka (Hrsg.), Staatsbürgerschaft in Europa. Historische Erfahrungen und aktuelle Debatten. Hamburg 2001, 165–181.
J. Hackmann/M. Kopij-Weiß, Deutsch-Polnische Geschichte. 19. Jahrhundert. Darmstadt 2014.
H. Herold-Schmidt, Staatsgewalt, Bürokratie und Klientelismus: Lokale Herrschaft im liberalen Spanien des 19. Jahrhunderts, in: J. Ganzenmüller/T. Tönsmeyer (Hrsg.), Vom Vorrücken des Staates in die Fläche. Ein europäisches Phänomen des langen 19. Jahrhunderts. Köln/Weimar/Wien 2016, 131–162.

J. Leonhard/U. von Hirschhausen (Hrsg.), Empires und Nationalstaaten im 19. Jahrhundert. Göttingen 2009.

G. Levi, The Origins of the Modern State and the Microhistorical Perspective, in: J. Schlumbohm (Hrsg.), Mikrogeschichte – Makrogeschichte. Komplementär oder inkommensurabel? Göttingen 1998, 53–82.

C. Mayr, Zwischen Dorf und Staat. Amtspraxis und Amtsstil französischer, luxemburgischer und deutscher Landgemeindebürgermeister im 19. Jahrhundert. Ein mikrohistorischer Vergleich. Frankfurt am Main 2005.

M. G. Müller/R. Petri (Hrsg.): Die Nationalisierung von Grenzen. Zur Konstruktion nationaler Identität in sprachlich gemischten Grenzregionen. Marburg 2002.

R. Petri, Nordschleswig und Südtirol. „Heimat" im Kontext multipler Identitäten, in: M. G. Müller/R. Petri (Hrsg.): Die Nationalisierung von Grenzen. Zur Konstruktion nationaler Identität in sprachlich gemischten Grenzregionen. Marburg 2002, 161–198.

M. De Prospo (Hrsg.), Classi dirigenti nell'Italia unita: tra gruppi e territori. Neapel 2022.

A. V. Prusin, The Lands Between. Conflict in the East European Borderlands, 1870–1992. Oxford 2010.

L. Raphael, Recht und Ordnung. Herrschaft und Verwaltung im 19. Jahrhundert. Frankfurt am Main 2000.

W. Reinhard, Geschichte der Staatsgewalt. Eine vergleichende Verfassungsgeschichte Europas von den Anfängen bis zur Gegenwart. München 1999.

G. Riederer, Feiern im Reichsland. Politische Symbolik, öffentliche Festkultur und die Erfindung kollektiver Zugehörigkeiten in Elsaß-Lothringen (1871–1918). Trier 2004.

M. Rolf, Kooperation im Konflikt? Die zarische Verwaltung im Königreich Polen zwischen Staatsausbau und gesellschaftlicher Aktivierung (1863–1914), in J. Ganzenmüller/T. Tönsmeyer (Hrsg.), Vom Vorrücken des Staates in die Fläche. Ein europäisches Phänomen des langen 19. Jahrhunderts. Köln/Weimar/Wien 2016, 35–64.

Ders., Imperiale Herrschaft im Weichselland. Das Königreich Polen im Russischen Imperium (1864–1915). München 2014.

Ders., Russifizierung, Depolonisierung oder innerer Staatsaufbau? Konzepte imperialer Herrschaft im Königreich Polen (1863–1915), in: Z. Gasimov (Hrsg.), Kampf um Wort und Schrift. Russifizierung in Osteuropa im 19.–20. Jahrhundert. Göttingen 2012, 51–87.

R. Schattkowsky/M. G. Müller, Identitätenwandel und nationale Mobilisierung in Regionen ethnischer Diversität. Ein regionaler Vergleich zwischen Westpreußen und Galizien am Ende des 19. und Anfang des 20 Jahrhunderts. Marburg 2004.

T. Serrier, Entre Allemagne et Pologne. Nations et identités frontalières, 1848–1914. Paris 2002. (dt.: Eine Grenzregion zwischen Deutschen und Polen. Provinz Posen, Ostmark, Wielkopolska 1848–1914. Marburg 2005.)

M. Stolleis, „Innere Reichsgründung" durch Rechtsvereinheitlichung 1866–1880, in: C. Starck (Hrsg.), Rechtsvereinheitlichung durch Gesetze. Bedingungen, Ziele, Methoden. Göttingen 1992, 15–41.

K. Struve/P. Ther (Hrsg.), Die Grenzen der Nationen. Identitätenwandel in Oberschlesien in der Neuzeit. Marburg 2002.

I. Surynt/M. Zybura (Hrsg.): Narrative des Nationalen. Deutsche und polnische Nationsdiskurse im 19. und 20. Jahrhundert. Osnabrück 2010.
M. Tilse, Transnationalism in the Prussian East. From National Conflict to Synthesis, 1871–1914. Basingstoke 2011.
R. Traba, Ostpreußen – die Konstruktion einer deutschen Provinz. Eine Studie zur regionalen und nationalen Identität 1914–1933. Osnabrück 2010.
P. Wagner, Bauern, Junker und Beamte. Lokale Herrschaft und Partizipation im Ostelbien des 19. Jahrhunderts. Göttingen 2005.
E. Weber, Peasants into Frenchmen. The Modernization of Rural France 1870–1914. Stanford 1976.
S. Weichlein, Nation und Region. Integrationsprozesse im Kaiserreich. Düsseldorf 2004.
Ders., Regionalism, Federalism and Nationalism in the German Empire, in: J. Augusteijn/E. Storm (Hrsg.), Region and State in Nineteenth-Century Europe. London 2012, 93–110.

2.3 Kulturkämpfe

U. Altermatt (Hrsg.): Religion und Nation. Katholizismen im Europa des 19. und 20. Jahrhunderts. Stuttgart 2007.
M. L. Anderson, The Kulturkampf and the Course of German History, in: CEH 19, 1986, 82–115.
J. Art, The Cult of the Virgin Mary, or the feminization of the male element in the Roman Catholic Church? A psycho-historical hypothesis, in: P. Pasture/J. Art (Hrsg.), Beyond the Feminization Thesis. Gender and Christianity in Modern Europe. Leuven 2012, 73–84.
P. Aubert, Luchar contra los poderes facticos: El anticlericalismo, in: Ders. (Hrsg.), Religion y sociedad en Espana (siglos XIX y XX). Madrid 2002, 219–253.
W. Becker, Der Kulturkampf als europäisches und als deutsches Phänomen, in: HJG 101, 1983, 422–446.
R. A. Bennette, Fighting for the Soul of Germany. The Catholic Struggle for Inclusion after Unification. Cambridge 2012.
H. Berlan/P.-Y. Kirschleger/J. Fouilleron/H. Michel (Hrsg.), L'Anticlericalisme de la fin du XVe siècle au début du XXe siècle. Discours, images et militances. Paris 2011.
D. Blackbourn, Wenn ihr sie wieder seht, fragt, wer sie sei. Marienerscheinungen in Marpingen – Aufstieg und Niedergang des deutschen Lourdes. Reinbek 1997.
O. Blaschke, Das 19. Jahrhundert: Ein Zweites Konfessionelles Zeitalter?, in: GG 26 (1), 2000, 38–75.
Ders., Kulturkampf, in: Die Religion in Geschichte und Gegenwart. Handwörterbuch für Theologie und Religionswissenschaft, Bd. 4: (I–K). 4. Aufl. Leiden 2001, 1838–43.
Ders., Vom „Kulturkampf" an der Saar bis zum „Burgfrieden" (1870–1918), in: Gabriele Clemens u. Stephan Laux (Hrsg.), Reformation, Religion und Konfession an der Saar (1517–2017), Saarbrücken 2020, 255–286.

M. Borutta, Antikatholizismus. Deutschland und Italien im Zeitalter der europäischen Kulturkämpfe. 2. Aufl. Göttingen 2011.

C. P. Boyd/I. Blasco Herranz (Hrsg.), Religión y política en la España contemporánea. Madrid 2007.

N. Busch, Katholische Frömmigkeit und Moderne. Die Sozial- und Mentalitätsgeschichte des Herz-Jesu-Kultes in Deutschland zwischen Kulturkampf und Erstem Weltkrieg. Gütersloh 1997.

J.-P. Cahn (Hrsg.), Religion und Laizitat in Frankreich und Deutschland im 19. und 20. Jahrhundert. Religions et laicité en France et en Allemagne aux 19e et 20e siècles. Stuttgart 2008.

A. Ciampani, Cattolici e conservatori in Italia alla vigilia del trasformismo, in: Rivista di storia politica 3, 2020, 251–260.

C. Clark/W. Kaiser (Hrsg.), Culture Wars. Secular-Catholic Conflict in Nineteenth-Century Europe. Cambridge 2003.

L. Dittrich, Antiklerikalismus in Europa. Öffentlichkeit und Säkularisierung in Frankreich, Spanien und Deutschland (1848–1914). Göttingen 2014.

Dies., Europäischer Antiklerikalismus. Eine Suche zwischen Säkularisierung und Religionsreform, in: GG 45 (1), 2019, 5–36.

M. N. Ebertz (Hrsg.), Volksfrömmigkeit in Europa. Beitrage zur Soziologie popularer Religiositat aus 14 Ländern. München 1986.

R. J. Evans, Feminism and Anticlericalism in France, 1870–1922. In: HJ 25 (4), 1982, 947–949.

P. Galanopoulos, Le Dr. Bourneville, l'hystérie et l'anticléricalisme au début de la Troisième République. Un médecin à l'assaut des superstitions et des croyances religieuses. Versailles 2005.

I. Götz von Olenhusen (Hrsg.), Wunderbare Erscheinungen. Frauen und katholische Frömmigkeit im 19. und 20. Jahrhundert. Paderborn 1995.

M. B. Gross, The War against Catholics. Liberalism and the Anti-Catholic Imagination in Nineteenth-Century Germany. Ann Arbor 2004.

Ders., Kulturkampf and Geschlechterkampf. Anti-Catholicism, Catholic Women, and Public Space, in: F. Biess/M. Roseman/H. Schissler (Hrsg.), Conflict, Catastrophe and Continuity. Essays on Modern German History. New York 2007, 27–43.

R. Healy, Religion and Civil Society. Catholics, Jesuits, and Protestants in Imperial Germany, in: F. Trentmann (Hrsg.), Paradoxes of Civil Society. New Perspectives on Modern German and British History. New York 2000, 244–262.

E. R. Huber, Deutsche Verfassungsgeschichte seit 1789. Struktur und Krisen des Kaiserreichs. Stuttgart 1969, S. 637–831.

A. Joskowicz, The Modernity of Others. Jewish Anti-Catholicism in Germany and France. Stanford 2014.

D. I. Kertzer, The Kidnapping of Edgardo Mortara. New York 1997.

R. Lill (Hrsg.), Der Kulturkampf. Paderborn 1997.

R. Meiwes, „Arbeiterinnen des Herrn". Katholische Frauenkongregationen im 19. Jahrhundert. Frankfurt 2000.

T. Mergel, Zwischen Klasse und Konfession. Katholisches Bürgertum im Rheinland 1794–1914. Göttingen 1994.

R. Morsey, Der Kulturkampf, in: A. Rauscher (Hrsg.), Der soziale und politische Katholizismus. Entwicklungslinien in Deutschland 1803–1963. München 1982, 76–103.

T. NIPPERDEY, Religion im Umbruch. Deutschland 1870–1918. München 1988.
M. OZOUF, L'ecole, l'eglise et la republique. 1871–1914. Paris 1982.
R. J. ROSS, The Failure of Bismarck's Kulturkampf: Catholicism and State Power in Imperial Germany, 1871–1887, Washington, D. C. 1998.
S. SCHIMA, Die Religionsgemeinschaften als Kulturträger und Kulturvermittler, in: A. GOTTSMANN (Hrsg.), Die Habsburgermonarchie 1848–1918. Bd. X, Wien 2021, 327–668.
V. SPETH, Kulturkampf und Volksfrömmigkeit. Die Diskussion im preußischen Staatsministerium und in der preußischen Verwaltungselite über die staatliche Repression des Wallfahrts- und Prozessionswesens im Kulturkampf. Frankfurt am Main 2013.
F. TALLETT/N. ATKIN (Hrsg.), Religion, Society and Politics in France since 1789. London 1991.
T. VERHOEVEN, Transatlantic Anti-Catholicism. France and the United States in the Nineteenth Century. Basingstoke 2010.
J. L. VILLAR, The Virgin of Begoña and the Fight for the City: An Example of Culture War in the Spain of the Restoration (Vizcaya, 1880–1904)., in: R. DI STEFANO/F. RAMÓN SOLANS (Hrsg.), Marian Devotions, Political Mobilization, and Nationalism in Europe and America. Basingstoke 2016, 109–135.
Y. M. WERNER/J. HARVARD (Hrsg.): European Anti-Catholicism in a Comparative and Transnational Perspective. Amsterdam/New York 2013.

2.4 Bürgerliche Partizipation und Demokratisierung

D. ACEMOGLU/J. ROBINSON, Why Did the West Extend the Franchise? Democracy, Inequality and Growth in Historical Perspective. Cambridge 1996.
M. AGULHON, Marianne au combat. L'imagerie et la symbolique républicaines de 1789 à 1880. Paris 1979.
A. AHMED, Reading History Forward. The Origins of Electoral Systems in European Democracies, in: Comparative Political Studies 43 (8/9), 2010, 1059–1088
T. AIDT/P. S. JENSEN, From Open to Secret Ballot: Vote Buying and Modernization. Cambridge 2012.
M. L. ANDERSON, Ein Demokratiedefizit? Das Deutsche Kaiserreich in vergleichender Perspektive, in: GG 44 (3), 2018, 367–398.
DIES., Practicing Democracy. Elections and Political Culture in Imperial Germany. Princeton 2000. (dt.: Lehrjahre der Demokratie. Wahlen und politische Kultur im Deutschen Kaiserreich. Stuttgart 2009.)
B. BADER-ZAAR, Politische Rechte für Frauen vor der parlamentarischen Demokratisierung. Das kommunale und regionale Wahlrecht in Deutschland und Österreich im langen 19.Jahrhundert, in: H. RICHTER/K. WOLFF (Hrsg.), Frauenwahlrecht. Demokratisierung der Demokratie in Deutschland und Europa. Hamburg 2018, 77–98.
DIES., Women's Suffrage and War. World War I and Political Reform in a Comparative Perspective, in: I. SULKUNEN/S.-L. NEVALA-NURMI/P. MARKKOLA (Hrsg.), Suffrage,

Gender and Citizenship. International Perspectives on Parliamentary Reforms. Newcastle 2009, 193–218.
R. Bertrand/J.-L. Briquet/P. Pels (Hrsg.), Cultures of Voting. The Hidden History of the Secret Ballot. London 2007.
A. Biefang, Die andere Seite der Macht. Reichstag und Öffentlichkeit im „System Bismarck" 1871–1890, 2. Aufl. Düsseldorf 2012.
Ders., Modernität wider Willen. Bemerkungen zur Entstehung des demokratischen Wahlrechts des Kaiserreichs, in: W. Pyta/L. Richter (Hrsg.), Gestaltungskraft des Politischen. Festschrift für Eberhard Kolb. Berlin 1998, 239–259.
D. Blackbourn/G. Eley, The Peculiarities of German History: bourgeois society and politics in nineteenth-century Germany. Oxford 1984.
J.-L. Briquet, Le vote au village des Corses de l'extérieur. Dispositifs de contrôle et expressions des sentiments (19e-20e siècles), in: Revue française de science politique 66 (5), 2016, 751–771.
H. Buchstein/H. Richter, Kultur und Praxis der Wahlen. Eine Geschichte der modernen Demokratie. Wiesbaden 2017.
G. W. Cox, The Efficient Secret. The Cabinet and the Development of Political Parties in Victorian England. New York 1987.
Y. Déloyé (Hrsg.), Dictionnaire des élections européennes. Paris 2005.
Ders., Les voix de Dieu. Pour une autre histoire du suffrage électoral: le clergé catholique français et le vote XIXe-XXe siècles. Paris 2006.
E. J. Evans, Parliamentary Reform in Britain, c.1770–1918. London 1999.
A. Garrigou, Le vote et la vertu. Comment les Français sont devenus électeurs. Paris 1992.
R. Graber, Demokratie und Revolten. Die Entstehung der direkten Demokratie in der Schweiz. Zürich 2017.
C. Hall/K. McClelland/J. Rendall, Defining the Victorian Nation. Class, Race, Gender and the British Reform Act of 1867. Cambridge 2000.
P. Ihalainen/C. Ilie/K. Palonen (Hrsg.), Parliament and Parliamentarism. A Comparative History of a European Concept. New York/Oxford 2016.
O. Ihl, Le vote. 2. Aufl. Paris 2000.
T. A. Jenkins, Parliament, Party and Politics in Victorian Britain. Manchester/New York 1996.
C. Kam, The Secret Ballot and the Market for Votes at 19th-Century British Elections, in: Comparative Political Studies 50 (5), 2017, 594–635.
Z. Kergomard, Moments of Democratic Evaluation? Literature Review on the History of Elections and Election Campaigns in Western Europe from the Nineteenth to Twenty-First Century, in: AfS 60, 2020, 485–512.
B. L. Kinzer, The Ballot Question in Nineteenth-century English Politics. New York 1982.
T. Kühne, Dreiklassenwahlrecht und Wahlkultur in Preußen 1867–1914. Landtagswahlen zwischen korporativer Tradition und politischem Massenmarkt. Düsseldorf 1994.
Ders., Demokratisierung und Parlamentarisierung. Neue Forschungen zur politischen Entwicklungsfähigkeit Deutschlands vor dem Ersten Weltkrieg, in: GG 31, 2005, 293–316.

J. Kurunmäki/J. Nevers/H. te Velde (Hrsg.), Democracy in Modern Europe. Aconceptual History, New York/Oxford 2018.
S. Lässig/K. H. Pohl/J. Retallack (Hrsg), Modernisierung und Region im wilhelminischen Deutschland. Wahlen, Wahlrecht und politische Kultur. Bielefeld 1995.
I. Machin, The Rise of Democracy in Britain 1830–1914. London 2000.
G. Orr, Suppressing Vote-Buying: the „War" on Electoral Bribery from 1868, in: Journal of Legal History 27 (3), 2006, 289–314.
M. A. Peña Guerrero, Clientelismo político y poderes periféricos durante la Restauración. Huelva 1874–1923. Huelva 1998.
J. Retallack, Obrigkeitsstaat und politischer Massenmarkt, in: S. O. Müller/C. Torp (Hrsg.), Das Deutsche Kaiserreich in der Kontroverse. Göttingen 2009, 121–135.
H. Richter, Aufbruch in die Moderne. Reform und Massenpolitisierung im Kaiserreich. Berlin 2021.
Dies., Moderne Wahlen. Eine Geschichte der Demokratie in Preußen und den USA im 19. Jahrhundert. Hamburg 2017.
H. Richter/K. Wolff (Hrsg.), Frauenwahlrecht. Demokratisierung der Demokratie in Deutschland und Europa. Hamburg 2018.
R. Saunders, Democracy and the Vote in British Politics, 1848–1867: The Making of the Second Reform Act. London 2011.
A. Schildt/B. Vogel (Hrsg.), Auf dem Weg zur Parteiendemokratie. Beiträge zum deutschen Parteiensystem 1848–1989. Hamburg 2002.
J. Varela Ortega (Hrsg.), El poder de la influencia. Geografía del caciquismo en España (1875–1923). Madrid 2001.
H. te Velde/M. Janse (Hrsg.), Organizing Democracy. Reflections on the Rise of Political Organizations in the Nineteenth Century. Cham 2017.
R. A. Vieira, Time and Politics. Parliament and the Culture of Modernity in Britain and the British World. Oxford 2015.
H. W. Smith, When the *Sonderweg* Debate Left Us. In: German Studies Review, 31(2), 2008, 225–240.
B. Weisbrod, Der englische „Sonderweg" in der neueren Geschichte, in: GG 16 (2), 1990, 233–252.

2.5 Emanzipationsbewegungen: Arbeiterschaft und Frauen

C. Bantman/B. Altena (Hrsg.), Reassessing the Transnational Turn. Scales of Analysis in Anarchist and Syndicalist Studies. New York 2015.
C. Beaudet, Les milieux libres. Vivre en anarchiste à la Belle Époque en France. Saint-Georges-d'Oléron 2006.
D. Berry/C. Bantman (Hrsg.), New Perspectives on Anarchism, Labour and Syndicalism. The Individual, the National and the Transnational. Cambridge 2010.
G. Bock, Frauen in der europäischen Geschichte. München 2000.
M. Bohachevsky-Chomiak, Feminists despite Themselves. Women in Ukrainian Community Life 1884–1939. Edmonton 1988.
B. Caine, Victorian Feminists. Oxford 1992.

K. Canning, Languages of Labor and Gender. Female Factory Work in Germany, 1850–1914. Ithaca 1996.

Dies., Geschlecht als Unordnungsprinzip. Überlegungen zur Historiographie der deutschen Arbeiterbewegung, in: H. Schissler (Hrsg.), Geschlechterverhältnisse im historischen Wandel. Frankfurt am Main 1993, 139–163.

J.-J. Chevalier, Bleus, Rouges, Blancs. Histoire du mouvement ouvrier choletais (1870–1914). Cholet 2021.

D. Colson, Bourse du Travail et syndicalisme d'entreprise avant 1914: les Aciéries de Saint-Étienne, in: Le Mouvement social 159 (2), 1992, 57–84.

C. Dalay/M. Nolan (Hrsg.), Suffrage and Beyond. International Feminist Perspectives. Auckland 1994.

M. Davis, Comrade or Brother? A History of the British Labour Movement. London 2009.

E. C. DuBois, Woman Suffrage and Women's Rights. New York 1998.

C. Eisenberg, Deutsche und englische Gewerkschaften. Entstehung und frühe Entwicklung bis 1878 im Vergleich. Göttingen 1986.

F. Eitel, Anarchistische Uhrmacher in der Schweiz. Eine mikrohistorische Globalgeschichte zu den Anfängen der anarchistischen Bewegung im 19. Jahrhundert. Bielefeld 2018.

R. J. Evans, The Feminists. Women's Emancipation Movements in Europe, America and Australia, 1840–1920. London 1977.

I. Fischer/A. Berlis/C. de Groot (Hrsg.), Frauenbewegungen des 19. Jahrhunderts. Stuttgart 2021.

O. Freán Hernández, El anarquismo español: luces y sombras en la historiografía reciente sobre el movimiento libertario, in: Asociacion de Historia Contemporanea 84, 2011, 209–223.

U. Gerhard, Frauen in der Geschichte des Rechts. Von der Frühen Neuzeit bis zur Gegenwart. München 1997.

Dies., Unerhört. Die Geschichte der deutschen Frauenbewegung. Reinbek 1990.

Dies., Der Partikularismus der Frauenrechte im 19. Jahrhundert. Rechtslagen und Rechtskämpfe der Frauenbewegungen in der westlichen Welt, in: I. Fischer/A. Berlis/C. de Groot (Hrsg.), Frauenbewegungen des 19. Jahrhunderts. Stuttgart 2021, 29–106.

Dies., Verhältnisse und Verhinderungen, Frauenarbeit, Familie und Rechte der Frauen im 19. Jahrhundert. Frankfurt am Main 1978.

G. Groux/J.-M. Pernot, La Grève. Paris 2008.

A. Herrerín López, Anarquía, dinamita y revolución social. Violencia y represión en la España de entre siglos (1868–1909). Madrid 2011.

P. Joyce, Visions of the People. Industrial England and the question of class, 1848–1914. Cambridge 1991.

J. Kocka, Lohnarbeit und Klassenbildung. Arbeiter und Arbeiterbewegung in Deutschland 1800–1875. Berlin 1983.

Ders., Arbeiterleben und Arbeiterkultur. Die Entstehung einer sozialen Klasse. Bonn 2015.

F. Lemmes, Neue Wege der historischen Anarchismusforschung, in: AfS 60, 2020, 435–484.

Y. Lequin, Les intérêts de classe et la République. Lyon 1977.

S. Leteux, La chambre syndicale ouvrière de la boucherie de Paris et la Bourse du travail de Paris (1886–1904), in: Cahiers d'histoire. Revue d'histoire critique, 116–117, 2011, 101–114.
C. Levy/M. S. Adams (Hrsg.), The Palgrave Handbook of Anarchism. Basingstoke 2019.
G. Manfredonia, L'anarchisme en Europe. Paris 2001.
D. Marín, Anarquistas. Un siglo de movimiento libertario en España. Barcelona 2010.
G. Noiriel, Les Ouvriers dans la société française (XIXe – XXe siècle). Paris 1986.
S. Paletschek/B. Pietrow-Ennker (Hrsg), Women's Emancipation Movements in the Nineteenth Century. A European Perspective. Stanford 2004.
M. Perrot, Les ouvriers en grève (France, 1871–1890). Paris 1974.
U. Planert, Antifeminismus im Kaiserreich. Diskurs, soziale Formation und politische Mentalität. Göttingen 1998.
Dies., Wie reformfähig war das Kaiserreich? Ein westeuropäischer Vergleich aus geschlechtergeschichtlicher Perspektive, in: S. O. Müller/C. Torp (Hrsg.) Das Deutsche Kaiserreich in der Kontroverse. Göttingen 2009, 165–184.
P. Schöttler, Naissance des Bourses du travail, un appareil idéologique d'État à la fin du XIXe siècle. Paris 1985.
J. W. Scott/L. Tilly, Women, Work and Family. London 1987.
S. Sirot, 1884. Des syndicats pour la République. Lormont 2014.
N. Stegman, Die Töchter der geschlagenen Helden. „Frauenfrage", Feminismus und Frauenbewegung in Polen 1863–1919. Wiesbaden 2000.
R. Trempé, Solidaires. Les Bourses du Travail. Paris 1993.
T. Welskopp, Das Banner der Brüderlichkeit. Die deutsche Sozialdemokratie vom Vormärz bis zum Sozialistengesetz. Bonn 2000.
M.-H. Zylberberg Hocquard, Femmes et féminisme dans le mouvement ouvrier français. Paris 1981.

2.6 Ideologisierung und Normalisierung der Nation

J. Álvarez-Junco, Spanish Identity in the Age of Nations. Manchester 2011.
B. Anderson, Imagined Communities. Reflections on the Origin and Spread of Nationalism. London 1983.
C. Appelgate, A Nation of Provincials. The German Idea of Heimat. Berkeley 1990.
F. J. Bauer, Gehalt und Gestalt in der Nationalsymbolik. Zur Ikonologie des Nationalstaates in Deutschland und Italien 1860–1914. München 1992.
S. Berger/C. Lorenz (Hrsg.), Nationalizing the Past. Historians as Nation Builders in Modern Europe. Basingstoke 2010.
B. Bley, Vom Staat zur Nation. Zur Rolle der Kunst bei der Herausbildung eines niederländischen Nationalbewusstseins im langen 19. Jahrhundert. Münster 2004.
M. Borutta, Die Kultur des Nationalen im liberalen Italien. Nationale Symbole und Rituale in Rom 1870/71 und 1895, in: Quellen und Forschungen aus italienischen Archiven und Bibliotheken 79, 1999, 480–529.
A.-C. de Bouvier/P. Collombier-Lakeman, Home Rule, 1870–1914: an Introduction, in: Revue Française de Civilisation Britannique XXIV-2, 2019, https://doi.org/10.4000/rfcb.3676 (10.10.2022).

D. G. Boyce, „Federalism and the Irish Question", in: A. Bosco (Hrsg.), The Federal Idea. The History of Federalism from the Enlightenment to 1945. Bd.1. London 1991, 119–138.

J. Breuilly (Hrsg.), The Oxford Handbook of the History of Nationalism. Oxford 2013.

G. B. Cohen, Neither Absolutism nor Anarchy. New Narratives on Society and Government in Late Imperial Austria, in: Austrian History Yearbook 29 (1), 1998, 37–61.

A. Confino, The Nation as a Local Metaphor. Württemberg, Imperial Germany, and National Memory, 1871–1918. Chapel Hill 1997.

J. Dickie, Darkest Italy. The Nation and Stereotypes of the Mezzogiorno, 1860–1900. New York 1999.

P. Eser, Fragmentierte Nation – globalisierte Region? Der baskische und katalanische Nationalismus im Kontext von Globalisierung und europäischer Integration. Bielefeld 2013.

E. François/J. Vogel (Hrsg.), Nation und Emotion. Deutschland und Frankreich im Vergleich 19. und 20. Jahrhundert. Göttingen 1995.

C. B. Gabriele, Sanctus amor patriae. Eine vergleichende Studie zu deutschen und italienischen Geschichtsvereinen im 19. Jahrhundert. Tübingen 2004.

E. Gellner, Nationalismus und Moderne. Berlin 1991.

A. Hastings, The Construction of Nationhood. Ethnicity, Religion and Nationalism. Cambridge 1997.

U. von Hirschhausen/J. Leonhard (Hrsg.), Nationalismen in Europa. West- und Osteuropa im Vergleich. Göttingen 2001.

E. Hobsbawm, Nationen und Nationalismus. Mythos und Realität seit 1780. Frankfurt 1991.

M. Hroch, Das Europa der Nationen. Die moderne Nationsbildung im europäischen Vergleich. Göttingen 2005.

M. Jeismann, Das Vaterland der Feinde. Studien zum nationalen Feindbegriff und Selbstverständnis in Deutschland und Frankreich 1792–1918. Stuttgart 1992.

K. Jobst, Der Mythos des Miteinander. Galizien in Literatur und Geschichte. Hamburg 1998.

Dies., Zwischen Internationalismus und Nationalismus. Die polnische und die ukrainische Sozialdemokratie in Galizien von 1890 bis 1914. Ein Beitrag zur Nationalitätenfrage im Habsburgerreich. Hamburg 1996.

K. Jobst/J. Obertreis/R. Vulpius, Neuere Imperiumsforschung in der Osteuropäischen Geschichte: die Habsburgmonarchie, das Russländische Reich und die Sowjetunion, in: Comparativ 18 (2), 2008, 27–56.

R. A. Kann, Das Nationalitätenproblem der Habsburgermonarchie. Geschichte und Ideengehalt der nationalen Bestrebungen vom Vormärz bis zur Auflösung des Reiches im Jahre 1918. Graz/Wien 1964.

A. Kappeler, Russland als Vielvölkerreich. Entstehung – Geschichte – Zerfall. München 2001.

R. Kee, The Green Flag. A History of Irish Nationalism. London 2000.

A. von Klimó, Nation, Konfession, Geschichte. Zur nationalen Geschichtskultur Ungarns im europäischen Kontext (1860–1948). München 2003.

G. Krumeich, Jeanne d'Arc-Kult und politische Religiosität in Frankreich nach 1870, in: W. Schieder (Hrsg.), Religion und Gesellschaft im 19. Jahrhundert. Stuttgart 1993, 318–331.
D. Langewiesche, Nation, Nationalismus, Nationalstaat in Deutschland und Europa. München 2000.
L. Mees, Der spanische „Sonderweg". Staat und Nation(en) im Spanien des 19. und 20. Jahrhunderts, in: AfS 40, 2000, 29–66.
D. Mollenhauer, Symbolkämpfe um die Nation. Katholiken und Laizisten in Frankreich (1871–1914) in: H.-G. Haupt/D. Langewiesche (Hrsg.), Nation und Religion in Europa. Mehrkonfessionelle Gesellschaften im 19. und 20. Jahrhundert. Frankfurt am Main/New York 2004, 202–230.
G. Mosse, Nationalisierung der Massen. Von den Befreiungskriegen zum Dritten Reich. Frankfurt am Main 1993.
X.-M. Núñez-Seixas, Die bewegte Nation. Der spanische Nationalgedanke 1808–2019. Hamburg 2019.
Ders., Los nacionalismos en la España contemporánea (siglos XIX y XX). Barcelona 1999.
B. A. Porter, When Nationalism began to hate. Imagining Politics in Nineteenth Century Poland. New York 2000.
S. Prévost, Irish Home Rule and British Imperialism: A View through the Prism of the Bulgarian Question (1876–1886), in: Cultures of the Commonwealth 18, 2012, 29–42.
H. Rausch, Denkmalsymbolik in Paris, Berlin und London um die Mitte des 19. Jahrhunderts: Facetten einer westeuropäischen Kultur des Nationalen? In: Comparativ 14, 2004 (3), 98–125.
S. Salzborn (Hrsg.), Staat und Nation. Die Theorien der Nationalismusforschung in der Diskussion. Stuttgart 2011.
T. Schieder, Typologie und Erscheinungsformen des Nationalstaats in Europa, in: Ders., Nationalismus und Nationalstaat. Studien zum nationalen Problem im modernen Europa. Göttingen 1991, 65–86.
D. Staliunas, Making Russians. Meaning and Practice of Russification in Lithuania and Belarus After 1863. Amsterdam 2007.
C. Tacke, Denkmal im sozialen Raum. Nationale Symbole in Deutschland und Frankreich im 19. Jahrhundert. Göttingen 1995.
P. Ther/H. Sundhaussen (Hrsg.), Regionale Bewegungen und Regionalismen in europäischen Zwischenräumen seit der Mitte des 19. Jahrhunderts. Marburg 2003.
R. Tombs (Hrsg.), Nationhood and Nationalism in France from Boulangisme to the Great War (1889–1918). New York 1991.
J. Vogel, Nationen im Gleichschritt. Der Kult der „Nation in Waffen" in Deutschland und Frankreich (1871–1914). Göttingen 1997.
R. Vulpius, Nationalisierung der Religion. Russifizierungspolitik und ukrainische Nationsbildung 1860–1920. Wiesbaden 2005.
S. Weichlein, Nation und Region. Integrationsprozesse im Bismarckreich. Düsseldorf 2004.
Ders., Nationalbewegungen und Nationalismus in Europa. 2. Aufl. Darmstadt 2012.
Ders., Nationalismus und Nationalstaat und Europa. Ein Forschungsüberblick, in: NPL 51, 2006, 265-35.

H. A. Winkler, Vom linken zum rechten Nationalismus. Der deutsche Liberalismus in der Krise von 1878/79, in: GG 4, 1978, 5–28.
O. Zimmer, A Contested Nation. History, Memory and Nationalism in Switzerland 1761–1891. New York/Cambridge 2003.

2.7 Ausgrenzungen: Antisemitismus und Umgang mit nationalen Minderheiten

J. Adams/C. Heß, Antisemitism in the North. History and State of Research. Berlin/Boston 2020.
G. Aly, Europa gegen die Juden 1880–1945. Frankfurt 2017.
I. M. Aronson, Troubled Waters. The Origins of the 1881 Anti-Jewish Pogroms in Russia. Pittsburgh 1990.
I. Bartal, Geschichte der Juden im östlichen Europa 1772–1881. Göttingen 2010.
A. Baumann, Die Erfindung des Grenzlandes Elsass-Lothringen, in: B. Olschowsky (Hrsg.), Geteilte Regionen – geteilte Geschichtskulturen? Muster der Identitätsbildung im europäischen Vergleich. München 2013, 163–183.
E. Benbassa, Geschichte der Juden in Frankreich. Berlin/Wien 2000.
W. Bergmann, Geschichte des Antisemitismus. München 2002.
Ders., Tumulte – Excesse – Pogrome. Kollektive Gewalt gegen Juden in Europa 1789–1900. Göttingen 2020.
A. Biefang, „Volksgenossen", Nationale Verfassungsbewegung und „Judenfrage" in Deutschland 1850–1878, in: P. Alter/C.-E. Bärsch/P. Berghoff (Hrsg.), Die Konstruktion der Nation gegen die Juden. München 1999, 49–64.
O. Blaschke, Katholizismus und Antisemitismus im Deutschen Kaiserreich. 2. Aufl. Göttingen 1999.
I. Boysen, Die revisionistische Historiographie zu den russischen Judenpogromen von 1881 bis 1906, in: Jahrbuch für Antisemitismusforschung 8, 1999, 13–41.
J. Dekel-Chen/D. Gaunt/N. M. Meir/I. Bartal (Hrsg.), Anti-Jewish Violence. Rethinking the Pogrom in East European History. Indiana 2011.
S. Fisch, Das Elsass im deutschen Kaiserreich (1870/71–1918), in: M. Erbe (Hrsg.), Das Elsass. Historische Landschaft im Wandel der Zeit. Stuttgart 2003, 123–146.
J. Frankel, The Crisis of 1881–1882 as a Turning Point in Modern Jewish History, in: D. Berger (Hrsg.), The Legacy of Jewish Migration. 1881 and Its Impact. New York 1983, 9–22.
H.-H. Hahn/P. Kunze (Hrsg.), Nationale Minderheiten und staatliche Minderheitenpolitik in Deutschland im 19. Jahrhundert. Berlin 1999.
N. Hammerstein, Antisemitismus und deutsche Universitäten. 1871–1933. Frankfurt am Main/New York 1995.
M. Hildermeier, Die jüdische Frage im Zarenreich. Zum Problem der unterbliebenen Emanzipation, in: JbbGOE 32 (3), 1984, 321–357.
C. Hoffmann, Politische Kultur und Gewalt gegen Minderheiten. Die antisemitischen Ausschreitungen in Pommern und Westpreußen 1881, in: Jahrbuch für Antisemitismusforschung 3, 1994, 93–120.

U. Hofmeister, Civilization and Russification in Tsarist Central Asia, 1860–1917, in: Journal of World History 27 (3), 2016, 411–442.

K. Holz, Die antisemitische Figur des Dritten in der nationalen Ordnung der Welt, in: C. von Braun/E.-M. Ziege (Hrsg.), Das bewegliche Vorurteil. Aspekte des internationalen Antisemitismus. Würzburg 2004, 43–61.

R. Jaworski, Nationalstaat, Staatsnation und nationale Minderheiten. Zur Wechselwirkung dreier Konstrukte, in: H.-H.Hahn/P. Kunze (Hrsg.), Nationale Minderheiten und staatliche Minderheitenpolitik in Deutschland im 19. Jahrhundert. Berlin 1999, 19–27.

M. Jeismann, Der letzte Feind. Die Nation, die Juden und der negative Universalismus, in: P. Alter/C.-E. Bärsch/P. Berghoff (Hrsg.), Die Konstruktion der Nation gegen die Juden. München 1999, 173–190.

J. Katz, Vom Vorurteil bis zur Vernichtung. Der Antisemitismus 1700–1933. München 1990.

J. D. Klier, Imperial Russia's Jewish question. 1855–1881. Cambridge 1995.

Ders., Russians, Jews, and the Pogroms of 1881–1882. Cambridge 2011.

A. Lindemann, Esau's Tears. Modern Anti-Semitism and the Rise of the Jews. Cambridge 1997.

P. R. Magocsi, A History of Ukraine. Toronto 1996.

K. Makowski, Polen, Deutsche und Juden und die preußische Politik im Großherzogtum Posen. Versuch einer neuen Sicht, in: H.-H. Hahn/P. Kunze (Hrsg.), Nationale Minderheiten und staatliche Minderheitenpolitik in Deutschland im 19. Jahrhundert. Berlin 1999, 51–60.

U. Mazura, Zentrumspartei und Judenfrage 1870/71–1933. Verfassungsstaat und Minderheitenschutz. Mainz 1994.

L. Metzler, La politique de germanisation en Lorraine annexée (1870–1914). Metz 2007.

G. Mosse, Die Juden im Zeitalter des modernen Nationalismus, in: P. Alter/C.-E. Bärsch/P. Berghoff (Hrsg.), Die Konstruktion der Nation gegen die Juden. München 1999, 15–25.

M. Müller/R. Petri, Die Nationalisierung von Grenzen. Zur Konstruktion nationaler G. Identität in sprachlich gemischten Grenzregionen. Marburg 2002.

G. Noiriel, Immigration, antisémitisme et racisme en France (XIXe-XXe siècles). Discours publics humiliations privées. Paris 2007.

C. Nonn, Antisemitismus. Wissenschaftliche Buchgesellschaft. Darmstadt 2008.

A. Polonsky, The Jews in Poland and Russia 1881 to 1914. Oxford 2010.

H. Rogger, Jewish Policies and Right-Wing Politics in Imperial Russia. London 1986.

R. Schattkowsky, Nationalismus und Konfliktgestaltung. Westpreußen zwischen Reichsgründung und Erstem Weltkrieg, in: M. G. Müller/R. Petri (Hrsg.), Die Nationalisierung von Grenzen. Zur Konstruktion nationaler Identität in sprachlich gemischten Grenzregionen. Marburg 2002, 35–79.

S. Schüler-Springorum/J. Süselbeck (Hrsg.), Emotionen und Antisemitismus. Geschichte – Literatur – Theorie. Göttingen 2021.

U. Tal, Christians and Jews in Germany. Religion, Politics, and Ideology in the Second Reich 1870–1914. Ithaca 1975.

S. Volkov, Antisemitismus als kultureller Code, in: Dies., Jüdisches Leben und Antisemitismus im 19. und 20. Jahrhundert. Zehn Essays. München 1990, 13–36.

S. Wiese, Pogrome im Zarenreich. Dynamiken kollektiver Gewalt. Hamburg 2016.
M. Zimmermann, Aufkommen und Diskreditierung des Begriffs „Antisemitismus", in: Ders., Deutsch-jüdische Vergangenheit. Der Judenhaß als Herausforderung, Paderborn/München/Wien/Zürich 2005, 25–39.

3 Industrialisierung und sozialer Wandel

3.1 Bevölkerungsentwicklung und Migration

P. Audenino, Quale ritorno? Tempi, significati e forme del ritorno nelle Alpi italiane dall'Otto al Novecento, in: Histoire des Alpes – Storia delle Alpi – Geschichte der Alpen 2009 (5), 57–73.

K. J. Bade, Europa in Bewegung. Migration vom späten 18. Jahrhundert bis zur Gegenwart. München 2000.

Ders., Vom Auswanderungsland zum Einwanderungsland? Deutschland 1880–1980. Berlin 1983.

K. J. Bade/P. C. Emmer/L. Lucassen/J. Oltmer (Hrsg.), Enzyklopädie Migration in Europa. Vom 17. Jahrhundert bis zur Gegenwart. Paderborn 2008.

S. L. Baily, Immigrants in the Lands of Promise. Italians in Buenos Aires and New York City, 1870–1914. London 1999.

J.-P. Bardet/J. Dupâquier, Histoire des populations de l'Europe. Tome 2: La révolution démographique 1750–1914. Paris 1998.

P. Bevilacqua/A. De Clementi/E. Franzina (Hrsg.), Storia dell'emigrazione italiana. Partenze. Rom 2001.

A. Bideau/B. Desjardins/H. Pérez-Brignoli (Hrsg.), Infant and child mortality in the past. Oxford 1994.

M. Breschi/L. Pozzi (Hrsg.), The determinants of infant and childhood mortality in past European populations. Udine 2004.

F. Caestecker, Alien Policy in Belgium, 1840–1940. The Creation of Guest Workers, Refugees and Illegal Aliens. New York/Oxford 2001.

Y. Charbit, Du Malthusianisme au Populationnisme. Les Economistes français et la population (1840–1870). Paris 1981.

M. I. Choate, Emigrant Nation. The Making of Italy Abroad. London 2008.

S. Conrad, Globalisierungseffekte: Mobilität und Nation im Kaiserreich, in: S. O. Müller/C. Torp (Hrsg.) Das Deutsche Kaiserreich in der Kontroverse. Göttingen 2009, 406–421.

C. A. Corsini/P. P. Viazzo (Hrsg.), The Decline of Infant and Child Mortality. The European Experience: 1750–1990. Den Haag 1997.

P. Corti/M. Sanfilippo, L'Italia e le migrazioni. Rom/Bari 2012.

J. Ehmer, Bevölkerungsgeschichte und historische Demographie 1800–2000. München 2004.

F. Fauri, (Hrsg.), The History of Migration in Europe. Perspectives from Economics, Politics and Sociology. London 2015.

F. Fischer, Alsaciens et Lorrains en Algérie. Nice 2002.

W. Fischer, (Hrsg.), Europäische Wirtschafts- und Sozialgeschichte von der Mitte des 19. Jahrhunderts bis zum Ersten Weltkrieg. Stuttgart 1985.

D. Gabaccia, Italy's Many Diasporas. London 2013.

E. Garrett/C. Galley/N. Shelton/R. Woods, Infant Mortality: A Continuing Social Problem. London 2006.

B. Harris, „Public health, nutrition and the decline of mortality: the McKeown's thesis revisited", in: Social History of Medicine 17 (3), 2004, 379–407.

T. Hatton/J. G. Williamson, The Age of Mass Migration. Causes and Economic Impact. New York 1998.

D. Hoerder/J. Nagler (Hrsg.), People in Transit. German Migration in Comparative Perspective, 1820–1930. Cambridge 1995.

M. König (Hrsg.), Deutsche Handwerker, Arbeiter und Dienstmädchen in Paris. Eine vergessene Migration im 19. Jahrhundert. München 2004.

W. R. Lee (Hrsg.), European Demography and Economic Growth. London 1979.

M. Livi Bacci, Europa und seine Menschen. Eine Bevölkerungsgeschichte. München 1999.

V. De Luca Barrusse, Les familles nombreuses. Une question démographique, un enjeu politique, France (1880–1940). Rennes 2008.

S. Manz, Constructing a German Diaspora. The „Greater German Empire", 1871–1914. London 2014.

P. Marschalck, Bevölkerungsgeschichte Deutschlands im 19. und 20. Jahrhundert. Frankfurt am Main 1984.

Ders. (Hrsg), Europa als Wanderungsziel. Ansiedlung und Integration von Deutschen im 19. Jahrhundert. Osnabrück 2000.

T. McKeown, The modern rise of population. New York 1976.

T. Mergel, Das Kaiserreich als Migrationsgesellschaft, in: S. O. Müller/C. Torp (Hrsg.), Das Deutsche Kaiserreich in der Kontroverse. Göttingen 2009, 374–391.

L. P. Moch, Moving Europeans. Migration in Western Europe since 1650. Indiana 2003.

Dies., The Pariahs of Yesterday. Breton Migrants in Paris. Durham 2012.

G. Noiriel, Le Creuset français. Histoire de l'immigration XIXe-XXe. Paris 1988.

K. O'Donnell/N. R. Reagin/R. Bridenthal, The Heimat Abroad. The Boundaries of Germanness. Ann Arbor 2005.

J. Oltmer (Hrsg.), Handbuch Staat und Migration in Deutschland seit dem 17. Jahrhundert. Berlin/Boston 2016.

Ders., Einführung: Europäische Migrationsverhältnisse und Migrationsregime in der Neuzeit, in: GG 35, 2009, 5–27.

L. Pozzi/D. Ramiro Fariñas, Infant and child mortality in the past, in: Annales de Démographie Historique 129 (1), 2015, 55–75.

C. Rollet-Échalier, La politique à l'égard de la petite enfance sous la III République. Paris 1990.

P.-A. Rosental, Maintien/rupture: un nouveau couple pour l'analyse des migrations, in: Annales 45 (6), 1990, 1403–1431.

Ders., Les sentiers invisibles. Espaces, familles et migration dans la France du 19e siècle. Paris 1999.

F. Rothenbacher, The Societies of Europe. The European Population 1850–1945. New York 2002.

M. Sanfilippo (Hrsg.), Emigrazione e storia d'Italia. Consenza 2003.
A. Steidl, Ein ewiges Hin und Her. Kontinentale, transatlantische und lokale Migrationsrouten in der Spätphase der Habsburgermonarchie, in: Österreichische Zeitschrift für Geschichtswissenschaft 19 (1), 2008, 15-42.
Dies., On Many Routes. Internal, European, and Transatlantic Migration in the Late Habsburg Empire. West Lafayette 2021.
M. Tirabassi (Hrsg.), Itinera. Paradigmi delle migrazioni italiane. Turin 2005.
G. P. Totoricaguena, Basque Diaspora. Migration and Transnational Identity. Reno 2005.
P. Weil/A. Fahrmeir/O. Faron, Migration Control in the North-Atlantic World. The Evolution of State Practices in Europe and the United States from the French Revolution to the Inter-War Period. New York/London 2005.

3.2 Urbanisierung

M. Agulhon/F. Choay/M. Crubellier/Y. Lequin/M. Roncayolo (Hrsg.), La ville de l'Âge industriel. Le cycle haussmannien. Paris 1983.
A. Bailly/J.-M. Huriot (Hrsg.) Villes et croissance. Théories, modèles, perspectives. Paris 1999.
P. Bairoch, Une nouvelle distribution des populations. Villes et campagnes, in: J.-P. Bardet/J. Dupâquier, Histoire des populations de l'Europe. Bd. 2: La révolution démographique, 1750-1914. Paris 1998, 193-229.
F. J. Bauer, Rom im 19. und 20. Jahrhundert. Konstruktion eines Mythos. Regensburg 2009.
L. Benevolo, Die Stadt in der europäischen Geschichte. München 1993.
T. M. Bohn/M.-J. Calic (Hrsg.), Urbanisierung und Stadtentwicklung in Südosteuropa vom 19. bis zum 21.Jahrhundert. München 2010.
K. Bönker, Jenseits der Metropolen. Öffentlichkeit und Lokalpolitik im Gouvernement Saratov (1890-1914). Köln 2010.
D. R. Brower, The Russian City Between Tradition and Modernity. 1850-1900. Berkeley 1990.
J. Büschenfeld, Flüsse und Kloaken. Umweltfragen im Zeitalter der Industrialisierung (1870-1918). Stuttgart 1997.
D. Calabi, Storia dell' urbanistica europea. Mailand 2004.
C. Charle/D. Roche (Hrsg.), Capitales culturelles, capitales symboliques. Paris et les expériences européennes (XVIIIe-XXe siècles). Paris 2002.
P. Clark/D. M. Palliser (Hrsg.), The Cambridge Urban History of Britain. Bd. 3: 1840-1950. Cambridge 2000.
W. B. Cohen, Urban Government and the Rise of the French City. Five Municipalities in the Nineteenth Century. New York 1998.
N. Dinçkal, Istanbul und das Wasser. Zur Geschichte der Wasserversorgung und Abwasserentsorgung von der Mitte des 19. Jahrhunderts bis 1966. München 2004.
R. J. Evans, Death in Hamburg. Society and Politics in the Cholera Years 1830-1910. Oxford 1987.

A. Fourcaut (Hrsg.), La ville divisée. Les ségrégations urbaines en question, France XVIIIe–XXe siècles. Paris 1996.
D. Fraser (Hrsg.), Municipal Reform and the Industrial City. Themes in Urban History. Leicester 1982.
T. H. Friedgut, Iuzovka and Revolution. Bd. I: Life and Work in Russia's Donbass, 1869–1924. Princeton 1989.
J. Friedrichs (Hrsg.), Stadtentwicklungen in West- und Osteuropa. Berlin 1985.
M. Fujita/J.-F. Thisse, Economics of Agglomeration. Cities, Industrial Location and Globalization. 2. Aufl. Cambridge 2013.
E. Gunzburger Makaš/T. Damljanovic Conley (Hrsg.), Capital Cities in the Aftermath of Empires. Planning in Central and Southeastern Europe. London 2009.
L. Häfner, Gesellschaft als lokale Veranstaltung. Die Wolgastädte Kazan' und Saratov (1870–1914). Köln 2004.
D. Harvey, Paris. Capital of Modernity. New York 2005.
P. Herlihy, Odessa. A History 1794–1914. Cambridge 1986.
M. Kohlrausch, Imperiales Erbe und Aufbruch in die Moderne. Neuere Literatur zur ostmitteleuropäischen Stadt, in: H-Soz-Kult, 16.11.2015, www.hsozkult.de/literaturereview/id/forschungsberichte-1185 (18.10.2022).
B. Ladd, Urban Planning and Civic Order in Germany, 1860–1914. Cambridge 1990.
A. Lees/L. H. Lees, Cities and the Making of Modern Europe, 1750–1914. Cambridge 2007.
C. Lemercier/P.-A. Rosental, Les migrations dans le Nord de la France au XIXe siècle. Dynamique des structures spatiales et mouvements individuels. Lille 2008.
F. Lenger, Metropolen der Moderne. Eine europäische Stadtgeschichte seit 1850. München 2013.
P. Müller, Auf der Suche nach dem Täter. Die öffentliche Dramatisierung von Verbrechen im Berlin des Kaiserreichs. Frankfurt am Main 2005.
P. Payer, Der Klang der Großstadt. Eine Geschichte des Hörens, Wien 1850–1914. Wien/Köln/Weimar 2018.
C. Pétillon, L'exceptionnelle croissance de la population de Roubaix au XIXe siècle, in: Revue du Nord 320–321, 1997, 381–410.
J.-L. Pinol (Hrsg.), Histoire de l'Europe urbaine. Tome 2: De l'Ancien Régime à nos jours. Paris 2003.
Ders., Le Monde des villes au XIXe siècle. Paris 1991.
J.-L. Pinol/F. Walter, La ville contemporaine jusqu'à la Seconde Guerre mondiale, in: J.-L. Pinol (Hrsg.), Histoire de l'Europe urbaine. Tome 2: De l'Ancien Régime à nos jours. Paris 2003, 9–275.
H. Reif, Die verspätete Stadt. Industrialisierung, städtischer Raum und Politik in Oberhausen 1846–1929. Köln 1993.
J. Reulecke (Hrsg.), Die deutsche Stadt im Industriezeitalter. Wuppertal 1978.
F. M. Snowden, Naples in the Time of Cholera, 1884–1911. Cambridge 1995.
I. R. Taylor/K. Evans/P. Fraser, A Tale of Two Cities. Global Change, local feeling and everyday life in the North of England. A study in Manchester and Sheffield. Abingdon 1996.
H.-J. Teuteberg (Hrsg.), Stadtwachstum, Industrialisierung, Sozialer Wandel. Beiträge zur Erforschung der Urbanisierung im 19. und 20. Jahrhundert. Berlin 1986.

DERS. (Hrsg.), Urbanisierung im 19. und 20. Jahrhundert. Historische und geographische Aspekte. Köln 1983.

J. WALKOWITZ, City of Dreadful Delight. Narratives of Sexual Danger in Late-Victorian London/Chicago 1992.

J. G. WILLIAMSON, Coping with City Growth during the British Industrial Revolution. Cambridge 1990.

C. ZIMMERMANN, Die Zeit der Metropolen. Urbanisierung und Großstadtentwicklung. Frankfurt am Main 1996.

3.3 Die wirtschaftliche Entwicklung

R. ALDENHOFF-HÜBINGER, „Les Nations Anciennes, Écrasées ...". Agrarprotektionismus in Deutschland und Frankreich, 1880–1914, in: GG 26 (3), 2000, 439–470.

DIES., Agrarpolitik und Protektionismus. Göttingen 2002.

R. D. ANDERSON, France 1870–1914. Politics and Society. London 1977.

P. BAIROCH, Niveaux de développement économique de 1810 à 1910, in: Annales 20 (6), 1965, 1091–1117.

DERS., European Gross National Product 1800–1975, in: Journal of European Economic History, 5, 1976, 273–340.

I. T. BEREND, An Economic History of Nineteenth Century Europe. Cambridge 2013.

Y. BRETON/A. BRODER/M. LUTFALLA (Hrsg.), La longue stagnation en France. L'autre grande dépression, 1873–1897. Paris 1997.

S. BROADBERRY/A. KLEIN, Aggregate and per capita GDP in Europe, 1870–2000. Continental, regional and national data with changing boundaries, in: Scandinavian Economic History Review 60 (1), 2008, 79–107.

S. BROADBERRY/K. O'ROURKE (Hrsg.), The Cambridge Economic History of Modern Europe. Vol. 2. 1870 to the Present. Cambridge 2010.

J. BURDS, Peasant Dreams and Market Politics. Labor Migration and the Russian Village, 1861–1905. Pittsburgh 1998.

C. BURHOP, Wirtschaftsgeschichte des Kaiserreichs 1871–1918. Göttingen 2011.

C. M. CIPOLLA/K. BORCHARDT, Europäische Wirtschaftsgeschichte. Bd. 4: Die Entwicklung der Industriellen Gesellschaften. Stuttgart 1977.

E. J. T. COLLINS (Hrsg.) The Agrarian History of England and Wales. Vol. 7. 1850–1914. Cambridge 2001.

N. F. R. CRAFTS, Gross national product in Europe 1870–1910. Some new estimates, in: Explorations in Economic History 20, 1983, 387–401.

M. DINTENFASS, The Decline of industrial Britain. 1870–1980. London 1992.

J.-P. DORMOIS, La defense du travail national? L'incidence du protectionnisme sur l'industrie en Europe (1870–1914). Paris 2009.

W. FISCHER, (Hrsg.), Europäische Wirtschafts- und Sozialgeschichte von der Mitte des 19. Jahrhunderts bis zum Ersten Weltkrieg. Stuttgart 1985.

A. GERSCHENKRON, Economic Backwardness in Historical Perspective. Cambridge 1962.

B. C. GOUNARIS, Steam over Macedonia, 1870–1912. Socio-Economic Change and the Railway Factor. New York 1993.

P. R. Gregory, Before Command. An Economic History of Russia from Emancipation to First Five-Year. Princeton 1994.

V. Hentschel, Wirtschaft und Wirtschaftspolitik im wilhelminischen Deutschland. Stuttgart 1978.

E. Homburg/A. S. Travis/H. Schröter (Hrsg.), The Chemical Industry in Europe, 1850–1914: Industrial Growth, Pollution, and Professionalization. Dordrecht 1998.

W.-F. Hungerland/M. Lampe, Globalisierung und Außenhandel, in: U. Pfister/J.-O. Hesse/M. Spoerer/N. Wolf (Hrsg.), Deutschland 1871. Die Nationalstaatsbildung und der Weg in die moderne Wirtschaft. Tübingen 2021, 335–358.

M. Lampe, European Trade Policy in the 19th Century, in: Oxford Research Encyclopedia of Economics and Finance, 30.06.2020, https://doi.org/10.1093/acrefore/9780190625979.013.551 (18.10.2022).

H.-D. Löwe, Die Lage der Bauern in Rußland 1880–1905. Wirtschaftliche und soziale Veränderungen in der ländlichen Gesellschaft des Zarenreiches. St. Katharinen 1987.

A. Maddison, Monitoring the World Economy 1820–1992. Paris 1995.

J. L. Mayaud (Hrsg.), Histoire de l'Europe rurale contemporaine. Du village à l'État Paris 2006.

A. S. Milward/S. B. Saul, The Development of the Economies of Continental Europe 1850–1914. London 1977.

B. Mironov/B. A'Hearn, Russian Living Standards under the Tsars: Anthropometric Evidence from the Volga, in: The Journal of Economic History 68 (3) 2008, 900–929.

D. Moon, The Abolition of Serfdom in Russia. 1762–1907. Harlow 2001.

Ders., The Russian Peasantry, 1600–1930. The World the Peasants Made. Harlow 1999.

K. G. Persson, An Economic History of Europe. New Approaches to Economic and Social History. Cambridge 2010.

T. Pierenkemper, Umstrittene Revolutionen. Die Industrialisierung im 19. Jahrhundert. Frankfurt am Main 1996.

S. Pollard, Britain's Prime an Britain's Decline. The British economy, 1870–1914. London 1989.

Ders., Region und Industrialisierung. Studien zur Rolle der Region in der Wirtschaftsgeschichte der letzten zwei Jahrhunderte. Göttingen 1980.

Ders., Peaceful Conquest. The Industrialization of Europe 1760–1970. Oxford 1981.

C. Schallermaier, Die deutsche Sodaindustrie und die Entwicklung des deutschen Sodaaußenhandels 1872–1913, in: VSWG 84, 1997, 33–67.

C. Torp, Die Herausforderung der Globalisierung. Wirtschaft und Politik in Deutschland 1860–1914. Göttingen 2005.

Ders., The „Coalition of ‚Rye and Iron'" under the Pressure of Globalization. A Reinterpretation of Germany's Political Economy before 1914, in: CEH 43 (3), 2010, 401–427.

D. Ziegler, Die Industrielle Revolution. 3. Aufl. Darmstadt 2012.

3.4 Europäische Klassengesellschaft(en) und nationale Versäulung

D. Augustine, Patricians and Parvenus. Wealth and High Society in Wilhelmine Germany. Oxford 1994.
J. Benson, The Working Class in Britain 1850–1939. London/New York 2003.
G.-F. Budde, Auf dem Weg ins Bürgerleben. Kindheit und Erziehung in deutschen und englischen Bürgerfamilien 1840–1914. Göttingen 1994.
Ders., Blütezeit des Bürgertums: Bürgerlichkeit im 19. Jahrhundert. Darmstadt 2009.
Y. Cassis, Wirtschaftselite und Bürgertum. England, Frankreich und Deutschland um 1900, in: J. Kocka (Hrsg.), Bürgertum im 19. Jahrhundert. Bd. 2: Deutschland im europäischen Vergleich. München 1988, 9–34.
C. Charle, Les Élites de la République (1880–1900). 2. Aufl. Paris 2006.
Ders., Histoire sociale de la France au XIXe siècle. Paris 2015.
G. B. Clemens/M. König/M. Meriggi (Hrsg.), Hochkultur als Herrschaftselement. Italienischer und deutscher Adel im langen 19. Jahrhundert. Berlin 2011.
M. von Driel/M. Pohl/B. Walter (Hrsg.), Adel verbindet – Adel verbindt. Elitenbildung und Standeskultur in Nordwestdeutschland und den Niederlanden vom 15. bis 20. Jahrhundert / Elitevorming en standscultuur in Noordwest-Duitsland en de Nederlanden van de 15e tot de 20e eeuw. Paderborn 2010.
U. Frevert (Hrsg.), Bürgerinnen und Bürger. Geschlechterverhältnisse im 19. Jahrhundert. Göttingen 1988.
C. E. Harrison, The Bourgeois Citizen in Nineteenth-Century France. Gender, Sociability, and the Uses of Emulation. Oxford 1999.
H.-G. Haupt/G. Crossick (Hrsg.), Die Kleinbürger. Eine europäische Sozialgeschichte des 19. Jahrhunderts. München 1998.
H. Kaelble, Auf dem Weg zu einer europäischen Gesellschaft? Eine Sozialgeschichte Westeuropas 1880–1980. München 1987.
Ders., Industrialisierung und soziale Ungleichheit. Europa im 19. Jahrhundert. Eine Bilanz. Göttingen 1983.
Ders., Soziale Mobilität und Chancengleichheit im 19. und 20. Jahrhundert. Deutschland im internationalen Vergleich. Göttingen 1983.
I. Katznelson/A. R. Zolberg, Working-Class Formation. Nineteenth-Century Patterns in Western Europe and the United States. Princeton 1986.
J. Kocka, Lohnarbeit und Klassenbildung. Arbeiter und Arbeiterbewegung in Deutschland 1800–1875. Berlin/Bonn 1983.
Ders. (Hrsg.), Bürgertum im 19. Jahrhundert. 3 Bde. München 1988.
J. Kocka/J. Schmidt/G. A. Ritter (Hrsg.), Arbeiterleben und Arbeiterkultur. Die Entstehung einer sozialen Klasse. Bonn 2015.
X. Lafrance, The Making of Capitalism in France. Class Structure, Economic Development, the State and the Formation of the French Working Class, 1750–1914. Leiden/Boston 2019.
S. Malinowski, Vom König zum Führer. Sozialer Niedergang und politische Radikalisierung im deutschen Adel zwischen Kaiserreich und NS-Staat. 3. Aufl. Berlin 2003.

A. Miles/M. Savage, The Remaking of the British Working Class, 1840–1940. London/ New York 1994.
M. G. Müller, Die Historisierung des bürgerlichen Projekts – Europa, Osteuropa und die Kategorie der Rückständigkeit, in: Tel Aviver Jahrbuch für deutsche Geschichte 29, 2001, 163–170.
Ders., „Landbürger". Elitenkonzepte des polnischen Adels im 19. Jahrhundert, in: E. Conze/M. Wienford (Hrsg.), Adel und Moderne. Deutschland im europäischen Vergleich im 19. und 20. Jahrhundert. Köln/Weimar/Wien 2004, 87–106.
Ders., Adel und Elitenwandel in Ostmitteleuropa: Fragen an die polnische Adelsgeschichte im ausgehenden 18. und 19. Jahrhundert, in: ZfO 50 (4), 2001, 497–513.
G. Noiriel, Les Ouvriers dans la société française XIXe–XXe siècle. 2. Aufl. Paris 2002.
M. Perrot, Les ouvriers en grève: France 1871–1890. Tome 1 et 2. Paris 1974.
Ders., On the Formation of the French Working Class, in: I. Katznelson/A. R. Zolberg (Hrsg.), Working-Class Formation: Nineteenth-Century Patterns in Western Europe and the United States. Princeton 1986, 71–110.
M. Rasch/P. K. Weber (Hrsg.), Europäischer Adel als Unternehmer im Industriezeitalter. Essen 2017.
H. Reif, Der Adel im „langen 19. Jahrhundert". Alte und neue Wege der Adelsforschung, in: G. Clemens/M. König/M. Meriggi (Hrsg.), Hochkultur als Herrschaftselement. Italienischer und deutscher Adel im langen 19. Jahrhundert. Berlin 2011, 19–37.
H. Rosenberg, Machteliten und Wirtschaftskonjunkturen: Studien zur neueren deutschen Sozial- und Wirtschaftsgeschichte. Göttingen 1978.
P. Sarasin, Stadt der Bürger. Bürgerliche Macht und städtische Gesellschaft, Basel 1846–1914. 2. Aufl. Göttingen 1997.
G. Schildt, Frauenarbeit im 19. Jahrhundert. Pfaffenweiler 1993.
A. Tanner, Bürgertum und Bürgerlichkeit in der Schweiz. Die „Mittelklassen" an der Macht, in: J. Kocka (Hrsg.), Bürgertum im 19. Jahrhundert. Bd. 1: Deutschland im europäischen Vergleich. München 1988, 193–223.
K. Tenfelde/G. A. Ritter, Arbeiter im Deutschen Kaiserreich 1871–1914. Bonn 1992.
K. Tenfelde/H.-U. Wehler (Hrsg.), Wege zur Geschichte des Bürgertums. Göttingen 1994.
T. Tönsmeyer (Hrsg.), Adel und Politik in der Habsburgermonarchie und den Nachbarländern zwischen Absolutismus und Demokratie. München 2011.
Ders., Adelige Moderne. Großgrundbesitz und ländliche Gesellschaft in England und Böhmen 1848–1918. Köln/Weimar/Wien 2012.
T. Welskopp, Das Banner der Brüderlichkeit. Die deutsche Sozialdemokratie zwischen Vormärz und Sozialistengesetz. Bonn 2000.
U. Wikander, Von der Magd zur Angestellten. Macht, Geschlecht und Arbeitsteilung 1789–1950. Frankfurt am Main 1998.
M. Wrede/L. Bourquin (Hrsg.), Adel und Nation in der Neuzeit. Hierarchie, Egalität, Loyalität, 16.–20. Jahrhundert. Ostfildern 2016.

3.5 Soziale Frage und Sozialstaat

B. Althammer/A. Gestrich/J. Gründler (Hrsg.), The Welfare State and the ‚Deviant Poor' in Europe, 1870–1933. London 2014.

B. Althammer/L. Raphael/T. Stazic-Wendt (Hrsg.), Rescuing the Vulnerable. Poverty, Welfare and Social Ties in Modern Europe. Oxford/New York 2016.

L. Auslander/ M. Zancarini-Fournel (Hrsg.), Différence des sexes et protection sociale (XIXe–XXe siècles). Saint Denis 1995.

W. Ayaß/W. Rudloff/F. Tennstedt (Hrsg.), Sozialstaat im Werden. Bd. 1: Gründungsprozesse und Weichenstellungen im Deutschen Kaiserreich; Bd. 2: Schlaglichter auf Grundfragen. Stuttgart 2021.

R. Castel, Les Métamorphoses de la question sociale. Une chronique du salariat. Paris 1995.

C. Conrad, Vom Greis zum Rentner. Der Strukturwandel des Alters in Deutschland zwischen 1830 und 1930. Göttingen 1994.

Ders., Wohlfahrtsstaaten im Vergleich. Historische und sozialwissenschaftliche Ansätze, in: H.-G. Haupt/J. Kocka (Hrsg.), Geschichte und Vergleich. Ansätze und Ergebnisse international vergleichender Geschichtsschreibung. Frankfurt am Main/New York 1996, 155–180.

B. Dumons/G. Pollet, L'État et les retraites. Genèse d'une politique. Paris 1994.

M. Ellerkamp, Industriearbeit, Krankheit und Geschlecht. Zu den sozialen Kosten der Industrialisierung. Bremer Textilarbeiterinnen 1870–1914. Göttingen 1991.

S. Elwitt, The Third Republic Defended. Bourgeois Reform in France, 1880–1914. Baton Rouge 1986.

F. Fuchs, The Effects of Protective Labor Legislation on Women's Wages and Welfare. Lessons from Britain and France, in: Politics & Society 33, 2005, 595–636.

A. Gestrich/S. King/L. Raphael (Hrsg.), Being Poor in Modern Europe. Historical Perspectives 1800–1940. Oxford/Frankfurt am Main 2006.

L. Gordon, What does Welfare Regulate? In: Social Research 55, 1988, 609–630.

E. P. Hennock, The Origin of the Welfare State in England and Germany, 1850–1914: Social Policies Compared. Cambridge 2007.

Ders., British Social Reform and German Precedents. The Case of Social Insurance 1880–1914. Oxford 1987.

F.-X. Kaufmann, Varianten des Wohlfahrtsstaats. Der deutsche Sozialstaat im internationalen Vergleich. Frankfurt am Main 2003.

A. Kidd, State, Society and the Poor in Nineteenth-Century England. Basingstoke 1999.

B. Körner, Vom residualen zum institutionellen Wohlfahrtsstaat Italien. Sozialsystem im Wandel – zwischen dem Glanz der Gesetze und den Schatten der Realität. Baden-Baden 1993.

S. Kott, Sozialstaat und Gesellschaft. Das deutsche Kaiserreich in Europa. Göttingen 2014.

S. Koven/S. Michel, Womanly Duties. Maternalist Politics and the Origins of Welfare States in France, Germany, Great Britain, and the United States, 1880–1920, in: The American Historical Review 95, 1990, 1076–1108.

D. Langewiesche, „Staat" und „Kommune". Zum Wandel der Staatsaufgaben in Deutschland im 19. Jahrhundert, in: Historische Zeitschrift 248, 1989, 621–635.
C. Leonards/N. Randeraad, Transnational Experts in Social Reform, 1840–1880, in: IRSH 55, 2010, 215–239.
R. Marinello, Von der Arbeit zur Erziehung. Die Bedeutung der englischen Fabrikgesetze für die Herausbildung der Jugend im 19. Jahrhundert. Frankfurt am Main 2016.
A. Mitchel, The Divided Path. The German Influence on Social Reform in France after 1870. Chapel Hill 1991.
B. Palier (Hrsg.), A Long Goodbye to Bismarck? The Politics of Welfare Reform in Continental Europe. Amsterdam 2010.
F. F. Piven/R. A. Cloward, Welfare doesn't Shore up Traditional Family Roles. A Reply to Linda Gordon, in: Social Research 55, 1988, 631–647.
J. H. Quataert, (2001). Staging Philanthropy. Patriotic Women and National Imagination in Dynastic Germany, 1813–1916. Ann Arbor 2001.
P. Rabinow, French Modern. Norms and Forms of the Social Environment. Chicago 1995.
G. A. Ritter, Der Sozialstaat. Entstehung und Entwicklung im internationalen Vergleich. 2. Aufl. München 1991.
G. A. Ritter/K. Tenfelde, Arbeiter im Deutschen Kaiserreich 1871 bis 1914. Bonn 1992.
P. Rosanvallon, L'État en France de 1789 à nos jours. Paris 1993.
W. Rudloff, Vorreiter und Nachahmer? Deutschland in der internationalen Sozialpolitik, in: W. Ayaß/W. Rudloff/F. Tennstedt, Sozialstaat im Werden. Bd. 2: Schlaglichter auf Grundfragen. Stuttgart 2021, 186–248.
C. Sachße, Mütterlichkeit als Beruf. Sozialarbeit, Sozialreform und Frauenbewegung 1871–1929. 2. Aufl. Opladen 1994.
C. Sachße/F. Tennstedt, Geschichte der Armenfürsorge in Deutschland, Bd. 1: Vom Spätmittelalter bis zum 1. Weltkrieg. 2. Aufl. Stuttgart 1998.
Dies., Geschichte der Armenfürsorge in Deutschland, Bd. 2: Fürsorge und Wohlfahrtspflege 1871 bis 1929. Stuttgart 1988.
I. Schröder, Arbeiten für eine bessere Welt. Frauenbewegung und Sozialreform 1890–1914. Frankfurt am Main 2001.
B. Stambolis, Weibliche Wohltätigkeit im 19. Jahrhundert – „Goldkörner der Barmherzigkeit". Handlungsräume und -beschränkungen im caritativen Engagement, in: E. Kruse/E. Tegeler (Hrsg.), Weibliche und männliche Entwürfe des Sozialen. Wohlfahrtsgeschichte im Spiegel der Genderforschung. Opladen 2007, 52–72.
G. Steinmetz, Regulating the Social. The Welfare State and Local Politics in Imperial Germany. Princeton 1993.
J. F. Stone, The Search for Social Peace. Reform Legislation in France, 1890–1914. Albany 1985.
D. Süß/C. Torp, Solidarität – Vom 19. Jahrhundert bis zur Coronakrise. Bonn 2021.
C. Topalov (Hrsg.), Laboratoires du nouveau siècle. La nébuleuse réformatrice et ses réseaux en France 1880–1914. Paris 1999.
Ders., Naissance du Chômeur, 1880–1910. Paris 1994.
E. Wilson, Women and the Welfare State. London 1977.

4 Koloniale Expansion und transnationale Verschränkungen

4.1 Europas Neuordnung nach 1870/71

W. Baumgart, Die „Orientalische Frage" – redivivus? Große Mächte und kleine Nationalitäten 1820–1923, in: Tel Aviver Jahrbuch für deutsche Geschichte 28, 1999, 33–55.

Ders., Europäisches Konzert und nationale Bewegung. Internationale Beziehungen 1830–1878. Paderborn 1999.

J. Bew, Realpolitik. A History. Oxford 2016.

K. Canis, Bismarcks Außenpolitik 1870–1890. Aufstieg und Gefährdung. 2. Aufl. Paderborn 2008.

E. Conze, „Wer von Europa spricht hat Unrecht." Aufstieg und Verfall des vertragsrechtlichen Multilateralismus im europäischen Staatensystem des 19. Jahrhunderts, in: HJb 121, 2001, 214–241.

H. Deininger, Frankreich – Rußland – Deutschland 1871–1891. Die Interdependenz von Außenpolitik, Wirtschaftsinteressen und Kulturbeziehungen im Vorfeld des russisch-französischen Bündnisses. München 1983.

A. Doering-Manteuffel, Die deutsche Frage und das europäische Staatensystem 1815–1871. 3. Aufl. München 2010.

J. Dülffer, Bismarck und das Problem des europäischen Friedens, in: Ders./H. Hübner (Hrsg.), Otto von Bismarck: Person – Politik – Mythos. Berlin 1993, 107–121.

E. Frie, Das Deutsche Kaiserreich. Darmstadt 2004.

A. K. Gayan, La Realpolitik, élément incontournable des relations internationales, in: Revue internationale et stratégique 67, 2007, 95–104.

K. Hildebrand, Das Vergangene Reich. Deutsche Außenpolitik von Bismarck bis Hitler 1871–1945. Stuttgart 1995.

K. Hildebrand/E. Kolb (Hrsg.), Otto von Bismarck im Spiegel Europas. Paderborn 2006.

A. Hillgruber, Bismarcks Außenpolitik. Freiburg im Breisgau 1972.

J. Janorschke, Bismarck, Europa und die „Krieg-in-Sicht"-Krise von 1875. Paderborn 2009.

G. F. Kennan, Bismarcks europäisches System in der Auflösung. Die französisch-russische Annäherung 1875–1890. Frankfurt am Main/Berlin/Wien 1981.

E. Kolb (Hrsg.), Europa und die Reichsgründung. Preußen–Deutschland in der Sicht der großen europäischen Mächte 1860–1880. München 1980.

R. Lahme, Deutsche Außenpolitik 1890–1894. Von der Gleichgewichtspolitik Bismarcks zur Allianzstrategie Caprivis. Göttingen 1990.

U. Lappenküper/K. Urbach (Hrsg.), Realpolitik für Europa. Bismarcks Weg. Paderborn 2016.

J. Leonhard/U. von Hirschhausen (Hrsg.), Comparing Empires Encounters and Transfers in the long Nineteenth Century. Göttingen 2011.

R. A. Mark, Im Schatten des „Great Game". Deutsche „Weltpolitik" und russischer Imperialismus in Zentralasien 1871–1914. Paderborn 2012.

W. J. Mommsen, Großmachtstellung und Weltpolitik 1870–1914. Die Außenpolitik des Deutschen Reiches. Frankfurt am Main/Berlin 1993.
M. Ohnezeit, Das Ende des Deutsch-Französischen Krieges, die Reichsgründung und die Annexion Elsaß-Lothringens, in: J. Ganschow/O. Haselhorst/M. Ohnezeit (Hrsg.), Der Deutsch-Französische Krieg 1870/71. Vorgeschichte – Verlauf – Folgen. Graz 2009, 190–228.
J. Paulmann, Pomp und Politik. Monarchenbegegnungen in Europa zwischen Ancien Régime und Erstem Weltkrieg. Paderborn 2000.
A. Rose, Deutsche Außenpolitik in der Ära Bismarck (1862–1890). Darmstadt 2013.
M. Schwartz, Ethnische „Säuberungen" in der Moderne. Globale Wechselwirkungen nationalistischer und rassistischer Gewaltpolitik im 19. und 20. Jahrhundert. München 2013.
B. Simms, The European great power System after 1870, in: U. Lappenküper (Hrsg.), Realpolitik für Europa. Bismarcks Weg. Paderborn 2016, 65–86.
I. St. John, The Historiography of Gladstone and Disraeli. London 2016.
V. Steller, Diplomatie von Angesicht zu Angesicht. Diplomatische Handlungsformen in den deutsch-französischen Beziehungen 1870–1919. Paderborn 2011.
J. Stone, The War Scare of 1875. Bismarck and Europe in the Mid-1870s. Stuttgart 2010.
H.-U. Wehler, Moderne Politikgeschichte oder „Große Politik der Kabinette"? In: GG 1 (2/3), 1975, 344–369.
G. Ziebura (Hrsg.), Grundfragen der deutschen Außenpolitik seit 1871. Darmstadt 1975.

4.2 Kolonialismus

V. Barth/R. Cvetkovski (Hrsg.), Imperial Co-operation and Transfer, 1870–1930: Empires and Encountes. London 2015.
M. Bechhaus-Gerst/M. Leutner (Hrsg.), Frauen in den deutschen Kolonien. Berlin 2009.
S. Conrad, Deutsche Kolonialgeschichte. München 2008.
F. Cooper, Colonialism in Question. Theory, Knowledge History. Berkeley 2005. (dt.: Kolonialismus denken. Konzepte und Theorien in kritischer Perspektive. Frankfurt am Main 2012)
F. Cooper/A. L. Stoler (Hrsg.), Tensions of Empire. Colonial Cultures in a Bourgeois World. Berkeley 1997.
C. Coquio (Hrsg.), Retours du colonial? Disculpation et réhabilitation de l'histoire coloniale. Nantes 2008.
J. Darwin, After Tamerlane. The Global History of Empire since 1405. London 2007.
F. Deprest, Géographes en Algérie (1880–1950). Savoirs universitaires en situation coloniale. Paris 2009.
A. Dietrich, „Weiße Weiblichkeiten". Konstruktionen von „Rasse" und Geschlecht im deutschen Kolonialismus. Bielefeld 2007.
A. Eckert, Kolonialismus. Frankfurt am Main 2006.

Ders., Die Berliner Afrika-Konferenz (1884/85), in: J. Zimmerer (Hrsg.), Kein Platz an der Sonne. Erinnerungsorte der deutschen Kolonialgeschichte. Frankfurt am Main/New York 2013, 137–149.

C. Elkins, Legacy of Violence. A History of the British Empire. New York 2022.

M. Ferro (Hrsg.), Le Livre noir du colonialisme. Paris 2003.

L. H. Gann, Marginal Colonialism. The German Case, in: A. J. Knoll/L. H. Gann (Hrsg.), Germans in the Tropics. Essays in German Colonial History. New York 1987, 1–18.

D. Ghosh, Another Set of Imperial Turns? In: The American Historical Review 117, 2012, 772–793.

H. Gründer, Eine Geschichte der europäischen Expansion. Von Entdeckern und Eroberern zum Kolonialismus. Stuttgart 2003.

R. Habermas/R. Hölzl (Hrsg.), Mission global. Eine Verflechtungsgeschichte seit dem 19. Jahrhundert. Köln/Weimar/Wien 2014.

U. van der Heyden, Die Afrika-Geschichtsschreibung der ehemaligen DDR. Versuch einer kritischen Aufarbeitung, in: Afrika Spectrum 27, 1992, 207–211.

A. Hochschild, King Leopold's Ghost. A Story of Greed, Terror and Heroism in colonial Africa. Boston/New York 1999.

R. Hölzl, Gläubige Imperialisten. Katholische Mission in Deutschland und Ostafrika (1830–1960). Frankfurt am Main/New York 2021.

S. Howe, Colonising and Exterminating? Memories of Imperial Violence in Britain and France, in: Histoire@Politique 11 (2), 2010, https://doi.org/10.3917/hp.011.0012 (12.102022).

S. Jahan/A. Ruscio (Hrsg.), Histoire de la colonisation. Réhabilitations, Falsifications et Instrumentalisations. Paris 2008.

L. James, The Rise and Fall of the British Empire. New York 1997.

C. Kraft/A. Lüdtke/J. Martschukat (Hrsg.), Kolonialgeschichten. Regionale Perspektiven auf ein globales Phänomen. Frankfurt am Main/New York 2010.

B. Kundrus (Hrsg.), Phantasiereiche. Zur Kulturgeschichte des deutschen Kolonialismus. Frankfurt am Main/New York 2003.

Ders., Moderne Imperialisten. Das Kaiserreich im Spiegel seiner Kolonien. Köln/Weimar/Wien 2003.

A. Kwaschik, Der Griff nach dem Weltwissen. Zur Genealogie von Area Studies im 19. und 20. Jahrhundert. Göttingen 2018.

O. Le Cour Grandmaison, Coloniser, exterminer. Sur la guerre et l'État colonial. Paris 2005.

D. Lejeune, Les sociétés de géographie en France et l'expansion coloniale au XIXe siècle. Paris 1993.

U. Lindner, Koloniale Begegnungen: Deutschland und Großbritannien als Imperialmächte in Afrika 1880–1914. Frankfurt am Main/New York 2011.

Dies., Neuere Kolonialgeschichte und Postcolonial Studies, https://docupedia.de/zg/Neuere_Kolonialgeschichte_und_Postcolonial_Studies (11.10.2022).

Dies., Plätze an der Sonne? Die Geschichtsschreibung auf dem Weg in die deutschen Kolonien, in: AfS 48, 2008, 487–510.

J. Marchal, L'État libre du Congo. Paradis perdu. L'histoire du Congo 1876–1900. Borgloon 1996.

A. McClintock, Imperial Leather. Race, Gender and Sexuality in the Colonial Contest. New York/Oxfordshire 1995.
J. Meyer et al. (Hrsg), Histoire de la France coloniale. Tome 1. Des origines à 1914. Paris 1991.
B. Nasson, Das Britische Empire. Ein Weltreich unterm Union Jack. Essen 2007.
A. Perry, On the Edge of Empire. Gender, Race, and the Making of British Columbia, 1849–1871. Toronto 2002.
A. Porter, Religion versus Empire? British Protestant missionaries and overseas expansion, 1700–1914. Manchester/New York 2004.
L. Ratschiller/K. Wetjen (Hrsg.), Verflochtene Mission. Perspektiven auf eine neue Missionsgeschichte. Köln/Weimar/Wien 2018.
P. Singaravélou, Professer l'Empire. Les „sciences coloniales" en France sous la IIIe République. Paris 2011.
S. Stockwell (Hrsg.), The British Empire. Themes and Perspectives. Malden/Oxford/Victoria 2008.
A. L. Stoler, Carnal Knowledge and Imperial Power. Race and the Intimate in Colonial Rule. Berkley 2002.
A. L. Stoler/C. McGranahan/P. C. Perdue (Hrsg.), Imperial Formations. Santa Fe 2007.
B. Stuchtey, Die Europäische Expansion und ihre Feinde. Kolonialismuskritik vom 18. bis in das 20. Jahrhundert. München 2010.
Ders., Geschichte des Britischen Empire. München 2021.
G. N. Uzoigwe, European Partition and Conquest of Africa. An Overview, in: A. Adu Boahen (Hrsg.), General History of Africa, VII. Africa under Colonial Domination 1880–1935, Paris/London/Berkeley 1985, 19–44.
J.-L. Vellut (Hrsg.), La Mémoire du Congo. Le temps colonial. Gent 2005.
H.-U. Wehler, Bismarck und der Imperialismus. 5. Aufl. Frankfurt am Main 1984.
P. Williams/L. Chrisman (Hrsg.), Colonial Discourse and Post-Colonial Theory. A Reader. New York/Oxfordshire 1994.
J. Zimmerer (Hrsg.), Von Windhuk nach Auschwitz? Beiträge zum Verhältnis von Kolonialismus und Holocaust. Münster 2011.

4.3 Internationale Organisationen und transnationale Verfechtungen

F. Bensimon, Deluermoz und Moisand (Hrsg.), „Arise Ye Wretched of the Earth". The First International in a Global Perspective. Leiden 2018.
J. Boli/G. M. Thomas (Hrsg.), Constructing World Culture. International Nongovernmental Organizations since 1875. Stanford 1999.
P.-F. Boucheron (Hrsg), Histoire mondiale de la France. Paris 2017.
G. Budde/S. Conrad/O. Janz (Hrsg.), Transnationale Geschichte. Themen, Tendenzen und Theorien. Göttingen 2006.
D. Chakrabarty, Provincializing Europe. Postcolonial Thought and Historical Difference. Princeton 2000.
S. Conrad, Globalisierung und Nation im Deutschen Kaiserreich. München 2006.

S. Conrad/J. Osterhammel (Hrsg.), Das Kaiserreich transnational. Deutschland in der Welt 1871–1914. Göttingen 2004.

J. Dülffer/W. Loth (Hrsg.), Dimensionen internationaler Geschichte. München 2012.

M. Espagne/M. Werner (Hrsg.), Transferts. Les relations interculturelles dans l'espace franco-allemand (XVIIIe et XIXe siècle). Paris 1988.

P. Gassert, Transnationale Geschichte, Version: 2.0, in: Docupedia-Zeitgeschichte, 29.10.2012 http://docupedia.de/zg/gassert_transnationale_geschichte_v2_de_2012 (12.10.2022).

M. H. Geyer/J. Paulmann (Hrsg.), The Mechanics of Internationalism. Culture, Society, and Politics from the 1840s to the First World War. London/Oxford 2001.

H.-G. Haupt, Une nouvelle sensibilité. La perspective „transnationale". Une note critique, in: Cahiers Jaurès 200, 2011, 173–180.

H.-G. Haupt/J. Kocka (Hrsg.), Geschichte und Vergleich. Ansätze und Ergebnisse international vergleichender Geschichtsschreibung. Frankfurt am Main/New York 1996.

M. Herren, Hintertüren zur Macht. Internationalismus und modernisierungsorientierte Außenpolitik in Belgien, der Schweiz und den USA, 1865–1914. München 2000.

Dies., Internationale Organisationen seit 1865. Eine Globalgeschichte der internationalen Ordnung. Darmstadt 2009.

I. Herrmann, L'humanitaire en questions. Réflexions autour de l'histoire du Comité international de la Croix Rouge. Paris 2018.

F. van Holthoon/M. van der Linden (Hrsg.), Internationalism in the Labour Movement: 1830–1940. Leiden 1988.

A. Iriye, Global Community. The Role of International Organizations in the Making of the Contemporary World. Berkeley/Los Angeles/London 2002.

A. Iriye/P.-Y. Saunier (Hrsg.), The Palgrave Dictionary of Transnational History. Basingstoke 2009.

H. Kaelble, Historisch Vergleichen. Eine Einführung. Frankfurt am Main/New York 2021.

J. A. Kämmerer, Das Völkerrecht des Kolonialismus: Genese, Bedeutung und Nachwirkungen, in: Verfassung und Recht in Übersee / Law and Politics in Africa, Asia and Latin America 39/4, 2006, 397–424.

M. E. Keck/K. Sikkink, Activists beyond Borders. Advocacy Networks in International Politics. Ithaca 1998.

M. König/E. Julien, WBG Deutsch-Französische Geschichte, Bd. VII: Verfeindung und Verflechtung. Deutschland und Frankreich 1870–1918. Darmstadt 2019.

M. Koskenniemi, The Gentle Civilizer of Nations. The Rise and Fall of International Law 1870–1960. Cambridge 2009.

D. Laqua, The Age of Internationalism and Belgium, 1880–1930. Peace, Progress and Prestige. Manchester/New York 2013.

A. Littoz-Monnet (Hrsg.), The Politics of Expertise in International Organizations. How International Bureaucracies produce and mobilize Knowledge. London 2017.

F. S. L. Lyons, Internationalism in Europe 1815–1914. Leiden 1963.

C. N. Murphy, International Organization and Industrial Change. Global Governance since 1850. Oxford 1994.

J. Osterhammel, Geschichtswissenschaft jenseits des Nationalstaats. Studien zu Beziehungsgeschichte und Zivilisationsvergleich. 2. Aufl. Göttingen 2003.
K. K. Patel, Transnationale Geschichte, in: Europäische Geschichte Online, 12.03.2010, http://ieg-ego.eu/de/threads/theorien-und-methoden/transnationale-geschichte/klaus-kiran-patel-transnationale-geschichte (13.11.2022).
J. Paulmann, Reformer, Experten und Diplomaten. Grundlagen des Internationalismus im 19. Jahrhundert, in: H. Thiessen/C. Windler (Hrsg.), Akteure der Außenbeziehungen. Netzwerke und Interkulturalität im historischen Wandel. Köln/Weimar/Wien 2010, 173–197.
Ders., Grenzüberschreitungen und Grenzräume. Überlegungen zur Geschichte transnationaler Beziehungen von der Mitte des 19. Jahrhunderts bis in die Zeitgeschichte, in: E. Conze/U. Lappenküper/G. Müller (Hrsg.), Geschichte der internationalen Beziehungen. Erneuerungen und Erweiterung einer historischen Disziplin. Köln/Weimar/Wien 2004, 169–196.
B. Reinalda, Routledge History of International Organizations. From 1815 to the Present Day. London 2009.
P.-Y. Saunier, Learning by Doing. Notes about the Making of the Palgrave Dictionary of Transnational History, in: JModH 6, 2008, 159–180.
G. Sluga, Internationalism in the Age of Nationalism. Philadelphia 2013.
T. Welskopp, Stolpersteine auf dem Königsweg. Methodenkritische Anmerkungen zum internationalen Vergleich in der Gesellschaftsgeschichte, in: AfS 35, 1995, 339–367.
M. Werner/B. Zimmermann, Vergleich, Transfer, Verflechtung. Der Ansatz der Histoire croisée und die Herausforderung des Transnationalen, in: GG 28, 2002, 607–636.

5 Wissens- und Mediengesellschaft

5.1 Mediale Vielfalt

A.-C. Ambroise-Rendu, Petits récits des désordres ordinaires. Les faits divers dans la presse française des débuts de la Troisième République à la Grande Guerre. Paris 2004.
G. J. Baldasty, The Commercialization of News in the Nineteenth Century. Madison 1992.
C. Barrera (Hrsg.), Del gacetero al profesional del periodismo. Evolución histórica de los actores humanos del cuarto poder. Madrid 1999.
V. Barth, Wa(h)re Fakten. Wissensproduktionen globaler Nachrichtenagenturen 1835–1939. Göttingen 2020.
F. Becker, Augen-Blicke der Größe. Das Panorama als nationaler Erlebnisraum nach dem Krieg von 1870/71, in: J. Requate (Hrsg.), Das 19. Jahrhundert als Mediengesellschaft. Les médias au XIXe siècle. München 2009, 178–191.
C. Bellanger/J. Godechot/P. Guiral/F. Terrou (Hrsg.), Histoire Générale de la Presse Française, Tome 3. De 1871 à 1940. Paris 1972.

H. Binder, Das polnische Pressewesen, in: H. Rumpler/P. Urbanitsch (Hrsg.), Die Habsburgermonarchie 1848–1918. Bd. VIII: Politische Öffentlichkeit, und Zivilgesellschaft, 2. Teilbd.: Die Presse als Faktor der politischen Mobilisierung. Wien 2006, 2037–2090.

Ders., Das ruthenische Pressewesen, in: H. Rumpler/P. Urbanitsch (Hg.), Die Habsburgermonarchie 1848–1918. Bd. VIII: Politische Öffentlichkeit und Zivilgesellschaft, 2. Teilbd.: Die Presse als Faktor der politischen Mobilisierung. Wien 2006, 2091–2126.

F. Bösch, Mediengeschichte. Vom asiatischen Buchdruck zum Computer. 2. Aufl. Frankfurt am Main/New York 2019.

Ders., Öffentliche Geheimnisse. Skandale, Politik und Medien in Deutschland und Großbritannien 1880–1914. München 2009.

G. Boyce/J. Curran/P. Wingate (Hrsg.), Newspaper History. From the Seventeenth Century to the Present Day. London 1978.

L. Brake/M. Demoor/M. Beetham/G. Dawson/O. Dekkers/I. Haywood (Hrsg.), Dictionary of Nineteenth-Century Journalism in Great Britain and Ireland. Gent/London 2009.

M. J. Broersma, Form and Style in Journalism. European Newspapers and the Representation of News 1880–2005. Leuven 2007.

L. Brown, Victorian News and Newspapers. Oxford/New York 1985.

J. K. Chalaby, The Invention of Journalism. London 1998.

D. Chambers/L. Steiner/C. Fleming, Women and Journalism. London 2004.

J. L. Chapman, Comparative Media History. An Introduction: 1789 to the Present. Cambridge/Malden 2005.

C. Charle, Le Siècle de la Presse (1830–1939). Paris 2004.

M. Conboy, The Press and Popular Culture. London 2002.

D. Balmuth, Origins of the Russian Press Reform of 1865, in: The Slavonic and East European Review 47, 1969, 369–388.

P. van den Dungen, Milieux de presse et journalistes en Belgique (1828–1914). Brüssel 2005.

G. Eckley, Maiden Tribute. A Life of W. T. Stead. Philadelphia 2007.

T. Ferenczi, L'Invention du journalisme en France. Naissance de la presse moderne à la fin du XIXe siècle. Paris 1993.

D. Finkelstein (Hrsg.), The Edinburgh History of the British and Irish Press, Vol. 2. Expansion and Evolution, 1800–1900. Edinburgh 2020.

J. Francisco Fuentes/J. Fernández Sebastián, Historia del Periodismo Español. Prensa, Política y Opinión pública en la España contemporánea. Madrid 1997.

S. Hillerich, Deutsche Auslandskorrespondenten im 19. Jahrhundert. Die Entstehung einer transnationalen journalistischen Berufskultur. Berlin/Boston 2018.

M. Homberg, Reporter-Streifzüge. Metropolitane Nachrichtenkultur und die Wahrnehmung der Welt 1870–1918. Göttingen 2017.

S. Høyer/H. Pottker (Hrsg.), Diffusion of the News Paradigm 1850–2000. Göteborg 2005.

M. L. Humanes, Nacimiento de la Conciencia Profesional en los Periodistas españoles (1883–1936), in: C. Barrera (Hrsg.), Del gacetero al profesional del periodismo. Evolución histórica de los actores humanos del cuarto poder. Madrid 1999, 41–54.

D. Kalifa, La Culture de masse en France, Tome 1. 1860–1930. Paris 2001.
S. Kinnebrock, Frauen und Männer im Journalismus. Eine historische Betrachtung, in: M. Thiele (Hrsg.), Konkurrenz der Wirklichkeiten. Wilfried Scharf zum 60. Geburtstag. Göttingen 2005, 101–132.
S. E. Koss, The Rise and Fall of the Political Press in Britain. Vol. 1: The Nineteenth Century. London 1981.
Ders., The Rise and Fall of the Political Press in Britain. Vol. 2: The Twentieth Century. London 1984.
R. Luckhurst/L. Brake/J. Mussell/E. King (Hrsg.), W. T. Stead. Newspaper Revolutionary. London 2012.
M. Martin, Les grands reporters. Les débuts du journalisme moderne. Paris 2005.
R. Matthews, The History of the Provincial Press in England. New York/London/Oxford/New Delhi/Sydney 2017.
L. McReynolds, The News under Russia's Old Regime. The Development of a Mass-Circulation Press. Princeton 1991.
G. Melischek/J. Seethaler, Presse und Modernisierung in der Habsburgermonarchie, in: H. Rumpler/P. Urbanitsch (Hrsg.), Die Habsburgermonarchie 1848–1918. Bd. VIII: Politische Öffentlichkeit und Zivilgesellschaft, Teilbd. 2: Die Presse als Faktor der politischen Mobilisierung. Wien 2006, 1535–1714.
P. Murialdi, Storia del giornalismo italiano. Bologna 1996.
M. B. Palmer, Des petits journaux aux grandes agences. Naissance du journalisme moderne, 1863–1914. Paris 1983.
L. H. Peterson (Hrsg.), The Cambridge Companion to Victorian Women's Writing. Cambridge 2015.
J. Requate (Hrsg.), Das 19. Jahrhundert als Mediengesellschaft. Les médias aux XIXe siècle. München 2009.
Ders., Öffentlichkeit und Medien als Gegenstände historischer Analyse, in: GG 25, 1999, 5–32.
Ders., Journalismus als Beruf. Entstehung und Entwicklung des Journalistenberufs im 19. Jahrhundert. Deutschland im internationalen Vergleich. Göttingen 1995.
W. S. Robinson, Muckraker. The scandalous Life and Times of W. T. Stead, Britain's first investigative Journalist. London 2012.
J. Shattock (Hrsg.), Journalism and the Periodical Press in Nineteenth-Century Britain. Cambridge 2017.
M. E. Tusan, Women Making the News. Gender and Journalism in Modern Britain. Urbana/Chicago 2005.
L. Vogl-Bienek, Lichtspiele im Schatten der Armut. Historische Projektionskunst und Soziale Frage. Frankfurt am Main 2016.
J. R. Walkowitz, City of Dreadful Delight. Narratives of Sexual Danger in Late-Victorian London. Chicago 1992.
J. H. Wiener, The Americanization of the British Press, 1830s–1914. Speed in the Age of Transatlantic Journalism. Basingstoke 2011.

5.2 Bildung und Wissenschaften

J. C. Albisetti, Schooling German Girls and Women. Secondary and Higher Education in the Nineteenth-Century. Princeton 1988.

R. D. Anderson, European Universities from the Enlightenment to 1914. Oxford 2004.

K. Bayertz, Sozialdarwinismus in Deutschland 1860–1900, in: E.-M. Engels (Hrsg.), Charles Darwin und seine Wirkung. Frankfurt am Main 2009, 178–202.

K. Belser/G. Einsele/R. Gratzfeld/R. Schnurrenberger (Hrsg.), Ebenso neu als kühn: 120 Jahre Frauenstudium an der Universität Zürich. Zürich 1988.

S. Berger, Bakterien in Krieg und Frieden. Eine Geschichte der medizinischen Bakteriologie in Deutschland 1890–1933. Göttingen 2009.

S. Brim, Universitäten und Studentenbewegungen in Russland im Zeitalter der Großen Reformen 1855–1881. Frankfurt am Main/Bern 1985.

L. L. Clark, Women and Achievement in Nineteenth-Century Europe. Cambridge 2008.

I. Costas, Die Öffnung der Universitäten für Frauen – Ein internationaler Vergleich für die Zeit vor 1914, in: Leviathan 23, 1995, 496–516.

A. W. Daum, Wissenschaftspopularisierung im 19. Jahrhundert. Bürgerliche Kultur, naturwissenschaftliche Bildung und die deutsche Öffentlichkeit, 1848–1914. 2. Aufl. München 2002.

C. Dyhouse, No Distinction of Sex? Women in British Universities, 1870–1939. London 1995.

E.-M. Engels (Hrsg.), Charles Darwin und seine Wirkung. Frankfurt am Main 2009.

E.-M. Engels/O. Betz/H.-R. Köhler/T. Potthast (Hrsg.), Charles Darwin und seine Bedeutung für die Wissenschaften. Tübingen 2011.

E.-M. Engels/T. F. Glick (Hrsg.), The Reception of Charles Darwin in Europe. London/New York 2008.

S. Fisch, Geschichte der europäischen Universität. Von Bologna nach Bologna. München 2015.

E. François, Alphabetisierung in Frankreich und Deutschland während des 19. Jahrhunderts. Erste Überlegungen zu einer vergleichenden Analyse, in: Zeitschrift für Pädagogik 29, 1983, 755–768.

C. Goschler (Hrsg.), Wissenschaft und Öffentlichkeit in Berlin, 1870–1930. Stuttgart 2000.

Ders., Rudolf Virchow. Mediziner, Anthropologe, Politiker. Köln/Weimar/Wien 2002.

C. Gradmann, Krankheit im Labor. Robert Koch und die medizinische Bakteriologie. Göttingen 2005.

J. Harvey, Charles Darwins „Selective Strategies". Die französische versus die englische Reaktion, in: E.-M. Engels (Hrsg.), Die Rezeption von Evolutionstheorien im 19. Jahrhundert. Frankfurt am Main 1995, 225–261.

A. C. Hüntelmann, History of Experimental Animals and the History of Animal Experiments, in: M. Roscher/A. Krebber /B. Mizelle (Hrsg.), Handbook of Historical Animal Studies. Berlin/Boston 2021, 509–524.

E. Johach, Krebszelle und Zellenstaat. Zur medizinischen und politischen Metaphorik in Rudolf Virchows Zellularpathologie. Freiburg im Breisgau 2008.

C. Kretschmann (Hrsg.), Wissenspopularisierung. Konzepte der Wissensverbreitung im Wandel. Berlin 2003.

K. Kreuder-Sonnen, Wie man Mikroben auf Reisen schickt. Zirkulierendes bakteriologisches Wissen und die polnische Medizin 1885–1939. Tübingen 2018.

B. Latour, Les Microbes. Guerre et Paix, suivi de Irréductions. Paris 1984. (engl: The Pasteurization of France. Cambridge 1988).

Ders., Why Has Critique Run out of Steam? From Matters of Fact to Matters of Concern, in: Critical Inquiry 30, 2004, 225–248.

B. Latour/S. Woolgar, Laboratory Life. The Social Construction of Scientific Facts. 2. Aufl. Princeton 1986.

T. Lenoir, Politik im Tempel der Wissenschaft. Forschung und Machtausübung im deutschen Kaiserreich. Frankfurt am Main/New York 1992.

C. E. McClelland, State, society and university in Germany 1700–1914. Cambridge 2008.

D. K. Müller/F. K. Ringer/B. Simon, The Rise of the Modern Educational System. Structural Change and Social Reproduction 1870–1920. Cambridge 1987.

M. Ogawa, Die Cholera und der Suez-Kanal. Die britische Debatte über Robert Kochs Theorie des Cholerabazillus, in: P. Sarasin/S. Berger/M. Hänseler/M. Spörri (Hrsg.). Bakteriologie und Moderne. Studien zur Biopolitik des Unsichtbaren. 1870–1920. Frankfurt am Main 2007, 285–326.

S. Paletschek, Verbreitete sich ein „Humboldt'sches Modell" an den deutschen Universitäten im 19. Jahrhundert? In: R. C. Schwinges (Hrsg.), Humboldt International. Der Export des deutschen Universitätsmodells im 19. und 20. Jahrhundert. Basel 2001, 75–104.

A. Perrot/M. Schwartz, Robert Koch und Louis Pasteur. Duell zweier Giganten. Darmstadt 2015.

U. Pörksen, Zur Metaphorik der naturwissenschaftlichen Sprache, in: Ders., Zur Geschichte deutscher Wissenschaftssprachen. Aufsätze, Essays, Vorträge und die Abhandlung „Erkenntnis und Sprache in Goethes Naturwissenschaft", hg. von J. Schiewe. Berlin/Boston 2020, 355–372.

J. von Puttkamer, Schulalltag und nationale Integration in Ungarn. Slowaken, Rumänen und Siebenbürger Sachsen in der Auseinandersetzung mit der ungarischen Staatsidee 1867–1914. München 2003.

F. K. Ringer, Education and Society in Modern Europe. Bloomington 1979.

W. Rüegg (Hrsg.), A History of the University in Europe. Vol. III: Universities in the Nineteenth and Early Twentieth Centuries (1800–1945). Cambridge 2004.

S. Samida (Hrsg.), Inszenierte Wissenschaft. Zur Popularisierung von Wissen im 19. Jahrhundert. Bielefeld 2011.

P. Sarasin, Darwin und Foucault. Genealogie und Geschichte im Zeitalter der Biologie. Frankfurt am Main 2009.

Ders., Die Visualisierung des Feindes. Über metaphorische Technologien der frühen Bakteriologie, in: P. Sarasin/S. Berger/M. Hänseler/M. Spörri (Hrsg.), Bakteriologie und Moderne. Studien zur Biopolitik des Unsichtbaren, 1870–1920. Frankfurt am Main 2007, 427–461.

P. Sarasin/S. Berger/M. Hänsler/M. Spörri (Hrsg.) Bakteriologie und Moderne. Studien zur Biopolitik des Unsichtbaren, 1870–1920. Frankfurt am Main 2007.

A. Schwarz, Der Schlüssel zur modernen Welt. Wissenschaftspopularisierung in Großbritannien und Deutschland im Übergang zur Moderne (ca. 1870–1914). Stuttgart 1999.

R. C. Schwinges (Hrsg.), Humboldt International. Der Export des deutschen Universitätsmodells im 19. und 20. Jahrhundert. Basel 2001.

D. A. Sdvizkov, Das Zeitalter der Intelligenz. Zur vergleichenden Geschichte der Gebildeten in Europa bis zum Ersten Weltkrieg. Göttingen 2006.

K. von Soden, Auf dem Weg in die Tempel der Wissenschaft. Zur Durchsetzung des Frauenstudiums im Wilhelminischen Deutschland, in: U. Gerhard (Hrsg.), Frauen in der Geschichte des Rechts. Von der frühen Neuzeit bis zur Gegenwart. München 1997, 617–632.

M. Tichy, Die geschlechtliche Un-Ordnung. Facetten des Widerstands gegen das Frauenstudium von 1870 bis zur Jahrhundertwende, in: W. Heindl/M. Tichy (Hrsg.), „Durch Erkenntnis zu Freiheit und Glück…". Frauen an der Universität Wien (ab 1897). Wien 1990, 27–48.

D. Vincent, The Rise of Mass Literacy. Reading and Writing in Modern Europe. Cambridge 2000.

T. Weber, „Our Friend, The Enemy": Elite Education in Britain and Germany before World war I. Cambridge 2008.

G. Weisz, The Emergence of Modern Universities in France, 1863–1914. Princeton 2014.

P. Wörster (Hrsg.), Universitäten im östlichen Mitteleuropa. Zwischen Kirche, Staat und Nation – Sozialgeschichtliche und politische Entwicklungen. München 2008.

F. Zampieri, Early Darwinism and Italian Pychiatry. The Case of Cesare Lombroso, in: Medicina & Storia 1–2, 2012, 111–138.

M. Zarimis, Darwin's Footprint. Cultural Perspectives on Evolution in Greece (1880–1930s). Budapest 2015.

5.3 Zeitlichkeit, Emotionalität und Religiosität

M. L. Anderson, Piety and Politics. Recent Work on German Catholicism, in: JModH 63, 1991, 681–716.

B. Aschmann (Hrsg.), Gefühl und Kalkül. Der Einfluss von Emotionen auf die Politik des 19. und 20. Jahrhunderts. Stuttgart 2005.

Dies., „Das Zeitalter des Gefühls"? Zur Relevanz von Emotionen im 19. Jahrhundert, in: Dies. (Hrsg.), Durchbruch der Moderne? Neue Perspektiven auf das 19. Jahrhundert. Frankfurt am Main/New York 2019, 83–118.

I. R. Bartky, One Time Fits All: The Campaigns for Global Uniformity. Stanford 2007.

D. Blackbourn, The Catholic Church in Europe since the French Revolution, in: CSSH 33, 1991, 778–790.

Ders., Wenn ihr sie wieder seht, fragt wer sie sei. Marienerscheinungen in Marpingen – Aufstieg und Niedergang des deutschen Lourdes. Hamburg 1997.

N. Busch, Die Feminisierung der ultramontanen Frömmigkeit, in: I. Götz von Olenhusen (Hrsg.), Wunderbare Erscheinungen. Frauen und katholische Frömmigkeit im 19. und 20. Jahrhundert. Paderborn 1995, 203–219.

Ders., Katholische Frömmigkeit und Moderne. Die Sozial- und Mentalitätsgeschichte des Herz-Jesu-Kultes in Deutschland zwischen Kulturkampf und Erstem Weltkrieg. Gütersloh 1997.

S. Conrad, „Nothing Is the Way It Should Be". Global Transformations of the Time Regime in the Nineteenth Century, in: Modern Intellectual History 15, 2018, 821–848.

A. Corbin, Die Sprache der Glocken. Ländliche Gefühlskultur und symbolische Ordnung in Frankreich des 19. Jahrhunderts. Frankfurt am Main 1995.

U. Frevert, Was haben Gefühle in der Geschichte zu suchen? In: GG 35, 2009, 183–208.

N. Freytag, Aberglauben im 19. Jahrhundert. Preußen und seine Rheinprovinz zwischen Tradition und Moderne (1815–1918). Berlin 2003.

H. Gay, Clock Synchrony, Time Distribution and Electrical Timekeeping in Britain 1880–1925, in: Past & Present 181, 2003, 107–140.

I. Götz von Olenhusen (Hrsg.), Frauen unter dem Patriarchat der Kirchen. Katholikinnen und Protestantinnen im 19. und 20. Jahrhundert. Stuttgart 1995.

J. Graf, Moderne Zeiten. Zeitmessung auf dem Weg in die Gegenwart. Furtwangen 2006.

R. Habermas, Kulturkämpfer, Wundergläubige und Atheisten. Das lange 19. Jahrhundert und die Erfindung des Säkularen, in: B. Aschmann (Hrsg.), Durchbruch der Moderne? Neue Perspektiven auf das 19. Jahrhundert. Frankfurt am Main/New York 2019, 147–170.

Ders., Piety, Power, and Powerlessness. Religion and Religious Groups in Germany, 1870–1945, in: H. Walser Smith (Hrsg.), The Oxford Handbook of Modern German History. Oxford/New York 2011, 453–480.

Ders. (Hrsg.), Negotiating the Secular and the Religious in the German Empire. Transnational Approaches. New York 2019.

L. Hölscher, Weltgericht oder Revolution. Protestantische und sozialistische Zukunftsvorstellungen im deutschen Kaiserreich. Stuttgart 1989.

Ders., Die Entdeckung der Zukunft. Neuauflage. Göttingen 2016.

S. Kern, The Culture of Time and Space 1880–1918. Cambridge 1983.

M. Kessel, Langeweile. Zum Umgang mit Gefühlen und Zeit in Deutschland vom späten 18. bis zum frühen 20. Jahrhundert. Göttingen 2001.

D. S. Landes, Revolution in Time. Clocks and the Making of the Modern World. Cambridge 1983.

V. Ogle, The Global Transformation of Time 1870–1950. Cambridge 2015.

T. van Osselaer, The Pious Sex. Catholic Constructions of Masculinity and Femininity in Belgium, c. 1800–1940. Leuven 2013.

P. Pasture (Hrsg.), Gender and Christianity in Modern Europe. Beyond the Feminization Thesis. Leuven 2012.

J. Radkau, Das Zeitalter der Nervosität. Deutschland zwischen Bismarck und Hitler. München 1998.

C. Rothauge, Normal Times? (Pluri-) Temporality in Everyday Life in Imperial Germany around 1900, in: German History 39, 2021, 222–237.

Ders., Zur Einführung der „Mitteleuropäischen Zeit" im Deutschen Kaiserreich 1893. Temporale Transformationsprozesse in verflechtungsgeschichtlicher Perspektive, https://www.europa.clio-online.de/essay/id/fdae-29052 (14.10.2022).

M. J. Sauter, Clockwatchers and Stargazers. Time Discipline in Early Modern Berlin, in: The American Historical Review 112, 2007, 685–709.

C. Schlager, Herz Jesu – ein Heldenkult? Emotionsgeschichtliche Perspektiven auf Maskulinisierungsstrategien einer populären katholischen Frömmigkeitsform im Umfeld des Ersten Weltkriegs, in: Schweizerische Zeitschrift für Religions- und Kulturgeschichte 108, 2014, 241–257.

S. Steglich, Zeitort Archiv. Etablierung und Vermittlung geschichtlicher Zeitlichkeit im 19. Jahrhundert. Frankfurt am Main/New York 2020.

E. P. Thompson, Time, Work-Discipline, and Industrial Capitalism, in: Past and Present 38, 1967, 56–97.

T. H. Weir, Secularism and Religion in Nineteenth-Century Germany. The Rise of the Fourth Confession. Cambridge 2014.

Y. M. Werner (Hrsg.), Christian Masculinity. Men and Religion in Northern Europe in the 19th and 20th Centuries. Leuven 2011.

O. Zimmer, One Clock Fits All? Time and Imagined Communities in Nineteenth-Century Germany, in: CEH 53, 2020, 48–70.

Zeittafel

1870

	April	Beginn von Heinrich Schliemanns Ausgrabungen in „Troja".
	8.5.	Volksabstimmung in Frankreich über eine liberalisierende Verfassungsreform.
	25.6.	Thronverzicht der seit der Revolution von 1868 im Exil lebenden spanischen Königin Isabella II. zugunsten ihres Sohnes Alfons.
	18.7.	Verkündung des päpstlichen Unfehlbarkeitsdogmas durch das Erste Vatikanische Konzil (tagt seit Dezember 1869).
	19.7.	Kriegserklärung Frankreichs an Preußen (provoziert durch die Emser Depesche vom 13.7.1870).
	5.8.	Die seit 1849 zum Schutz des Kirchenstaates in Rom stationierten französischen Truppen werden abgezogen, um die Armee im Krieg gegen Deutschland zu verstärken.
	1./2.9.	Schlacht bei Sedan; Kapitulation der französischen Armee und Gefangennahme von Kaiser Napoleon III.
	4.9.	Ausrufung der Dritten Republik in Frankreich; Ende des Zweiten Kaiserreichs.
	18.9.	Beginn der Belagerung von Paris durch deutsche Truppen.
	20.9.	Besetzung Roms durch italienische Truppen; Ende der weltlichen Herrschaft des Papstes.
	2.10.	Volksabstimmung im Kirchenstaat mit dem Ergebnis, diesen als Teil des Königreichs Italien aufzunehmen; Ein Jahr später wird Rom Italiens Hauptstadt.
	16.11.	Nach Abdankung Isabellas II. und Thronverzicht ihres Sohns proklamiert das spanische Parlament den Prinzen Amadeus von Savoyen zum König.

1871

	18.1.	Proklamation des Deutschen Kaiserreiches in Versailles.
	Februar	Wahlen zur französischen Nationalversammlung; Zusammentritt der französischen Nationalversammlung in Bordeaux und Wahl von Adolphe Thiers (1797-1877) zum Chef der provisorischen Regierung.
	26.2.	Die Kampfhandlungen im Deutsch-Französischen Krieg werden durch den Vorfriede von Versailles beendet.
	3.3.	Die Nationalliberalen gehen aus der ersten Reichstagswahl deutlich als stärkste Partei hervor.
	13.3.	Abschluss der Pontuskonferenz in London: Mit deutscher Unterstützung erhält Russland das nach dem Krimkrieg untersagte Recht zurück, im Schwarzen Meer eine Schlachtflotte zu unterhalten.
	16.3.	„Mokrani-Revolte": Aufstand gegen die französische Kolonialherrschaft, der im Januar 1872 mit massiven Militäreinsatz niedergeschlagen wird.
	18.3.	Aufstand in Paris; Die französische Regierung flieht nach Versailles.
	21.3.	Eröffnung des 1. Deutschen Reichstags; Der preußische Ministerpräsident Otto von Bismarck wird zum Reichskanzler des Deutschen Reichs ernannt.
	28.3.	In Paris wird offiziell die „Kommune" proklamiert; Der aus allgemeinen Wahlen hervorgegangene Rat der Kommune vereinigt exekutive und legislative Gewalt und organisiert die Verteidigung von Paris gegen die Regierungstruppen.

	14.4.	Verabschiedung der Verfassung des Deutschen Reichs durch den Reichstag; Diese tritt am 4. Mai in Kraft und ersetzt die Novemberverträge (Verfassung des Deutschen Bundes) aus dem Jahre 1870.
	10.5.	Friede von Frankfurt am Main: Annexion Elsass-Lothringens durch das Deutsche Reich und Auferlegung einer Kriegsentschädigung von 5 Mrd. Francs.
	21.5.	Inbetriebnahme der ersten Zahnradbahn Europas in der Schweiz.
	21.–28.5.	Gewaltsame Niederschlagung des Aufstands der Pariser Kommune.
	8.7.	Aufhebung der katholischen Abteilung im preußischen Kultusministerium; Beginn des Kulturkampfes.
	15.10.	In Kopenhagen wird der Internationale Arbeiterverein für Dänemark gegründet, aus dem 1876 die dänische Sozialdemokratische Arbeiterpartei hervorgeht.
1872	18.7.	Secret Ballot Act: Einführung der geheimen Abstimmung bei Wahlen in Großbritannien.
	6.-11.9.	Drei-Kaiser-Treffen in Berlin: Zar Alexander II., Kaiser Franz Joseph I. und Kaiser Wilhelm I. bekunden ihr gemeinsames Interesse am Erhalt der monarchischen Staatsform.
	6./7.10.	Gustav Schmoller gründet den „Verein für Socialpolitik", von dem in der Folge wesentliche Impulse für eine sozialreformerische Politik ausgehen.
	21.12.	Start der bis 1879 andauernden Challenger-Tiefsee-Expedition, die den Grundstein für die Wissenschaft der Ozeanographie liefert.
		Beginn der Germanisierung des polnischen Schulwesens im preußischen Besatzungsgebiet.
1873	12.2.	Nach der Abdankung König Amadeus' II. entscheidet sich das spanische Parlament für die republikanische Staatsform.
	1.5.	Eröffnung der fünften Weltausstellung in Wien.
	9.5.	Börsenkrach in Wien; Beginn der Phase der „Großen Depression".
	11.–14.5.	Mit den Maigesetzen verschärft sich der Kulturkampf in Preußen und im Deutschen Reich.
	22.10.	Dreikaiserabkommen zwischen Österreich-Ungarn, Russland und dem Deutschen Reich.
1874	20.2.	Nach einem Wahlsieg der Konservativen löst Benjamin Disraeli in Großbritannien William Ewart Gladstone als Premierminister ab.
	9.3.	Im Zuge des Kulturkampfes wird in Preußen die Zivilehe eingeführt: Eheschließungen, Geburten und Todesfälle müssen künftig standesamtlich beurkundet werden.
	11.3.	Der Hamburger Tierhändler Carl Hagenbeck veranstaltet eine erste „Völkerschau" in seinem 1866 eröffneten Tierpark: Neben exotischen Tieren werden auch Lappländer, Eskimos, Massai und Nubier „präsentiert".
	5./6.4.	Gründung der österreichischen Sozialdemokratischen Arbeiterpartei.

	19.4.	Annahme einer revidierten Bundesverfassung in der Schweiz, welche die plebiszitäre Demokratie stärkt.
	7.5.	Das deutsche Reichspressegesetz proklamiert die Pressefreiheit: Damit ist sie jedoch nicht verfassungsmäßig und nur gesetzlich garantiert.
	19.5.	Gesetzliche Neuregelung der Kinderarbeit in Frankreich.
	Sommer	Scheitern des „Gangs ins Volk" (studentischer Versuch, die Bauern zu einem Aufstand gegen die Autokratie zu bewegen) mit anschließender Repressionswelle.
	10.9.	Mit dem „Non expedit" untersagt Papst Pius IX. den Katholiken die Beteiligung am politischen Leben Italiens.
	29.12.	Restauration der bourbonischen Monarchie in Spanien nach einem Militärputsch. Mit der Krönung von Alfonso XII. endet in Spanien das sechsjährige „Sexienio Democratico".
		Erste gemeinsame Ausstellung der „Impressionisten" Monet, Degas, Renoir und Cezanne in Paris.
1875	30.1.	Entscheidung für einen Präsidenten der Republik in Frankreich.
	5.2.	Papst Pius IX. erklärt die preußischen Kulturkampfgesetze für ungültig.
	6.2.	Einführung der Zivilehe auch im Deutschen Reich.
	8.4.–13.5.	Außenpolitische „Krieg-in-Sicht"-Krise zwischen Frankreich und dem Deutschen Reich.
	22.–27.5.	Lassalleaner und Marxisten vereinigen sich in Gotha zur „Sozialistischen Arbeiterpartei Deutschlands".
	23.5.	Einführung der Zivilehe in der Schweiz.
	9.7.	Militärische Besetzung Herzegowinas durch Österreich-Ungarn nach einem Aufstand der christlichen Bevölkerung gegen die osmanische Verwaltung.
	6.10.	Das Osmanische Reich erklärt den Staatsbankrott und stellt die Zahlungen an seine ausländischen Gläubiger ein.
		Carl von Linde entwickelt die Ammoniak-Kältemaschine (Vorläufer des Kühlschrankes).
1876	15.2.	Gründung des Centralverbandes deutscher Industrieller.
	5.3.	Wahlen zur Deputiertenkammer ergeben eine republikanische Mehrheit in Frankreich.
	18.3.	In Italien wird die Regierung der „Destra storica" gestürzt; Die liberale Linke gelangt an die Macht.
	4.5.	In Bulgarien beginnt ein von Russland unterstützter Aufstand gegen die osmanische Herrschaft.
	18.5.	Als Ausdruck der Russifizierungspolitik wird mit dem „Ernser Akt" in Russland der Druck von Büchern, Broschüren und Musiktexten in ukrainischer Sprache verboten.
	24.5.	Das spanische Parlament verabschiedet eine neue Verfassung: Das Königreich wird zu einer konstitutionellen Monarchie mit Zweikammersystem.
	30.6./2.7.	Serbien und Montenegro erklären dem Osmanischen Reich den Krieg.

	8.7.	In einer Geheimkonvention sagt Österreich-Ungarn Russland für den Fall eines russisch-türkischen Krieges Neutralität zu und erhält im Gegenzug die russische Zustimmung zur Besetzung Bosniens und der Herzegowina.
	23.12.	Das Osmanische Reich erhält erstmals eine Verfassung, in der die völlige Rechtsgleichheit aller Untertanen proklamiert wird.
		Entwicklung des ersten Viertaktmotors durch Nikolaus August Otto.
		Alexander Graham Bell meldet das Telefon als Patent an.
1877	Februar	In Russland werden in einer Gerichtsverhandlung die Aufständischen der Narodniki bestraft.
	24.4.	Kriegserklärung Russlands an das Osmanische Reich.
1878	7.2.	Tod Papst Pius IX.; Auf ihn folgt am 20.2. Kardinal Pecci (Papst Leo XIII.).
	3.3.	Friede von San Stefano bestätigt die militärischen Erfolge Russlands und beendet den 1877 begonnenen achten russisch-türkischen Krieg; Die Ausdehnung des russischen Einflusses stößt bei Großbritanniens und Österreich-Ungarns auf Widerstand.
	1.4.	Eröffnung der sechsten Weltausstellung in Paris.
	11.5.	Nach einem gescheiterten Attentat auf Wilhelm I. wird auf Veranlassung Bismarcks ein Gesetzesentwurf zur Unterdrückung der Sozialdemokratie ausgearbeitet.
	22.5.	Unabhängigkeit Rumäniens vom Osmanischen Reich.
	2.6.	Kaiser Wilhelm I. wird bei einem Attentat verwundet.
	13.6.–13.7.	Berliner Kongress: Teilweise Revision der Friedensbedingungen von San Stefano.
	17.7.	Arbeiterschutz-Novelle im Deutschen Reich: Einführung einer Fabrikaufsicht und -inspektion und weitestgehend Abschaffung der Kinderarbeit.
	1.8.	Gemäß der Vereinbarung vom Berliner Kongress proklamiert Serbien seine Unabhängigkeit vom Osmanischen Reich.
	18.10.	Der Deutsche Reichstag verabschiedet das Sozialistengesetz, das bis 1890 mehrfach verlängert wird.
1879	31.5.	Werner von Siemens präsentiert die erste elektrische Eisenbahn.
	21.6.	Frankreichs Senat und Nationalversammlung beschließen die Rückkehr von Versailles nach Paris.
	12.7.	Verabschiedung der Schutzzollgesetze durch den Deutschen Reichstag.
	August	Ein konservatives Kabinett unter Ministerpräsident Graf Taaffe löst in Österreich die Liberalen ab.
	1.10.	In Leipzig wird als höchste Gerichtsinstanz das Reichsgericht errichtet.
	7.10.	Zweibund zwischen dem Deutschen Reich und Österreich-Ungarn.
		Erfindung der Glühlampe durch Thomas Edison.
		Einführung des Thomas-Verfahrens zur Stahlherstellung.

1880	24.1.	„Nebelkatastrophe" in London: 2.000 Menschen werden Opfer einer giftigen Wolke aus Nebel und Rauch.
	23.4.	Premierminister Gladstone bildet in Großbritannien sein zweites Kabinett.
	16./17.5.	Gründungskongress der Allgemeinen Arbeiterpartei Ungarns.
	14.7.	Mit einem ersten Milderungsgesetz beginnt in Deutschland der Abbau des Kulturkampfes.
1881	1.3.	Zar Alexander II. wird ermordet; Ihm folgt sein Sohn als Alexander III. auf den Thron.
	7.3.	In Deutschland wird durch die Frauenrechtlerin Gertrud Guillaume-Schack der „Kulturbund zur Abschaffung der behördlichen konzessionierten Prostitution" gegründet.
	3.5.	Zar Alexander III. führt die Maigesetze ein, die zu antijüdischen Pogromen führen.
	16.5.	Inbetriebnahme der ersten elektrischen Straßenbahn der Welt in Berlin.
	17.5.	Errichtung eines französischen Protektorats über Tunesien.
	22.5.	Karl von Hohenzollern-Sigmaringen besteigt als Carol I. den rumänischen Thron.
	29.7.	Gesetzlicher Beschluss der Pressefreiheit in Frankreich.
		Im Russischen Reich werden Fabrikinspektionen eingeführt und die Arbeitszeiten für Frauen und Kinder beschränkt.
1882	22.1.	In Italien tritt ein neues Wahlgesetz in Kraft, dass knapp zwei Millionen Männer zur Stimmabgabe berechtigt.
	20.5.	Durch den Beitritt Italiens wird aus dem Zweibund zwischen Deutschland und Österreich-Ungarn ein Dreibund.
		Entdeckung des Tuberkelbazillus durch Robert Koch.
1883	15.6.	Annahme des Krankenversicherungsgesetzes im Deutschen Reichstag.
	25.8.	Französisches Protektorat über Annam und Tonking.
	4.10.	Die erste Probefahrt des Orientexpress startet in Paris.
	30.10.	Österreich-Ungarn und Rumänien schließen ein geheimes Defensivbündnis gegen Russland, dem sich das Deutsche Reich als Zweibund-Partner Österreichs anschließt.
		Georg Cantor entwickelt die mathematische Mengenlehre.
		Entdeckung des Cholera-Erregers durch Robert Koch.
		Hiram Stevens Maxim baut das erste Maschinengewehr.
1884	4.1.	Gründung der „Fabian Society" als bürgerliche Bewegung der Sozialreform in Großbritannien.
	27.6.	Einführung der Unfallpflichtversicherung in Deutschland als Bestandteil der Sozialgesetzgebung Bismarcks.

	6.12.	Die dritte Wahlrechtsreform in Großbritannien verdoppelt noch einmal die Zahl der Wahlberechtigten.
		Erwerbung deutscher Kolonien in Südwestafrika, Togo und Kamerun.
		Legalisierung der Gewerkschaften in Frankreich.
1885	26.2.	Verabschiedung der Kongoakte durch die Berliner Kongo-Konferenz: Anerkennung eines unabhängigen Staates Kongo unter König Leopold II. von Belgien.
	11.3.	In Österreich wird das Gesetz zum Schutz der Fabrikarbeiter erlassen, dass die Arbeitszeit auf elf Stunden pro Tag begrenzt und die Nachtarbeit für Frauen und Jugendliche verbietet.
	16./17.8.	Gründungskongress der Belgischen Arbeiterpartei.
	13.11.	Serbien erklärt Bulgarien aufgrund der Weigerung einer Gebietsabtretung der Krieg; Der Angriffskrieg scheitert nach wenigen Wochen.
		Erwerb Deutsch-Ostafrikas.
		Erster Kraftwagen von Gottlieb Daimler, Wilhelm Maybach und Carl Benz entwickelt.
		Friedrich Engels vollendet das Manuskript des verstorbenen Karl Marx zum zweiten Band dessen Hauptwerks „Das Kapital".
1886	7.1.	General Boulanger wird französischer Kriegsminister; Aufkommen einer anti-parlamentarisch-nationalistischen Bewegung.
	3.3.	Der Friede von Bukarest beendet den serbisch-bulgarischen Krieg.
	8.6.	Der liberale Premierminister Gladstone stürzt über die Home-Rule-Vorlage für Irland: Die Regierung geht wieder an die Konservativen unter Lord Salisbury über.
	20.8.	Absetzung von Fürst Alexander von Bulgarien durch von Russland beeinflusste Offiziere.
1887	12.2.	Großbritannien und Italien schließen ein geheimes Abkommen zur Aufrechterhaltung des Status quo im Mittelmeerraum.
	20.2.	Der Dreibund zwischen Deutschland, Italien und Österreich-Ungarn wird erneuert.
	24.3.	Österreich-Ungarn tritt der britisch-italienischen Mittelmeerentente bei.
	23.4.	Aufgrund von Spannungen zwischen Russland und Österreich-Ungarn wird das Dreikaiserabkommen mit Deutschland nicht verlängert.
	29.4.	Mit der Verabschiedung des zweiten Friedensgesetzes wird der Kulturkampf in Deutschland endgültig beigelegt.
	18.6.	Abschluss des Rückversicherungsvertrages zwischen Russland und dem Deutschen Reich.
	30.11.	Die neue Verfassung der Niederlande ermöglicht allen Männern ab dem 25. Lebensjahr das Wahlrecht.
1888	9.3.	Tod des deutschen Kaiser Wilhelms I.; Thronbesteigung seines todkranken Sohnes Friedrich III.

	30.3.	In Österreich wird das Gesetz über die „obligate Arbeiterkrankenversicherung" erlassen.
	30.3.	Gründung des Frauenvereins „Reform" zur Förderung des Frauenstudiums in Deutschland.
	8.4.	Eröffnung der neunten Weltausstellung in Barcelona.
	15.6.	Tod des deutschen Kaiser Friedrichs III.; Thronbesteigung seines ältesten Sohnes Wilhelm II.
	14.9.	Einweihung des Institut Pasteur in Paris.
		Heinrich Hertz gelingt der Nachweis elektromagnetischer Wellen, was die Grundlage zur Entwicklung von Funk und Radio liefert.
1889	1.1.	Gründung der „Sozialdemokratischen Arbeiterpartei Österreichs"
	22.3.	Der britische Premierminister lehnt ein Bündnisangebot Bismarcks ab, welches Frankreich weiter isolieren sollte.
	31.3.	Einweihung des Eiffelturms in Paris.
	6.5.	Eröffnung der zehnten Weltausstellung in Paris.
	19.5.	Gründung des „Verbands weiblicher Handels- und Büroangestellte" als erste deutsche Frauengewerkschaft.
	22.6.	Einführung des Gesetzes zur Alters- und Invalidenversicherung als Teil der Sozialgesetzgebung Bismarcks.
1890	25.1.	Der Deutsche Reichstag lehnt eine Verlängerung des Sozialistengesetzes ab: Es läuft am 30.9.1890 aus.
	20.3.	Entlassung Bismarcks als Reichskanzler und preußischer Ministerpräsident.
	25.-29.3.	Internationale Arbeiterschutzkonferenz in Berlin.
	27.3.	Nichtverlängerung des deutsch-russischen Rückversicherungsvertrages.
	1.5.	Auf Beschluss der II. Internationale wird der 1. Mai mit Streiks und Demonstrationen erstmals als internationaler Kampftag der Arbeiterbewegung begangen.
	1.7.	Helgoland-Sansibar-Vertrag: Ausgleich der deutsch-britischen Kolonialinteressen.
		Oskar Hertwig und andere erkennen den Zellkern und seine Chromosomen als Träger der Vererbung.
		John Boyd Dunlop erfindet den Luftreifen.
		Otto Lilienthal fliegt erstmals mit seinem „Hängegleiter".

Karten

Abb. 1: Europa 1870. © Peter Palm, Berlin.

Abb. 2: Europa 1890. © Peter Palm, Berlin.

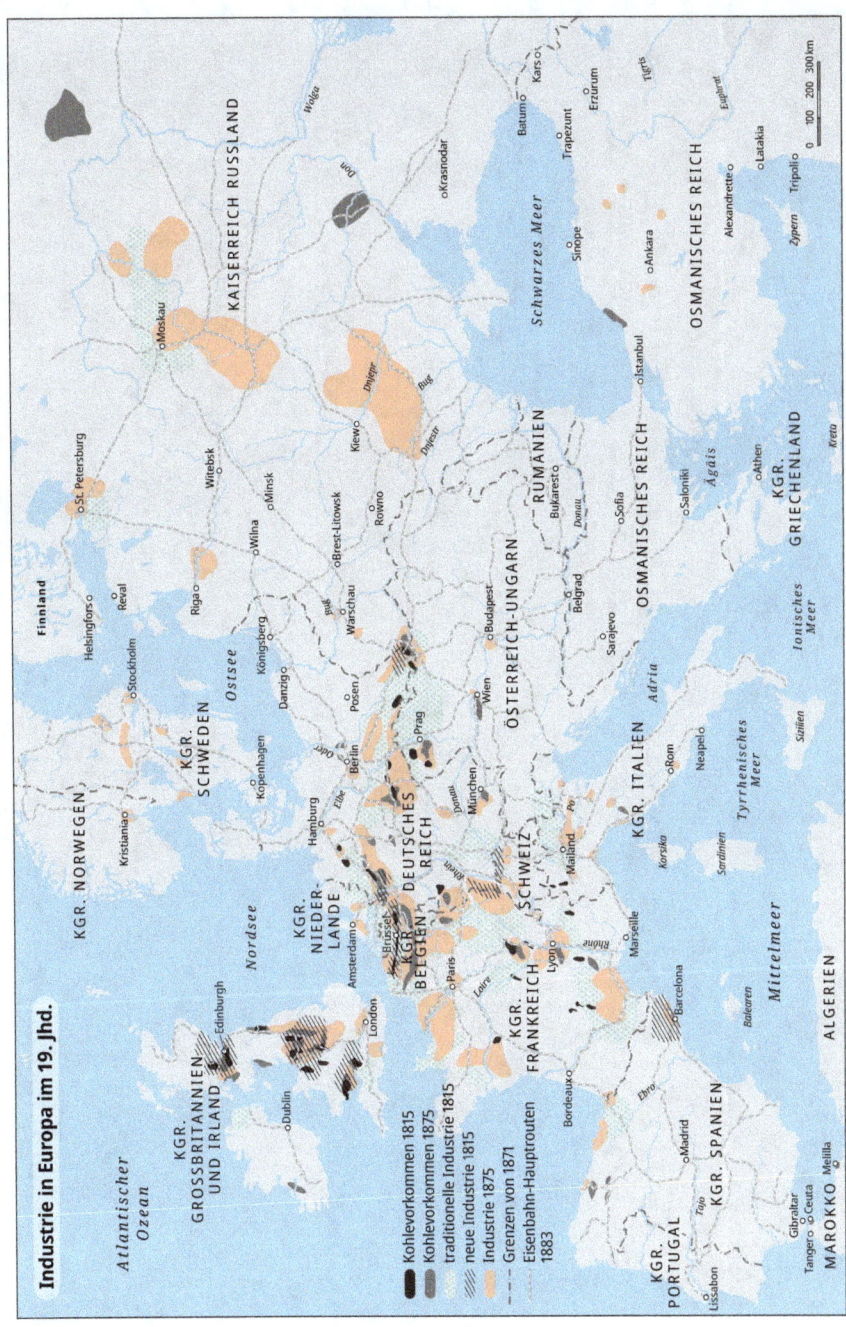

Abb. 3: Industrie in Europa im 19. Jahrhundert.© Peter Palm, Berlin.

Personenregister

Alacoque, Marguerite-Marie 176
Alexander II., Zar von Russland 10–11, 96, 184, 217
Alexander III., Zar von Russland 10, 21
Alfons XII., König von Spanien 39
Arndt, Ernst-Moritz 59
Aulard, Alphonse 58

Bakunin, Michail Alexandro-witsch 48
Barth, Heinrich 134
Baudelaire, Charles 84, 171, 177, 258
Bayer, Friedrich 99
Beard, George M 172
Becker, Lydia 50
Belgiojoso, Christina Trivulzio 49
Benjamin, Walter 84
Bernard, Claude 159
Bismarck, Otto von 4, 15, 22, 31, 33–34, 41–43, 47, 59–60, 113, 118–119, 121, 124, 126–127, 130–132, 139–140, 182, 192–193, 240, 244–246, 249–251, 267
Bodin, Jean 3
Boulanger, Georges Ernest Jean Marie 17, 58
Brazza, Pierre Savorgnan de 135, 137
Broadhurst, Henry 47
Buen, Odón de 31

Calvo, Carlos 147
Castillo, Antonio 39
Césaire, Aimé 249
Chadwick, Edwin 114–115, 241
Chateaubriand, François-René de 133
Crispi, Francesco 61

Darwin, Charles 31, 159–165, 263–264
Daubié, Julie-Victoire 169
Dilke, Charles 60

Disraeli, Benjamin 36, 60–61, 70, 138
Drumont, Édouard 69–70
Dubnow, Simon 70

Edison, Thomas 88
Ehrhard, Albert 23
Engels, Friedrich 7, 45, 103, 113, 145

Fanon, Frantz 249
Ferdinand VII., König von Spanien 29
Flaubert, Gustave 258
Fleck, Ludwik 262
Foucault, Michel 262
Friedrich III., Deutscher Kaiser 250

Gambetta, Leon 155
Grégoire, Abbé 16
Gladstone, William 61, 129, 137–138
Glagau, Otto 66
Gobineau, Arthur de 66–67
Goegg-Pouchoulin, Marie 50

Haussmann, Georges-Eugène Baron 80, 86–88, 90, 227
Henry, Emile 184
Hertz, Heinrich 160
Hill, Octavia 91
Hobbes, Thomas 3

Isabella II., Königin von Spanien 30
Ismail, Khedive von Ägypten 137

Jäger, Gustav 162

Karl der Große, König der Franken 256
Koch, Robert 159–160, 164–165, 168, 263–264

Lagarde, Paul de 66
Lawrence, Thomas 148
Lehmus, Emilie 169

Leo XIII., Papst 29, 34
Leopold II., König von Belgien 136–137, 139, 141, 147
Lincoln, Abraham 184
Livingston, David 134, 136
Lombroso, Cesare 162–163
Loubath Imumba I., Illoy, König der Tékés 135
Lüderitz, Adolf 140
Lueger, Karl 68

Marx, Karl 7, 45, 48, 103, 111, 113–114, 145, 203
Manzzini, Giuseppe 61
Mearns, Andrew 91
Medelejev, Dimitrij 159
Meyer, Lothar 159
Michel, Louise 51
Michelet, Jules 54
Mill, John Stuart 50, 52–53
Mittermeier, Anton 241
Mortara, Edgardo 196
Moynier, Gustav 147

Nachtigal, Gustav 137, 140
Napoleon I., Kaiser der Franzosen, Napoleon Bonaparte 12, 14, 27, 123
Napoleon III., Kaiser der Franzosen 6, 35, 50, 57, 60, 86–87, 124, 184
Nikolaus I., Kaiser von Russland 217

Otto-Peters, Louise 55, 146

Pasteur, Louis 159–160, 164–165, 168, 262, 264
Peters, Carl 137, 140, 258
Pius IX, Papst. 24, 26–27, 34, 176, 192
Poubelle, Eugène 90

Queen Victoria, Königin des Vereinigten Königreichs Großbritannien und Irland 142

Renan, Ernest 125–126
Richardson, James 134
Rochau, Ludwig von 248
Royer, Clémence 162–163

Said, Edward 249
Sarkozy, Nicolas 253
Schliemann, Heinrich 160
Schmoller, Gustav 170–171, 175, 177
Schönerer, Georg Heinrich Ritter von 68
Sée, Camille 169
Siemens, Werner von 160
Stanley, Morton 135–137, 160
Stead, William Thomas 156, 260
Stein, Lorenz von 119
Strauß, David Friedrich 125–126
Suslova, Nadežda 169

Thiers, Adolphe 7
Tiburtius, Franziska 169
Tocqueville, Alexis de 16
Treitschke, Heinrich von 14, 68–69, 216
Trepow, Fjodor 184
Troppmann, Jean-Baptiste 158

Werner, Anton von 4
Wilhelm I., Deutscher Kaiser 10, 250
Wöhrmann, Adolf 140

Zasulich, Vera 184
Zmichowska, Narcyza 49
Zola, Émile 159

Ortsregister

Adua 62
Ägypten 137–138
Afrika 130–141, 147–148, 160, 250
Afghanistan 138
Alcoy 8
Algerien 82–83
Amsterdam 239
Andalusien 1, 93, 95, 105
Aragon 95
Argentinien 78, 94, 222
Assab 141
Asturien 212
Australien 94

Baden 32, 146
Balkan, Balkanländer 4, 100, 128–131, 166, 174, 248
Baltikum 21, 213
Barcelona 11, 86, 93
Barmen 99
Basel 239
Baskenland 18–19, 189, 211–212
Batak 129
Bayern 15, 32, 191
Belgien 10, 43, 45, 85, 97–99, 104, 111, 120, 136, 139, 146–147, 169, 174, 195, 220, 223, 227, 252, 256
Berlin 9, 11–12, 68–69, 85, 114, 126, 130–132, 138, 164, 168–169, 185–186, 217, 264
Böhmen 63, 105–106
Bordeaux 6
Bosnien und Herzegowina 128–129
Bosporus 128
Brandenburg 132
Brasilien 78
Braunschweig 146
Bremen 77, 239
Brüssel 88, 148, 186
Budapest 88, 90, 174, 225
Bulgarien, bulgarische Gebiete 63, 110, 129–130, 208, 233
Bukarest 88

Cambridge 168, 170
China 142

Dänemark 93, 95, 100, 120, 132, 139, 146, 169, 190
Dardanellen 128
Deutschland, Deutsches (Kaiser) Reich, deutscher Staat, deutsche Staaten 1, 4–5, 7, 9–10, 13–16, 22–23, 27, 31–34, 37, 40–41, 44–45, 47, 50, 52–54, 58–60, 65–66, 68–72, 74, 76–78, 80–82, 84, 89, 93, 97–99, 102, 107–108, 111, 117, 119–120, 122–127, 131, 134, 137–138, 140–142, 145, 147, 153, 155, 157–158, 166–170, 174–175, 182, 185–186, 188–193, 195–197, 200–204, 207–208, 210–212, 216, 219–220, 223, 226, 231–234, 236–241, 244–246, 248–251, 256–258, 263, 265–267, 269
Dortmund 85
Dublin 146

Elsass, Elsass-Lothringen 34, 71, 82, 125–126, 138, 190, 219, 246, 250
Empire, britisches 60, 191, 212
England, Großbritannien, Vereinigtes Königreich 5, 10–11, 16, 23, 35–38, 40, 45–47, 50, 52–55, 60–61, 70, 73–74, 81–82, 85, 88, 91, 95, 97–99, 105–106, 108, 110–111, 114, 116–117, 120, 122, 126–133, 136–137, 139, 141, 147, 150, 152, 154–156, 158, 167, 169, 173, 185–186, 195, 198, 200, 207–208, 211–212, 217, 226–227, 230–236, 238–239, 247, 250–253, 259–261
Eritrea 141
Essen 85

Fatima 175
Finnland 51, 169
Frankreich, Französische Republik 1, 5, 6, 8, 10–11, 14, 16–19, 23, 27–29, 30–31, 34, 37, 40–41, 45, 48, 50, 53–54, 57, 59–60, 64, 69–71, 73–74, 76, 79–82, 85, 88–89, 97–98, 104, 107–108, 111, 117, 121–127, 130–132, 134–142, 146, 150, 152–153, 155–156, 158, 162, 166–169, 174–176, 182, 185–189, 192, 195, 198, 200, 204, 208, 210, 217, 219–220, 226–227, 231–232, 235, 239, 246–247, 249–250, 252–253, 255–256, 258–260, 265

Gabun 135
Galizien 63, 77, 191
Gent 81, 147
Glasgow 85
Griechenland 63, 95, 110, 163, 166, 174, 208

Hamburg 77, 89
Hessen 146

Indien 137, 141
Irland 60–61, 76, 82, 128, 152, 195, 212, 220
Italien 1, 8–9, 13–14, 17–18, 22–23, 25–29, 31, 34, 44, 48–49, 56, 73–74, 78–79, 80, 82, 86, 92, 95, 105, 107, 111, 117, 120–121, 139, 141, 145–146, 151, 153, 162–163, 169, 175, 182, 185–189, 195, 199, 208, 210–212, 217, 220, 224, 232, 241, 255

Japan 141

Kamerun 141
Kanada 76
Katalonien 18, 189, 211–212
Kattowitz 222

Kazan 226
Kimberley 133
Knock 175
Kongo, Kongogebiet 135–136, 139–141, 147, 252
Korsika 40
Krim 67
Kuba 39
k. u. k. Monarchie *siehe* Österreich, Österreich-Ungarn, Habsburgerreich, Habsburgermonarchie, k. u. k. Monarchie

Lateinamerika 197
Libyen 134, 141
Litauen, litauische Gebiete 77, 79, 82, 213
Liverpool 85
Lodz 85, 108
London 1, 10, 85–88, 90, 92, 145–146, 185–186, 224, 227
Lourdes 175
Lyon 88, 169

Madrid 18, 86, 93, 186, 212
Mailand 89
Makedonien 233
Makoko 135
Manchester 50, 85, 239
Mannheim 99
Marpingen 175–176
Marseille 85, 88–89, 93
Mazedonien 63
Montenegro 129–130
Moskau 85, 226

Neapel, Königreich Neapel 85, 89, 105
Neukaledonien 7
Niederlande 32, 43, 70, 73, 95, 99, 111, 120, 132, 139, 142, 146, 152, 166, 169, 174, 208
Nogent-sur-Marne 80
Nordschleswig 71
Norwegen 51, 73, 100, 120, 139, 147, 169, 208, 225

Odessa 79, 90, 226
Österreich, Österreich-Ungarn,
 Habsburgerreich, Habsburgermonarchie, k. u. k.
 Monarchie 4, 10, 19–20, 23, 32,
 56–57, 62–65, 68–70, 72, 74,
 77–78, 80, 97, 103, 111, 120–
 121, 124, 130–131, 139, 147,
 149, 153, 166, 174, 190–191,
 195, 208, 212–213, 217, 220–
 222 237, 246, 258
Osmanisches Reich 4, 19, 61–62, 72,
 89, 103, 124, 128–131, 137–139,
 149, 190, 246
Osuna 105
Oxford 168, 170

Paris 1, 6, 9, 12, 48, 51, 57, 69, 80,
 84–88, 90, 92, 126, 146, 164,
 169, 173, 176, 184, 186–187,
 224, 239
Polen, polnische Gebiete 22, 49, 71–
 72, 77, 79, 82, 188, 190–191,
 208, 213, 217, 237
Portugal 44, 92–93, 117, 128, 132,
 139, 141–142, 146, 163, 166,
 225
Posen 218
Prag 149, 174, 186
Preußen, Ostpreußen 5, 13, 15, 19,
 22, 33, 43, 74, 117–118, 126,
 146, 153, 166–167, 170, 185–
 186, 200, 219

Riga 110
Rom 25–26, 32, 88, 105, 135, 186,
 211
Roubaix 85
Ruhr, Ruhrgebiet 81, 85, 104, 227
Rumänien, rumänische Gebiete 63,
 67, 96, 110, 129–130, 233
Russland, Russisches Reich, Zarenreich 4, 9–11, 20, 35, 44, 48–
 49, 51, 61–62, 64, 67, 72, 77–
 79, 90, 92, 96, 101–107, 110,
 120, 124, 126–132, 139, 141,
 147, 149, 150–151, 153–154, 158,
 163–164, 166, 182, 185, 188,
 190–191, 208, 213, 217, 225–
 227, 230–231, 246–247, 256

Saarland 175
Sachsen 15, 117
Sadowa 74
San Stefano 129
Saratov 90, 226
Sardinien/Piemont, Königreich 13,
 19, 80
Schlesien 86
Schottland 101, 166
Schweden 13, 51, 55, 73, 93, 100,
 120, 122, 132, 139, 147, 166,
 169, 208, 225
Schweiz 13, 23, 31–32, 45, 48, 73,
 80, 111, 120, 122, 146, 169, 195,
 233, 238–239, 256
Sedan 6, 74
Serbien, serbische Gebiete 63, 110,
 129–130
Skandinavien, skandinavische
 Länder 23, 51, 55, 76, 100, 152,
 217, 221
Spanien 8, 10–11, 13, 17–18, 23, 27–
 31, 34, 38–40, 44, 48–49, 70–
 71, 73, 92–93, 95, 105, 117,
 120–121, 128, 139, 141, 146, 151,
 153, 163, 182, 187, 189, 195,
 208, 211–212, 225, 241, 246,
 255
St. Petersburg 85, 90, 93, 186, 226
Südamerika 78
Südtirol 190

Thrakien 63
Togo 141
Transvaal 138
Türkei 160
Tunesien 138–139
Turin 93

Ukraine, ukrainische Gebiete 67, 78,
 213

Ungarn 19–20, 63, 77, 96, 149, 195
Uppsala 239
USA, Vereinigte Staaten, Amerika 1, 10, 70, 75–78, 81–82, 94, 99, 131, 136, 139, 146–151, 156, 185–186, 197, 200, 206, 221, 256

Val Ceno 80
Valencia 95
Val Nure 80
Vatikan *siehe* Kirchenstaat
Vendée 189
Versailles 4, 126

Wallonien 81
Warschau 85, 224–225, 264
Weißrussland, weißrussische Gebiete 79
Wien 1, 68, 85, 174, 186, 222, 228
Wilna 70
Württemberg 146

Zypern 130
Zarenreich *siehe* Russland, Russisches Reich, Zarenreich

Sachregister

Abstammung, Abstammungsrecht 14, 192
Adel, Adelige 44, 72, 104–107, 110, 112, 209, 236–239
Agrarkrise 106, 234
Alphabetisierung, Alphabetisierungsrate, Alphabetisierungsquote 18, 152, 166–167, 265
Anschlag, terroristischer, Attentat 184, 185
Antifeminismus 53–54, 207
Antikatholizismus 195
Antiklerikalismus, Antiklerikale 25–28, 30, 34, 195, 196
Antisemitismus, antisemitisch 65–70, 196, 214, 215, 216, 217, 218, 257, 260, 267
Arbeiter, Arbeiterbewegung, Arbeiterschaft 8, 45–49, 55, 65, 81, 111–112, 119, 121–122, 145, 155, 174, 202–206, 226–227, 234–235, 260
Arbeiterpatei(en) 112, 203
Arbeiterschutz, Arbeitsschutz 114–116, 120, 122
Armenfürsorge 114–117, 261
Aufklärung 176, 239
Ausländerpolitik 223
Auswanderung, Auswanderer 75–79, 81–82, 221–222
Außenpolitik 123–127, 129, 131, 137, 244–248, 254

Bakteriologie 264
Balkankrieg 4
Bank(en) 100, 110, 230
Bauern 16–17, 20–21, 96–97, 104, 112, 128, 227
Bauernbefreiung 182
Bevölkerungswachstum, Bevölkerungszuwachs, Bevölkerungsentwicklung 14, 73–75, 80, 82, 85, 219–220, 232,

Beziehungen, internationale 244–245, 247–248
Bildung, Bildungssystem, Bildungsinstitution, Bildungswesen 30, 43, 67, 72, 104, 108–109, 159, 166–169, 265
Börsenkrach, Börsencrash 66, 68, 93
Brexit 212
Bürgergesellschaft, Bürgertum 2, 7, 44, 69, 107–109, 112, 197, 204, 237, 239
Bürgerkrieg 128, 131, 212

Carabinieri 9, 186

Dekolonialisierung 253
Demographie, Demographische Entwicklung, Demographisches Wachstum *siehe* Bevölkerungswachstum
Demokratie, Demokraten 24, 30, 57, 59–60
Demokratiedefizit 197, 200, 201
Demokratisierung 23, 35–36, 39–40, 43, 197–198, 202, 250, 267
Demokratieüberschuss 201
Deutscher Bund 16, 59
Diskriminierung 24, 70, 217
Dreyfus-Affäre 29, 59, 69
Durchstaatlichungsprozess 189, 191

East India Company 141, 250
Einigungskrieg(e) 5, 21, 208
Einwanderung, Einwanderer 14, 77–78, 80, 192
Einwanderungsgesellschaft 223
Einwanderungsland 81
Eisenbahn, Eisenbahnverkehr 14–15, 17, 86, 94, 98, 170, 173, 189
Elite(n) 168, 199, 218, 232, 236–237, 239
Emanzipationsbewegungen 45, 180, 202, 206, 208

https://doi.org/10.1515/9783110359398-008

Emigration 49
Emotionen, Emotionalisierung 176, 266–268, 270
Emotionsgeschichte, Emotionsgeschichtlich 266–267, 270
Entangled history 253, 255
Entwicklung, wirtschaftliche; Wirtschaftsentwicklung 92–93, 229–231
Epoche, Epochenbegriff 1, 179, 181–182, 253, 266
Erfindung(en) 3, 109, 167
Ethnizität 213

Fabrik(en), Fabrikarbeit 99, 120, 235, 268
Feminisierung 194, 269–270
Föderalismus 16, 200
Fortschritt, Fortschrittsglaube 31, 34–35, 92, 136, 161–162, 164, 166, 170–172, 175–177, 181, 193, 195, 201, 219, 269
Freiheitsrechte 260
Francismus 212
Frauen(erwerbs)arbeit 205, 207
Frauenbewegung, Feminist:innen 49–51, 54–55, 146, 155, 169, 206–207, 257, 260
Frauenbildung 266
Frauenrechte 49–52, 208, 260
Frauenwahlrecht 50–54, 207
Freimaurer 58
Frömmigkeit 176–177, 269–270

Geburtenrate 74, 220
Geburtenkontrolle 74
Gefühle, Gefühlskultur *siehe* Emotionen
Gender, Genderfrage 198, 206, 235, 242, 252
Generalanzeiger 257
Generalstreik 8, 11
Germanisierung, Germanisierungspolitik 72, 190, 219

Geschlechterkampf, Geschlechterdifferenz, Geschlechterbeziehung 193, 205, 251
Gesundheitsverhältnisse 220
Gewerkschaft(en) 46–48, 204, 205
Gewalt 4–8, 10–12, 41, 49, 92, 127–129, 134, 136, 140, 155, 182–185, 187, 205, 217–218
Gewaltmonopol 3, 6, 8–9, 11, 182–185
Glaubensspaltung 193
Globalisierung 94, 142–143, 223, 233–234
Grenzgebiet 190
Großgrundbesitz(er) 40, 97, 105–106, 234, 236
Großreich/e 190–191
Großstadt, Großstädte 87, 90–92, 171, 228, 259
Gründerkrach 108, 258

Habsburgerreich, Habsburgermonarchie *siehe* Ortsregister „Österreich, Österreich-Ungarn, Habsburgerreich, Habsburgermonarchie"
Handwerker, Handwerkertradition 110, 203
Herz-Jesu-Kult 27, 57, 176–177
Histoire croisée 253, 256
Hochmoderne 1–3, 23, 92–93, 107, 112, 114, 170–172, 175, 177, 181–182, 243, 266–267, 270
Holocaust 214–215
Human-Animal Studies 264
Hungersnot 76, 164, 230
Hygiene, Hygienemaßnahmen, Hygienebewegung 73, 88, 90, 220, 262–263

Identität, Identitätskonstruktion 16–17, 57, 71–72, 190, 209, 211, 269
Imperium, Imperien 72, 103, 189–190, 212–213, 215, 224–225

Imperialismus, imperialistisch 53, 138, 143, 251
Industrialisierung 18-19, 23, 44, 46, 57, 66, 73, 79, 85, 88, 91, 93-94, 99-101, 107, 113, 115-120, 148, 152, 217, 226, 231, 267-268
Industrie 86, 98-99, 110-111, 226
Infrastruktur 1-2, 14, 17, 86-88
Integration 43, 47, 66-67, 94, 149, 157, 189-190, 217
Internationalisierung, Internationalismus 142-143, 213, 253-254
Irlandfrage, irische Frage 60-61

Journalismus, Journalist:in 156, 257, 259-26
Jude(n) 58, 65-70, 78-79, 145-146, 214-217

Karlistenkriege 38, 212
Katholizismus, Katholiken 23-27, 29-35, 43, 57, 119, 143, 145, 192-196, 199, 216
Kaufleute 89, 231
Kindersterblichkeit 73, 219-220
Kirche 23-32, 39, 43, 57, 117, 143, 154, 161-162, 172, 175, 193, 195, 199, 207
Kirche, katholische 22-23, 25, 28-33, 38, 43, 54, 57, 72, 143, 163, 199
Kirche, orthodoxe 163
Kirche, protestantische 23-24
Kirchenstaat 24-27, 32, 196
Klassenbegriff, Klassenbildung (sprozess) 202-205, 234-235, 238
Klassengesellschaft 101-103, 105-106, 112, 234
Klimawandel 265
Königsmord 184
Koloniale Expansion, Kolonialisierung 123, 130, 133, 138, 141, 143, 149, 244, 253
Kolonialgeschichte 249, 251

Kolonialismus, Kolonialpolitik 17, 123, 130, 133, 137-138, 201, 248-252
Kolonialmacht, Kolonialmächte, Kolonialimperien, Kolonialherrschaft, Kolonialreich 61, 131, 136, 141, 198, 252-253
Kolonie(n) 53, 60, 82, 131-133, 149, 251
Kommerzialisierung 156, 257
Kommune, Pariser Kommune 5-6, 10, 12, 27, 40, 51, 57, 183, 238
Kommunikation 10, 14, 80, 104, 144, 149, 177, 184, 189
Konfession 103, 193-194
Konservative, Konservativismus 36, 38-39, 42, 53-54, 60, 113, 119, 154-155, 216
Konzil, Erstes Vatikanisches 32, 196
Krieg(e) 4-6, 19, 25, 40, 124-128, 138, 147, 158, 182-183, 210, 247, 267
Krieg, Deutsch-französischer; Krieg von 1870/71 5, 25, 57, 80, 82, 98, 124-126, 137, 145, 153, 162, 167, 256, 267
Krieg, Italienisch-türkischer 141
Kriege, Napoleonische 5
Krieg, Russisch-türkischer 61
Kriminalität 9, 11, 92, 163, 259
Krimkrieg 128, 137
Kulturkampf 22-23, 27, 29, 31-32, 34, 42, 175, 192-196, 269

Landbevölkerung 231
Landwirtschaft 82-83, 94-98, 100, 106, 110-111, 231-234, 268
Liberalismus, Liberale, Liberalisierung 2, 10, 23-24, 26-27, 29, 31-36, 38-43, 46, 50, 52, 54, 57, 59-60, 63, 113-116, 119, 152-155, 161, 175, 185, 192-193, 195, 216-217, 236

Männerwahlrecht 15, 35, 37, 39
Marktgesellschaft 237

Massaker 138, 183–184
Massendemokratie 201
Massenpresse 11, 62, 157, 228, 257–261
Mediengesellschaft 149, 160, 184, 257, 260
Migration, Migrationsbewegung(en), Migrationsprozesse 73, 75, 77–79, 83, 103, 220–223
Mikrobiologie, mikrobiologisch, Mikrobe 159, 164–165, 262–264
Militär 4–5, 8–9, 22, 42, 59, 107, 175, 186, 200
Missionsgeschichte 252
Mobilität 79, 81, 223, 227
Moderne 2–3, 23, 25, 84, 93, 168, 171, 177, 179, 181–182, 215
Monarchie, Monarchen 3, 20, 40–42, 44, 103, 123, 209
Monarchisten 28, 39, 41, 58

Narodnaja Volja 10
Nation, Nationalstaat(en) 1, 4–5, 8, 13–16, 18–20, 22, 41, 51, 56–60, 62–67, 71–72, 83–84, 103–104, 109, 124, 143, 145–146, 148–149, 189–192, 194, 198, 208, 210–211, 218–219, 229, 236, 253–255
Nationalgarde 6
Nationalismus, Nationalismen 35, 51, 56, 58, 60–62, 65, 72, 103, 109, 125, 129, 143, 145, 189, 190, 191, 208–210, 212–215, 223, 253
Nationalstaatsbildung, Nationalstaatsgründung 3–4, 25, 182–183, 208, 219
Nationalsozialismus 191, 201, 252

Obrigkeitsstaat 12, 201–202
Orientalismus 249

Parlamentarisierung, Parlamentarismus 35–36, 40, 43, 51, 198, 200
Partei(en) 37–38, 40, 43, 46, 50–54, 61, 69, 154–156, 180, 210, 216
Parteiensystem 44, 155
Politisierung 37, 40, 44–45, 53, 89, 199–200
Pogrom(e) 67–68, 70, 78–79, 217–218
Polizei 9–12, 27, 185–187
Postkolonialismus, postkolonial, postcolonial studies 248–249, 252, 254–255
Presse 14, 26, 34, 91, 123, 125, 129, 135, 138, 149–150, 152–157, 164, 218, 257, 259–261
Pressefreiheit 42, 152–153, 155, 158
Protest 32, 69, 168
Protestantismus 194

Rassismus, rassistisch 3, 66, 82, 162, 209, 214, 251, 264
Realpolitik 248
Regionalismus 18, 189, 211
Reichsgründung 14–15, 31, 42–43, 47, 54, 59–60, 66, 68, 72, 102, 109, 124
Reichstag 15–16, 42–43
Religion(en) 24, 26–28, 30, 65, 103, 161–162, 172, 175, 194, 266, 269–270
Religiosität 23, 34, 170, 172, 175–177, 266, 269–270
Repression 186
Republikanismus, Republikaner 27–28, 39–40, 50, 54, 57, 121
Revolution, Französische 16, 27, 57–58, 70, 113, 117, 119, 123, 176, 184, 209
Revolution, Russische 184
Revolution von 1848 19, 42, 45, 50, 59–60, 76, 83, 123, 129, 145, 154, 161, 179, 183, 204
Romantik 266

Russifizierung, Russifizierungspolitik 21, 64, 213
Rückversicherungsvertrag 246–247
Rückwanderung 221–222

Säkularisation 25, 30
Säkularisierung 57, 196, 270
Schulaufsicht 28, 30, 32–33, 72, 195
Schule, Schulwesen 20, 24, 28, 31, 62, 108, 166–167, 172, 195, 253, 265
Schulpflicht 16, 108, 167
Semaine sanglante 183–184
Seuchenschutz 256
Sexenio Democrático 30, 182 188
Sexualität 251, 262
Skandal, Skandalisierung 157, 187, 196, 258–259
Skandal, Börsen-, Wirtschafts- 236
Staat 2, 4–5, 7–13, 16–19, 22–25, 27–33, 49, 53, 57, 59, 62, 64–65, 67, 97, 103–104, 113–117, 119, 121, 123, 129–131, 144, 148, 150, 153, 167–169, 184, 187, 193, 195, 199, 222–223, 229, 237, 241, 250
Staatsbildung(sprozess), Staatsgründung(sprozess) 3, 5, 8, 12–13, 19–20, 56, 62, 64–65, 103–104, 107, 143, 148, 182, 186–189, 226, 230
Staatsbürgerrecht 13–14, 192
Staatsbürgerschaft 14, 71–72, 135, 192, 198
Staatsbürgerschaftsrecht 14, 83, 192
Staatlichkeit, moderne 183, 188
Stadt, Städte, Stadtentwicklung, Städtewachstum, Großstadt 1, 6–7, 9, 73, 75, 79, 84–91, 96, 166–167, 223–229, 259
Stadt-Land-Gefälle, Stadt-Land-Unterschied 73, 185
Sterberate, Sterblichkeit 73, 75, 220, 262
Steuern, Besteuerung 128, 231
Streik(s) 9, 204, 235

Solidarität 5, 46, 145–146, 216, 243, 247
Sozialdarwinismus 264
Sozialdemokratie, Sozialdemokraten 10, 12, 34, 42–43, 47, 52, 54, 60, 69, 119, 193, 203–204
Soziale Frage 66, 113, 116, 119, 240, 242
Sozialgesetzgebung 113, 118, 121, 240, 243
Sozialistengesetze 10, 43, 47, 119, 250
Sozialreform, Sozialreformer, Sozialpolitik 91, 113–115, 240–244
Sozialstaat, Sozialstaatsentwicklung, Sozialstaatlichkeit 113, 240–243
Sprachpolitik 71, 213

Temporalität 269
Terrorismus 184
Transnationalität, transnational 34, 66, 103, 134, 146, 180, 185, 206, 253–255, 257

Universität(en) 32, 62, 69, 71, 104, 166–170, 216, 265–266
Unternehmen 99, 136, 233
Urbanisierung, Urbanisierungsprozess 84, 152, 224–226, 228, 231

Verein, Vereinskultur 148, 210
Verflechtungen, allgemein 195, 252, 255–257
Verflechtung, globale 233
Verflechtung, koloniale 251
Verflechtungen, transnationale 1, 149, 253, 268
Verflechtungen, wirtschaftliche 2–3
Verkehr 228
Verkehrsmittel 170, 173
Vernetzung, allgemein 93–94, 144, 146, 152, 194, 239
Vernetzung, globale 172

Vernetzung, internationale 103, 142, 144–145, 256
Vernetzung, regionale 190
Vernetzung, transnationale 75, 103, 144, 148, 206
Verwaltungsstaat 187
Veteranenverband 210
Völkerrecht 147–148, 255

Wahlen, Wahlrecht, Wahl(rechts)reform 26, 33, 35–37, 39–42, 44, 46, 47, 49, 51–52, 197–200, 207
Wehrpflicht 5, 21–22
Weltausstellung 86–87, 144
Weltkrieg, Erster 4, 20, 52, 73–74, 77, 79, 82, 90, 99, 158, 179, 187, 201, 223, 231
Weltkrieg, Zweiter 259

Weltmarkt 94, 99, 181, 233
Wiener Kongress 123–124, 179
Wissenschaft(en) 3, 24, 31, 51, 99, 104, 139, 159, 161–163, 165–168, 172, 175, 252, 263, 268
Wissensgesellschaft, Wissenschaftsgesellschaft 261–262, 266
Wissenschaftspopularisierung 263
Wohlfahrtsstaat 148, 242–244
Wohnverhältnisse 91, 111, 262

Zeitmessung 173, 268
Zentralismus, zentralistisch, Zentralstaat 16–18, 187
Zivilehe 28, 30, 32–33, 195
Zivilgesellschaft 113, 154, 187, 257,
Zivilrecht 13
Zukunftsorientierung, zukunftsorientiert 119, 268–269

Autorenregister

Adams, Jonathan 217
Adams, Matthew S. 205
Agulhon, Maurice 40, 199
A'Hearn, Brian 231
Altena, Bert 205
Althammer, Beate 243, 244
Ambroise-Rendu, Anne-Claude 259–260
Anderson, Benedict 56, 210
Anderson, Margaret L. 196–197, 200, 269
Anderson, Robert D. 232, 266
Appelgate, Celia 189, 211
Aronson, Irwin M. 218
Aschmann, Birgit 266–267
Augustine, Dolores 238
Auslander, Leora 242
Ayaß, Wolfgang 240

Bade, Klaus J. 220–221, 223
Bailly, Antoine 226
Bairoch, Paul 225, 229, 232
Bantman, Constance 205
Bauer, Franz J. 211
Baumgart, Winfried 250
Bardet, Jean-Pierre 219
Barth, Volker 252, 261
Bartky, Ian R. 268
Bayertz, Kurt 161
Beaudet, Céline 205
Becker, Frank 261
Becker, Winfried 194
Beetham, Margaret 261
Belser, Katharina 266
Benevolo, Leonardo 224
Bennette, Rebecca Ayako 194
Berend, Ivan T. 230, 233
Berger, Silvia 263–264
Bergmann, Werner 217
Berry, David 205
Bew, John 248
Bideau, Alain 219
Biefang, Andreas 215
Blackbourn, David 197, 269

Blaschke, Olaf 193–194, 216
Borchardt, Knut 229
Borutta, Manuel 195, 211
Bönker, Kirsten 228
Bösch, Frank 258–259
Boyce, George 259
Brake, Laurel 261
Breschi, Marco 219
Breton, Yves 232
Brinkmann, Sören 189
Briquet, Jean-Louis 199
Broadberry, Stephen 229
Broder, Albert 232
Brower, Daniel R. 227
Brown, Lucy 259
Brubaker, Roger 192
Budde, Gunilla-Friederike 238–239
Burds, Jeffrey 231
Busch, Norbert 194, 269
Büschenfeld, Jürgen 227

Caestecker, Frank 223
Calic, Marie-Janine 233, 248
Canis, Konrad 244
Canning, Kathleen 205
Cassis, Youssef 239
Castel, Robert 242
Chalaby, Jean K. 258
Chambers, Deborah 260
Chrisman, Laura 249
Cipolla, Carlo M. 229
Clark, Christopher 194
Clark, Linda L. 266
Cloward, Richard A. 242
Cohen, Gary B. 213
Cohen, William B. 227
Collins, Edward J. T. 234
Colson, Daniel 204
Confino, Alon 189, 211
Conrad, Christoph 242
Conrad, Sebastian 223, 250, 255
Conze, Eckart 126, 246
Cooper, Frederick 251
Corbin, Alain 267–268

Corsini, Carlo A. 219–220
Curran, James 259
Craig, Gordon A. 2
Crossick, Geoffrey 104
Cvetkovski, Roland 252

Damljanovic Conley, Tanja 225
Daniel, Ute 201
Daum, Andreas W. 263
Davis, John A. 47, 186
Davis, Mary 206
Dawson, Gowan 261
Dekkers, Odin 261
Demoor, Marysa 261
De Luca Barrusse, Virginie 220
De Prospo, Mario 200
Deininger, Helga 246
Deluermoz, Quentin 183, 186
Déloyé, Yves 199
Demel, Walter 105
Deprest, Florence 252
Desjardins, Bertrand 219
Deutsch, Karl W. 14, 149, 189
Dietze, Carola 184
Dintenfass, Michael 230
Dittrich, Lisa 195–196
Dormois, Jean-Pierre 232
Duby, George 206
Dülffer, Jost 254
Dungen, Pierre van de 259
Dupâquier, Jacques 219
Dyhouse, Carol 266

Eckley, Grace 261
Ehmer, Josef 219
Einsele, Gabi 266
Eitel, Florian 205
Eley, Geoff 197
Elkins, Caroline 253
Ellerkamp, Marlene 243
Emmer, Pieter C. 220
Engels, Eve-Marie 264
Eser, Patrick 211
Evans, Karen 227
Evans, Richard J. 89, 179–180, 206–207, 227, 266

Ferenczi, Thomas 259
Ferro, Marc 253
Fisch, Jörg 179–181, 219
Fischer, Wolfram 219, 229
Fleming, Carole 260
François, Etienne 265
Frankel, Jonathan 218
Fraser, Derek 227
Fraser, Penny 227
Frie, Ewald 245, 247, 250
Friedgut, Theodore H. 227
Fujita, Masahisa 226

Gall, Lothar 181, 247–248
Gann, Lewis H. 251
Ganzenmüller, Jörg 188
Garrigou, Alain 197, 199
Gassert, Philipp 253
Gay, Hannah 268
Gerhard, Ute 207
Gerschenkron, Alexander 229–230, 232
Gestrich, Andreas 244
Geyer, Martin H. 254
Ghosh, Durba 249
Glick, Thomas, F. 264
Gordon, Linda 242
Gosewinkel, Dieter 192
Gounaris, Basil C. 233
Goschler, Constantin 263
Götz von Olenhusen, Irmtraud 194, 269
Gradmann, Christoph 263
Gratzfeld, Rachel 266
Gregory, Paul R. 231
Gross, Michael B. 193–194
Gründer, Horst 249
Gründler, Jens 244
Gunzburger Makaš, Emily 224–225

Habermas, Rebekka 252, 257, 270
Hall, Catherine 198
Hammerstein, Notker 216
Häfner, Lutz 185, 226
Hänseler, Marianne 264

Haupt, Heinz-Gerhard 104, 184–185, 254–255
Harris, Bernard 220
Harvard, Jonas 195
Hatton, Timothy 224
Harvey, David 227
Harvey, Joy 264
Haywood, Ian 261
Hennock, Ernest P. 240
Herbert, Ulrich 1, 182
Herlihy, Patricia 226
Herold-Schmidt, Hedwig 188
Herren, Madeleine 142, 256
Herrerín López, Ángel 205
Heß, Cordelia 217
Heyden, Ulrich van der 249
Hilbrenner, Anke 185
Hildebrand, Klaus 244, 246
Hildermeier, Manfred 120, 230
Hillerich, Sonja 261
Hillgruber, Andreas 244, 246
Hirschhausen, Ulrike von 21, 190–191, 248
Hobsbawm, Eric 181, 210–211, 234
Hoerder, Dirk 220
Hölscher, Lucian 268
Hölzl, Richard 252
Hoffmann, Christhard 215
Holz, Klaus 215–216
Howe, Stephen 253
Homburg, Ernst 233
Hroch, Miroslav 209–210
Huber, Ernst Rudolf 191
Hüntelmann, Axel C. 265
Huriot, Jean-Marie 226

Ihl, Olivier 199
Iriye, Akira 181

James, Lawrence 249
Janorschke, Johannes 246
Jaworski, Rudolf 218
Jeismann, Michael 209–210, 215
Jobst, Kerstin 191, 213
Johach, Eva 263
Johansen, Anja 186–187

Judson, Pieter 191, 213
Julien, Elise 256

Kaelble, Hartmut 254
Kämmerer, Jörn A. 148
Kalifa, Dominique 260
Kaiser, Wolfram 194
Kam, Christopher 198
Katz, Jakob 215
Kaufmann, Franz-Xaver 240
Kehr, Eckart 232
Kergomard, Zoé 197
Kessel, Martina 269
King, Steven 244
Kinnebrock, Susanne 260
Klein, Alexander 229
Klier, John D. 218
Knöbl, Wolfgang 185
Kocka, Jürgen 197, 203, 205, 235, 238, 254
König, Mareike 256
Kohlrausch, Martin 224–225
Kolb, Eberhard 244
Koss, Stephen E. 259
Kott, Sandrine 116, 241, 243
Koven, Seth 242
Kraft, Claudia 249
Kreuder-Sonnen, Katharina 264
Kretschmann, Carsten 263
Krumeich, Gerd 211
Kühne, Thomas 200
Kwaschik, Anne 252

Ladd, Brian 227
Langewiesche, Dieter 182–183, 241
Lappenküper, Ulrich 244, 246
Latour, Bruno 165, 262, 265
Le Cour Grandmaison, Olivier 253
Lees, Andrew 224
Lees, Lynn Hollen 224
Lemercier, Claire 227
Lemmes, Fabian 205
Lenger, Friedrich 87, 90, 224
Leonards, Chris 241
Leonhard, Jörn 21, 190–191, 248
Leteux, Sylvain 204

Levi, Gionvi 187
Levsen, Sonja 180
Levy, Carl 205
Lill, Rudolf 193
Lindemann, Albert 215
Lindner, Ulrike 249, 251–252
Löwe, Heinz-Dietrich 231
Loth, Wilfried 254
Lucassen, Leo 220
Lüdtke, Alf 249
Luhmann, Niklas 258
Lutfalla, Michel 232

Maddison, Angus 229
Maier, Charles S 5, 183
Makowski, Krzysztof 218
Malinowski, Stephan 236
Manfredonia, Gaetano 205
Marchal, Jules 253
Martschukat, Jürgen 249
Mazura, Uwe 216
McClelland, Keith 198
McClintock, Anne 252
McKeown, Thomas 219
Mees, Ludger 212
Meiwes, Relinde 194
Melischek, Gabriele 258–259
Mergel, Thomas 193–194
Merriman, John 184
Meyer, Jean 249
Michel, Sonya 242
Mironov, Boris 231
Mitchel, Allan, 241
Müller, Michael G. 190, 237
Müller, Philipp 228
Müller, Sven O. 201
Moch, Leslie P. 220
Moon, David 231
Morsey, Rudolf 193
Mosse, George 210, 215

Nagler, Jörg 220
Nipperdey, Thomas 24
Noiriel, Gérard 204
Nolte, Paul 182
Nonn, Christoph 214, 216

Núñez-Seixas, Xosé Manoel 189, 211–212

Obertreis, Julia 213
Ogawa, Mariko 264
Ogle, Vanessa 268
Orr, Graeme. 198
O'Rourke, Kevin 229
Osselaer, Tine van 270
Osterhammel, Jürgen 133, 181, 254–255
Oltmer, Jochen 220, 223

Paletschek, Sylvia 208, 265–266
Palier, Bruno 240
Palmer, Michael B. 258-259
Patel, Kiran K. 253, 255
Paulmann, Johannes 124, 179, 181, 247, 254–255
Pasture, Patrick 270
Payer, Peter 228
Perez-Brignoli, Hector 219
Perrot, Annick 264
Perrot, Michelle 204, 206, 235
Perry, Adele 252
Petri, Rolf 190
Pietrow-Ennker, Bianka 208
Pinol, Jean-Luc 224–225
Piven, Frances F. 242
Planert, Ute 207
Pörksen, Uwe 263
Pollard, Sidney 230
Polonsky, Anthony 217
Porter, Andrew 252
Porter, Brian A. 213
Pozzi, Lucia 219

Radkau, Johannes 267
Randeraad, Nico 241
Ranger, Terence 210
Raphael, Lutz 182, 244
Rapoport, David 184
Ratschiller, Linda 252
Reif, Heinz 227, 236–237
Rendall, Jane 198
Requate, Jörg 180, 184, 196, 260

Retallack, James 202
Reulecke, Jürgen 227
Richter, Hedwig 200–202, 207
Riederer, Güter 190
Ritter, Gerhard A. 240–241
Rolf, Malte 191
Rollet-Échalier, Catherine 220
Rosenberg, Emily S. 181, 215
Rosenberg, Hans 232, 235–236
Rosental, Paul-André 221–222, 227
Rostow, Walt Whitman 229
Rothauge, Caroline 268
Rothenbacher, Franz 219
Rudloff, Wilfried 240
Rürup, Reinhard 215

Sachße, Christoph 243
Samida, Stefanie 263
Sarasin, Philipp 239, 263–264
Schieder, Theodor 208
Schnurrenberger, Regula 266
Schöttler, Peter 204
Schröder, Iris 243
Schröter, Harm G. 233
Schwartz, Maxime 264
Schwarz, Angela 263
Schwinges, Rainer C. 266
Scott, Joan W. 205
Seethaler, Josef 258–259
Serrier, Thomas 190
Shattock, Joanne 260
Simms, Brendan 248
Singaravélou, Pierre 252
Sirot, Stéphane 204
Smith, Helmut Walser 197
Snowden, Frank M. 227
Soden, Kristine von 266
Sperber, Jonathan 179, 181
Spörri, Myriam 264
Staliunas, Darius 213
Stazic-Wendt, Tamara 244
Steglich, Sina 269
Steidl, Annemarie 220–222
Steiner, Linda 260
Steinmetz, Willibald 179–180
Stockwell, Sarah E. 249

Stoler, Ann L. 251–252
Stolleis, Michael 191
Stone, James 246
Stuchtey, Benedikt 249
Süß, Dietmar 243

Tal, Uriel 215
Tanner, Albert 238
Taylor, Ian 227
Tennstedt, Florian 240
Thisse, Jacques 226
Thompson, Edward P. 202, 234, 268
Tilly, Louise 205
Tönsmeyer, Tatjana 188
Tombs, Robert 183–184, 210
Topalov, Christian 242
Torp, Cornelius 201, 232–234, 243
Travis, Anthony S. 233
Trempé, Rolande 204

Urbach, Karina 244, 246

Varey, Karin 183
Vellut, Jean-Luc 253
Viazzo, Pier Paolo 219–220
Vogl-Bienek, Ludwig 261
Volkov, Shulamit 196, 215
Vulpius, Ricarda 213

Wagner, Peter 84, 93
Waldmann, Peter 184
Walkowitz, Judith R. 227–228, 259–260
Walter, François 224–225
Weber, Eugen 15, 17, 64, 187–188, 199
Wehler, Hans-Ulrich 59, 107, 193, 232, 245–246, 250
Weichlein, Siegfried 189–190, 209, 211
Weinhauer, Klaus 184
Weir, Todd H. 270
Weisbrod, Bernd 35
Welskopp, Thomas 203–204, 235, 254
Werner, Michael 253

Werner, Yvonne Maria 195, 270
Wetjen, Karolin 252
Wiener, Joel H. 259
Williams, Patrick 249
Williamson, Jeffrey G. 224, 227
Wilson, Elizabeth 242
Wingate, Pauline 259
Winkler, Heinrich A. 209
Wolff, Kerstin 207

Zancarini-Fournel, Michelle 242
Zarimis, Maria 264
Zimmer, Oliver 210, 268
Zimmermann, Bénédicte 253
Zimmerer, Jürgen 252

Oldenbourg Grundriss der Geschichte

Herausgegeben von Hans Beck, Karl-Joachim Hölkeskamp, Achim Landwehr, Benedikt Stuchtey und Steffen Patzold

Band 1a
Wolfgang Schuller
Griechische Geschichte
6., akt. Aufl. 2008. 275 S., 4 Karten
ISBN 978-3-486-58715-9

Band 1b
Hans-Joachim Gehrke
Geschichte des Hellenismus
4. durchges. Aufl. 2008. 328 S.
ISBN 978-3-486-58785-2

Band 2
Jochen Bleicken
Geschichte der Römischen Republik
6. Aufl. 2004. 342 S.
ISBN 978-3-486-49666-6

Band 3
Werner Dahlheim
Geschichte der Römischen Kaiserzeit
3., überarb. und erw. Aufl. 2003. 452 S., 3 Karten
ISBN 978-3-486-49673-4

Band 4
Jochen Martin
Spätantike und Völkerwanderung
4. Aufl. 2001. 336 S.
ISBN 978-3-486-49684-0

Band 5
Reinhard Schneider
Das Frankenreich
4., überarb. und erw. Aufl. 2001. 224 S., 2 Karten
ISBN 978-3-486-49694-9

Band 6
Johannes Fried
Die Formierung Europas 840–1046
3., überarb. Aufl. 2008. 359 S.
ISBN 978-3-486-49703-8

Band 7
Hermann Jakobs
Kirchenreform und Hochmittelalter 1046–1215
4. Aufl. 1999. 380 S.
ISBN 978-3-486-49714-4

Band 8
Ulf Dirlmeier/Gerhard Fouquet/Bernd Fuhrmann
Europa im Spätmittelalter 1215–1378
2. Aufl. 2009. 390 S.
ISBN 978-3-486-58796-8

Band 9
Erich Meuthen
Das 15. Jahrhundert
4. Aufl., überarb. v. Claudia Märtl 2006. 343 S.
ISBN 978-3-486-49734-2

Band 10
Heinrich Lutz
Reformation und Gegenreformation
5. Aufl., durchges. und erg. v. Alfred Kohler 2002. 283 S.
ISBN 978-3-486-48585-2

Band 11
Heinz Duchhardt / Matthias Schnettger
Barock und Aufklärung
5., überarb. u. akt. Aufl. des Bandes
„Das Zeitalter des Absolutismus" 2015.
302 S.
ISBN 978-3-486-76730-8

Band 12
Elisabeth Fehrenbach
Vom Ancien Régime zum Wiener
Kongreß
5. Aufl. 2008. 323 S., 1 Karte
ISBN 978-3-486-58587-2

Band 13
Dieter Langewiesche
Europa zwischen Restauration und Revolution 1815–1849
5. Aufl. 2007. 261 S., 4 Karten.
ISBN 978-3-486-49734-2

Band 14
Lothar Gall
Europa auf dem Weg in die Moderne 1850–1890
5. Aufl. 2009. 332 S., 4 Karten
ISBN 978-3-486-58718-0

Band 15
Gregor Schöllgen/Friedrich Kießling
Das Zeitalter des Imperialismus
5., überarb. u. erw. Aufl. 2009. 326 S.
ISBN 978-3-486-58868-2

Band 16
Eberhard Kolb/Dirk Schumann
Die Weimarer Republik
8., aktualis. u. erw. Aufl. 2012. 349 S., 1 Karte
ISBN 978-3-486-71267-4

Band 17
Klaus Hildebrand
Das Dritte Reich
7., durchges. Aufl. 2009. 474 S., 1 Karte
ISBN 978-3-486-59200-9

Band 18
Jost Dülffer
Europa im Ost-West-Konflikt 1945–1991
2004. 304 S., 2 Karten
ISBN 978-3-486-49105-0

Band 19
Rudolf Morsey
Die Bundesrepublik Deutschland
Entstehung und Entwicklung bis 1969
5., durchges. Aufl. 2007. 343 S.
ISBN 978-3-486-58319-9

Band 19a
Andreas Rödder
Die Bundesrepublik Deutschland 1969–1990
2003. 330 S., 2 Karten
ISBN 978-3-486-56697-0

Band 20
Hermann Weber
Die DDR 1945–1990
5., aktual. Aufl. 2011. 384 S.
ISBN 978-3-486-70440-2

Band 21
Horst Möller
Europa zwischen den Weltkriegen
1998. 278 S.
ISBN 978-3-486-52321-8

Band 22
Peter Schreiner
Byzanz
4., aktual. Aufl. 2011. 340 S., 2 Karten
ISBN 978-3-486-70271-2

Band 23
Hanns J. Prem
Geschichte Altamerikas
2., völlig überarb. Aufl. 2008. 386 S.,
5 Karten
ISBN 978-3-486-53032-2

Band 24
Tilman Nagel
Die islamische Welt bis 1500
1998. 312 S.
ISBN 978-3-486-53011-7

Band 25
Hans J. Nissen
Geschichte Alt-Vorderasiens
2., überarb. u. erw. Aufl. 2012. 309 S.,
4 Karten
ISBN 978-3-486-59223-8

Band 26
Helwig Schmidt-Glintzer
Geschichte Chinas bis zur mongolischen Eroberung 250 v. Chr.–1279 n. Chr.
1999. 235 S., 7 Karten
ISBN 978-3-486-56402-0

Band 27
Leonhard Harding
Geschichte Afrikas im 19. und 20. Jahrhundert
2., durchges. Aufl. 2006. 272 S.,
4 Karten
ISBN 978-3-486-57746-4

Band 28
Willi Paul Adams
Die USA vor 1900
2. Aufl. 2009. 294 S.
ISBN 978-3-486-58940-5

Band 29
Willi Paul Adams
Die USA im 20. Jahrhundert
2. Aufl., aktual. u. erg. v. Manfred Berg
2008. 302 S.
ISBN 978-3-486-56466-0

Band 30
Klaus Kreiser
Der Osmanische Staat 1300–1922
2., aktual. Aufl. 2008. 262 S., 4 Karten
ISBN 978-3-486-58588-9

Band 31
Manfred Hildermeier
Die Sowjetunion 1917–1991
3. überarb. und akt. Aufl. 2016. XXX S.
ISBN 978-3-486-71848-5

Band 32
Peter Wende
Großbritannien 1500–2000
2001. 234 S., 1 Karte
ISBN 978-3-486-56180-7

Band 33
Christoph Schmidt
Russische Geschichte 1547–1917
2. Aufl. 2009. 261 S., 1 Karte
ISBN 978-3-486-58721-0

Band 34
Hermann Kulke
Indische Geschichte bis 1750
2005. 275 S., 12 Karten
ISBN 978-3-486-55741-1

Band 35
Sabine Dabringhaus
Geschichte Chinas 1279–1949
3. akt. und überarb. Aufl. 2015. 324 S.
ISBN 978-3-486-78112-0

Band 36
Gerhard Krebs
Das moderne Japan 1868–1952
2009. 249 S.
ISBN 978-3-486-55894-4

Band 37
Manfred Clauss
Geschichte des alten Israel
2009. 259 S., 6 Karten
ISBN 978-3-486-55927-9

Band 38
Joachim von Puttkamer
Ostmitteleuropa im 19. und 20. Jahrhundert
2010. 353 S., 4 Karten
ISBN 978-3-486-58169-0

Band 39
Alfred Kohler
Von der Reformation zum Westfälischen Frieden
2011. 253 S.
ISBN 978-3-486-59803-2

Band 40
Jürgen Lütt
Das moderne Indien 1498 bis 2004
2012. 272 S., 3 Karten
ISBN 978-3-486-58161-4

Band 41
Andreas Fahrmeir
Europa zwischen Restauration, Reform und Revolution 1815–1850
2012. 228 S.
ISBN 978-3-486-70939-1

Band 42
Manfred Berg
Geschichte der USA
2013. 233 S.
ISBN 978-3-486-70482-2

Band 43
Ian Wood
Europe in Late Antiquity
2020. 288 S.
ISBN 978-3-11-035264-1

Band 44
Klaus Mühlhahn
Die Volksrepublik China
2017. 324 S.
ISBN 978-3-11-035530-7

Band 45
Jörg Echternkamp
Das Dritte Reich. Diktatur, Volksgemeinschaft, Krieg
2018. 344 S., 2 Karten
ISBN 978-3-486-75569-5

Band 46
Christoph Ulf/Erich Kistler
Die Entstehung Griechenlands
2019. 328 S., 26 Abb.
ISBN 978-3-486-52991-3

Band 47
Steven Vanderputten
Medieval Monasticisms
2020. 304 S.
ISBN 978-3-11-054377-3

Band 48
Christine Hatzky/Barbara Potthast
Lateinamerika 1800–1930
2021, 370 S., 2 Karten
ISBN 978-3-11-034999-3

Band 49
Christine Hatzky/Barbara Potthast
Lateinamerika seit 1930
2021, 416 S., 1 Karte
ISBN 978-3-11-073522-2

Band 50/1
Raimund Schulz/Uwe Walter
Griechische Geschichte ca. 800–322
v. Chr.
Band 1: Darstellung
2022. 278 S., 7 Karten
ISBN 978-3-486-58831-6

Band 50/2
Raimund Schulz/Uwe Walter
Griechische Geschichte ca. 800–322
v. Chr.
Band 2: Forschung und Literatur
2022. 378 S.
ISBN 978-3-11-076245-7

Band 51
Peter-Franz Mittag
Geschichte des Hellenismus
2023. 348 S., 2 Karten
ISBN 978-3-11-064859-1

www.ingramcontent.com/pod-product-compliance
Lightning Source LLC
Chambersburg PA
CBHW061930220426
43662CB00012B/1862